Gonglu Shuiyun Gongcheng Shigong
公路水运工程施工
Anquan Fengxian Bianshi Pinggu Guankong Zhinan
安全风险辨识评估管控指南

Chuanzha Gongcheng Pian
船闸工程篇

江苏省交通运输厅　组织编写

人民交通出版社股份有限公司

北　京

内 容 提 要

本书共7章，内容包括：施工安全风险辨识与分析、施工安全风险分级、船闸工程常见施工作业程序分解、船闸工程施工的典型风险事件类型、船闸工程施工的主要安全风险分析、船闸工程常见重大作业活动清单、船闸工程常见重大作业活动管控措施建议，为船闸工程施工安全风险辨识评估管控工作提供了参考。

本书适用于公路水运工程（船闸工程）施工安全风险辨识、风险评估及风险管控，可供建设单位、监理单位和施工单位相关管理人员使用。

图书在版编目（CIP）数据

公路水运工程施工安全风险辨识评估管控指南. 船闸工程篇／江苏省交通运输厅组织编写. —北京：人民交通出版社股份有限公司，2022.11
ISBN 978-7-114-18289-1

Ⅰ.①公… Ⅱ.①江… Ⅲ.①道路工程—工程施工—安全管理—指南②航道工程—工程施工—安全管理—指南③船闸—工程施工—安全管理—指南 Ⅳ.①U415.12-62②U615.1-62③U641.5-62

中国版本图书馆 CIP 数据核字（2022）第 197903 号

书　　名：	公路水运工程施工安全风险辨识评估管控指南　船闸工程篇
著 作 者：	江苏省交通运输厅
责任编辑：	崔　建
责任校对：	孙国靖　宋佳时
责任印制：	刘高彤
出版发行：	人民交通出版社股份有限公司
地　　址：	（100011）北京市朝阳区安定门外外馆斜街 3 号
网　　址：	http://www.ccpcl.com.cn
销售电话：	（010）59757973
总 经 销：	人民交通出版社股份有限公司发行部
经　　销：	各地新华书店
印　　刷：	北京虎彩文化传播有限公司
开　　本：	889×1194　1/16
印　　张：	23
字　　数：	501 千
版　　次：	2022 年 11 月　第 1 版
印　　次：	2022 年 11 月　第 1 次印刷
书　　号：	ISBN 978-7-114-18289-1
定　　价：	92.00 元

（有印刷、装订质量问题的图书，由本公司负责调换）

《公路水运工程施工安全风险辨识评估管控指南 船闸工程篇》

编审委员会

主　　任：吴永宏
副 主 任：陈　萍　丁　峰　蒋振雄　王慧廷　张　欣　戴济群
委　　员：陆元良　黄　岩　储春祥　徐　斌　董志海　沈学标
　　　　　林有镇　陈明辉　郑　洲　陈胜武
主　　审：姜竹生　费国新
副 主 审：汤伟清　李　椿　徐志峰

编　写　组

主　　编：沈学标
副 主 编：郑　洲
编写人员：何建新　桂玉枝　李　君　侯东风　张友利　黄建红
　　　　　侯　锐　高建楠　魏　超　黄　捷　赵明海　孙修兵
　　　　　张　坤　卢德锋　彭　超　余晓强　姚　强　成舒扬
　　　　　朱　昀　张晓辉　田钧仁　程　钢　郑　直　曹依华
　　　　　陈　冲　王　飞　杨　洋

编写单位

组织编写单位： 江苏省交通运输厅

参 编 单 位： 江苏省交通运输综合行政执法监督局

江苏科兴项目管理有限公司

中交三航局第三工程有限公司

兴德(江苏)安全科技有限公司

序

建设交通强国是我国立足国情、着眼全局、面向未来作出的重大战略决策,是建设现代化经济体系的先行领域,是全面建成社会主义现代化强国的重要支撑,是新时代做好交通工作的总抓手。围绕习近平总书记关于全力打造"精品工程、样板工程、平安工程、廉洁工程"的重要指示❶,《交通强国建设纲要》提出了"构建现代化工程建设质量管理体系,推进精品建造和精细管理"的具体要求。公路水运建设领域的管理创新是交通强国建设的重要内容。

党的二十大报告提出,要推进国家安全体系和能力现代化,坚决维护国家安全和社会稳定。坚持安全第一、预防为主,建立大安全大应急框架,推动公共安全治理模式向事前预防转型。当前,世界正经历百年未有之大变局,新一轮科技革命和产业变革深入发展。国际环境日趋复杂,不稳定性、不确定性明显增加,这对统筹安全与发展,把安全发展贯穿到各领域和建设管理全过程提出了新的更高要求。

新形势下,我国公路水运建设安全生产状况持续保持稳中向好的态势,但由于工程建设具有点多线长面广、高空作业多、工艺复杂等特点,施工过程中难免会存在一定的风险,安全生产形势依旧严峻。为此,国家先后出台了一系列的法律法规规章,以加强我国公路水运工程建设的安全监督管理。2021年9月,我国颁布实施了新《中华人民共和国安全生产法》,进一步明确了行业安全监督管理职能。2022年8月,交通运输部印发《关于加强公路水运工程建设质量安全监督管理工作的意见》,以推动工程建设高质量发展。这些法律法规、规章制度的颁布与实施,对我国公路水运工程安全生产管理产生了积极的作用,安全生产形势保持了持续稳定向好的态势。

科技创新为交通强国高质量发展提供了坚实的技术支撑,管理创新与科技创新相互

---

❶ 习近平出席投运仪式并宣布北京大兴国际机场正式投入运营[N].人民日报,2019-09-26(01).

依存、相互推动，为交通运输高质量发展进一步夯实了基础，在交通建设领域大力推进管理创新已经成为普遍共识。为保证公路水运工程施工安全风险管控先试先行，主动防范化解重大风险，支撑行业高质量发展，探索可复制可推广的实施路径，编写组在总结江苏省一系列公路水运工程重点建设项目创新管理的基础上，编制了《公路水运工程施工安全风险辨识评估管控指南》（以下简称《指南》）。该书重点围绕公路水运工程施工安全风险要素，结合施工安全典型风险事件，阐述了公路水运工程施工安全风险辨识、评估、管控的关键技术，为公路水运工程施工重大风险精准闭环管理提供了重要的参考依据。

交通运输是国民经济中基础性、先导性、战略性产业和重要服务型行业。公路水运工程作为现代化交通的基础设施，有效带动了区域经济发展，对促进"双循环"新发展格局的形成具有重要作用。为适应国家安全发展新形势，适应新发展阶段要求，《指南》将安全发展的管理理念贯穿工程建设管理全过程，体现了"安全第一、预防为主、综合治理"的工作方针，突出狠抓风险管控，坚持源头治理，健全防范化解重大风险防控四项机制，实现风险防控关口前移，提升本质安全水平。《指南》具有综合性和实践性的特点，对遏制和防范公路水运工程重特大事故的发生具有良好的指导和示范价值。

聚焦科技前沿，凝练实践精华，是走在创新一线的交通人的共同目标。《指南》的出版，是江苏交通科技工作者担负起"争当表率、争做示范、走在前列"光荣使命的重要实践，是坚定不移推动高质量发展、奋力打造交通运输现代化建设示范区的主动担当，对行业高质量发展具有重要意义。

谨以此为序，表示对《指南》出版的祝贺与推荐！

中国工程院院士

水利部　交通运输部　国家能源局南京水利科学研究院名誉院长

2022 年 10 月　南京

前　　言

为深入贯彻党中央、国务院关于加强安全生产工作和加快安全生产改革发展的决策部署,落实交通运输部关于深化防范化解安全生产重大风险的具体要求,江苏省交通运输厅组织编写了《公路水运工程施工安全风险辨识评估管控指南》(以下简称《指南》)。

《指南》共分六篇,包括桥梁工程篇、隧道工程篇、路基路面工程篇、港口工程篇、航道工程篇、船闸工程篇,本书为船闸工程篇。本书对典型船闸工程施工作业工序进行了分解,全面辨识了各评估单元中可能发生的典型风险事件类型,从人的因素、物的因素、环境因素、管理因素等几个方面进行了风险分析。根据船闸工程施工实际,给出了常见重大作业活动清单,有针对性地提出了常见重大作业活动风险管控措施。本书对提升船闸工程"本质安全"管理水平,实现安全管理关口前移具有重要的指导作用。

本书在编写过程中得到了各级领导和专家的指导,在此一并表示感谢。由于本书内容涉及面广,编写工作量大,难免存在不足之处,各有关单位和从业人员参照使用本书时,将发现的问题和意见反馈至江苏省交通运输综合行政执法监督局(地址:江苏省南京市石鼓路69号;邮编210004)。

编　者

2022 年 9 月

目 录

第一章 施工安全风险辨识与分析 ··· 1
第一节 总体要求 ··· 1
第二节 施工安全风险辨识与分析程序 ································· 1
第三节 施工安全风险辨识与分析方法 ································· 4
第四节 常用风险评估方法的特点 ······································· 6

第二章 施工安全风险分级 ·· 11
第一节 一般作业活动风险分级 ··· 11
第二节 重大作业活动风险分级 ··· 11
第三节 施工安全风险分级方法 ··· 15

第三章 船闸工程常见施工作业程序分解 ······························ 20
第一节 船闸主体工程施工作业程序分解 ···························· 20
第二节 引航道工程施工作业程序分解 ······························· 21
第三节 闸阀门及启闭机装置工程施工作业程序分解 ············ 23

第四章 船闸工程施工的典型风险事件类型 ··························· 24
第一节 船闸主体工程施工的典型风险事件 ························· 24
第二节 引航道工程施工的典型风险事件 ···························· 25
第三节 闸阀门及启闭装置工程施工的典型风险事件 ············ 27

第五章　船闸工程施工的主要安全风险分析 ································ 28
第一节　船闸主体工程施工的主要安全风险分析 ···························· 28
第二节　引航道工程施工的主要安全风险分析 ···························· 137
第三节　闸阀门及启闭装置工程施工的主要安全风险分析 ················ 299

第六章　船闸工程常见重大作业活动清单 ···································· 345

第七章　船闸工程常见重大作业活动管控措施建议 ························ 346

参考文献 ·· 356

第一章 施工安全风险辨识与分析

第一节 总 体 要 求

(1)为适应公路水运工程安全生产管理水平不断提升的需要,进一步加强施工安全风险辨识、评估、管控工作,从源头上防范化解重大施工安全风险,有效消除事故隐患,编制本指南。

(2)公路水运工程施工安全风险评估的基本程序包括风险辨识与分析、风险分级、风险控制。

(3)风险辨识是指通过对工程施工过程进行系统分解,找出可能存在的致险因素,调查各施工工序潜在风险事件的过程。

(4)风险分析是指采用安全系统工程理论,对致险因素可能导致的风险事件进行分析,找出可能受伤害人员、事故原因等,确定物的不安全状态和人的不安全行为。

(5)风险分级是指采用定量或定性的方法,对风险事件发生的可能性及严重程度进行等级划分。

(6)按照风险事件发生的可能性和后果严重程度,将施工安全风险等级由低到高依次分为低风险(Ⅰ级)、一般风险(Ⅱ级)、较大风险(Ⅲ级)、重大风险(Ⅳ级)四个等级。

(7)公路水运工程施工实施全过程风险分级管控和风险警示告知、监控预警制度。在项目施工阶段根据风险分级结果采取事前预控、事中监控、事后评价的方式,实施动态、循环的风险控制,直至将风险降低到可接受的程度。

(8)对于较大风险(Ⅲ级)和重大风险(Ⅳ级)的作业活动,应在实施风险控制措施、完成典型施工或首件施工后,开展风险控制预期效果评价。风险控制预期效果评价包括对风险控制措施落实情况的确认评价以及采取风险控制措施后预期风险的评价。

第二节 施工安全风险辨识与分析程序

一、工作步骤

风险辨识与分析一般包括5个工作步骤:工程资料的收集整理,施工现场地质水文条件和环境条件的调查(或补充勘察),施工队伍素质和管理制度调查,施工作业程序分解和风险事件辨识,致险因素及风险事件后果类型分析。

风险辨识与分析工作步骤如图1-1所示。

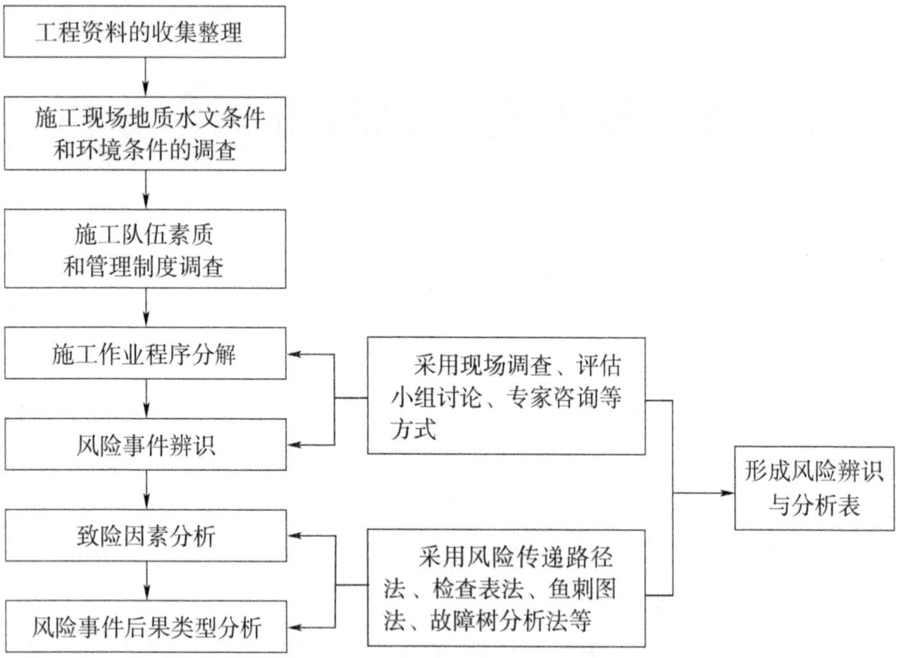

图1-1 风险辨识与分析工作步骤

（1）风险辨识与分析需收集、整理的相关工程资料主要包括：

①工程的可行性研究报告、环评报告、地质勘察报告、设计风险评估报告（如有）、初步设计文件、施工图设计文件、施工组织设计文件、总体风险评估报告（如有）以及海事、港航、水利、环保等部门作出的与工程建设安全相关的文件；

②工程区域内的环境条件，包括建筑物、构筑物、通航船舶、埋藏物、管道、缆线、民防设施、铁路、公路、外电架空线路、饮用水源、养殖区、生态保护区等可能造成事故的环境要素；

③工程区域内地质、水文、气象等灾害事故资料；

④同类工程事故资料；

⑤其他与风险辨识对象相关的资料；

⑥重要设计变更资料、施工记录文件、监控量测资料、质量检测报告等；

⑦典型施工或首件施工情况、风险控制措施落实情况等。

（2）施工现场地质水文条件和环境条件调查主要包括：

①工程地质条件；

②气候水文条件；

③周边环境条件；

④地质勘察结果（如有）、现场开挖揭露地质情况的差异、周边环境的变化情况等。

（3）施工队伍素质和管理制度调查主要包括：

①企业近五年业绩、近三年信用等级，同类工程经验和施工事故及处理情况；

②施工队伍素质，施工队伍的专业化作业能力、施工装备和技术水平；

③项目各种管理制度是否齐全，是否适用和具有针对性；

④专职安全管理人员配置情况;
⑤人员队伍变化情况、施工装备进出场情况、管理制度落实情况等。

二、施工作业程序分解

船闸工程的施工作业程序分解可参考《水运工程质量检验标准》(JTS 257—2008)、《公路水运工程施工安全风险评估指南 第7部分:船闸工程》(JT/T 1375.7—2022)、施工图设计文件以及施工组织设计等文件,通过现场调查、评估小组讨论、专家咨询等方式,可将船闸工程施工过程划为不同的作业活动,一般按照单位工程、分部工程、分项工程、施工工序的层次进行分解。风险评估单元可以是分部工程、分项工程、施工工序,具体可根据需求而定。

三、风险事件辨识

施工作业程序分解后,可参考《公路水运工程施工安全风险评估指南 第7部分:船闸工程》(JT/T 1375.7—2022)、《企业职工伤亡事故分类标准》(GB 6441—1986)等文件,通过现场调查、评估小组讨论、专家咨询等方式,辨识各评估单元中可能发生的典型风险事件类型。

四、致险因素分析

在船闸工程施工中,对于物的不安全状态可能引起的风险事件,一般从地质条件、施工方案、施工环境、施工机械、自然灾害等方面进行分析。对于人的不安全行为可能引起的风险事件,一般从施工操作、作业管理等方面进行分析。

五、风险事件后果类型分析

在船闸工程施工中,可能受到风险事件伤害的人员类型包括作业人员自身、同一作业场所的其他作业人员、作业场所周围其他人员。风险事件后果类型主要包括人员伤亡和直接经济损失,但不局限于这两类损失。

各作业活动的风险分析可通过评估小组讨论会的形式实施,一般可采用风险传递路径法、检查表法、鱼刺图法、故障树分析法等安全系统工程理论进行分析。

风险辨识与风险分析的结果可填入表1-1。

风险辨识与分析表 表1-1

作业活动	风险事件类型	致害物	致险因素				风险事件后果类型			
			人的因素	物的因素	环境因素	管理因素	受伤害人员类型	人员伤亡	直接经济损失	……
……										
……										
……										

第三节　施工安全风险辨识与分析方法

施工安全风险辨识与分析方法主要包括风险传递路径法、检查表法、鱼刺图法、故障树分析法、专家调查法、失效模式和后果分析法等,常用的方法介绍如下。

一、风险传递路径法

船闸工程施工安全管理失误的风险传递路径,如图1-2所示。

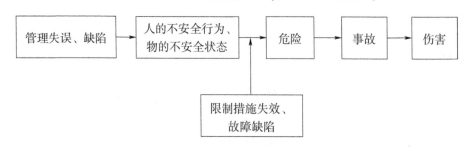

图1-2　船闸工程施工安全管理失误风险传递路径

针对船闸工程施工的特点,对船闸工程施工安全管理失误风险传递路径细化可知:风险从原因事件向结果事件传递,其表现形式由最初单一的、确定的管理失误分化到若干不同的危险形态并导致事故发生,最终发展到多样的、程度不一的伤害。

二、检查表法

检查表法是指为了查找工程、系统中各种设施、物料、工件、操作、管理和组织措施中的风险因素,事先把检查对象加以分解,将大系统分割成若干子系统,以提问或打分的形式,逐项检查项目列表的方法。

编制检查表所需的资料主要包括:有关标准、规程、规范及规定;国内外事故案例;系统安全分析事例;研究的成果等。

检查表法是一种以经验为主的方法。风险评估人员从现有的检查表中选取一种适宜的检查表,如果没有具体的、现成的安全检查表可用,评估人员必须借助已有的经验,编制出合适的检查表。

三、鱼刺图法

鱼刺图法是把系统中产生事故的原因及造成的结果所构成的因果关系,采用简单的文字和线条加以全面表示的方法。由于分析图的形状像鱼刺,故称"鱼刺图"。

制作鱼刺图分两个步骤:分析问题的原因及结构,绘制鱼刺图。

(1)分析问题原因及结构:
①针对问题点,选择层别方法(如人员、机器、原料、方法、环境等);
②按头脑风暴分别对各层别找出所有可能原因(因素);

③将找出的各因素进行归类、整理,明确其从属关系;
④分析选取重要因素;
⑤检查各要素的描述方法,确保语言简明、意思明确。
(2)鱼刺图绘制过程:
①填写鱼头(要解决的问题);
②画出主骨(影响结果主要概况因素);
③画出大骨,填写大要因;
④画出中骨、小骨,填写中小要因。

在绘制鱼刺图时应召集建设、施工、监理、第三方咨询单位(如有)等相关人员共同分析,将所要解决问题遵从面、线、点规律依次细化。

四、故障树分析法

故障树分析法就是将系统的失效事件(称为顶上事件)分解成许多子事件的串、并联组合。在系统中各个基本事件的失效概率已知时,可沿故障树图的逻辑关系逆向求解系统的失效概率。故障树是一种特殊的树状逻辑因果关系图,它用规定的逻辑门和事件符号描述系统中各种事物之间的关系。故障树的编制要求分析人员十分熟悉工程系统情况,包括工作程序、各种参数、作业条件、环境影响因素及过去常发事故情况等。故障树分析流程如图1-3所示。

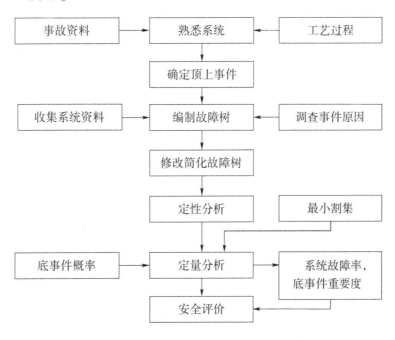

图1-3 故障树分析流程

故障树的绘制见图1-4,要分析的对象即为顶上事件(施工安全事故),按逻辑关系可向下罗列顶上事件发生的一级条件及原因(船闸工程事故),一级是条件及原因转换为一级事件,再向下罗列二级事件及原因($A_1,A_2,\cdots,A_n$ 及 $B_1,B_2,\cdots,B_n$),依次类推直至事故的基本事件($A_{11},A_{12},\cdots,A_{nn}$ 及 $B_{11},B_{12},\cdots,B_{nn}$)。现阶段主要以定性评估为主。

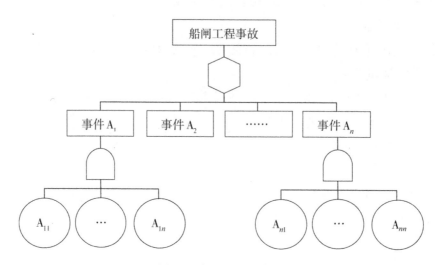

图 1-4　船闸工程故障树

注：故障树符号意义可参考《故障树名词术语和符号》（GB/T 4888—2009）。

第四节　常用风险评估方法的特点

用于工程施工安全风险评估的方法有很多种，从定性和定量角度可以将其分为定性分析方法、半定量分析方法及定量分析方法。

为了清晰地理解各类风险评估方法的特点，便于在工程施工阶段选取合理的评估方法，提高施工安全风险评估的准确性、完整性，总结常用风险评估方法的优缺点及适用范围的对比如表 1-2 所示。

常用风险评估方法的优缺点及适用范围　　　　表 1-2

分类	名称	优点	缺点	适用范围
定性分析方法	专家调查法（包括头脑风暴法、德尔菲法）	可防止由于专家多而产生当面交流困难、效率低的问题。避免因权威作用或人数多而压倒其他意见，可多次征询意见	由于专家不能当面交流，缺乏沟通，可能会坚持错误意见。由于是函询法，且又多次重复，会使某些专家最后不耐烦而不仔细考虑填写	1. 难以借助精确的分析技术而可依靠集体的直观判断进行预测的风险分析问题。 2. 问题复杂、专家代表不同的专业并没有交流的历史。 3. 受时间、经费限制，或因专家之间存有分歧、隔阂不宜当面交换意见

续上表

分类	名　称	优　点	缺　点	适用范围
定性分析方法	"如果……怎么办"法（if then）	经济有效，可充分发挥专业人员的知识特长、集思广益，可找出一个工程所存在的危险、有害性及其程度，提出消除或降低其危险性、有害性的对策措施，比较醒目、直观	1. 该方法要求参与人员要熟悉工艺、设备，并且要收集类似工程的有关情况，以便分析、综合判断。 2. 该方法对于较大的系统进行分析时，表格数量多，工作量大，且容易产生错漏	该方法既可适用于一个系统，也可以适用于系统中某一环节，适用范围较广。但不适用于较大系统分析，只适用于系统中某一环节或小系统分析
定性分析方法	失效模式和后果分析法	对于一个系统内部每个不见的失效模式或不正常运行模式都可进行详细分析，并推断它对于整个系统的影响、可能产生的后果以及如何才能避免或减少损失	只能用于考虑非危险性失效，花费时间，一般不能考虑各种失效的综合因素	可用在整个系统的任何一级，常用于分析某些复杂的关键设备
半定量分析方法	故障树法	1. 对导致灾害事故的各种因素及逻辑关系能作出全面、简洁和形象的描述。 2. 便于查明系统内固有的或潜在的各种危险因素，为设计施工和管理提供科学依据。 3. 便于进行逻辑运算，进行定性、定量分析和系统评价	步骤较多，计算较复杂	1. 应用比较广，非常适合于复杂性较大的系统。 2. 在工程设计阶段对事故查询时，都可以使用此法对它们的安全性做出评价。 3. 经常用于直接经验较少的危险源辨识
半定量分析方法	事件树法	是一种图解形式，层次清楚、阶段明显，可进行多阶段、多因素复杂事件动态发展过程的分析，预测系统中事故发生的趋势	1. 在国内外数据较少，进行定量分析还需做大量的工作。 2. 用于大系统时，容易产生遗漏和错误。 3. 该方法不能分析平行产生的后果，不能进行详细分析。 4. 事件树的大小随着问题中变量个数呈指数增长	可以用来分析系统故障、设备失效、工艺异常、人的失误等，应用比较广泛

续上表

分类	名称	优点	缺点	适用范围
半定量分析方法	影响图方法	1.影响图能够明显地表示一个决策分析问题中变量之间的条件独立关系。2.能够清晰地表示变量之间的时序关系、信息关系和概率关系。3.这种图形表示方式适合决策者认识问题的思维过程。4.影响图的网络表示形式便于用计算机存储信息与操作处理	1.节点的边缘概率和节点间的条件概率难得到。2.进行主观概率估计时,可能会违反概率理论	影响图方法与事件树法适用性类似,由于影响图方法比事件树法有更多的优点,因此,也可以应用于较大的系统分析
半定量分析方法	原因-结果分析法	原因-结果分析法实质是事件树法和故障树法的结合使用,因此,它同时具有这两种方法的优点和缺点		其适用性与故障树分析法和事件树法类似,适用于在设计、操作时用来辨识事故的可能结果及原因。不适用于大型系统
半定量分析方法	风险矩阵法	根据系统层次按次序揭示系统、分系统和设备中的危险源,做到不漏任何一项,并分别按风险的可能性和严重性分类,以便能按轻重缓急采取措施,更适合现场作业,可以进行定性和定量分析	1.主观性比较强,如果经验不足,会给分析带来麻烦。2.风险严重等级及风险发生频率是研究者自行确定的,存在较大的主观误差	该方法可根据使用的需求对风险等级划分进行修改,使其适用不同的分析系统,但要有一定的工程经验和数据资料做依据。其既可适用于整个系统,又可以适用于系统中某环节
定量分析方法	模糊数学综合评判法	模糊数学综合评判法给出了一个数学模型,它简单、易掌握,是对多因素、多层次的复杂问题评判效果比较好的方法,适用性较广	1.模糊数学综合评判法隶属函数或隶属度的确定、评价因素对评价对象权重的确定都有很大的主观性,其结果也存在较大的主观性。2.同时对于多因素、多层次的复杂评价,其计算则比较复杂	模糊数学综合评判方法适用于任何系统的任何环节,其适用性比较广

续上表

分类	名　　称	优　　点	缺　　点	适用范围
定量分析方法	层次分析法	具有适用、简洁、使用方便和系统的特点	对于那种有较高定量要求的决策问题，单纯应用层次分析法的使用过程中，无论建立层次结构还是构造判断矩阵，人的主观判断、选择、偏好对结果的影响极大，判断失误即可能造成决策失误，这就使得用层次分析法进行决策主观成分很大	应用领域比较广阔，可以分析社会、经济以及科学管理领域中的问题；但不适用于层次复杂的系统
定量分析方法	蒙特卡洛模拟法	1. 能够用于包括随机变量在内的任何计算类型。 2. 考虑的变量数目不受限制。 3. 用于计算的随机变量可以根据具体数据采用任何分布形式。 4. 可以更有效地发挥专家的作用	1. 能够在实际中采取的模拟系统非常复杂，建立模型很困难。 2. 没有计入风险因素之间的相互影响，使得风险估计结果可能偏小	1. 比较适合在大中型项目中应用。可以解决许多复杂的概率运算问题，以及适合于不允许进行真实试验的场合。对于那些费用高的项目或费时长的试验，具有很好的优越性。 2. 一般只在进行较精细的系统分析时才使用，适用于问题比较复杂，要求精度较高的场合，特别是对少数可行方案实行精选比较时十分必要
定量分析方法	等风险图法	方便直观、简单有效，对任何一个具体项目，只要得到其风险发生概率和风险后果，就可直接得到其风险系数	需要得到风险发生概率和风险后果两个变量值，而这两个值在实际操作中不易得到，需要借助其他分析方法，因此，也含有其他分析方法的缺点。同时，根据等风险图只能确定风险系数位于哪一个区间内，如果想得到具体数值，还需要进行计算	该方法适用于对结果要求精确度不高，只需要进行粗略分析的项目，同时，如果只进行一个项目一个方案分析。该方法相对烦琐，所以该方法适用于多个类似项目同时分析或一个项目的多个方案比较分析时使用

续上表

分类	名称	优点	缺点	适用范围
定量分析方法	神经网络方法	具有很强的学习能力、抗故障性和并行性	神经网络综合评估模型在已知数据不足或无法准确构造训练样本集的情况下,需要结合其他综合评估方法得到训练样本集,才能实现对网络的训练	1.预测问题,原因和结果的关系模糊的场合。2.模式辨识,设计模糊信息的场合。3.不一定非要得到最优解,主要是快速求得与之相近的次优解的场合。4.组合数量非常多,实际求解集合不可能的场合。5.对非线性很高的系统进行控制的场合
	主成分分析法	能将多个指标转化为少数几个指标进行降维处理。能够将指标之间的关联性考虑在内,但计算比较简单。在大样本的情况下,个别样本对主成本的影响不会很大	评价标准的不可继承性;评价工作的盲目性;评价结果和评价指导思想的矛盾性;需借助较多的统计资料	主成分分析法可适用于各个领域,但其结果只是在比较相对大小时才有意义
综合分析方法	专家信心指数法	具有德尔菲法的优点,一定程度上克服了德尔菲法受个人主观因素影响大的缺点	同德尔菲法	同德尔菲法
	模糊层次综合评估方法	1.同时拥有了层次分析法和模糊数学综合评判法的优点。2.该方法克服了模糊数学综合评判法中评价因素对评价对象的权重确定主观性强等缺点	除了模糊数学综合评判法权重确定的主观性的缺点之外,同时具有层次分析法和模糊数学综合评判法的缺点	适用范围与模糊数学综合评判法一致
	模糊故障树分析法	兼有模糊数学综合评判法和故障树法的优点。避免了对统计资料的强烈依赖性,为事故概率的估计提供了新思路	除了对统计资料的强烈依赖性之外,同时具有模糊数学综合评判法和故障树法的缺点	适用范围与故障树分析法相同,与故障树分析法相比,更适用于那些缺乏基本统计数据的项目

第二章　施工安全风险分级

在船闸工程施工中,作业活动按照复杂程度分为一般作业活动和重大作业活动。常用的作业活动分级方法包括检查表法、LC 法、LEC 法(作业条件危险性评价法)、专家调查法、指标体系法等。

第一节　一般作业活动风险分级

一般作业活动风险分级可采用定性(如检查表法)或半定量方法(如 LC 法和 LEC 法)。以风险描述方式将一般作业活动的风险分级情况汇总,填入表 2-1。

一般作业活动风险分级汇总表　　　　表 2-1

一般作业活动	风 险 描 述	理　由
一般作业活动 1		
……		
一般作业活动 N		

第二节　重大作业活动风险分级

重大作业活动风险分级可采用定性与定量相结合的方法。风险事件后果严重程度的分级一般采用专家调查法,风险事件可能性的分级一般采用指标体系法。

一、风险事件后果严重程度

风险事件后果严重程度的等级分为 5 级,主要考虑人员伤亡和直接经济损失。当多种后果同时产生时,采用就高原则确定风险事件后果严重程度等级。

(1)人员伤亡程度等级划分依据人员伤亡的类别和严重程度进行分级,见表 2-2。

人员伤亡程度等级标准范例(单位:人)　　　　表 2-2

等　级	定 性 描 述	死亡人数 ND	重伤人数 NSI
1	小	—	$1 \leq NSI < 5$
2	一般	$1 \leq ND < 3$	$5 \leq NSI < 10$
3	较大	$3 \leq ND < 10$	$10 \leq NSI < 50$
4	重大	$10 \leq ND < 30$	$50 \leq NSI < 100$
5	特大	$ND \geq 30$	$NSI \geq 100$

(2)直接经济损失程度等级划分可依据经济损失或经济损失占项目建安费的比例进行分级;对于工程造价较低的公路水运工程,采用"经济损失占项目建安费的比例"这一相对指标进行判定。经济损失和经济损失占项目建安费的比例的等级划分见表2-3。

直接经济损失程度等级标准 表2-3

等级	定性描述	经济损失 Z(万元)	经济损失占项目建安费的比例 P_r(%)
1	小	$Z < 100$	$P_r < 1$
2	一般	$100 \leqslant Z < 1000$	$1 \leqslant P_r < 2$
3	较大	$1000 \leqslant Z < 5000$	$2 \leqslant P_r < 5$
4	重大	$5000 \leqslant Z < 10000$	$5 \leqslant P_r < 10$
5	特大	$Z \geqslant 10000$	$P_r \geqslant 10$

二、风险事件可能性

物的不安全状态、人的不安全行为以及两者的组合所导致的风险事件可能性等级分为5级,见表2-4。

风险事件可能性等级标准 表2-4

可能性等级描述	可能性等级	可能性等级描述	可能性等级
很可能	5	可能性很小	2
可能	4	几乎不可能	1
偶然	3		

物的不安全状态引起的风险事件可能性评估指标,根据可能发生的风险事件类型,从本质安全的角度出发,分析可能导致风险事件发生的致险因素,在此基础上选取提出。评估指标一般从工程自身特点、地质条件、气象水文条件、施工方案、施工作业环境等方面提出。

人的不安全行为引起的风险事件可能性评估指标一般采用安全管理评估指标,一般从企业资质、分包情况、作业班组及技术管理人员经验、安全管理人员配备、安全生产费用、机具设备配置及管理、施工组织设计、专项施工方案、企业工程业绩及信用情况等方面提出。

评估指标分值一般按式(2-1)进行计算。根据计算分值,对照表2-5找出安全管理调整系数(λ)。在对每个重大作业活动进行风险分级时,分别计算相应的安全管理调整系数。

$$M = A + B + C + D + E + F + G + H + I + J + K \tag{2-1}$$

式中:M——安全管理评估分值;

A——总包企业资质评估指标分值;

B——专业分包评估指标分值;

C——劳务分包评估指标分值;

D——作业班组经验评估指标分值;

E——项目技术管理人员经验评估指标分值;

F——项目安全管理人员配备评估指标分值;

G——安全生产费用评估指标分值;

H——船机设备配置及管理评估指标分值;

I——施工组织设计或专项施工方案评估指标分值;

J——企业工程业绩评估指标分值;

K——企业信用评价等级评估指标分值。

注:评估小组可结合工程实际情况、项目管理模式等,补充具体的评估指标。

安全管理评估指标分值与安全管理调整系数对照表　　　表2-5

安全管理评估分值 M	安全管理调整系数 λ	安全管理评估分值 M	安全管理调整系数 λ
$M \geq 16$	1.1	$7 \leq M < 10$	0.95
$13 \leq M < 16$	1.05	$M < 7$	0.9
$10 \leq M < 13$	1		

船闸工程施工风险事件可能性大小按式(2-2)计算确定。

$$P = \lambda \times \sum X_{ij} = \lambda \times \sum R_{ij} \times \gamma_{ij} \tag{2-2}$$

式中:P——风险事件可能性评估分值;

λ——安全管理调整系数,按表2-5取值;

X_{ij}——评估指标的分值,$i=1,2,\cdots,m;j=1,2,\cdots,n$;其中 m 为项别的数量,n 为对应第 i 个项别包括的评估指标的数量;

R_{ij}——评估指标的取值,$i=1,2,\cdots,m;j=1,2,\cdots,n$;其中 m 为项别的数量,n 为对应第 i 个项别包括的评估指标的数量;

γ_{ij}——权重系数,$i=1,2,\cdots,m;j=1,2,\cdots,n$;其中 m 为项别的数量,n 为对应第 i 个项别包括的评估指标的数量。

计算得到 P 后,根据 P 值对照表2-6,确定各重大作业活动发生风险事件的可能性等级。

风险事件可能性等级标准　　　表2-6

可能性等级描述	可能性等级[①]	P
很可能	5	$P > 60$
可能	4	$45 < P \leq 60$
偶然	3	$30 < P \leq 45$
可能性很小	2	$15 < P \leq 30$
几乎不可能	1	$P \leq 15$

注:①若出现1个或多个重要性指标(评估小组集体讨论确定)取最大值,可调高一个可能性等级。

三、施工安全风险等级

根据风险事件发生的可能性、后果严重程度等级,可采用风险矩阵法确定重大作业活动的施工安全风险等级,划分标准见表2-7。

施工安全风险等级标准 表2-7

可能性等级		严重程度等级				
		小	一般	较大	重大	特大
		1	2	3	4	5
很可能	5	较大风险（Ⅲ）	较大风险（Ⅲ）	重大风险（Ⅳ）	重大风险（Ⅳ）	重大风险（Ⅳ）
可能	4	一般风险（Ⅱ）	较大风险（Ⅲ）	较大风险（Ⅲ）	重大风险（Ⅳ）	重大风险（Ⅳ）
偶然	3	一般风险（Ⅱ）	一般风险（Ⅱ）	较大风险（Ⅲ）	较大风险（Ⅲ）	重大风险（Ⅳ）
可能性很小	2	低风险（Ⅰ）	一般风险（Ⅱ）	一般风险（Ⅱ）	较大风险（Ⅲ）	较大风险（Ⅲ）
几乎不可能	1	低风险（Ⅰ）	低风险（Ⅰ）	一般风险（Ⅱ）	一般风险（Ⅱ）	较大风险（Ⅲ）

在船闸工程施工中，可将风险等级用不同颜色在施工形象进度图中标识出来，形成"红橙黄蓝"四色施工安全风险分布图。以列表方式汇总重大作业活动风险等级，可填入表2-8。

重大作业活动风险等级汇总表 表2-8

重大作业活动	风险事件可能性等级	风险事件后果严重程度				风险等级
		人员伤亡	直接经济损失	……	风险事件后果严重程度等级	
重大作业活动1						
……						
重大作业活动N						

四、风险接受准则与控制措施

对于重大作业活动，一般根据不同的风险等级提出接受准则和分级控制措施，如表2-9所示。

重大作业活动风险接受准则与控制措施 表2-9

风险等级	接受准则	控制措施	分级控制措施			
等级Ⅰ（低风险）	可忽略	不需采取特别的风险防控措施	日常管理	—	—	—
等级Ⅱ（一般风险）	可接受	需采取风险防控措施，严格日常安全生产管理，加强现场巡视	日常管理	监控预警	专项整治	—
等级Ⅲ（较大风险）	不期望	应采取措施降低风险，将风险至少降低到可接受的程度	日常管理	监控预警	多方面专项整治	应急预案、应急准备
等级Ⅳ（重大风险）	不可接受	应暂停开工或施工；同时采取措施，综合考虑风险成本、工期及规避效果等，按照最优原则，将风险至少降低到可接受的程度，并加强监测和应急准备	日常管理	监控预警	暂停开工或施工、全面整治	应急预案、应急准备

第三节 施工安全风险分级方法

施工安全风险分级方法主要包括 LC 法、LEC 法(作业条件危险性评价法)、专家调查法、指标体系法、检查表法、风险矩阵法等,常用的方法介绍如下。

一、LC 法

根据《公路水路行业安全生产风险辨识评估管控基本规范(试行)》,风险等级大小(D)由风险事件发生的可能性(L)、后果严重程度(C)两个指标决定。

$$D = L \times C \tag{2-3}$$

1. 可能性分级标准

可能性统一划分为 5 个级别,分别是:极高、高、中等、低、极低。可能性判断标准见表 2-10。

可能性判断标准 表 2-10

序 号	可能性级别	发生的可能性	取 值 区 间
1	极高	极易	(9,10]
2	高	易	(6,9]
3	中等	可能	(3,6]
4	低	不大可能	(1,3]
5	极低	极不可能	(0,1]

注:1. 可能性指标取值为区间内的整数或最多一位小数。

2. 区间符号"[ ]"包括"等于","( )"不包括"等于"。

2. 后果严重程度分级标准

后果严重程度统一划分为四个级别,分别是特别严重、严重、较严重、不严重。后果严重程度判断标准见表 2-11,后果严重程度等级取值见表 2-12。

后果严重程度判断标准 表 2-11

后果严重程度	后果严重程度总体判断标准定义
特别严重	1. 人员伤亡:可能发生人员伤亡数量达到国务院《生产安全事故报告和调查处理条例》中特别重大事故伤亡标准; 2. 经济损失:可能发生经济损失达到国务院《生产安全事故报告和调查处理条例》中特别重大事故经济损失标准; 3. 环境污染:可能造成特别重大生态环境灾害或公共卫生事件; 4. 社会影响:可能对国家或区域的社会、经济、外交、军事、政治等产生特别重大影响

续上表

后果严重程度	后果严重程度总体判断标准定义
严重	1. 人员伤亡:可能发生人员伤亡数量达到国务院《生产安全事故报告和调查处理条例》中重大事故伤亡标准; 2. 经济损失:可能发生经济损失达到国务院《生产安全事故报告和调查处理条例》中重大事故经济损失标准; 3. 环境污染:可能造成重大生态环境灾害或公共卫生事件; 4. 社会影响:可能对国家或区域的社会、经济、外交、军事、政治等产生重大影响
较严重	1. 人员伤亡:可能发生人员伤亡数量达到国务院《生产安全事故报告和调查处理条例》中较大事故伤亡标准; 2. 经济损失:可能发生经济损失达到国务院《生产安全事故报告和调查处理条例》中较大事故经济损失标准; 3. 环境污染:可能造成较大生态环境灾害或公共卫生事件; 4. 社会影响:可能对国家或区域的社会、经济、外交、军事、政治等产生较大影响
不严重	1. 人员伤亡:可能发生人员伤亡数量达到国务院《生产安全事故报告和调查处理条例》中一般事故伤亡标准; 2. 经济损失:可能发生经济损失达到国务院《生产安全事故报告和调查处理条例》中一般事故经济损失标准; 3. 环境污染:可能造成一般生态环境灾害或公共卫生事件; 4. 社会影响:可能对国家或区域的社会、经济、外交、军事、政治等产生较小影响

注:表中同一等级的不同后果之间为"或"关系,即满足条件之一即可。

后果严重程度等级取值　　　　　　　　　　　　　　　　　　表 2-12

后果严重程度等级	后果严重程度取值	后果严重程度等级	后果严重程度取值
特别严重	10	较严重	2
严重	5	不严重	1

3. 风险等级评估标准

风险等级(D)取值区间见表 2-13。

风险等级取值区间　　　　　　　　　　　　　　　　　　表 2-13

风 险 等 级	风险等级取值区间	风 险 等 级	风险等级取值区间
重大风险(Ⅳ级)	(55,100]	一般风险(Ⅱ级)	(5,20]
较大风险(Ⅲ级)	(20,55]	低风险(Ⅰ级)	(0,5]

注:区间符号"[ ]"包括"等于","( )"不包括"等于"。

二、LEC 法

LEC 法是根据作业人员在具有潜在危险性环境中作业,用与作业风险有关的三种因素指标值的乘积来评价风险的方法。

LEC 法的评价步骤介绍如下:

(1)组成专家组。

(2)对于一个具有潜在危险性的作业条件,确定事故类型,找出影响危险性的主要因素:事故发生的可能性(L);人员暴露于危险环境的频繁程度(E);发生事故可能造成的后果(C)。

(3)由专家组成员按规定标准对L、E、C分别评估,取分值集的平均值作为L、E、C的计算分值。用计算的危险性分值(D)来评价作业条件的危险性等级。其计算公式为:

$$D = L \times E \times C \tag{2-4}$$

式中:L——事故发生的可能性大小,取值见表2-14;

E——人员暴露于危险环境的频繁程度,取值见表2-15;

C——发生事故可能造成的后果,取值见表2-16;

D——危险性分值,确定危险等级的划分标准见表2-17。

事故发生的可能性分值 L 表2-14

分数值	10	6	3	1	0.5	0.2	0.1
事故发生的可能性	完全会被预料到	相当可能	可能,但不经常	完全意外,可能小	可以设想,不太可能	极不可能	实际上不可能

暴露于危险环境的频繁程度分值 E 表2-15

分数值	10	6	3	2	1	0.5
暴露于危险环境的频繁程度	连续暴露	每天工作时间内暴露	每周一次或偶然暴露	每月暴露一次	每年暴露几次	非常罕见暴露

事故造成的后果分值 C 表2-16

分数值	100	40	15	7	3	1
事故造成的后果	10人以上死亡	3人以上9人以下死亡	1人死亡	严重伤残	有伤残	轻伤,需救护

危险性等级划分标准(D) 表2-17

危险性分数值	$[320, +\infty)$	$[160, 320)$	$[70, 160)$	$[20, 70)$	$(0, 20)$
危险程度	极度危险,不能继续作业	高度危险,需要整改	显著危险,需要整改	比较危险,需要注意	稍有危险,可以接受
危险等级	5	4	3	2	1

一般情况下,事故发生的可能性越大,风险越大;暴露于危险环境的频繁程度越大,风险越大;事故产生的后果越大,风险越大。运用LEC法进行分析时,危险等级为1~2级的,可确定为属于可接受的风险;危险等级为3~5级的,则确定为属于不可接受的风险。

三、专家调查法

专家调查法是专家针对工程复杂程度、施工环境、地质条件、气象水文、资料完整性等内容,分别进行风险评估,再综合各专家的评估结果提出评估小组的评估结果。专家类似工作经验,对评估结果的影响极大。考虑到专家所从事的专业不同,为防止对不熟悉的内容评估不合理,一般引入专家信心指数对评估结果进行调整。

所谓信心指数就是专家在作出相应判断时的信心程度,也可以理解为该数据的客观可靠程度。这意味着将由专家自己进行数据的可靠性或客观性评价,这就会大幅提高数据的可用性,也可以扩大数据采集对象的范围。通过这种方法,可以挖掘出专家调研数据的深层信息,即使数据采集对象并非该领域的专家,只要他对所作出的判断能够有一个正确的评价,那么这个数据就应该视为有效信息。

根据表2-18,每位专家分别对每个项别给出专家信心指数(W_i),按式(2-5)计算出每位专家的评估结果(D_r),将D_r累加再除以专家总数得出平均值($\overline{D}_r$),作为评估小组的评估结果,按表2-19划分施工安全风险等级。

$$D_r = \frac{\sum(W_i \times R_i)}{\sum W_i} \quad (2-5)$$

式中:R_i——每个项别的风险等级评估分值(1~4);

W_i——每个项别的专家信心指数;

D_r——每位专家的评估结果。

专家信心指数　　　　　　　　　　　　　　　　表2-18

信心描述	对评估内容非常熟悉,对评估结果很有信心	对评估内容比较熟悉,对评估结果比较有信心	对评估内容有一定了解,对评估结果有一定信心	对评估内容不太了解,对评估结果基本没把握
专家信心指数	0.9~1	0.7~0.9	0.4~0.7	0.1~0.4

确定风险等级　　　　　　　　　　　　　　　　表2-19

$\overline{D}_r$值区间	风险等级	$\overline{D}_r$值区间	风险等级
$\overline{D}_r \geq 3.5$	重大风险(Ⅳ)	$2.5 > \overline{D}_r \geq 1.5$	一般风险(Ⅱ)
$3.5 > \overline{D}_r \geq 2.5$	较大风险(Ⅲ)	$\overline{D}_r < 1.5$	低风险(Ⅰ)

四、指标体系法

指标体系法选取指标一般遵循以下原则:

(1)科学性。指标能客观和真实地反映施工安全风险的大小。

(2)层次性。对于复杂的评估问题,采用分层处理的方法不仅结构清晰,易于理解和分析,而且逻辑性和科学性强。因此,评估指标构建时应进行层次性分解。

(3)全面性。选取的指标尽可能涵盖影响施工安全风险的各个方面,重要指标没有遗漏。

(4)代表性。指标便于定性描述和定量分级。

(5)独立性。各指标之间相互独立,保证同一指标因素不会重复计算。

评估小组根据影响施工安全风险的主要因素,将其分为多个项别,对每个项别细分提出若干评估指标,并确定指标的分级区间及对应的基本分值范围,从而建立评估指标体系。

评估指标取值首先由评估小组根据工程实际情况和指标分级情况,确定指标所在的分级区间,在分级区间的分值范围内,采用插值法等方法,集体讨论确定指标的分值。在确定指标所在的分级区间时,遵循最不利原则,越不利的情况取值越大。

权重系数反映了评估指标对风险影响的程度,目前还没有一种方法能准确确定其数值。权重系数可综合运用多种方法进行确定,如重要性排序法、层次分析法、复杂度分析法等,必要时可采用多种方法确定权重并进行比对。

重要性排序法是目前确定权重方法中最简单又相对科学的一种方法。重要性排序法是对评估指标按重要性排序(即确定指标权重的过程),视相邻指标权重系数差值相同,具有一定的合理性和科学性。采用重要性排序法,可根据表2-20选取权重系数进行简化处理。当出现两个或多个指标重要性相同时,则其指标权重可根据表2-20确立的权重系数进行均等化处理。

重要性排序法权重系数 表2-20

指标项目数量	权重系数	第1项	第2项	第3项	第4项	第5项	第6项	第7项	第8项	第9项	第10项	第11项	第12项	第13项	总权重
第1项	γ	1.00													$\Sigma\gamma=1$
第2项	γ	0.75	0.25												$\Sigma\gamma=1$
第3项	γ	0.56	0.33	0.11											$\Sigma\gamma=1$
第4项	γ	0.44	0.31	0.19	0.06										$\Sigma\gamma=1$
第5项	γ	0.36	0.28	0.20	0.11	0.05									$\Sigma\gamma=1$
第6项	γ	0.31	0.25	0.19	0.14	0.08	0.03								$\Sigma\gamma=1$
第7项	γ	0.27	0.22	0.18	0.14	0.10	0.06	0.03							$\Sigma\gamma=1$
第8项	γ	0.23	0.20	0.17	0.14	0.11	0.08	0.05	0.02						$\Sigma\gamma=1$
第9项	γ	0.21	0.19	0.16	0.14	0.11	0.09	0.06	0.03	0.01					$\Sigma\gamma=1$
第10项	γ	0.19	0.17	0.15	0.13	0.11	0.09	0.07	0.05	0.03	0.01				$\Sigma\gamma=1$
第11项	γ	0.17	0.16	0.14	0.12	0.11	0.09	0.07	0.06	0.04	0.03	0.01			$\Sigma\gamma=1$
第12项	γ	0.16	0.15	0.13	0.12	0.10	0.09	0.08	0.06	0.05	0.03	0.02	0.01		$\Sigma\gamma=1$
第13项	γ	0.15	0.14	0.12	0.11	0.10	0.09	0.08	0.06	0.05	0.04	0.03	0.02	0.01	$\Sigma\gamma=1$

在采用重要性排序法确定权重系数时,评估小组通过工程类比分析、集体讨论等方式,结合工程实际情况,合理选取或补充评估指标并对其重要性进行排序。评估指标个数的选取一般不超过13个。

评估小组集体讨论确定并标识出重要性指标,重要性指标包括权重大、对施工安全风险影响不能忽略的指标,指标取值变化会对评估结果影响大的敏感指标,若干指标组合后对风险影响大的指标等。

第三章 船闸工程常见施工作业程序分解

船闸工程主要涵盖了船闸主体工程、引航道工程、闸阀门及启闭装置工程等。表3-1～表3-3分别为船闸主体工程、引航道工程、闸阀门及启闭装置工程的施工作业程序分解表。

第一节 船闸主体工程施工作业程序分解

表3-1列出了常见的船闸主体工程的施工作业程序分解。

船闸主体工程施工作业程序分解   表3-1

分部工程	分项工程	施工工序
围堰工程	土石围堰施工	围堰填筑施工→防渗结构施工→护面施工
	钢板桩围堰施工	钢板桩制作→打入钢板桩→防渗结构施工→围堰堰身填筑
基坑工程	基坑降排水	钻孔→滤管安装→排水管沟布设→抽水→水位监测
	土石方开挖	测量放样→分层开挖→土石方外运→边坡防护→验槽
地基与基础	地基换填	测量放样→验槽→换填料制备→换填料填筑→整平
	预制桩沉桩	预制桩制作→场地平整→桩位放样→桩机就位→喂桩→沉桩→桩机移位
	灌注桩施工	测量放样→桩机就位→护筒施工→钻孔、清渣→钢筋笼制作与安装→混凝土灌注→桩头处理
	水泥搅拌桩施工	测量放样→设备就位→制浆→钻孔喷浆(灰)→复搅→设备移位
	旋喷桩施工	场地平整→测量放样→钻机就位→制浆→钻孔旋喷注浆→结束拔管→钻机移位
闸首与闸室	现浇底板与底撑梁	测量放线→封底(垫层)施工→钢筋绑扎→模板安装→混凝土浇筑→拆模→养护
	现浇混凝土消能设施	测量放线→钢筋制安→模板安装→混凝土浇筑→拆模→养护
	现浇混凝土门槛	测量放线→钢筋制安→模板安装→混凝土浇筑→拆模→养护
	现浇混凝土输水廊道	测量放线→支架搭设→钢筋制安→模板安装→混凝土浇筑→拆模→养护
	现浇闸首边墩	测量放线→支架搭设→钢筋制安→模板安装→混凝土浇筑→拆模→养护
	现浇混凝土闸墙	测量放线→移动模架拼装→钢筋制安→模板安装→混凝土浇筑→拆模→模架移位→养护

续上表

分部工程	分项工程	施工工序
闸首与闸室	钢板桩闸墙	测量放样→设备就位→导架安装→桩体吊运→沉桩→设备移位→锚碇系统施工
	地连墙闸墙	导墙制作→泥浆制备→成槽施工→清槽除砂→钢筋笼制安→混凝土灌注→下一槽段施工→墙面衬砌
	现浇或预制安装闸墙顶挡板	测量放线→钢筋制安→预埋件安装→安装托架→模板安装→混凝土浇筑→拆模→养护
	二期混凝土	支架搭设→钢筋安装→模板安装→混凝土浇筑→拆模→养护
墙后工程	倒滤层	放样→滤层铺设→整平
	墙后排水系统施工	放样→管沟(井)开挖→管沟(井)敷设→回填
	土石方及混凝土回填	土石方/混凝土运输→土石方/混凝土填筑
	铺砌面层	整平压实→垫层铺设→铺砌面层
附属设施	钢护面、护角安装	钢护面制作→钢护面安装、锚固→混凝土浇筑
	栏杆、系船柱(钩)安装	栏杆、系船柱(钩)制作→设施安装
	护舷、爬梯、水尺安装	测量放线→护舷、爬梯、水尺安装

第二节 引航道工程施工作业程序分解

表3-2列出了常见的引航道工程的施工作业程序分解。

引航道工程施工作业程序分解　　　　　表3-2

分部工程	分项工程	施工工序
航道开挖	陆上开挖	测量放线→陆上开挖→土石外运
	水下开挖	测量定位、立标→水下分段、分层开挖
	岸坡削坡及整平	岸坡削坡→土石外运→岸坡整平
围堰工程	土石围堰施工	围堰填筑施工→防渗结构施工→护面施工
	钢板桩围堰施工	钢板桩制作→打入钢板桩→防渗结构施工→围堰堰身填筑
	钢管桩、木桩围堰施工	沉桩→围檩拉结施工→防渗结构施工→堰身填筑
基坑工程	土石方开挖	测量放样→分层开挖→土石方外运→边坡防护→验槽
地基与基础	地基换填	测量放样→验槽→换填料制备→换填料填筑→整平
	预制桩沉桩	预制桩制作→场地平整→桩位放样→桩机就位→喂桩→沉桩→桩机移位
	灌注桩施工	测量放样→桩机就位→护筒施工→钻孔、清渣→钢筋笼制安→混凝土灌注→桩头处理

续上表

分部工程	分项工程	施工工序
地基与基础	小木桩	测量放样→设备就位→木桩吊运→沉桩→设备移位
	CFG（水泥粉煤灰碎石）桩	测量放样→设备就位→桩体成孔→CFG料灌注→设备移位
	水泥搅拌桩	测量放样→设备就位→制浆→钻孔喷浆(灰)→复搅→设备移位
	长螺旋钻孔压灌桩	测量放样→设备就位→钻孔→混凝土压灌、钻杆提升→钢筋笼振动下沉→设备移位
	旋喷桩	场地平整→测量放样→钻机就位→制浆→钻孔旋喷注浆→结束拔管→钻机移位
	沉井安装	基础处理→沉井分层预制→沉井下沉→沉井封底
导航建筑物与靠船建筑物	现浇导航墙	测量放线→支架搭设→钢筋绑扎→模板安装→混凝土浇筑→拆模→养护
	现浇靠船墩	测量放线→支架搭设→钢筋绑扎→模板安装→混凝土浇筑→拆模→养护
	现浇挡板	测量放线→钢筋制安→模板安装→混凝土浇筑→拆模→养护
	装配式靠船墩	构件预制→构件吊运→构件安装→构件连接
护岸与护底	现浇底板	测量放线→钢筋制安→模板安装→混凝土浇筑→拆模→养护
	现浇挡墙	测量放线→钢筋制安→模板安装→混凝土浇筑→拆模→养护
	装配式挡墙	构件预制→构件吊运→构件安装→构件连接
	钢板桩挡墙	1.静压沉桩:设备就位→桩体吊运→静压沉桩→设备移位; 2.振动沉桩:设备就位→导架安装→桩体吊运→振动沉桩→设备移位
	混凝土板桩挡墙	设备就位→桩体吊运→桩体沉桩→设备移位
	灌注桩挡墙	1.灌注桩:测量放样→设备就位→灌注桩成孔→钢筋笼安放→混凝土浇筑→设备移位; 2.搅拌(旋喷)桩:测量放样→设备就位→制浆→钻孔喷浆(灰)→复搅→设备移位; 3.锚杆栽设:锚杆制备→放样定位→设备就位→成孔→锚杆栽设→灌浆→锚杆张拉→设备移位; 4.混凝土贴面:墙前开挖→拉杆栽植→钢筋网片安装→模板安装→混凝土浇筑→拆模→养护; 5.胸墙(帽梁):桩头清理→钢筋安装→模板安装→混凝土浇筑→拆模→养护
	格宾挡墙	块石运输→格宾石笼制备→格宾吊运→格宾安装
	砌石护坡	施工准备→测量放线→砌石填筑→块石空隙堵塞→勾缝→验收
	模袋护坡	施工准备→测量放线→坡面平整→铺设模袋→模袋混凝土灌注→验收

续上表

分部工程	分项工程	施工工序
护岸与护底	预制块铺砌护坡	坡面验收→预制块运输→放样→铺砌
	砌石拱圈护坡	测量放线→基槽开挖→基底验收→砌筑拱圈
	现浇混凝土护坡	模板支立→混凝土运输→混凝土浇筑→抹面→混凝土养护→拆模
	护底护坦	测量放线→钢筋绑扎→模板安装→混凝土浇筑→拆模→养护
墙后工程	倒滤层	放样→滤层铺设→整平
	土石方及混凝土回填	土石方/混凝土运输→土石方/混凝土填筑
	铺砌面层	整平压实→垫层铺设→铺砌面层
附属设施	钢面、护角安装	钢护面制作→钢护面安装、锚固→混凝土浇筑
	栏杆、系船柱(钩)安装	栏杆、系船柱(钩)制作→设施安装
	护舷、爬梯	测量放线→护舷、爬梯安装

第三节 闸阀门及启闭机装置工程施工作业程序分解

表3-3列出了常见的闸阀门及启闭机装置工程的施工作业程序分解。

闸阀门及启闭装置工程施工作业程序分解   表3-3

分部工程	分项工程	施工工序
闸门、阀门金属结构工程	闸门、阀门金属结构制作	工厂化生产
	预埋件安装	起重设备就位→起吊→埋件位置预置、复核→加固埋件→混凝土浇筑
	止水安装	止水节制作→现场焊接安装
	门轨安装	起重设备就位→起吊→安装→落座→二期混凝土浇筑
	门体安装	门体出厂运输→场内运输→起重设备就位→临时支点布设→门叶底节吊装就位、临时固结→门叶上节吊装就位、临时固结→门叶、杆件焊接→正式定位,解除临时固结,落门→运转件连接→调试→防腐施工
	运转件安装	起重设备就位→起吊→安装→落座
	闸阀门试运行	闸阀门试运行
启闭装置	启闭装置制造	工厂化生产
	预埋件安装	起重设备就位→起吊→埋件位置预置、复核→加固埋件→混凝土浇筑
	启闭机安装	起重设备就位→起吊→安装→落座→连接闸(阀)门
	启闭机试运行	启闭机试运行

第四章 船闸工程施工的典型风险事件类型

表 4-1～表 4-3 分别为船闸主体工程、引航道工程、闸阀门及启闭装置工程评估单元与典型风险事件类型对照表。

第一节 船闸主体工程施工的典型风险事件

表 4-1 给出了船闸主体工程施工的典型风险事件类型。

船闸主体工程施工的典型风险事件类型　　　表 4-1

分部工程	评估单元	淹溺	物体打击	触电	坍塌	机械伤害	起重伤害	车船伤害	爆炸	高处坠落	火灾	滑坡
围堰工程	土石围堰施工	√	√		√	√	√	√		√		√
	钢板桩围堰施工	√	√	√	√	√	√	√		√		
基坑工程	基坑降排水	√		√		√						√
	土石方开挖		√		√	√	√	√	√	√		√
地基与基础	地基换填		√		√	√	√					
	预制桩沉桩		√	√		√	√	√				
	灌注桩施工	√	√	√		√	√	√				
	水泥搅拌桩施工		√	√		√		√		√		
	旋喷桩施工		√	√		√		√				
闸首与闸室	现浇底板与底撑梁		√	√		√	√			√		
	现浇混凝土消能设施		√	√		√	√			√		
	现浇混凝土门槛		√	√		√	√			√		
	现浇混凝土输水廊道		√	√		√	√			√		
	现浇闸首边墩		√	√		√	√			√		
	现浇混凝土闸墙		√	√		√	√			√		
	钢板桩闸墙		√	√		√	√	√		√		√
	地连墙闸墙	√	√	√		√	√	√		√		
	现浇或预制安装闸墙顶挡板		√	√		√	√			√		
	二期混凝土		√	√		√	√	√		√		

续上表

分部工程	评估单元	淹溺	物体打击	触电	坍塌	机械伤害	起重伤害	车船伤害	爆炸	高处坠落	火灾	滑坡
墙后工程	倒滤层					√		√				
	墙后排水系统施工		√	√	√	√				√		
	土石方及混凝土回填		√		√	√		√				√
	铺砌面层		√		√							
附属设施	钢护面、护角安装		√	√		√	√	√		√		
	栏杆、系船柱(钩)安装	√	√	√		√	√	√				
	护舷、爬梯、水尺安装	√	√	√		√	√	√		√		

注:"√"表示可能发生该风险事件。

第二节 引航道工程施工的典型风险事件

表4-2给出了引航道工程施工的典型风险事件类型。

引航道工程施工的典型风险事件类型　　　表4-2

分部工程	评估单元	淹溺	物体打击	触电	坍塌	机械伤害	起重伤害	车船伤害	爆炸	高处坠落	火灾	滑坡
航道工程	陆上开挖		√		√	√				√		√
	水下开挖	√	√			√	√					
	岸坡削坡及整平	√	√		√	√		√		√		√
围堰工程	土石围堰施工	√	√		√	√	√	√		√		√
	钢板桩围堰施工	√	√	√	√	√	√	√		√		
	钢管桩、木桩围堰施工	√	√	√	√	√	√	√		√		
基坑工程	土石方开挖		√		√	√		√	√	√		√
地基与基础	地基换填		√			√						
	预制桩沉桩		√	√		√	√					
	灌注桩施工	√	√		√	√	√					
	小木桩		√			√						
	CFG桩		√	√		√						
	水泥搅拌桩		√	√		√						
	长螺旋钻孔压灌桩		√	√		√						
	旋喷桩		√	√		√						
	沉井安装	√	√	√	√	√	√	√		√		

续上表

分部工程	评估单元	淹溺	物体打击	触电	坍塌	机械伤害	起重伤害	车船伤害	爆炸	高处坠落	火灾	滑坡
导航建筑物与靠船建筑物	现浇导航墙	√	√	√	√	√	√	√		√		
	现浇靠船墩	√	√	√	√	√	√	√		√		
	现浇挡板	√	√	√		√	√	√		√		
	装配式靠船墩		√			√	√	√		√		
护岸与护底	现浇底板	√	√	√		√		√				
	现浇挡墙	√	√			√		√		√		
	装配式挡墙	√	√			√	√	√		√		
	钢板桩挡墙	√	√			√				√		
	混凝土板桩挡墙	√	√			√		√				
	灌注桩挡墙	√	√	√		√		√				
	格宾挡墙	√	√			√		√				
	砌石护坡	√	√		√	√	√	√		√		
	模袋护坡	√				√	√	√				
	预制块铺砌护坡	√	√		√	√	√	√		√		
	砌石拱圈护坡	√	√		√	√		√				
	现浇混凝土护坡	√	√	√		√		√				
	护底护坦	√	√			√						
墙后工程	倒滤层					√		√				
	土石方及混凝土回填		√		√	√		√				√
	铺砌面层		√			√						
附属设施	钢护面、护角安装		√	√		√	√	√		√		
	栏杆、系船柱(钩)安装	√	√	√		√	√	√		√		
	护舷、爬梯	√	√	√		√	√	√		√		

注:"√"表示可能发生该风险事件。

第三节 闸阀门及启闭装置工程施工的典型风险事件

表 4-3 给出了闸阀门及启闭装置工程施工的典型风险事件类型。

闸阀门及启闭装置工程施工的典型风险事件类型   表 4-3

分部工程	评估单元	淹溺	物体打击	触电	坍塌	机械伤害	起重伤害	车船伤害	爆炸	高处坠落	火灾	滑坡
闸门、阀门金属结构工程	闸门、阀门金属结构制作		√	√		√	√	√	√	√	√	
	预埋件安装		√	√		√	√			√	√	
	止水安装		√	√		√	√			√	√	
	门轨安装		√	√		√	√			√		
	门体安装		√	√		√	√	√		√	√	
	运转件安装		√	√		√	√	√		√		
	闸阀门试运行	√		√		√				√		
启闭装置	启闭装置制造		√	√		√	√		√		√	
	预埋件安装		√	√		√	√			√		
	启闭机安装		√	√		√	√	√				
	启闭机试运行	√		√		√				√		

注:"√"表示可能发生该风险事件。

第五章 船闸工程施工的主要安全风险分析

第一节 船闸主体工程施工的主要安全风险分析

船闸主体工程主要涉及围堰工程、基坑工程、地基与基础、闸首与闸室、墙后工程、附属设施等施工内容；典型风险事件主要有淹溺、物体打击、触电、坍塌、机械伤害、起重伤害、车船伤害、高处坠落、火灾、爆炸、滑坡等；致害物主要包含了周边水体、工具、材料等坠落物，围堰局部或整体塌方、坍塌等，施工船舶等。风险事件的发生常常是因为人的因素、物的因素、环境因素、管理因素中管理、维护、设置等不到位而导致，具体风险分析见表 5-1。

船闸主体工程施工的主要安全风险分析

表 5-1

施工作业内容	典型风险事件	致害物	致险因素			风险事件后果类型			
			人的因素	物的因素	环境因素	管理因素	易导致伤亡人员类型 || 人员伤亡		
							本人	他人	轻伤	重伤	死亡
土石围堰施工	淹溺	周边水域	1. 管理人员违章指挥，强令冒险作业； 2. 人员心理异常（冒险侥幸心理）； 3. 作业人员操作错误、违章作业； 4. 违反劳动纪律行为（管理人员脱岗）； 5. 人员未正确使用安全防护用品	1. 现场无警示标识或标识破损； 2. 现场救生设施不足； 3. 水下存在不明物体或发生物的拖拽或缠绕	1. 雷雨、大风（6 级以上）、冰雹、大雾等恶劣天气作业； 2. 水体寒冷； 3. 水上能见度不足	1. 专项施工方案、应急预案不完善或未落实； 2. 未落实安全教育、培训、交底、检查制度； 3. 现场监控看管不到位	√			√	√

第五章 船闸工程施工的主要安全风险分析

续上表

施工作业内容	典型风险事件	致害物	致险因素				风险事件后果类型				
			人的因素	物的因素	环境因素	管理因素	易导致伤亡人员类型		人员伤亡		
							本人	他人	轻伤	重伤	死亡
土石围堰施工	物体打击	工具、材料、土石方、预制构件等	1. 现场作业人员未正确使用安全防护用品（安全帽等）； 2. 人员违章进入危险区域； 3. 管理人员违章指挥，强令冒险作业； 4. 作业人员身体健康状况异常，心理异常，感知异常（反应迟钝、辨识错误）； 5. 作业人员操作错误，违章作业，违章抛物	1. 安全防护用品不合格（安全帽等）； 2. 作业过程中产生坠落物、抛射物、喷射物、溅射物等（工具、材料等）； 3. 未设置防护设施，防护设施存在缺陷（挡脚板、防护网等）； 4. 物品摆放位置不合理或未固定； 5. 物品尺寸超大、超长等	1. 强风、暴雨、冰雹、大雾等不良天气； 2. 作业场地杂乱； 3. 照明光线不足； 4. 机械、车船、场地晃动、振动	1. 施工方案不完善或未落实； 2. 安全教育、培训、交底，检查制度不完善或未落实； 3. 安全防护用品等未进行进场验收或验收不到位； 4. 安全投入不足； 5. 现场破损无警示标识或标识（警戒区、标牌、反光等）	√	√	√	√	
	坍塌	围堰、基坑、边坡等局部或整体塌方，支架、构筑物倒塌	1. 管理人员违章指挥，强令冒险作业（防护、放坡引起反应不及时）； 2. 人员心理异常（冒险心理）； 3. 作业人员操作错误，违章作业； 4. 违反劳动纪律（管理人员脱岗）	1. 流砂、涌水水冲、滑坡引起塌方； 2. 停靠在围堰上的机械、车辆和过重的堆物； 3. 没有或不符合要求的支撑措施； 4. 堆置过高、过陡或地基不牢的堆置物； 5. 支架、构筑物结构不稳； 6. 支架等构件不合格或老化	1. 存在滑坡、偏压等不良地质； 2. 强风、暴雨、大雪、地震等自然灾害； 3. 土体不均匀沉降； 4. 附近有强烈的震动； 5. 外部存在冲击源	1. 专项施工方案、应急预案不完善或未落实； 2. 安全教育、培训、交底，检查制度不完善或未落实； 3. 安全投入不足； 4. 现场监测不足		√	√	√	√

— 29 —

续上表

施工作业内容	典型风险事件	致害物	致险因素			风险致伤亡人员类型		风险事件后果类型		
			人的因素	物的因素	环境因素	管理因素	易导致伤亡人员类型		人员伤亡		
							本人	他人	轻伤	重伤	死亡
土石围堰施工	机械伤害	挖掘机、打桩机、装载机等施工机具	1. 人员违章进入危险区域（机械作业半径等）； 2. 管理人员违章指挥，强令冒险作业； 3. 机械操作人员未持有效证件上岗； 4. 机械操作人员操作错误，违章作业（违规载人、酒后作业）； 5. 操作人员身体健康状况异常、心理异常、感知异常（反应迟钝、辨识错误）； 6. 现场作业人员未正确使用安全防护用品（反光背心、安全帽等）； 7. 机械操作人员疲劳作业	1. 机械无警示标识或标识破损（警戒区、标牌、反光贴等）； 2. 设备设施"安全作业"距离不足； 3. 设备带"病"作业（设备设施制动装置失效、防护装置有缺陷等）； 4. 安全防护用品不合格（反光背心、安全帽、护目镜等）	1. 强风、暴雨、大雪、冰雹、大雾等不良天气； 2. 作业场地狭窄、不平整，道路湿滑； 3. 场地光线不足； 4. 存在视野盲区	1. 机械设备安全管理制度不完善或未落实（检查维护保养不到位）； 2. 未对机械设备、安全防护用品等进行进场验收或验收未落实； 3. 安全教育、培训、交底制度不完善或未落实； 4. 机械设备操作规程不规范或未落实； 5. 安全投入不足	√		√	√	√

— 30 —

续上表

施工作业内容	典型风险事件	致害物	致险因素				风险事件后果类型				
			人的因素	物的因素	环境因素	管理因素	易导致伤亡人员类型		人员伤亡		
							本人	他人	轻伤	重伤	死亡
土石围堰施工	起重伤害	汽车起重机、履带式起重机等起重设备、吊索吊具	1. 管理人员违章指挥，强令冒险作业； 2. 作业人员操作错误，违章作业； 3. 起重工、信号工未持有效证件上岗； 4. 现场作业人员未正确使用安全防护用品（安全帽等）； 5. 抗倾覆验算错误； 6. 人员违章进入危险区域； 7. 起重人员身体健康状况异常、心理异常，感知异常（反应迟钝、辨识错误）； 8. 作业人员疲劳作业	1. 设备自身缺陷（强度、刚度不足，抗倾覆能力不足）； 2. 现场无警示标识或标识破损（警戒区、标牌、反光锥等）； 3. 起重机支垫材料不合格（枕木、钢板等）； 4. 构件防锈处理不合格； 5. 吊索吊具不合格（钢丝绳、吊带、U形卸扣等）； 6. 无防护或防护装置缺陷（防脱钩装置、限位装置等）； 7. 设备"带病"作业（制动装置等）； 8. 安全防护用品不合格（反光背心、安全帽等）	1. 强风、暴雨、大雾、大雪等天气不良天气； 2. 地基承载力不足、基础下沉； 3. 作业场地照明不足； 4. 起重机周围高空有较多障碍物； 5. 起重机周围存在视野盲区	1. 施工方案不完善或未落实； 2. 安全教育、培训、交底、检查制度不完善或未落实； 3. 未对起重设备进行进场验收或验收不到位； 4. 安全投入不足； 5. 起重吊装作业时无专人监视； 6. 起重吊装安全操作规程不规范或未落实	√	√	√	√	√

续上表

施工作业内容	典型风险事件	致害物	致险因素			风险致伤亡人员类型		风险事件后果类型		
			人的因素	物的因素	环境因素	管理因素	易导致伤亡人员类型		人员伤亡		
							本人	他人	轻伤	重伤	死亡
土石围堰施工	车船伤害	运输、施工的车船等	1.人员违章进入危险区域；2.管理人员违章指挥,强令冒险作业(进入驾驶员视野盲区等)；3.机驾人员未持有效证件上岗,机驾人员操作错误,违章作业(违规超限、酒后驾驶、超速、超载作业)；4.机驾人员身体健康状况异常,心理异常,感知异常(反应迟钝、辨识错误)；5.机驾人员疲劳作业；6.现场人员未正确使用安全防护用品(反光背心、安全帽等)	1.车船未配备警示标识或标识破损(警戒区、标牌、反光锥、反光贴等)；2.车船"带病"作业(制动装置、喇叭、警示灯等设施缺陷)；3.车船作业安全距离不足；4.人员安全防护用品不合格(反光背心、安全帽等)；5.车辆外观存在破损,配件行驶时脱落,运载物品尺寸超过车辆尺寸等；6.车辆转弯或后退时无明显提示；7.船舶甲板有较多缆绳和锚具	1.强风,暴雨,大雪,冰雹,大雾等不良天气；2.作业场地狭窄,不平整,道路湿滑；3.车辆前后视线不良；4.存在视野盲区	1.未对车辆、船舶机设备安全防护设施等进行进场验收验收或验收不到位；2.车船安全管理制度不完善或落实(检查维护保养不到位)；3.安全操作未落实(作业前未规范或对周围环境进行检查)；4.安全教育,培训,交底,检查制度不完善或落实不到位；5.职业健康管理制度不完善或落实不到位；6.安全投入不足	√	√	√	√	√

续上表

施工作业内容	典型风险事件	致害物	致险因素				风险事件后果类型				
			人的因素	物的因素	环境因素	管理因素	易导致伤亡人员类型		人员伤亡		
							本人	他人	轻伤	重伤	死亡
土石围堰施工	高处坠落	无防护的作业平台、施工人员受自身的重力运动	1. 作业人员未正确使用安全防护用品（安全带、防滑鞋等）；2. 作业人员身体健康状况异常、心理异常，感知异常（高血压、恐高症等禁忌症，反应迟钝，辨识错误）；3. 作业人员疲劳作业，管理人员违章指挥、冒险作业；4. 作业人员违章指挥、强令或违章作业或违章操作错误	1. 高处作业场所未设置安全防护等措施（安全绳索、防坠网、栏杆等）；2. 未设置安全警示标识或标识破损；3. 安全防护用品质量不合格、存在缺陷；4. 未设置楼梯或设置的安全爬梯不规范	1. 大风、雷电、大雾、暴雨等恶劣天气；2. 夜间施工照明不足；3. 作业场地不平整，湿滑；4. 临时洞口区坡较多；5. 现场需要经常登高作业	1. 安全教育、培训、交底、检查制度不完善或未落实；2. 职业健康、安全管理制度不完善，未落实（定期体检）；3. 安全投入不足；4. 高处作业处安全操作规程或未落实；5. 安全防护进场验收或验收不到位	√			√	√
	滑坡	围堰、航道边坡、墙后回填土、基坑	1. 管理人员违章指挥、强令会冒险作业（防护、放坡不及时）；2. 人员心理异常、侥幸心理、违章作业；3. 作业人员操作错误、违章作业；4. 违反劳动纪律行为（管理人员脱岗）	1. 流砂、涌水、水冲、渗坡引起的边坡局部或整体剥离；2. 停靠在围堰、基坑、边坡上的机械、车辆过重的堆物；3. 没有或不符合要求的支护措施；4. 土体不均匀沉降；5. 附近有强烈的震动；6. 堆置过高、过陡地的堆置物；7. 土体含水量较大	1. 冰雹、暴雨、大雪等恶劣天气；2. 夜间施工照明不足；3. 作业场地不平整，湿滑；4. 周围有较大持续震动；5. 淤泥土质较多或地下水位较高	1. 安全教育、培训、交底、检查制度不完善或未落实；2. 职业健康、安全管理制度不完善，未落实（定期体检）；3. 安全投入不足；4. 高边坡作业处作业安全操作规程不规范或未落实；5. 安全防护用品等未进行进场验收或验收不到位	√	√	√	√	√

续上表

施工作业内容	典型风险事件	致害物	致险因素				风险事件后果类型				
			人的因素	物的因素	环境因素	管理因素	易导致伤亡人员类型		人员伤亡		
							本人	他人	轻伤	重伤	死亡
	淹溺	周边水域	1. 管理人员违章指挥,强令冒险作业; 2. 人员心理异常(冒险侥幸心理); 3. 作业人员操作错误,违章作业; 4. 违反劳动纪律行为(管理人员脱岗); 5. 人员未正确使用安全防护用品	1. 现场无警示标识或标识破损; 2. 现场救生设施破损; 3. 水下存在不明物体或生物的拖拽或缠绕; 4. 氧气瓶、头盔等存在缺陷	1. 雷雨、大风(6级以上)、冰雹、大雾等恶劣天气作业; 2. 水体寒冷; 3. 水体内能见度不足	1. 专项施工方案或应急预案不完善或落实; 2. 未落实安全教育、培训、交底、检查制度; 3. 现场监控看管不到位	√			√	
钢板桩围堰施工	物体打击	工具、材料、土石方、预制构件等	1. 现场作业人员未正确使用安全防护用品(安全帽等); 2. 人员违章进入危险区域; 3. 管理人员违章指挥,强令冒险作业; 4. 作业人员身体健康状况异常、心理异常(反应迟钝、感知错误); 5. 作业人员操作错误,违章作业(违章抛物)	1. 安全防护用品不合格(安全帽等); 2. 作业过程中产生坠落物、抛射物、喷射物、溅射物(工具、材料等); 3. 未设置防护设施、防护设施存在缺陷(挡脚板、防护网等); 4. 物品摆放位置不合理或未固定; 5. 物品尺寸超大、超长等	1. 强风、暴雨、冰雹、大雾等不良天气; 2. 作业场地杂乱; 3. 照明光线不足; 4. 机械、车船、场地晃动、振动	1. 施工方案不完善或未落实; 2. 安全教育、培训、交底、检查制度不完善或落实; 3. 安全防护用品等验收不到位; 4. 安全投入不足; 5. 现场无警示标识或标识破损(警戒区、标牌、反光锥等)		√	√	√	

续上表

施工作业内容	典型风险事件	致险因素					风险致伤亡类型					
		致害物	人的因素	物的因素	环境因素	管理因素	易导致伤亡人员类型		风险事件后果类型		
							本人	他人	人员伤亡		
									轻伤	重伤	死亡
钢板桩围堰施工	触电	发电机、破损的电线、配电箱、钢筋等导电材料	1.作业人员未正确使用安全防护用品(绝缘鞋、绝缘手套等); 2.作业人员操作错误或违章作业(带电检修维护); 3.管理人员违章指挥、强令冒险作业; 4.电工、电焊工等特种人员未持有效证件上岗; 5.作业人员疲劳作业	1.电缆线、配电箱等电气设施不合格(线路破损、老化); 2.电气设施设置不规范(电缆拖地、配电箱无支架等); 3.带电设施无警示标识或标识破损; 4.安全防护装置不规范,接线端子无防护罩器等); 5.防护不当,防护距离不足(配电柜、发电机遮雨棚,防护围挡防护破损)	1.强风、雷雨等不良天气; 2.作业场地杂乱、潮湿或积水; 3.作业场地照明不足; 4.高温导致电线胶皮脱落	1.临时用电方案不完善或未落实; 2.发电机等安全操作规程不规范或未落实; 3.电气用材料等未进行进场验收; 4.无电工对用电设施进行巡查或巡查不到位; 5.机械设备安全管理制度未落实(发电机、电焊机等检查维护保养不到位); 6.安全教育、培训、交底、检查制度不完善或落实; 7.安全投入不足	√		√	√	

— 35 —

续上表

施工作业内容	典型风险事件	致害物	致险因素			风险事件后果类型				
			人的因素	物的因素	环境因素	管理因素	易导致伤亡人员类型		人员伤亡		
							本人	他人	轻伤	重伤	死亡
	坍塌	围堰、基坑、边坡等局部或整体塌方，支架、构筑物倒塌	1. 管理人员违章指挥，强令冒险作业（防护、放坡不及时）； 2. 人员心理异常（冒险侥幸心理）； 3. 作业人员操作错误，违章作业； 4. 违反劳动纪律行为（管理人员脱岗）	1. 流砂、涌水、水冲、滑坡引起的塌方； 2. 停靠在围堰上的机械、车辆和过重的堆物； 3. 没有或不符合要求的支护措施； 4. 堆置过高、过陡的堆置物； 5. 支架、构筑物结构失稳； 6. 支架等构件不合格或老化	1. 存在滑坡、偏压等不良地质； 2. 强风、暴雨、大雪，地震等自然灾害； 3. 土体不均匀的沉降； 4. 附近有强烈的震动； 5. 外部存在冲击源	1. 专项施工方案、应急预案不完善或未落实，交底、检查制度不完善或未落实； 3. 安全投入不足； 4. 现场监测不足		√		√	√
钢板桩围堰施工	机械伤害	打桩机、装载机等施工机具	1. 人员违章进入危险区域（机械作业半径等）； 2. 管理人员违章指挥，强令冒险作业； 3. 机械操作人员未持有效证件上岗； 4. 机械操作人员操作错误，违章作业（违规载人、酒后作业）； 5. 操作人员身体健康状况异常、心理异常、感知异常（反应迟钝、辨识错误）； 6. 现场作业人员未正确使用安全防护用品（反光背心、安全帽等）； 7. 机械操作人员疲劳作业	1. 机械无警示标识，标识破损（警戒区、标牌、反光贴等）； 2. 设备设施安全作业距离不足； 3. 设施设备"病"作业（设备设施制动装置失效、运动或转动装置无防护或防护装置有缺陷等）； 4. 安全防护用品不合格（反光背心、安全帽、护目镜等）	1. 强风、暴雨、大雪、冰雹、大雾等不良天气； 2. 作业场地狭窄、不平整，道路湿滑； 3. 场地灯光线不足； 4. 存在视野盲区	1. 机械设备安全管理制度不完善或未落实（检查维护不保养不到位）； 2. 未对机械设备、安全防护用品等进行进场验收或验收不到位； 3. 安全教育、培训、交底制度不完善或未落实； 4. 机械设备操作规程不规范或未落实； 5. 安全投入不足		√	√	√	√

— 36 —

续上表

施工作业内容	典型风险事件	致害物	致险因素			风险事件后果类型				
			人的因素	物的因素	环境因素	管理因素	易导致伤亡人员类型		人员伤亡	
							本人	他人	轻伤	重伤	死亡
钢板桩围堰施工	起重伤害	汽车起重机、履带式起重机等设备、吊索吊具	1.管理人员违章指挥，强令冒险作业；2.作业人员操作错误，违章作业；3.起重工、信号工未持有效证件上岗；4.现场作业人员未正确使用安全防护用品(安全帽等)；5.抗倾覆验算错误；6.人员违章进入危险区域；7.起重人员身体健康状况异常、心理异常，感知异常(反应迟钝、辨识错误)；8.作业人员疲劳作业	1.设备自身缺陷(强度、刚度不足，抗倾覆能力不足)；2.现场无警示标识或标识破损(警戒区、标牌、反光锥等)；3.起重机支垫材料不合格(枕木、钢板等)；4.构件防锈处理不合格；5.吊索吊具不合格或达到报废标准(钢丝绳、吊带、U形卸扣等)；6.无防护或防护装置缺陷(防脱钩装置、限位装置等)；7.设备带"病"作业(制动装置等)；8.安全防护用品不合格(反光背心、安全帽等)	1.强风、暴雨、大雾、大雪等不良天气；2.地基承载力不足，基础下沉；3.作业场地照明不足；4.起重机周围高空有较多障碍物；5.起重机周围存在盲区	1.施工方案不完善或未落实；2.安全教育、培训、交底、检查制度不完善或未落实；3.未对起重设备进行进场验收或验收不到位；4.安全投入不足；5.起重吊装作业无专人监视；6.起重吊装安全操作规程不规范或未落实	√	√	√	√	√

续上表

施工作业内容	典型风险事件	致害物	致险因素				风险事件后果类型				
			人的因素	物的因素	环境因素	管理因素	易导致伤亡人员类型		人员伤亡		
							本人	他人	轻伤	重伤	死亡
钢板桩围堰施工	车船伤害	运输、施工的车船等	1. 人员违章进入危险区域； 2. 管理人员违章指挥，强令冒险作业（进入驾驶员视野盲区等）； 3. 机驾人员未持有效证件上岗，违章作业错误； 4. 机驾人员身体健康状况异常、心理异常、感知异常（反应迟钝、辨识错误）； 5. 机驾人员疲劳作业； 6. 现场人员未正确使用安全防护用品（反光背心、安全帽等）	1. 车船未配备警示标识或标识破损（警戒区、标牌、反光锥、反光贴等）； 2. 车船带"病"作业（制动装置、喇叭、警示灯等设施缺陷）； 3. 车船作业安全距离不足； 4. 人员安全防护用品不合格（反光背心、安全帽等）； 5. 车辆外观存在破损、配件行驶时脱落、运载物品尺寸超过车辆尺寸等； 6. 车辆转弯或后退时无明显提示； 7. 船舶甲板有较多绳缆锚具	1. 强风、暴雨、大雪、冰雹、大雾等不良天气； 2. 作业场地狭窄、不平整，道路湿滑； 3. 车辆前后视线不良； 4. 存在视野盲区	1. 未对车辆、船机设备安全防护设施等进行进场验收或验收不到位； 2. 车船安全管理制度不完善或设施落实不到位（检查维护保养不到位）； 3. 安全操作规程不规范或落实不到位（作业前未对车船周围环境进行检查）； 4. 安全教育、培训、交底不完善或落实未落实； 5. 职业健康管理制度不完善或落实不足； 6. 安全投入不足	√	√	√	√	√

— 38 —

续上表

施工作业内容	典型风险事件	致害物	致险因素				风险事件后果类型				
			人的因素	物的因素	环境因素	管理因素	易导致伤亡人员类型		人员伤亡		
							本人	他人	轻伤	重伤	死亡
钢板桩围堰施工	高处坠落	无防护的作业平台、施工人员受自身的重力运动	1.作业人员未正确使用安全防护用品（安全带、防滑鞋等）； 2.作业人员身体健康状况异常、心理异常、感知异常（高血压、恐高症等禁忌症、反应迟钝、辨识错误）； 3.管理人员违章指挥，管理人员疲劳作业，冒险作业； 4.作业人员操作错误或违章作业	1.高处作业防护措施（安全绳索、防坠网、栏杆等）等安全防护场所未设置； 2.未设置安全警示标识或设置破损； 3.安全防护用品质量不合格、存在缺陷； 4.未设置或设置不规范的安全爬梯	1.大风、雷电、大雪、暴雨等恶劣天气； 2.夜间施工照明不足； 3.作业场地不平整、湿滑； 4.临边洞口区域较多； 5.现场需要经常登高作业	1.安全教育、培训、交底、检查制度不完善或未落实； 2.职业健康安全管理制度不完善，未进行（定期）体检； 3.安全投入不足； 4.高处作业安全操作规程不规范、未落实； 5.安全防护用品等未进行进场验收或验收不到位	√		√	√	√

— 39 —

续上表

施工作业内容	典型风险事件	致害物	致险因素				风险事件后果类型			
			人的因素	物的因素	环境因素	管理因素	易导致伤亡人员类型		人员伤亡	
							本人	他人	轻伤	重伤	死亡
基坑降排水	淹溺	周边水域	1. 管理人员违章指挥，强令冒险作业； 2. 人员心理异常（冒险侥幸心理）； 3. 作业人员操作错误，违章作业； 4. 违反劳动纪律行为（管理人员脱岗）； 5. 人员未正确使用安全防护用品	1. 现场无警示标识或标识破损； 2. 现场救生设施不足； 3. 水下存在不明物体或生物的拖地或缠绕； 4. 氧气瓶、头盔等存在缺陷	1. 雷雨、大风（6级以上）、冰雹、大雾等恶劣天气作业； 2. 水体寒冷； 3. 水体内能见度不足	1. 专项施工方案、应急预案不完善或未落实； 2. 未落实安全教育、培训、交底、检查制度； 3. 现场监督监管不到位	√		√		√
	触电	发电机、破损的电线、配电箱、钢筋等导电材料	1. 作业人员未正确使用安全防护用品（绝缘鞋、绝缘手套等）； 2. 作业人员操作错误或违章作业（带电检修或维护）； 3. 管理人员违章指挥，强令冒险作业； 4. 电工、电焊工等特种人员未持有效证件上岗； 5. 作业人员疲劳作业	1. 电缆线、配电箱等电气设施不合格（线路破损、老化）； 2. 电气设置设置不规范（电缆拖地、配电箱无支架等）； 3. 带电设施无警示标识或标识破损； 4. 安全防护装置不规范（未接地、无漏电保护器、接线端子无防护罩等）； 5. 防护不当（防护距离不足（配电柜、发电机等防护棚）防护围挡或防护破损）	1. 强风、雷雨等不良天气； 2. 作业场地杂乱、潮湿或积水； 3. 作业场地地照明不足； 4. 高温导致电线胶皮脱落	1. 临时用电方案不完善或未落实； 2. 发电机等安全操作规程不规范或未落实； 3. 电气设施材料等未进行进场验收； 4. 无电工对用电设施进行巡查或巡查不到位； 5. 机械设备安全管理制度未落实，电焊机等机具检查维护养不到位； 6. 安全教育、培训、交底、检查制度不完善或落实不到位； 7. 安全投入不足	√			√	

— 40 —

第五章 船闸工程施工的主要安全风险分析

续上表

施工作业内容	典型风险事件	致害物	致险因素				风险事件后果类型				
			人的因素	物的因素	环境因素	管理因素	易导致伤亡人员类型		人员伤亡		
							本人	他人	轻伤	重伤	死亡
基坑降排水	机械伤害	挖掘机、打桩机、装载机等施工机具	1. 人员违章进入危险区域（机械作业半径等）； 2. 管理人员违章指挥，强令冒险作业； 3. 机械操作人员未持有效证件上岗； 4. 机械操作人员操作错误，违章作业（违规载人，酒后作业）； 5. 操作人员身体健康状况异常、心理异常、感知异常（反应迟钝、辨识错误）； 6. 现场作业人员未正确使用安全防护用品（反光背心、安全帽等）； 7. 机械操作人员疲劳作业	1. 机械无警示标识或标识破损（警戒区、标牌、反光贴等）； 2. 设备设施安全作业距离不足； 3. 设备带"病"作业（设备设施制动装置失效、运动或转动装置无防护或防护装置有缺陷等）； 4. 安全防护用品不合格（反光背心、安全帽、护目镜等）	1. 强风、暴雨、大雪、冰雹、大雾等不良天气； 2. 作业场地狭窄、不平整，道路湿滑； 3. 场地光线不足； 4. 存在视野盲区	1. 机械设备安全管理制度不完善或落实不到位（检查维护保养不到位）； 2. 未对机械设备、安全防护用品等进行进场验收或验收不到位； 3. 安全教育、培训、交底制度不完善或落实不到位； 4. 机械设备操作规程不规范或未落实； 5. 安全投入不足		√	√	√	√

— 41 —

续上表

施工作业内容	典型风险事件	致害物	致险因素			风险事件后果类型			
			人的因素	物的因素	环境因素	管理因素	易导致伤亡人员类型 || 人员伤亡		
							本人	他人	轻伤	重伤	死亡

施工作业内容	典型风险事件	致害物	人的因素	物的因素	环境因素	管理因素	本人	他人	轻伤	重伤	死亡
基坑降排水	滑坡	围堰、航道边坡、墙后回填土、基坑	1. 管理人员违章指挥，强令冒险作业（防护、放坡不及时）；2. 人员心理异常（冒险、侥幸心理；3. 作业人员操作错误，违章作业；4. 违反劳动纪律行为（管理人员脱岗）	1. 流砂、涌水、水冲、滑坡引起的边坡局部或整体剥离；2. 停靠在围堰、基坑边坡上的机械、车辆和过重的堆物；3. 没有或支护不符合要求的支护措施；4. 土体不均匀沉降；5. 附近有强烈的震动、冲击源；6. 堆置过高、过陡或地基不牢的堆置物；7. 土体含水率较大	1. 冰雹、暴雨、大雪等恶劣天气；2. 夜间施工照明不足；3. 作业场地不平整、湿滑；4. 周围有较大持续震动；5. 淤泥土质较多或地下水位较高	1. 安全教育、培训、交底、检查制度不完善或未落实；2. 职业健康、安全管理制度不完善，未落实（定期体检）；3. 安全投入不足；4. 高边坡作业规范操作规程不规范，未落实；5. 安全防护用品等未进行进场验收或验收不到位	√	√	√	√	√

续上表

施工作业内容	典型风险事件	致害物	致险因素				风险事件后果类型				
			人的因素	物的因素	环境因素	管理因素	易导致伤亡人员类型			人员伤亡		
							本人	他人		轻伤	重伤	死亡
	物体打击	工具、材料、土石方、预制构件等	1. 现场作业人员未正确使用安全防护用品（安全帽等）； 2. 人员违章进入危险区域； 3. 管理人员违章指挥，强令冒险作业； 4. 作业人员身体健康状况异常，心理异常（反应迟钝、辨识错误）； 5. 作业人员操作错误，违章作业（违章抛物）	1. 安全防护用品不合格（安全帽等）； 2. 作业过程中产生坠落物、抛射物、喷射物、溅射物等（工具、材料等）； 3. 未设置防护设施，防护设施存在缺陷（挡脚板、防护网等）； 4. 物品摆放位置不合理或未固定； 5. 物品尺寸超大、超长等	1. 强风、暴雨、冰雹、大雾等不良天气； 2. 作业场地杂乱； 3. 照明光线不足； 4. 机械、车船、场地晃动、振动	1. 施工方案不完善或未落实； 2. 安全教育、培训、交底，检查制度不完善或落实不到位； 3. 安全防护用品等验收不到位； 4. 安全投入不足； 5. 现场无警示标识或标识破损（警戒区、标牌、反光锥等）		√	√	√	
土石方开挖	坍塌	围堰、基坑、边坡等局部或整体坍塌，支架、构筑物倒塌	1. 管理人员违章指挥，强令冒险作业（防护、放坡不及时）； 2. 人员心理异常（冒险侥幸心理）； 3. 作业人员操作错误，违章作业； 4. 违反劳动纪律违章行为（管理人员脱岗）	1. 流砂、涌水水冲、滑坡引起的塌方； 2. 停靠在围堰上的机械、车辆和过重的堆载； 3. 没有或支护措施不符合要求的支护措施； 4. 堆置过高、过陡堆载基不平的堆置物； 5. 支架、构筑物结构失稳； 6. 支架等构件不合格或老化	1. 存在滑坡、偏压等不良地质； 2. 强风、暴雨、大雪、地震等自然灾害； 3. 土体不均匀沉降； 4. 附近有强烈的震动； 5. 外部存在冲击源	1. 专项施工方案、应急预案不完善或未落实； 2. 安全教育、培训、交底，检查制度不完善或落实； 3. 安全投入不足； 4. 现场监测不足	√	√		√	√	√

续上表

施工作业内容	典型风险事件	致害物	致险因素			风险事件后果类型			
			人的因素	物的因素	环境因素	管理因素	易导致伤亡人员类型		人员伤亡
							本人 / 他人	轻伤 / 重伤 / 死亡	

施工作业内容	典型风险事件	致害物	人的因素	物的因素	环境因素	管理因素	本人	他人	轻伤	重伤	死亡
土石方开挖	机械伤害	挖掘机、打桩机、装载机等施工机具	1.人员违章进入危险区域（机械作业半径等）；2.管理人员违章指挥,强令冒险作业；3.机械操作人员未持有效证件上岗；4.机械操作人员操作错误、违章作业（违规载人、酒后作业）；5.操作人员身体健康状况异常、心理异常、感知异常（反应迟钝、辨识错误）；6.现场作业人员未正确使用安全防护用品（反光背心、安全帽等）；7.机械操作人员疲劳作业	1.机械无警示标识或标识破损（警戒区、标牌、反光贴等）；2.设备设施安全作业距离不足；3.设备带"病"作业（设备设施制动装置失效、运动或转动装置无防护或防护装置有缺陷等）；4.安全防护用品不合格（反光背心、安全帽、护目镜等）	1.强风、暴雨、大雪、冰雹、大雾等不良天气；2.作业场地狭窄、不平整,道路湿滑；3.场地光线不足；4.存在视野盲区	1.机械设备安全管理制度不完善或落实不到位（检查维护保养不到位）；2.未对机械设备、安全防护用品等进行进场验收或验收未落实；3.安全教育、培训,交底制度不完善或落实不到位；4.机械设备操作规程不规范或未落实；5.安全投入不足		√	√	√	√

续上表

施工作业内容	典型风险事件	致害物	致险因素				风险事件后果类型				
			人的因素	物的因素	环境因素	管理因素	易导致伤亡人员类型			人员伤亡		
							本人	他人		轻伤	重伤	死亡
土石方开挖	车船伤害	运输、施工的车船等	1.人员违章进入危险区域； 2.管理人员违章指挥、强令冒险作业（进入驾驶员视野盲区）等； 3.机驾人员未持有效证件上岗，机驾人员操作错误，违章作业（违规载人、酒后驾驶、超速、超限）； 4.机驾人员身体健康状况异常、心理异常，感知异常（反应迟钝、辨识错误）； 5.机驾人员疲劳作业； 6.现场人员防护用品使用安全防护用品（反光背心、安全帽等）	1.车船未配备警示标识或标识破损（警戒区、标牌、反光锥、反光贴等）； 2.车船"带病"作业（制动装置、喇叭、警示灯等设施缺陷）； 3.车船作业安全距离不足； 4.人员安全防护用品不合格（反光背心、安全帽等）； 5.车辆外观存在破损、配件行驶时脱落，运载物品尺寸超宽或运输尺寸无明显提示； 6.车辆转弯或超限后无明显提示； 7.船舶甲板有较多缆绳和锚具	1.强风、暴雨、大雪、冰雹、大雾等不良天气； 2.作业场地狭窄不平整或道路湿滑； 3.车辆前后视线不良； 4.存在视野盲区	1.未对车辆、船舶机设备安全防护设施等进行进场验收或验收不到位； 2.车船安全管理制度不完善或（检查维护保养不到位）； 3.安全操作落实（作业前对车船周围环境进行检查）； 4.安全教育、培训，交底或检查制度不完善或未落实； 5.职业健康管理制度不完善或未落实； 6.安全投入不足	√	√		√	√	√

— 45 —

续上表

施工作业内容	典型风险事件	致害物	致险因素				风险事件后果类型				
			人的因素	物的因素	环境因素	管理因素	易导致伤亡人员类型		人员伤亡		
							本人	他人	轻伤	重伤	死亡
土石方开挖	爆炸	炸药、雷管等	1. 特种作业人员未持有效证件上岗； 2. 作业人员操作错误或违章作业； 3. 现场作业人员未正确使用安全防护用品； 4. 管理人员违章指挥，强令冒险作业； 5. 作业人员疲劳作业； 6. 人员身体健康状况异常； 7. 警戒人员现场警戒不到位； 8. 人员违章进入爆破区域	1. 现场无警示标识或标识破损； 2. 爆破无指挥信号或信号不清； 3. 爆破器材不合格或发生故障； 4. 易燃易爆物混放； 5. 现场无禁止火源或警示标识或标识破损； 6. 存放现场无灭火装置； 7. 环境中存在与爆破物品混合产生化学反应的物质	1. 易燃易爆物品存放区域温度较高； 2. 易燃易爆物品存放区域过于干燥； 3. 周围环境中有火灾发生； 4. 易燃易爆物品存放空间过于密闭，挥发性可燃气体浓度过高； 5. 易燃易爆物品与其他易燃物品空间距离不足； 6. 雷电等恶劣天气	1. 爆破专项施工方案不完善或未落实； 2. 安全教育、培训、交底、检查制度不完善或未落实； 3. 火工品管理制度不完善或未落实； 4. 未对爆破施工队伍、作业人员进行资质审查； 5. 爆破作业安全操作规程不规范或未落实； 6. 安全投入不足； 7. 爆破的安全距离不足	√	√	√	√	√

— 46 —

续上表

施工作业内容	典型风险事件	致害物	致险因素				风险事件后果类型			
			人的因素	物的因素	环境因素	管理因素	易导致伤亡人员类型		人员伤亡	
							本人	他人	轻伤	重伤	死亡
	高处坠落	无防护的作业平台、施工人员受自身的重力运动	1. 作业人员未正确使用安全防护用品（安全带、防滑鞋等）； 2. 作业人员身体健康状况异常、心理异常（高血压、恐高症等）、识错误； 3. 管理人员违章指挥、强令冒险作业； 4. 作业人员操作错误或违章作业	1. 高处作业场所未设置安全防护等措施（安全绳索、防坠网、栏杆等）； 2. 未设置安全警示标识或标识破损； 3. 安全防护用品质量不合格，存在缺陷； 4. 未设置或设置不安全爬梯人员上下安全爬梯不规范	1. 大风、雷电、大雪、暴雨等恶劣天气； 2. 夜间施工照明不足； 3. 作业场地不平整、湿滑； 4. 临边洞口区域较多； 5. 现场需要经常登高作业	1. 安全教育、培训、交底、检查制度不完善或落实不完善制度未落实； 2. 职业健康、安全管理制度不完善、未定期体检； 3. 安全投入不足； 4. 高处作业操作规程不规范或操作不落实； 5. 安全防护用品等未进行进场验收或验收不到位	√			√	√
土石方开挖	滑坡	围堰、航道边坡、墙后回填土、基坑	1. 管理人员违章指挥、强令冒险作业（防护、放坡引起不及时）； 2. 人员心理异常、侥幸心理； 3. 作业人员操作错误、违章作业； 4. 违反劳动纪律行为（管理人员脱岗）	1. 流砂、涌水、水冲淘，坡引起的边坡局部或整体剥离； 2. 停靠在围堰、基坑、边坡上的机械、车辆和过重的堆物； 3. 没有或不符合要求的支护措施； 4. 土体不均匀沉降； 5. 附近有强烈的震动、冲击源； 6. 堆置过高、过陡或地基不牢的堆置物； 7. 土体含水率较大	1. 冰雹、暴雨、大雪等恶劣天气； 2. 夜间施工照明不足； 3. 作业场地不平整、湿滑； 4. 周围有较大持续震动； 5. 淤泥土质较多或地下水位较高	1. 安全教育、培训、交底、检查制度不完善或落实不完善制度未落实； 2. 职业健康、安全管理制度不完善、未定期体检； 3. 安全投入不足； 4. 高边坡作业安全操作规程不规范或操作不落实； 5. 安全防护用品等未进行进场验收或验收不到位	√	√	√	√	√

续上表

施工作业内容	典型风险事件	致害物	致险因素			风险事件后果类型				
			人的因素	物的因素	环境因素	管理因素	易导致伤亡人员类型		人员伤亡	
							本人	他人	轻伤	重伤	死亡
	物体打击	工具、材料、土石方、预制构件等	1. 现场作业人员未正确使用安全防护用品（安全帽等）； 2. 人员违章进入危险区域； 3. 管理令冒险作业，强令冒险作业； 4. 作业人员身体健康状况异常、心理异常（反应迟钝，感知异常错误）； 5. 作业人员操作错误、违章作业（违章抛物）	1. 安全防护用品不合格（安全帽等）； 2. 作业过程中产生的坠落物、抛射物、喷射物、溅射物等（工具、材料等）； 3. 未设置防护设施、防护设施存在缺陷（挡脚板、防护网等）； 4. 物品摆放位置不合理或未固定； 5. 物品尺寸超大、超长等	1. 强风、暴雨、冰雹、大雾等不良天气； 2. 作业场地杂乱； 3. 照明光线不足； 4. 机械、车船、场地等晃动、振动	1. 施工方案不完善或未落实； 2. 安全教育、培训、交底、检查制度不完善或落实不到位； 3. 安全防护用品等未进行进场验收或验收不到位； 4. 安全投入不足； 5. 现场无警示标识或标识破损（警戒区、标牌、反光锥等）		√	√	√	
地基换填	坍塌	围堰、基坑、边坡等局部或整体塌方、支架、构筑物闸坝等	1. 管理人员违章指挥，强令冒险作业（防护、放坡不及时）； 2. 人员心理异常（冒险、侥幸心理）； 3. 作业人员操作错误、违章作业； 4. 违反劳动纪律行为（管理人员脱岗）	1. 流砂、涌水、水冲、滑坡引起的塌方； 2. 停靠在围堰上的机械、车辆和过重的堆载； 3. 没有或支护不符合要求的支护措施； 4. 堆置过高、过陡或地基不平、构筑物结构失稳； 5. 支架、构筑物结构失稳； 6. 支架等构件不合格或老化	1. 存在滑坡、偏压等不良地质； 2. 强风、暴雨、大雪、地震等自然灾害； 3. 土体不均匀沉降； 4. 附近有强烈的震动； 5. 外部存在冲击源	1. 专项施工方案、应急预案不完善或未落实； 2. 安全教育、培训、交底、检查制度不完善或落实不到位； 3. 安全投入不足； 4. 现场监测不足	√	√	√	√	√

— 48 —

第五章 船闸工程施工的主要安全风险分析

续上表

施工作业内容	典型风险事件	致害物	致险因素			风险事件后果类型				
			人的因素	物的因素	环境因素	管理因素	易导致伤亡人员类型		人员伤亡		
							本人	他人	轻伤	重伤	死亡
地基换填	机械伤害	挖掘机、打桩机、破碎机、装载机等施工机具	1. 人员违章进入危险区域（机械作业半径等）；2. 管理人员违章指挥，强令冒险作业；3. 机械操作人员未持有效证件上岗；4. 机械操作人员操作错误，违章作业（违规载人，酒后作业）；5. 操作人员身体健康状况异常、心理异常，感知异常（反应迟钝、辨识错误）；6. 现场作业人员未正确使用安全防护用品（反光背心、安全帽等）；7. 机械操作人员疲劳作业	1. 机械无警示标识或标识破损（警戒区、标牌、反光贴等）；2. 设备设施安全作业距离不足；3. 设备带"病"作业（设备设施制动装置失效，运动或转动装置无防护或防护装置有缺陷等）；4. 安全防护用品不合格（反光背心、安全帽、护目镜等）	1. 强风、暴雨、大雪、冰雹、大雾等不良天气；2. 作业场地狭窄、不平整，道路湿滑；3. 场地光线不足；4. 存在视野盲区	1. 机械设备安全管理制度不完善或未落实（检查维护保养不到位）；2. 未对机械设备、安全防护用品等进行进场验收或验收验证落实不足；3. 安全教育、培训、交底制度不完善或落实不到位；4. 机械设备操作规程不规范或未落实；5. 安全投入不足		√	√	√	√

续上表

施工作业内容	典型风险事件	致害物	致险因素			风险事件后果类型				
			人的因素	物的因素	环境因素	管理因素	易导致伤亡人员类型		人员伤亡		
							本人	他人	轻伤	重伤	死亡
地基换填	车船伤害	运输、施工的车船等	1. 人员违章进入危险区域；2. 管理人员违章指挥，强令冒险作业（进入驾驶员视野盲区等）；3. 机驾人员未持有效证件上岗，违章作业（违章驾驶、酒后驾人、超速、超限、超载作业）；4. 机驾人员身体健康状况异常、心理异常，感知异常（反应迟钝、辨识错误）；5. 机驾人员疲劳作业；6. 现场人员未正确使用安全防护用品（反光背心、安全帽等）	1. 车船未配备警示标识或标识破损（警戒区、标牌、反光锥、反光贴等）；2. 车船"带病"作业（制动装置、喇叭、警示灯等设施缺陷）；3. 车船作业安全距离不足；4. 人员安全防护用品不合格（反光背心、安全帽等）；5. 车辆外观存在破损、配件行驶时脱落、运载物品尺寸超过车辆尺寸等；6. 车辆转弯或后退时无明显提示；7. 船舶甲板有较多缆绳和锚具	1. 强风、暴雨、大雪、冰雹、大雾等不良天气；2. 作业场地狭窄、不平整，道路湿滑；3. 车辆前后视线不良；4. 存在视野盲区	1. 未对车辆、船舶机设备安全防护设施或验收不到位，场验收或验收等进行进；2. 车船安全管理制度不完善或未落实（检查维护保养不规范）；3. 安全操作规程不规范或未落实（作业前环境检查等未对车船周围环境进行检查）；4. 安全教育、培训、交底，检查制度不完善或未落实；5. 职业健康管理制度不完善或未落实；6. 安全投入不足	√	√	√	√	√

续上表

施工作业内容	典型风险事件	致害物	致险因素				风险事件后果类型				
			人的因素	物的因素	环境因素	管理因素	易导致伤亡人员类型		人员伤亡		
							本人	他人	轻伤	重伤	死亡
预制桩沉桩	物体打击	工具、材料、预制构件等	1. 现场作业人员未正确使用安全防护用品(安全帽等); 2. 人员违章进入危险区域; 3. 管理人员违章指挥,强令冒险作业; 4. 作业人员身体健康状况异常、心理异常(反应迟钝,辨识知识错误); 5. 作业人员操作错误、违章作业(违章抛物)	1. 安全防护用品不合格(安全帽等); 2. 作业过程中产生坠落物、抛射物、喷射物、溅射物(工具、材料等); 3. 未设置防护设施、防护设施存在缺陷(挡脚板、防护网等); 4. 物品摆放位置不合理或未固定; 5. 物品尺寸超大、超长等	1. 强风、暴雨、冰雹、大雾等不良天气; 2. 作业场地杂乱; 3. 照明光线不足; 4. 机械、车船晃动、振动	1. 施工方案不完善或未落实; 2. 安全教育、培训、交底、检查制度不完善或未落实; 3. 安全防护用品等未进行进场验收或验收不到位; 4. 安全投入不足; 5. 现场无警示标识或标识破损(警戒区、标牌、反光锥等)		√	√	√	
	触电	发电机、破损的电缆线、配电箱、钢筋等导电材料	1. 作业人员未正确使用安全防护用品(绝缘鞋、绝缘手套等); 2. 作业人员操作错误或违章作业(带电检修维护); 3. 管理人员违章指挥,强令冒险作业; 4. 电工、电焊工特种人员未持有效证件上岗; 5. 作业人员疲劳作业	1. 电缆线、配电箱等电气设施不合格(线路破损或老化); 2. 电气设施设置不规范(电缆拖地、配电箱无支架); 3. 带电设施无警示标识或标识破损; 4. 安全防护装置不规范(未接地、无漏电保护器、接线端子无防护罩等);	1. 强风、雷雨等不良天气; 2. 作业场地杂乱; 3. 作业场地照明不足或积水; 4. 高温导致电线胶皮脱落	1. 临时用电方案不完善或未落实; 2. 发电机等安全操作规程不规范或未落实; 3. 电气设施等材料未进行进场验收; 4. 无电工对用电设施进行巡查或巡查不到位; 5. 机械设备安全管理制度未落实(发电机、电焊机等机具检查维护保养未到位);	√		√	√	

续上表

施工作业内容	典型风险事件	致害物	致险因素				风险事件后果类型				
			人的因素	物的因素	环境因素	管理因素	易导致伤亡人员类型		人员伤亡		
							本人	他人	轻伤	重伤	死亡
预制桩沉桩	触电	发电机、破损的电线、配电箱、钢筋等导电材料		5.防护不当,防护距离不足(配电柜,发电机无遮雨棚,防护围挡或防护破损)		6.安全教育、培训、交底、检查制度不完善或未落实; 7.安全投入不足		√		√	√
	机械伤害	打桩机、装载机等施工机具	1.人员违章进入危险区域(机械作业半径等); 2.管理人员违章指挥,强令冒险作业; 3.机械操作人员未持有效证件上岗; 4.机械操作人员操作错误,违章作业(违规载人,酒后作业); 5.操作人员身体健康状况异常,心理异常,感知异常(反应迟钝,辨识错误); 6.现场作业人员未正确使用安全防护用品(反光背心,安全帽等); 7.机械操作人员疲劳作业	1.机械无警示标识或标识破损(警戒区、标牌、反光贴等); 2.设备设施安全作业距离不足; 3.设备"带病"作业(设备设施制动装置失效,运动或转动装置无防护或防护装置有缺陷等); 4.安全防护用品不合格(反光背心、安全帽、护目镜等)	1.强风、暴雨、大雪、冰雹、大雾等不良天气; 2.作业场地狭窄、不平整,道路湿滑; 3.场地光线不足; 4.存在视野盲区	1.机械设备安全管理制度不完善或未进行维护保养等不到位); 2.未对机械设备、安全防护用品等进行进场验收或验收不落实; 3.安全教育、培训、交底、制度不完善或未落实; 4.机械设备操作规程不规范、安全投入不足; 5.安全投入不足		√	√	√	√

第五章 船闸工程施工的主要安全风险分析

续上表

施工作业内容	典型风险事件	致害物	致险因素				风险事件后果类型				
			人的因素	物的因素	环境因素	管理因素	易导致伤亡人员类型		人员伤亡		
							本人	他人	轻伤	重伤	死亡
预制桩沉桩	起重伤害	汽车起重机、履带式起重机等设备、吊索吊具	1. 管理人员违章指挥，强令冒险作业； 2. 作业人员操作错误，违章作业； 3. 起重工、信号工未持有效证件上岗； 4. 现场作业人员未正确使用安全防护用品（安全帽等）； 5. 抗倾覆验算错误； 6. 人员身体健康状况异常、心理异常，感知异常（反应迟钝、辨识错误）； 7. 起重人员违章进入危险区域； 8. 作业人员疲劳作业	1. 设备自身缺陷（强度、刚度不足，抗倾覆能力不足）； 2. 现场无警示标识或标识破损（警戒区、标牌、反光锥等）； 3. 起重机支垫材料不合格（枕木、钢板等）； 4. 构件防锈处理不合格； 5. 吊索吊具不合格，达到报废标准（钢丝绳、吊带、U形卸扣等）； 6. 防护或防脱钩装置有缺陷（防脱钩装置、限位装置等）； 7. 设备带"病"作业（制动装置等）； 8. 安全防护用品不合格（反光背心、安全帽等）	1. 强风、暴雨、大雾、大雪等不良天气； 2. 地基承载力不足，基础下沉； 3. 作业场地照明不足； 4. 起重机周围存在较多障碍物； 5. 起重机周围存在视野盲区	1. 施工方案不完善或未落实； 2. 安全教育、培训、交底不完善或不到位； 3. 未对起重设备进行进场验收或验收不到位； 4. 安全检查制度投入不足； 5. 未对起重吊装作业无专人监视； 6. 起重吊装安全操作规程不规范或未落实	√	√	√	√	√

— 53 —

续上表

施工作业内容	典型风险事件	致害物	致险因素			风险事件后果类型				
			人的因素	物的因素	环境因素	管理因素	易导致伤亡人员类型		人员伤亡		
							本人	他人	轻伤	重伤	死亡
预制桩沉桩	车船伤害	运输、施工的车船等	1. 人员违章进入危险区域； 2. 管理人员违章指挥，强令冒险作业（进入视野盲区等）； 3. 机驾人员无证件上岗、违章作业，违规驾驶（酒后、超速、超限、超载作业）； 4. 机驾人员身体健康状况异常、心理异常，感知异常（反应迟钝、辨识错误）； 5. 机驾人员疲劳作业； 6. 现场人员未正确使用安全防护用品（反光背心、安全帽等）	1. 车船未配备警示标识或标识破损（警戒区、标牌、反光锥、反光贴等）； 2. 车船"带病"作业（制动装置、喇叭、警示灯等设施缺陷）； 3. 车船作业安全距离不足； 4. 人员安全防护用品不合格（反光背心、安全帽等）； 5. 车辆外观存在破损、配件行驶时脱落、运载物品尺寸超过车辆尺寸等； 6. 车辆转弯或后退时无明显提示； 7. 船舶甲板有较多缆绳和锚具	1. 强风、暴雨、大雪、冰雹、大雾等不良天气； 2. 作业场地狭窄、不平整，道路湿滑； 3. 车辆前后视线不良； 4. 存在视野盲区	1. 未对车辆、船机设备安全防护设施等进行进场验收或验收不到位； 2. 车船安全管理制度不完善或维护保养不到位； 3. 安全操作规程不规范或未落实（作业前环境未检查）； 4. 安全教育、培训、交底、检查制度不完善或未落实； 5. 职业健康管理制度不完善或未落实； 6. 安全投入不足	√	√	√	√	√

第五章 船闸工程施工的主要安全风险分析

续上表

施工作业内容	典型风险事件	致害物	致险因素				风险事件后果类型				
			人的因素	物的因素	环境因素	管理因素	易导致伤亡人员类型		人员伤亡		
							本人	他人	轻伤	重伤	死亡
	淹溺	周边水域	1.管理人员违章指挥，强令冒险作业；2.人员心理异常（冒险侥幸心理）；3.作业人员操作错误，违章作业；4.违反劳动纪律行为（管理人员脱岗）；5.人员未正确使用安全防护用品	1.现场无警示标识或标识破损；2.现场救生设施不足；3.水下存在不明物体或生物的拖拽或缠绕；4.氧气瓶、头盔等存在缺陷	1.雷雨、大风（6级以上）、冰雹、大雾等恶劣天气作业；2.水体寒冷；3.水体内能见度不足	1.专项施工方案、应急预案不完善或未落实；2.未落实安全教育、培训、交底，检查制度；3.现场监控看管不到位	√		√		√
灌注桩施工	物体打击	工具、材料、土石方等	1.现场作业人员未正确使用安全防护用品（安全帽等）；2.人员违章进入危险区域；3.管理人员违章指挥，强令冒险作业；4.作业人员身体健康状况异常，心理异常，感知异常（反应迟钝、辨识错误）；5.作业人员操作错误，违章作业（违章抛物）	1.安全防护用品不合格（安全帽等）；2.作业过程中产生的坠落物、抛射物、喷射物、溅落物（工具、材料等）；3.未设置防护设施，防护设施存在缺陷（挡脚板、防护网等）；4.物品摆放位置不合理或未固定；5.物品尺寸超大、超长等	1.强风、暴雨、冰雹、大雾等不良天气；2.作业场地杂乱；3.照明光线不足；4.机械、车船晃动、振动	1.施工方案不完善或未落实；2.安全教育、培训、交底不完善或未落实；3.安全防护用品等未进行进场验收或验收不到位；4.安全投入不足；5.现场破损、标识缺损（警戒区、标牌、反光锥等）		√	√	√	

— 55 —

续上表

施工作业内容	典型风险事件	致害物	致险因素				风险致伤亡		事件后果类型		
			人的因素	物的因素	环境因素	管理因素	易导致伤亡人员类型		人员伤亡		
							本人	他人	轻伤	重伤	死亡
灌注桩施工	触电	发电机、破损的电线、配电箱、钢筋等导电材料	1. 作业人员未正确使用安全防护用品（绝缘鞋、绝缘手套等）；2. 作业人员操作错误或违章（带电检修维护）；3. 管理人员违章指挥、强令冒险作业；4. 电工、电焊工等特种人员未持有效证件上岗；5. 作业人员疲劳作业	1. 电缆线、配电箱等电气设施不合格（线路破损、老化）；2. 电气设施设置不规范（电缆拖地、配电箱无支架等）；3. 带电设施无警示标识或破损；4. 安全防护装置不规范（未接地、无漏电保护器，接线端子无防护罩等）；5. 防护不当（配电柜、发电机无遮雨棚，防护围挡或防护罩破损）	1. 强风、雷雨等不良天气；2. 作业场地杂乱、潮湿或积水；3. 作业场地照明不足；4. 高温导致电线胶皮脱落	1. 临时用电方案不完善或未落实；2. 发电机等安全操作规程不规范或未落实；3. 电气设施或材料等未进行进场验收；4. 无电工对用电设施进行巡查验收；5. 机械设备安全管理制度未落实（发电机、电焊设备或机具检查维护保养不到位）；6. 安全教育、培训、交底、检查制度不完善或未落实；7. 安全投入不足	√			√	
	机械伤害	挖掘机、打桩机、搅拌机、破碎机、装载机等施工机具	1. 人员违章进入危险区域（机械作业半径等）；2. 管理人员违章指挥、强令冒险作业；3. 机械操作人员未持有效证件上岗；4. 机械操作人员操作错误、违章作业（违规载人、酒后作业）；	1. 机械无警示标识或标识破损（警戒区、标牌、反光贴等）；2. 设备设施不足、距离不当；3. 设备带"病"作业（设备设施制动装置失效，运备或转动装置无防护或防护装置有缺陷等）；	1. 强风、暴雨、大雪、冰雹、大雾等不良天气；2. 作业场地狭窄、不平整、道路湿滑；3. 场地光线不足；4. 存在视野盲区	1. 机械设备安全管理制度不完善或未落实（检查维护保养未到位）；2. 未对机械设备进行进场验收或验收不到位、防护用品等；3. 安全教育、培训、交底制度不完善或未落实；		√	√	√	√

— 56 —

续上表

施工作业内容	典型风险事件	致害物	致险因素 人的因素	致险因素 物的因素	致险因素 环境因素	致险因素 管理因素	风险致伤亡人员类型 本人	风险致伤亡人员类型 他人	事故后果类型 人员伤亡 轻伤	事故后果类型 人员伤亡 重伤	事故后果类型 人员伤亡 死亡
	机械伤害	挖掘机、打桩机、破碎机、搅拌机、装载机等施工机具	5.操作人员身体健康状况异常、心理异常，感知异常（反应迟钝、辨识错误）；6.现场作业安全防护用品使用不正确（反光背心、安全帽等）；7.机械操作人员疲劳作业	4.安全防护用品不合格（反光背心、安全帽，护目镜等）		4.机械设备操作规程不落实；5.安全投入不足					
灌注桩施工	起重伤害	汽车起重机、履带式起重机等起重设备、吊索吊具	1.管理人员违章指挥，强令冒险作业；2.作业人员违章作业；3.起重工、信号工未持有效证件上岗；4.现场作业人员安全防护用品使用不正确（安全帽等）；5.抗倾覆验算错误；6.人员违章进入危险区域；7.起重作业人员身体健康状况异常、心理异常，感知异常（反应迟钝、辨识错误）；8.作业人员疲劳作业	1.设备自身缺陷（强度、刚度不足，抗倾覆能力不足）；2.现场无警示标识或标识破损（警戒区、标牌、反光锥等）；3.起重机支垫材料不合格（枕木、钢板等）；4.构件防锈处理不合格；5.吊索具具报废标准（钢丝绳、吊带、U形卸扣等）；6.无防护或防护装置缺陷（防脱钩装置、限位装置等）；7.设备"带病"作业（制动装置等）；8.安全防护用品不合格（反光背心、安全帽等）	1.强风、暴雨、大雪等不良天气；2.地基承载力不足，基础下沉；3.作业场地照明不足；4.起重机周围高空有较多障碍物；5.起重机周围存在视野盲区	1.施工方案不完善或未落实；2.安全教育、培训，交底、检查制度不完善或未落实；3.未对起重设备进行进场验收或验收不到位；4.安全投入不足；5.起重吊装安全作业无专人监视；6.起重吊装安全操作规程不规范或未落实	√	√	√	√	√

续上表

施工作业内容	典型风险事件	致害物	致险因素			风险致伤亡人员类型		风险事件后果类型		
			人的因素	物的因素	环境因素	管理因素	易导致伤亡人员类型		人员伤亡		
							本人	他人	轻伤	重伤	死亡
灌注桩施工	车船伤害	运输、施工的车船等	1. 人员违章进入危险区域；2. 管理人员违章指挥，强令冒险作业（进入视野盲区等）；3. 机驾人员未持有效证件上岗，违章作业（错误，酒后驾驶，超速、超限、超载作业）；4. 机驾人员身体健康状况异常，心理异常，感知异常（反应迟钝，辨识错误）；5. 机驾人员疲劳作业；6. 现场安全防护用品使用安全防护用品（反光背心、安全帽等）	1. 车船未配备警示标识或标识破损（警戒区、标牌、反光锥、反光贴等）；2. 车船"病"作业（制动装置、喇叭、警示灯等设施缺陷）；3. 车船作业安全距离不足；4. 人员安全防护用品不合格（反光背心、安全帽等）；5. 车辆外观存在破损、配件行驶时脱落，运载物品尺寸超过车辆尺寸；6. 车辆转弯或退时无明显提示；7. 船舶甲板有较多缆绳和锚具	1. 强风、暴雨、大雪、冰雹、大雾等不良天气；2. 作业场地狭窄，不平整，道路湿滑；3. 车辆前后视线不良；4. 存在视野盲区	1. 未对车辆、船机设备安全防护设施等进行进场验收或验收不到位；2. 车船安全管理制度不完善或落实（检查维护保养不规范）；3. 安全操作规程不规范或未落实（作业前未对车船周围环境进行检查）；4. 安全教育、培训、交底、检查制度不完善或落实；5. 职业健康管理制度不完善或未落实；6. 安全投入不足	√	√	√	√	√

续上表

施工作业内容	典型风险事件	致害物	致险因素				风险事件后果类型			
			人的因素	物的因素	环境因素	管理因素	易导致伤亡人员类型		人员伤亡		
							本人	他人	轻伤	重伤	死亡
水泥搅拌桩施工	物体打击	工具、材料、土石方等	1. 现场作业人员未正确使用安全防护用品（安全帽等）；2. 人员违章进入危险区域；3. 管理人员违章指挥；4. 作业人员身体健康状况异常，心理异常，感知异常（反应迟钝、辨识错误）；5. 作业人员操作错误、违章作业（违章抛物）	1. 安全防护用品不合格（安全帽等）；2. 作业过程中产生的坠落物、抛射物、喷射物、溅射物（工具、材料、防护物等）；3. 未设置防护设施、防护设施存在缺陷（挡脚板、防护网等）；4. 物品摆放位置不合理或未固定；5. 物品尺寸超大、超长等	1. 强风、暴雨、冰雹、大雾等不良天气；2. 作业场地杂乱；3. 照明光线不足；4. 机械、车船等振动、振动	1. 施工方案不完善或未落实；2. 安全教育、培训、交底、检查制度不完善未落实；3. 安全防护用品验收不进行进场验收或到位；4. 安全投入不足；5. 现场无警示标识或标识破损（警戒区、标牌、反光锥等）		√	√	√	
	触电	发电机、破损的电线、配电箱、钢筋等导电材料	1. 作业人员未正确使用安全防护用品（绝缘鞋、绝缘手套等）；2. 作业人员操作错误或违章操作（带电检修维护）；3. 管理人员违章指挥、强令冒险作业	1. 电缆线、配电箱等电气设施设置不合格（线路破损、老化）；2. 电气设施设置不规范（电缆拖地、配电箱无支架等）；3. 带电设施无警示标识或标识破损	1. 强风、雷雨等不良天气；2. 作业场地杂乱、潮湿或积水；3. 作业场地照明不足；4. 高温导致电线胶皮脱落	1. 临时用电方案不完善或未落实；2. 发电机等安全操作规程不规范或操作未落实；3. 电气设施验收未进行进场验收；4. 无电工对用电设施进行巡查或巡查不到位	√		√	√	

续上表

施工作业内容	典型风险事件	致害物	致险因素				风险致伤亡易导致伤亡人员类型		人员伤亡后果类型		
			人的因素	物的因素	环境因素	管理因素	本人	他人	轻伤	重伤	死亡
	触电	发电机、破损的电线、配电箱、钢筋等导电材料	4. 电工、电焊工等特种人员未持有效证件上岗； 5. 作业人员疲劳作业	4. 安全防护装置不规范（未接地、无漏电保护器、接线端子无防护等）； 5. 防护不当，发电机无遮雨棚，防护围挡或防护破损		5. 机械设备安全管理制度未落实（发电机、电焊机等机具检查维护保养不到位）； 6. 安全教育、培训、交底、检查制度不完善或未落实； 7. 安全投入不足					
水泥搅拌桩施工	机械伤害	挖掘机、打桩机、搅拌机、装载机等施工机具	1. 人员违章进入危险区域（机械作业半径等）； 2. 管理人员违章指挥，强令冒险作业； 3. 机械操作人员未持有效证件上岗； 4. 机械操作人员操作错误，违章作业（违规载人、酒后作业）； 5. 操作人员身体健康状况异常、心理异常、感知异常（反应迟钝、辨识错误）； 6. 现场作业人员未正确使用安全防护用品（反光背心、安全帽等）； 7. 机械操作人员疲劳作业	1. 机械无警示标识或标识破损（警戒区、标牌、反光贴等）； 2. 设备设施安全作业距离不足； 3. 设备带"病"作业（设备设施制动装置失效、运动或转动装置无防护或防护装置有缺陷等）； 4. 安全防护用品不合格（反光背心、安全帽、护目镜等）	1. 强风、暴雨、大雪、冰雹、大雾等不良天气； 2. 作业场地狭窄，不平整，道路湿滑； 3. 场地光线不足； 4. 存在视野盲区	1. 机械设备不完善或安全管理制度不完善（检查维护保养不到位）； 2. 未对机械设备、安全防护用品等进行进场验收或验收不到位； 3. 安全教育、培训、交底制度不完善或未落实； 4. 机械操作规程不规范； 5. 安全投入不足	√	√	√	√	√

— 60 —

续上表

施工作业内容	典型风险事件	致害物	致险因素				风险事件后果类型				
			人的因素	物的因素	环境因素	管理因素	易导致伤亡人员类型		人员伤亡		
							本人	他人	轻伤	重伤	死亡
水泥搅拌桩施工	车船伤害	运输、施工的车船等	1. 人员违章进入危险区域； 2. 管理人员违章指挥，强令冒险作业（进入机驾员视野盲区）； 3. 机驾人员未持有效证件上岗，机驾人员操作错误，酒后驾驶，违章载人，违规载重，超限，超速，超载作业； 4. 机驾人员身体健康状况异常，心理异常，感知异常（反应迟钝、辨识错误）； 5. 机驾人员疲劳作业； 6. 现场安全防护用品使用不正确（反光背心、安全帽等）	1. 车船未配备警示标识或标识破损（警戒区、标牌、反光锥、反光贴等）； 2. 车船"带病"作业（制动装置、喇叭、警示灯等设施缺陷）； 3. 车船作业安全距离不足； 4. 人员安全防护用品不合格（反光背心、安全帽等）； 5. 车辆外观存在破损、配件行驶时脱落、运载物品尺寸超过车辆尺寸等； 6. 车船转弯后退时无明显提示； 7. 船舶甲板有较多缆绳和锚具	1. 强风、暴雨、大雪、冰雹、大雾等不良天气； 2. 作业场地狭窄，不平整，道路湿滑； 3. 车辆前后视线不良； 4. 存在视野盲区	1. 未对车辆、船机设备安全防护设施等进行进场验收或验收不到位； 2. 车船安全管理制度不完善或未落实（检查维护保养不到位）； 3. 安全操作规程不规范或未落实（作业前未对车船周围环境进行检查）； 4. 安全教育、培训、交底、检查制度不完善或未落实； 5. 职业健康管理制度不完善或未落实； 6. 安全投入不足	√	√	√	√	√

续上表

施工作业内容	典型风险事件	致害物	致险因素 人的因素	致险因素 物的因素	致险因素 环境因素	致险因素 管理因素	风险致伤亡 易导致伤亡人员类型 本人	风险致伤亡 易导致伤亡人员类型 他人	人员伤亡类型 轻伤	人员伤亡类型 重伤	人员伤亡类型 死亡
水泥搅拌桩施工	高处坠落	无防护的作业平台，施工人员受自身的重力运动	1. 作业人员未正确使用安全防护用品（安全带，防滑鞋等）； 2. 作业人员身体健康状况异常（高血压，恐高症等禁忌，反应迟钝辨识错误）； 3. 作业人员疲劳作业，管理人员违章指挥，强令冒险作业； 4. 作业人员操作错误或违章作业	1. 高处作业场所未设置安全防护等措施（安全绳索、防坠网、栏杆等）； 2. 未设置安全警示标识或标识破损； 3. 安全防护用品质量不合格，存在缺陷； 4. 未设置防护或设置不安全爬梯设置不规范	1. 大风、雷电、大雪、暴雨等恶劣天气； 2. 夜间施工照明不足； 3. 作业场地不平整，湿滑； 4. 临边洞口区域较多； 5. 现场需要经常登高作业	1. 安全教育、培训、交底，检查制度不完善或未落实； 2. 职业健康管理制度不完善，未落实（定期体检）； 3. 安全投入不足； 4. 高处作业安全操作规程不规范或未落实； 5. 安全防护用品等未进行进场验收或验收不到位	√			√	√
旋喷桩施工	物体打击	工具，材料，土石方等	1. 现场作业人员未正确使用安全防护用品（安全帽等）； 2. 人员违章进入危险区域； 3. 管理人员违章指挥，强令冒险作业； 4. 作业人员身体健康状况异常（反应迟钝辨识错误）； 5. 作业人员操作错误，违章作业（违章抛物）	1. 安全防护用品不合格（安全帽等）； 2. 作业过程中产生坠落物，抛射物，溅射物等（工具、材料等）； 3. 未设置防护设施（挡脚板、防护网等）； 4. 物品摆放位置不合理或未固定； 5. 物品尺寸超大、超长等	1. 强风、暴雨、冰雹、大雾等不良天气； 2. 作业场地杂乱； 3. 照明光线不足； 4. 机械、车船、场地等晃动、振动	1. 施工方案不完善或未落实； 2. 安全教育、培训、交底，检查制度不完善或未落实； 3. 安全防护用品等未进行进场验收或验收不到位； 4. 安全投入不足； 5. 现场无警示标识或标识破损（警戒区、标牌，反光锥等）		√	√	√	

第五章 船闸工程施工的主要安全风险分析

续上表

施工作业内容	典型风险事件	致害物	致险因素			风险事件后果类型			
			人的因素	物的因素	环境因素	管理因素	易导致伤亡人员类型	人员伤亡	
							本人　他人	轻伤　重伤　死亡	
旋喷桩施工	触电	发电机、破损的电缆线、配电箱、钢筋等导电材料	1.作业人员未正确使用安全防护用品（绝缘鞋、绝缘手套等）；2.作业人员操作错误或违章作业（带电检修维护）；3.管理人员违章指挥，强令冒险作业；4.电工、电焊工等特种人员未持有效证件上岗；5.作业人员疲劳作业	1.电缆线、配电箱等电气设施不合格（线路破损、老化）；2.电气设施设置不规范（电缆拖地、配电箱无支架等）；3.带电设施无警示标识或标识破损；4.安全防护装置不规范（未接地、无漏电保护器、接线端子无防护罩等）；5.防护不当，防护距离不足（配电柜、发电机无遮雨棚，防护围挡或防护罩破损）	1.强风、雷雨等天气；2.作业场地杂乱、潮湿或积水；3.作业场地照明不足；4.高温导致电线胶皮脱落	1.临时用电方案不完善或未落实；2.发电机等安全操作规程不规范或未落实；3.电气设施材料等未进行进场验收；4.无电工对用电设施进行巡查或巡查不到位；5.机械设备安全管理制度未落实（发电机、电焊机等机具检查维护保养不到位）；6.安全教育、培训、交底、检查制度不完善或未落实；7.安全投入不足	√	√	√

— 63 —

续上表

施工作业内容	典型风险事件	致害物	致险因素				风险事件后果类型				
			人的因素	物的因素	环境因素	管理因素	易导致伤亡人员类型		人员伤亡		
							本人	他人	轻伤	重伤	死亡
旋喷桩施工	机械伤害	挖掘机、打桩机、搅拌机、装载机等施工机具	1.人员违章进入危险区域（机械作业半径等）； 2.管理人员违章指挥，强令冒险作业； 3.机械操作人员未持有效证上岗； 4.机械操作人员操作错误，违章作业（违规载人、酒后作业）； 5.操作人员身体健康状况异常、心理异常，感知异常（反应迟钝、辨识错误）； 6.现场作业人员未正确使用安全防护用品（反光背心、安全帽）； 7.机械操作人员疲劳作业	1.机械无警示标识或标识破损（警戒区、标牌、反光贴等）； 2.设备设施安全作业距离不足； 3.设备带"病"作业（设备设施制动装置失效、运动或转动装置无防护或防护装置有缺陷等）； 4.安全防护用品不合格（反光背心、安全帽、护目镜等）	1.强风、暴雨、大雪、冰雹、大雾等不良天气； 2.作业场地狭窄、不平整，道路湿滑； 3.场地光线不足； 4.存在视野盲区	1.机械设备安全管理制度不完善或未落实（检查维护保养不到位）； 2.未对机械设备进行进场验收或验收验收不到位； 3.安全教育、培训、交底制度不完善或未落实； 4.机械设备操作规程不规范或未落实； 5.安全投入不足		√	√	√	√

续上表

施工作业内容	典型风险事件	致害物	致险因素				风险事件后果类型			
							易导致伤亡人员类型		人员伤亡		
			人的因素	物的因素	环境因素	管理因素	本人	他人	轻伤	重伤	死亡
旋喷桩施工	车船伤害	运输、施工的车船等	1. 人员违章进入危险区域； 2. 管理人员违章指挥，强令冒险作业（进入驾驶员视野盲区等）； 3. 机驾人员未持有效证件上岗，违章作业（违章载人，酒后驾驶，超速、超限，超载作业）； 4. 机驾人员身体健康状况异常，心理异常，感知异常（反应迟钝、辨识错误）； 5. 机驾人员疲劳作业； 6. 现场人员未正确使用安全防护用品（反光背心、安全帽等）	1. 车船未配备警示标识或标识破损（警戒区、标牌、反光锥、反光贴等）； 2. 车船带"病"作业（制动装置、喇叭、警示灯等设施缺陷）； 3. 车船人员未保持作业安全距离不足； 4. 人员安全防护用品不合格（反光背心、安全帽等）； 5. 车辆外观存在破损、配件行驶时脱落、运载物品尺寸超过车辆尺寸； 6. 车船转弯时后退无明显提示； 7. 船舶甲板有较多缆绳和锚具	1. 强风、暴雨、大雪、冰雹、大雾等不良天气； 2. 作业场地狭窄，不平整，道路湿滑； 3. 车辆前后视线不良； 4. 存在视野盲区	1. 未对车辆、船机设备安全防护设施等进行进场验收或验收不到位； 2. 车船安全管理制度不完善或未落实（检查维护保养不到位）； 3. 安全操作规程不规范或未落实（作业前对车船周围环境进行检查）； 4. 安全教育、培训、交底、检查制度不完善或未落实； 5. 职业健康管理制度不完善或未落实； 6. 安全投入人员不足	√	√	√	√	√

续上表

施工作业内容	典型风险事件	致害物	致险因素			风险事件后果类型				
			人的因素	物的因素	环境因素	管理因素	易导致伤亡人员类型		人员伤亡	
							本人	他人	轻伤	重伤	死亡
现浇底板与底撑梁	物体打击	工具、材料、土石方、预制构件等	1. 现场作业人员未正确使用安全防护用品（安全帽等）；2. 人员违章进入危险区域；3. 管理人员违章指挥，强令冒险作业；4. 作业人员身体健康状况异常，心理异常，感知异常（反应迟钝，辨识错误）；5. 违章作业（违章抛物）	1. 安全防护用品不合格（安全帽等）；2. 作业过程中产生坠落物、抛射物、喷射物、溅射物等（工具、材料等）；3. 未设置防护设施，防护设施存在缺陷（挡脚板、防护网等）；4. 物品摆放位置不合理或未固定；5. 物品尺寸超大、超长等	1. 强风、暴雨、冰雹、大雾等不良天气；2. 作业场地杂乱；3. 照明光线不足；4. 机械、车船、场地等晃动、振动	1. 施工方案不完善或未落实；2. 安全教育、培训、交底、检查制度不完善或未落实；3. 安全防护用品等未进行进场验收或验收不到位；4. 安全投入不足；5. 现场无警示标识或标识破损（警戒区、标牌、反光锥等）		√	√	√	
	触电	发电机、破损的电缆线、配电箱、钢筋等导电材料	1. 作业人员未正确使用安全防护用品（绝缘鞋、绝缘手套等）；2. 作业人员操作错误或违章作业（带电检修维护）；3. 管理人员违章指挥，强令冒险作业；4. 电工、电焊工等特种人员未持有效证件上岗；5. 作业人员疲劳作业	1. 电缆线、配电箱等电气设施不合格（线路破损、老化）；2. 电气设施设置不规范（电缆拖地、配电箱无支架）；3. 带电设施无警示标识或标识破损；	1. 强风、雷雨等不良天气；2. 作业场地杂乱、潮湿或积水；3. 作业场地照明不足；4. 高温导致电线胶皮脱落	1. 临时用电方案不完善或未落实；2. 发电机等安全操作规程不规范或未落实；3. 电气设施材料等未进行进场验收；4. 无电工对用电设施进行巡查或巡查不到位	√		√	√	

第五章 船闸工程施工的主要安全风险分析

续上表

施工作业内容	典型风险事件	致害物	致险因素			风险事件后果类型				
			人的因素	物的因素	环境因素	管理因素	易导致伤亡人员类型		人员伤亡		
							本人	他人	轻伤	重伤	死亡
	触电	发电机、破损的电线、配电箱、钢筋等导电材料		4. 安全防护装置不规范（未接地、无漏电保护器，接线端子无防护罩等）；5. 防护不当，防护距离不足（配电箱、发电机无遮雨棚，防护围挡或防护破损）		5. 机械设备安全管理制度未落实（发电机、电焊机等机具检查维护保养不到位）；6. 安全教育、培训、交底、检查制度不完善或未落实；7. 安全投入不足	√	√		√	√
现浇与底板底横梁	坍塌	围堰、基坑、边坡塌方、局部或整体垮塌、支架、构筑物倒塌	1. 管理人员违章指挥，强令冒险作业（防护、放坡不及时）；2. 人员心理异常（侥幸心理）；3. 作业人员操作错误，违章作业；4. 违反劳动纪律行为（管理人员脱岗）	1. 流砂、涌水、水冲、滑坡引起的塌方；2. 停靠在围堰上的机械、车辆和过重的堆载；3. 没有或支护不符合要求的支护措施；4. 堆置过高，过陡或地基不牢的堆置物；5. 支架、构筑物结构不稳；6. 支架等构件不合格或老化	1. 存在滑坡、偏压等不良地质；2. 强风、暴雨、大雪、地震等自然灾害；3. 土体不均匀沉降；4. 附近有强烈的震动；5. 外部存在冲击源	1. 专项施工方案、应急预案不完善或未落实；2. 安全教育、培训、交底、检查制度不完善或未落实；3. 安全投入不足；4. 现场监测不足					

— 67 —

续上表

施工作业内容	典型风险事件	致害物	致险因素				风险事件后果类型				
			人的因素	物的因素	环境因素	管理因素	易导致伤亡人员类型		人员伤亡		
							本人	他人	轻伤	重伤	死亡
现浇底板与底撑梁	机械伤害	挖掘机、打桩机、搅拌机、装载机等施工机具	1.人员违章进入危险区域（机械作业半径等）； 2.管理人员违章指挥，强令冒险作业； 3.机械操作人员未持有效证件上岗； 4.机械操作人员操作错误，违章作业（违规载人、酒后作业）； 5.操作人员身体健康状况异常、心理异常、感知异常（反应迟钝、辨识错误）； 6.现场作业人员未正确使用安全防护用品（反光背心、安全帽等）； 7.机械操作人员疲劳作业	1.机械无警示标识或标识破损（警戒区、标牌、反光贴等）； 2.设备安全作业距离不足； 3.设备设施"病"作业（设备设施制动装置失效、运动或转动装置无防护或防护装置有缺陷等）； 4.安全防护用品不合格（反光背心、安全帽、护目镜等）	1.强风、暴雨、大雪、冰雹、大雾等不良天气； 2.作业场地狭窄、不平整，道路湿滑； 3.场地光线不足； 4.存在视野盲区	1.机械设备安全管理制度不完善或落实不到位（检查维护保养不到位）； 2.未对机械设备、安全防护用品等进行进场验收或验收不到位； 3.安全教育、培训、交底制度不完善或未落实； 4.机械设备操作规程不规范或未落实； 5.安全投入不足	√		√	√	√

续上表

施工作业内容	典型风险事件	致害物	致险因素			风险事件后果类型				
			人的因素	物的因素	环境因素	管理因素	易导致伤亡人员类型		人员伤亡	
							本人	他人	轻伤	重伤	死亡
现浇底板与底纵梁	起重伤害	汽车起重机、履带式起重机等起重设备、吊索吊具	1.管理人员违章指挥，强令冒险作业；2.作业人员操作错误，违章作业；3.起重工、信号工未持有效证作上岗；4.现场作业人员未正确使用安全防护用品（安全帽等）；5.抗倾覆验算错误；6.人员违章进入危险区域；7.起重人员身体健康状况异常、心理异常、感知异常（反应迟钝、辨识错误）；8.作业人员疲劳作业	1.设备自身缺陷（强度、刚度不足，抗倾覆能力不足）；2.现场无警示标识或标识破损（警戒区、标牌、反光锥等）；3.起重机支垫材料不合格（枕木、钢板等）；4.构件防锈处理不合格；5.吊索吊具不合格；6.达到报废标准（脱钩装置、吊带、U形卸扣等）；6.无防护或防护装置缺陷（防脱钩装置、限位装置等）；7.设备带"病"作业（制动装置等）；8.安全防护用品不合格（反光背心、安全帽等）	1.强风、暴雨、大雾、大雪等不良天气；2.地基承载力不足，基础下沉；3.作业场地照明不足；4.起重机周围高空有较多障碍物；5.起重机周围存在视野盲区	1.施工方案不完善或未落实；2.安全教育、培训、交底、检查制度不完善或未落实到位；3.未对起重设备进行进场验收或验收不到位；4.安全投入不足；5.起重吊装作业时无专人监视；6.起重吊装安全操作规程不规范或未落实	√	√	√	√	√

续上表

施工作业内容	典型风险事件	致害物	致险因素				风险事件后果类型			
			人的因素	物的因素	环境因素	管理因素	易导致伤亡人员类型		人员伤亡		
							本人	他人	轻伤	重伤	死亡
现浇底板与底撑梁	车船伤害	运输、施工的车船等	1.人员违章进入危险区域； 2.管理人员违章指挥，强令冒险作业（进入驾驶员视野盲区等）； 3.机驾人员未持有效证件上岗，违章作业，违规操作错误，违规驾驶，超速、超限、超载作业； 4.机驾人员身体健康状况异常、心理异常、感知异常（反应迟钝、辨识错误）； 5.机驾人员疲劳作业； 6.现场人员未正确使用安全防护用品（反光背心、安全帽等）	1.车船未配备警示标识或标识破损（警戒区、标牌、反光锥、反光贴等）； 2.车船带"病"作业（制动装置、喇叭、警示灯等设施有缺陷）； 3.车船作业安全距离不足； 4.人员安全防护用品不合格（反光背心、安全帽等）； 5.车辆外观存在破损、配件行驶时脱落、运载物品尺寸超过车辆尺寸等； 6.车辆转弯或后退时无明显提示； 7.船舶甲板有较多缆绳和锚具	1.强风、暴雨、大雪、冰雹、大雾等不良天气； 2.作业场地狭窄、不平整、道路湿滑； 3.车辆前后视线不良； 4.存在视野盲区	1.未对车辆、船舶机设备安全防护设施等进行进场验收或验收不到位； 2.车船安全管理制度不完善或落实（检查维护保养不到位）； 3.安全操作规范未落实范或安全操作规程不规范（作业前环境未对车船周围环境进行检查）； 4.安全教育、培训、交底、检查制度不完善或落实不到位； 5.职业健康管理制度不完善或落实不到位； 6.安全投入不足	√	√	√	√	√

续上表

施工作业内容	典型风险事件	致害物	致险因素			风险事件后果类型			
			人的因素	物的因素	环境因素	管理因素	易导致伤亡人员类型		人员伤亡
							本人	他人	轻伤 / 重伤 / 死亡
现浇混凝土底板与底撑梁	高处坠落	无防护的作业平台，施工人员受自身的重力运动	1. 作业人员未正确使用安全防护用品（安全带、防滑鞋等）；2. 作业人员身体健康状况异常、心理异常（高血压、恐高症等）、感知异常等，反应迟钝、辨识错误；3. 作业人员疲劳作业、管理人员违章指挥、强令冒险作业；4. 作业人员操作错误或违章作业	1. 高处作业场所未设置安全防护措施（安全绳索、防坠网、栏杆等）；2. 未设置安全警示标识或标识破损、存在缺陷；3. 安全防护用品质量不合格，存在缺陷；4. 未设置人员上下安全爬梯或设置不规范	1. 大风、雷电、大雪、暴雨等恶劣天气；2. 夜间施工照明不足；3. 作业场地不平整、湿滑；4. 临边洞口区域较多；5. 现场需要经常登高作业	1. 安全教育、培训、交底、检查制度不完善或未落实；2. 职业健康、安全管理制度不完善，未落实、未定期体检；3. 安全投入不足；4. 高处作业不规范规程不规范未落实；5. 安全防护用品等未进行进场验收或验收不到位	√		√ / √ / √
现浇混凝土消能设施	物体打击	工具、材料、土石方、预制构件等	1. 现场作业人员未正确使用安全防护用品（安全帽等）；2. 人员违章进入危险区域；3. 管理人员违章指挥、强令冒险作业；4. 作业人员身体健康状况异常、心理异常、感知异常等，反应迟钝、辨识错误；5. 作业人员操作错误、违章作业（违章抛物）	1. 安全防护用品不合格（安全帽等）；2. 作业过程中产生坠落物、抛射物、溅射物等（工具、材料等）；3. 未设置安全防护设施、防护设施存在缺陷（挡脚板、防护网等）；4. 物品摆放位置不合理或未固定；5. 物品尺寸超大、超长等	1. 强风、暴雨、冰雹、大雾等不良天气；2. 作业场地杂乱；3. 照明光线不足；4. 机械、车船、场地等晃动、振动	1. 施工方案不完善或未落实；2. 安全教育、培训、交底、检查制度不完善或未落实；3. 安全防护验收或验收不到位；4. 安全投入不足；5. 现场无警示标识或标识破损（警戒区、标牌、反光锥等）		√	√ / √ /

— 71 —

续上表

施工作业内容	典型风险事件	致害物	致险因素			风险事件后果类型				
			人的因素	物的因素	环境因素	管理因素	易导致伤亡人员类型		人员伤亡	
							本人	他人	轻伤	重伤	死亡
现浇混凝土消能设施	触电	发电机、破损的电线、配电箱、钢筋等导电材料	1. 作业人员未正确使用安全防护用品（绝缘鞋、绝缘手套等）；2. 作业人员操作错误或违章作业（带电检修维护）；3. 管理人员违章指挥、强令冒险作业；4. 电工、电焊工等特种人员未持有效证件上岗；5. 作业人员疲劳作业	1. 电缆线、配电箱等电气设施不合格（线路破损、老化）；2. 电气设施设置不规范（电缆拖地、配电箱无支架等）；3. 带电设施无警示标识或标识破损；4. 安全防护装置不规范，无漏电保护器，接线端子无防护罩等）；5. 防护不当，防护距离不足（配电柜、发电机无遮雨棚，防护围挡或防护罩破损）	1. 强风、雷雨等不良天气；2. 作业场地杂乱、潮湿或积水；3. 作业场地照明不足；4. 高温导致电线胶皮脱落	1. 临时用电方案不完善或未落实；2. 发电机等安全操作规程不规范或未落实；3. 电气设施材料未进行巡查或进场验收；4. 无电工对用电设施进行巡查或巡查不到位；5. 机械设备安全管理制度未落实，电焊机等机具检查维护保养未到位；6. 安全教育、培训、交底、检查制度不完善或未落实；7. 安全投入不足	√		√	√	

第五章 船闸工程施工的主要安全风险分析

续上表

施工作业内容	典型风险事件	致害物	致险因素			风险事件后果类型				
			人的因素	物的因素	环境因素	管理因素	易导致伤亡人员类型		人员伤亡	
							本人	他人	轻伤	重伤	死亡
现浇混凝土消能设施	机械伤害	挖掘机、打桩机、搅拌机、破碎机、切割机、弯曲机、装载机等施工机具	1. 人员违章进入危险区域（机械作业半径等）； 2. 管理人员违章指挥，强令冒险作业； 3. 机械操作人员未持有效证件上岗； 4. 机械操作人员操作错误，违章作业（违规载人、酒后作业）； 5. 操作人员身体健康状况异常、心理异常，感知异常（反应迟钝、辨识错误）； 6. 现场作业人员未正确使用安全防护用品（反光背心、安全帽等）； 7. 机械操作人员疲劳作业	1. 机械无警示标识或标识破损（警戒区、标牌、反光贴等）； 2. 设备设施安全作业距离不足； 3. 设备"带病"作业（设备设施制动装置失效、运动或转动装置无防护或防护装置有缺陷等）； 4. 安全防护用品不合格（反光背心、安全帽、护目镜等）	1. 强风、暴雨、大雪、冰雹、大雾等不良天气； 2. 作业场地狭窄、不平整，道路湿滑； 3. 场地光线不足； 4. 存在视野盲区	1. 机械设备安全管理制度不完善或落实不到位（检查维护保养不到位）； 2. 未对机械设备、安全防护用品等进行进场验收或验收不到位； 3. 安全教育、培训，交底制度不完善或落实不到位； 4. 机械设备操作规程不规范或未落实； 5. 安全投入不足	√		√	√	√

续上表

施工作业内容	典型风险事件	致害物	致险因素				风险事件后果类型			
			人的因素	物的因素	环境因素	管理因素	易导致伤亡人员类型		人员伤亡		
							本人	他人	轻伤	重伤	死亡
现浇混凝土消能设施	车船伤害	运输、施工的车船等	1. 人员违章进入危险区域； 2. 管理人员违章指挥，强令冒险作业（进入驾驶员视野盲区等）； 3. 机驾人员未持有效证件上岗，违章作业错误，机驾人员违规（违规、超速、超限、酒后驾驶、超载等）； 4. 机驾人员身体健康状况异常，心理异常，感知异常（反应迟钝、辨识错误）； 5. 机驾人员疲劳作业； 6. 现场人员未正确使用安全防护用品（反光背心、安全帽等）	1. 车船未配备警示标识或标识破损（警戒区、标牌、反光锥、反光贴等）； 2. 车船"带病"作业（制动装置、喇叭、警示灯等设施缺陷）； 3. 车船作业安全距离不足； 4. 人员安全防护用品不合格（反光背心、安全帽等）； 5. 车辆外观存在破损，配件行驶时脱落，运载物品尺寸超过车辆尺寸等； 6. 车辆转弯或后退时无明显提示； 7. 船舶甲板有较多缆绳和锚具	1. 强风、暴雨、大雪、冰雹、大雾等不良天气； 2. 作业场地狭窄、不平整、道路湿滑； 3. 车辆前后视线不良； 4. 存在视野盲区	1. 未对车辆、船机设备安全防护设施等进行进场验收或验收不到位； 2. 车船安全管理制度不完善或落实（检查维护保养不到位）； 3. 安全操作规程不规范或未落实（作业前未对车船周围环境进行检查）； 4. 安全教育、培训、交底或检查不完善或未落实； 5. 职业健康管理制度不完善或未落实； 6. 安全投入不足	√	√	√	√	√

第五章 船闸工程施工的主要安全风险分析

续上表

施工作业内容	典型风险事件	致害物	致险因素				风险事件后果类型				
			人的因素	物的因素	环境因素	管理因素	易导致伤亡人员类型		人员伤亡		
							本人	他人	轻伤	重伤	死亡
现浇混凝土门槛	物体打击	工具、材料、土石方等	1. 现场作业人员未正确使用安全防护用品（安全帽等）； 2. 人员违章进入危险区域； 3. 管理人员违章指挥，强令冒险作业； 4. 作业人员身体健康状况异常，心理异常（反应迟钝，感知异常、辨识错误）； 5. 作业人员操作错误、违章作业（违章抛物）	1. 安全防护用品不合格（安全帽等）； 2. 作业过程中产生坠落物、抛射物、喷射物、溅射物（工具、材料等）； 3. 未设置防护设施，防护设施存在缺陷（挡脚板、防护网等）； 4. 物品摆放位置不合理或未固定； 5. 物品尺寸超长、超大等	1. 强风、暴雨、冰雹、大雾等天气； 2. 作业场地杂乱； 3. 照明光线不足； 4. 机械、车船场地晃动、振动	1. 施工方案不完善或未落实； 2. 安全教育、培训、交底、检查制度不完善或未落实； 3. 安全防护用品验收未进行进场验收或验收不到位； 4. 安全投入不足； 5. 现场无警示标识或标识破损（警戒区、警戒牌、反光锥等）	√	√	√	√	
	触电	发电机、破损的电线、配电箱、钢筋等导电材料	1. 作业人员未正确使用安全防护用品（绝缘鞋、绝缘手套等）； 2. 作业人员操作错误或违章作业（带电检修作业维护）； 3. 管理人员违章指挥，强令冒险作业； 4. 电工、电焊工等特种人员未持有效证件上岗； 5. 作业人员疲劳作业	1. 电缆线、配电箱等电气设施不合格（线路破损、老化）； 2. 电气设施设置不规范（电线拖地、配电箱无支架等）； 3. 带电设施无警示标识或标识破损、脱落	1. 强风、雷雨等不良天气； 2. 作业场地杂乱、潮湿或积水； 3. 作业场地照明不足； 4. 高温导致电线胶皮脱落	1. 临时用电方案不完善或未落实； 2. 发电机等安全操作规范不规范或未落实； 3. 电气设施未进行进场验收； 4. 无电工对用电设施进行巡查或巡查不到位	√			√	√

续上表

施工作业内容	典型风险事件	致害物	致险因素			风险事件后果类型			
			人的因素	物的因素	环境因素	管理因素	易导致伤亡人员类型		人员伤亡
							本人 / 他人	轻伤 / 重伤 / 死亡	

施工作业内容	典型风险事件	致害物	人的因素	物的因素	环境因素	管理因素	本人	他人	轻伤	重伤	死亡
现浇混凝土门槛	触电	发电机、破损的电线、配电箱、钢筋等导电材料		4. 安全防护装置不规范（未接地、无漏电保护器、接线端子无防护距离等）；5. 防护不当，防护距离不足（配电柜、发电机无遮雨棚、防护围挡或防护破损）		5. 机械设备安全管理制度未落实（发电机、电焊机等机具检查维护保养不到位）；6. 安全教育、培训、交底、检查制度不完善或落实不足；7. 安全投入不足					
	机械伤害	挖掘机、打桩机、搅拌机、破碎机、弯曲机、切割机、装载机等施工机具	1. 人员违章进入危险区域（机械作业半径等）；2. 管理人员违章指挥，强令冒险作业；3. 机械操作人员未持有效证件上岗；4. 机械操作人员操作错误，违章作业（违规载人、酒后作业）；5. 操作人员身体健康状况异常、心理异常（反应迟钝、辨识知觉异常）错误；6. 现场作业人员未正确使用安全防护用品（反光背心、安全帽等）；7. 机械操作人员疲劳作业	1. 机械无警示标识标牌，反光贴等；2. 设备设施安全作业距离不足；3. 设备带"病"作业（设备设施防护装置失效、运动或转动装置无防护或防护装置有缺陷等）；4. 安全防护用品不合格（反光背心、安全帽、护目镜等）	1. 强风、暴雨、大雪、冰雹、大雾等不良天气；2. 作业场地狭窄、不平整，道路湿滑；3. 场地光线不足；4. 存在视野盲区	1. 机械设备安全管理制度不完善或落实不到位（检查维护保养不到位）；2. 未对机械设备、安全防护用品等进行进场验收或验收不到位；3. 安全教育、培训、交底制度不完善或落实不足；4. 机械设备操作规程不规范；5. 安全投入未落实	√	√	√	√	√

第五章 船闸工程施工的主要安全风险分析

续上表

施工作业内容	典型风险事件	致害物	致险因素				风险事件后果类型				
			人的因素	物的因素	环境因素	管理因素	易导致伤亡人员类型		人员伤亡		
							本人	他人	轻伤	重伤	死亡
现浇混凝土门槛	车船伤害	运输、施工的车船等	1. 人员违章进入危险区域； 2. 管理人员违章指挥，强令冒险作业（进入驾驶员视野盲区等）； 3. 机驾人员未持有效证件上岗，违章人员操作错误，酒后驾驶、违规载人、超速、超限、超载作业； 4. 机驾人员身体健康状况异常、心理异常、感知异常（反应迟钝、辨识错误）； 5. 机驾人员疲劳作业； 6. 现场安全防护用品使用安全防护用品（反光背心、安全帽等）	1. 车船未配备警示标识或标识破损（警戒区、标牌、反光锥、反光贴等）； 2. 车船"带病"作业（制动装置、喇叭、警示灯等设施缺陷）； 3. 车船作业安全距离不足； 4. 人员安全防护用品不合格（反光背心、安全帽等）； 5. 车辆外观存在破损、配件行驶时脱落、运载物品尺寸超过车辆尺寸； 6. 车辆转弯或退后时无明显提示； 7. 船舶甲板有较多缆绳和锚锚具	1. 强风、暴雨、大雪、冰雹、大雾等不良天气； 2. 作业场地狭窄、不平整，道路湿滑； 3. 车辆前后视线不良； 4. 存在视野盲区	1. 未对车辆、船机设备安全防护设施等进行进场验收或验收不到位； 2. 车船安全管理制度不完善或未落实（检查维护保养不到位）； 3. 安全操作规程不规范或安全操作规程未落实（作业前未对车船周围环境进行检查）； 4. 安全教育、培训、交底、检查制度不完善或未落实； 5. 职业健康管理制度不完善或未落实； 6. 安全投入不足	√	√	√	√	√

— 77 —

续上表

施工作业内容	典型风险事件	致害物	致险因素			风险事件后果类型				
			人的因素	物的因素	环境因素	管理因素	易导致伤亡人员类型		人员伤亡		
							本人	他人	轻伤	重伤	死亡
现浇混凝土门槛	高处坠落	无防护的作业平台，施工人员受自身的重力运动	1.作业人员未正确使用安全防护用品（安全带、防滑鞋等）；2.作业人员身体健康状况异常、心理异常，知觉异常（高血压、恐高症等禁忌症，反应迟钝、辨识错误）；3.作业人员疲劳作业，管理人员违章指挥、冒险作业；4.作业人员操作错误或违章作业	1.高处作业场所未设置安全防护等措施（安全绳索、防坠网、栏杆等）；2.未设置安全警示标识或标识破损；3.安全防护用品质量不合格，存在缺陷；4.未设置爬梯或设置不安全、不规范	1.大风、雷电、大雪、暴雨等恶劣天气；2.夜间施工照明不足；3.作业场地不平整、湿滑；4.临边洞口区域较多；5.现场需要经常登高作业	1.安全教育、培训、交底、检查制度不完善或未落实；2.职业健康、安全管理制度不完善，未落实（定期体检）；3.安全投入不足；4.高处作业规范或规程不规范；5.安全防护用品等未进行进场验收或验收不到位	√		√	√	√
现浇混凝土输水廊道	物体打击	工具、材料等	1.现场作业人员未正确使用安全防护用品（安全帽等）；2.人员违章进入危险区域；3.管理人员违章指挥，强令冒险作业；4.作业人员身体健康状况异常、心理异常，知觉异常（反应迟钝、辨识错误）；5.作业人员操作错误、违章作业（违章抛物）	1.安全防护用品不合格（安全帽等）；2.作业过程中产生坠落物、抛射物、溅射物（工具、材料等）；3.未设置安全防护设施（挡脚板、防护网等）；4.物品摆放位置不合理、未固定；5.物品尺寸超大、超长等	1.强风、暴雨、冰雹、大雾等天气；2.作业场地杂乱；3.照明光线不足；4.机械、车船场地等晃动、振动	1.施工方案不完善或未落实；2.安全教育、培训、交底、检查制度不完善或未落实；3.安全防护用品等未进行进场验收或验收不到位；4.安全投入不足；5.现场无警示标识或标识破损（警戒区、标牌、反光锥等）		√	√	√	

第五章 船闸工程施工的主要安全风险分析

续上表

施工作业内容	典型风险事件	致害物	致险因素				风险事件后果类型				
			人的因素	物的因素	环境因素	管理因素	易导致伤亡人员类型		人员伤亡		
							本人	他人	轻伤	重伤	死亡
现浇混凝土输水廊道	触电	发电机、破损的电线、配电箱、钢筋、支架等导电材料	1. 作业人员未正确使用安全防护用品（绝缘鞋、绝缘手套等）；2. 作业人员违章操作（带电检修维护）；3. 管理人员违章指挥，强令冒险作业；4. 电工、电焊工等特种人员未持有效证件上岗；5. 作业人员疲劳作业、违章作业	1. 电缆线、配电箱等电气设施不合格（线路破损、老化）；2. 电气设施设置不规范（电缆拖地、配电箱无支架等）；3. 带电设施无警示标识或标识破损；4. 安全防护装置不规范（未接地、无漏电保护器、接线端子无防护罩等）；5. 防护不当，防护距离不足（配电柜、发电机、遮雨棚、防护网挡板破损）	1. 强风、雷雨等不良天气；2. 作业场地杂乱、潮湿或有积水；3. 作业场地照明不足；4. 高温导致电线胶皮脱落	1. 临时用电方案不完善或未落实；2. 发电机等安全操作规程不规范或未落实；3. 电气设施材料等未进行进场验收；4. 无电工对用电设施进行巡查或巡查不到位；5. 机械设备安全管理制度未落实（发电机、电焊机等检查维护未到位）；6. 安全教育、培训、交底不落实；7. 安全投入不足		√	√	√	
	坍塌	围堰、基坑、边坡或整体局部或局部塌方、支架、构筑物倒塌	1. 管理人员违章指挥，强令冒险作业（防护、放坡不及时）；2. 人员心理异常、侥幸心理；3. 作业人员操作错误、违章作业；	1. 流砂、涌水、水冲、滑坡引起的塌方；2. 停靠在围堰上的机械、车辆荷载过重的堆放；3. 没有或不符合要求的支护措施	1. 存在滑坡、偏压等不良地质；2. 强风、暴雨、大雪、地震等自然灾害；3. 土体不均匀沉降；4. 附近有强烈的震动；5. 外部存在冲击源	1. 专项施工方案、应急预案不完善或未落实；2. 安全教育、培训、交底不落实；3. 安全投入不足；4. 现场监测不足	√	√	√	√	√

— 79 —

续上表

施工作业内容	典型风险事件	致害物	致险因素			风险事件后果类型				
			人的因素	物的因素	环境因素	管理因素	易导致伤亡人员类型	人员伤亡		
							本人	他人	轻伤	重伤	死亡
	坍塌	围堰、基坑、边坡等整体或局部塌方、支架、构筑物倒塌	4.违反劳动纪律行为（管理人员脱岗）	4.堆置过高、过陡或地基不牢置物；5.支架、构筑物结构失稳；6.支架等构件不合格或老化							
现浇混凝土输水廊道	机械伤害	挖掘机、搅拌机、弯曲机、切割机、装载机等施工机具	1.人员违章进入危险区域（机械作业半径等）；2.管理人员违章指挥，强令冒险作业；3.机械操作人员未持有效证件上岗；4.机械操作人员（违规载人、酒后作业）；5.操作人员身体健康状况异常、心理异常，感知异常（反应迟钝、辨识错误）；6.现场作业人员未正确使用安全防护用品（反光背心、安全帽等）；7.机械操作人员疲劳作业	1.机械设备无警示标识破损、标识牌、反光贴等；2.设备设施安全作业距离不足；3.设备设施"带病"作业（设备设施制动装置失效，运动或转动装置无防护或防护装置有缺陷等）；4.安全防护用品不合格（反光背心、安全帽、护目镜等）	1.强风、暴雨、大雪、冰雹、大雾等不良天气；2.作业场地狭窄、不平整、路道湿滑；3.场地光线不足；4.存在视野盲区	1.机械设备安全管理制度不完善或未落实（检查维护保养不到位）；2.未对机械设备、安全防护用品等进行进场验收或验收不到位；3.安全教育、培训、交底制度不完善或未落实；4.机械设备操作规程不规范或未落实；5.安全投入不足	√		√	√	√

续上表

施工作业内容	典型风险事件	致害物	致险因素				风险事件后果类型				
			人的因素	物的因素	环境因素	管理因素	易导致伤亡人员类型		人员伤亡		
							本人	他人	轻伤	重伤	死亡
现浇混凝土输水廊道	起重伤害	汽车起重机、履带式起重机等起重设备，吊索吊具	1. 管理人员违章指挥，强令冒险作业； 2. 作业人员操作错误，违章作业； 3. 起重工、信号工未持有效证件上岗； 4. 现场作业人员未正确使用安全防护用品（安全帽等）； 5. 抗倾覆验算错误； 6. 人员违章进入危险区域； 7. 起重人员身体健康状况异常、心理异常，感知异常（反应迟钝、辨识错误）； 8. 作业人员疲劳作业	1. 设备自身缺陷（强度、刚度不足，抗倾覆能力不足）； 2. 现场无警示标识（警戒区、标牌、反光锥等）； 3. 起重机支垫材料不合格（枕木、钢板等）； 4. 构件防锈处理不合格； 5. 吊索吊具不合标准（钢丝绳、吊带、U形卸扣等）达到报废标准； 6. 无防护或防护装置缺陷（防脱钩装置、限位装置等）； 7. 设备带"病"作业（制动装置等）； 8. 安全防护用品不合格（反光背心、安全帽等）	1. 强风、暴雨、大雾、大雪等不良天气； 2. 地基承载力不足，基础下沉； 3. 作业场地照明不足； 4. 起重机周围高空有较多障碍物； 5. 起重机周围有存在盲区	1. 施工方案不完善或未落实； 2. 安全教育、培训、交底、检查制度不完善或未落实； 3. 未对起重设备进行进场验收或验收不到位； 4. 安全投入不足； 5. 起重吊装作业时无专人监视； 6. 起重吊装安全操作规程不规范或未落实	√	√	√	√	√

— 81 —

续上表

施工作业内容	典型风险事件	致害物	致险因素				风险事件后果类型				
			人的因素	物的因素	环境因素	管理因素	易导致伤亡人员类型		人员伤亡		
							本人	他人	轻伤	重伤	死亡
现浇混凝土输水廊道	车船伤害	运输、施工的车船等	1.人员违章进入危险区域； 2.管理人员违章指挥，强令冒险作业（进入驾驶员视野盲区等）； 3.机驾人员未持有效证件上岗，机驾人员操作错误，违章作业（违规载人、酒后驾驶、超速、超限）； 4.机驾人员身体健康状况异常，心理异常，感知异常（反应迟钝，辨识错误）； 5.机驾人员疲劳作业； 6.现场人员未正确使用安全防护用品（反光背心、安全帽等）	1.车船未配备警示标识或标识破损（警戒区、标牌、反光锥、反光贴等）； 2.车船带"病"作业（制动装置、喇叭、警示灯等设施缺陷）； 3.车船作业安全距离不足； 4.人员安全防护用品不合格（反光背心、安全帽等）； 5.车辆外观存在破损，配件行驶时脱落，运载物品尺寸超过车辆尺寸； 6.车辆转弯后退时无明显提示； 7.船舶甲板有较多缆绳和锚具	1.强风、暴雨、大雪、冰雹、大雾等不良天气； 2.作业场地狭窄、不平整或道路湿滑； 3.车辆前后视线不良； 4.存在视野盲区	1.未对车辆、船舶机设备安全防护设施或进场验收或验收不到位； 2.车船安全管理制度不完善或落实（检查维护保养不到位）； 3.安全操作规程不规范或未落实（作业前未对车船周围环境进行检查）； 4.安全教育、培训、交底、检查制度不完善或未落实； 5.职业健康管理制度不完善或未落实； 6.安全投入不足	√	√	√	√	√

续上表

施工作业内容	典型风险事件	致害物	致险因素 人的因素	致险因素 物的因素	致险因素 环境因素	致险因素 管理因素	风险易致伤亡人员类型 本人	风险易致伤亡人员类型 他人	人员伤亡类型 轻伤	人员伤亡类型 重伤	人员伤亡类型 死亡
现浇混凝土输水廊道	高处坠落	无防护的作业平台、施工人员受自身的重力运动	1.作业人员未正确使用安全防护用品（安全带、防滑鞋等）；2.作业人员身体健康状况异常，心理异常（高血压，恐高症等禁忌症），知识错误，辨识错误；3.作业人员疲劳作业，管理人员违章指挥，强令冒险作业；4.作业人员操作错误或违章作业	1.高处作业场所未设置安全防护等措施（安全绳索、防坠网、栏杆等）；2.未设置安全警示标识或标识破损、存在缺陷；3.安全防护用品质量不合格，不合规；4.未设置登人员上下安全爬梯或设置不规范	1.大风、雷电、大雪、暴雨等恶劣天气；2.夜间施工照明不足；3.作业场地不平整，湿滑；4.临边洞口区域较多；5.现场需要经常登高作业	1.安全教育、培训、交底、检查制度不完善或未落实；2.职业健康、安全管理制度不完善，未落实（定期体检）；3.安全投入不足；4.高处作业不规范或未规范或验收未到位	√			√	√
现浇闸首边墩	物体打击	工具、材料、土石方等	1.现场作业人员未正确使用安全防护用品（安全帽等）；2.人员违章进入危险区域；3.管理人员违章指挥、强令冒险作业；4.作业人员身体健康状况异常，心理异常（反应迟钝，辨识错误）；5.作业人员违章作业（违章抛物）	1.安全防护用品不合格（安全帽等）；2.作业过程中产生的坠落物、抛射物、喷射物、溅射物等（工具、材料等）；3.未设置防护设施存在缺陷（挡脚板、防护网）；4.物品摆放位置不合理或未固定；5.物品尺寸超大、超长等	1.强风、暴雨、冰雹、大雾等不良天气；2.作业场地杂乱；3.照明光线不足；4.机械、车船、场地等晃动振动	1.施工方案不完善或未落实；2.安全教育、培训、交底、检查制度不完善或未落实；3.安全防护验收或验收未到位；4.安全投入不足；5.现场无警示标识或标识破损（警戒区、标牌、反光锥等）		√	√	√	

续上表

施工作业内容	典型风险事件	致害物	致险因素 人的因素	致险因素 物的因素	致险因素 环境因素	致险因素 管理因素	易导致伤亡人员类型 本人	易导致伤亡人员类型 他人	人员伤亡 轻伤	人员伤亡 重伤	人员伤亡 死亡
现浇闸首墩边墙	触电	发电机、破损的电线配电箱、钢筋等导电材料	1. 作业人员未正确使用安全防护用品（绝缘鞋、绝缘手套等）；2. 作业人员操作错误或违章作业（带电检修维护）；3. 管理人员违章指挥，强令冒险作业；4. 电工、电焊工等特种人员未持有效证件上岗；5. 作业人员疲劳作业；	1. 电缆线、配电箱等电气设施不合格（线路破损、老化）；2. 电气设施设置不规范（电缆拖地、配电箱无支架等）；3. 带电设施无警示标识或标识破损；4. 安全防护装置不规范（未接地、无漏电保护器、接线端子无防护罩等）；5. 防护不足（配电柜、发电机遮雨棚、防护围挡或防护罩破损）	1. 强风、雷雨等天气；2. 作业场地杂乱、潮湿或积水；3. 作业场地照明不足；4. 高温导致电线胶皮脱落	1. 临时用电方案不完善或未落实；2. 发电机等安全操作规程不规范或未落实；3. 电气设施材料等未进行进场验收；4. 无电工对用电设施进行巡查或巡查不到位；5. 机械设备安全管理制度落实（发电机、电焊机等检查维护保养不到位）；6. 安全教育、培训、交底、检查制度不完善或未落实；7. 安全投入不足	√	√	√	√	
现浇闸首墩边墙	坍塌	围堰、基坑、边坡等整体或局部塌方、支架、构筑物倒塌	1. 管理人员违章指挥，强令冒险作业（防护、放坡不及时）；2. 人员心理异常（冒险、侥幸心理）；	1. 流砂、涌水、水冲刷、坡引起的塌方；2. 停靠在闸堰上的机械、车辆和过重的堆物；3. 没有或支护措施不符合要求的支护措施；	1. 存在滑坡、偏压等不良地质；2. 强风、暴雨、大雪、地震等自然灾害；3. 土体不均匀沉降；	1. 专项施工方案、应急预案不完善或未落实；2. 安全教育、培训、交底、检查制度不完善或未落实；	√	√	√	√	√

— 84 —

续上表

施工作业内容	典型风险事件	致害物	致险因素 人的因素	致险因素 物的因素	致险因素 环境因素	致险因素 管理因素	风险事件后果类型 易导致伤亡人员类型 本人	风险事件后果类型 易导致伤亡人员类型 他人	风险事件后果类型 人员伤亡 轻伤	风险事件后果类型 人员伤亡 重伤	风险事件后果类型 人员伤亡 死亡
	坍塌	闸堰、基坑、边坡等局部或整体塌方，支架、构筑物等倒塌	3. 作业人员操作错误，违章作业；4. 违反劳动纪律行为（管理人员脱岗）	4. 堆置过高、过陡、过地基不牢的堆置物；5. 支架、构筑结构失稳；6. 支架构件不合格或老化	4. 附近有强烈的震动；5. 外部存在冲击源	3. 安全投入不足；4. 现场监测不足					
现浇闸首边墩	机械伤害	挖掘机、搅拌机、破碎机、弯曲机、切割机、装载机等施工机具	1. 人员违章进入危险区域（机械作业半径等）；2. 管理人员违章指挥，强令冒险作业；3. 机械操作人员未持有效证上岗；4. 机械操作错误、违章作业（违规载人、酒后作业）；5. 操作人员身体健康状况异常、心理异常，感知异常（反应迟钝、辨识异常）错误、判断错误等；6. 现场作业人员未正确使用安全防护用品（反光背心、安全帽等）；7. 机械操作人员疲劳作业	1. 机械破损，标识不完善（警示标识、标牌、反光贴等）；2. 设备设施安全作业距离不足；3. 设施带"病"作业（设备设施制动装置失效、运动或转动装置无防护或防护装置有缺陷等）；4. 安全防护用品不合格（反光背心、安全帽、护目镜等）	1. 强风、暴雨、大雪、冰雹、大雾等不良天气；2. 作业场地狭窄、不平整，道路湿滑；3. 场地光线不足；4. 存在视野盲区	1. 机械设备安全管理制度不完善或未落实（检查维护保养不到位）；2. 未对机械设备、安全防护用品等进行进场验收或验收不到位；3. 安全教育、培训、交底制度不完善或未落实；4. 机械设备操作规程不规范或操作不落实；5. 安全投入不足		√	√	√	√

续上表

施工作业内容	典型风险事件	致害物	致险因素			风险事件后果类型				
			人的因素	物的因素	环境因素	管理因素	易导致伤亡人员类型		人员伤亡	
							本人	他人	轻伤	重伤	死亡
现浇闸首边墩	起重伤害	汽车起重机、履带式起重机等起重设备、吊索吊具	1. 管理人员违章指挥，强令冒险作业； 2. 作业人员操作错误，违章作业； 3. 起重工、信号工未持有效证件上岗； 4. 现场作业人员未正确使用安全防护用品（安全帽等）； 5. 抗倾覆验算错误； 6. 人员作业进入危险区域； 7. 起重人员身体健康状况异常、心理异常，感知异常（反应迟钝、辨识错误）； 8. 作业人员疲劳作业	1. 设备自身缺陷（强度、刚度不足，抗倾覆能力不足）； 2. 现场无警示标识或标识破损（警戒区、标牌、反光锥等）； 3. 起重机支垫材料不合格（枕木、钢板等）； 4. 构件防锈处理不合格； 5. 吊索吊具不合格或达到报废标准（钢丝绳、吊带、U形卸扣等）； 6. 无防护或防护装置缺陷（防脱钩装置、限位装置等）； 7. 设备"带病"作业（制动装置等）； 8. 安全防护用品不合格（反光背心、安全帽等）	1. 强风、暴雨、大雾、大雪等不良天气； 2. 地基承载力不足，基础下沉； 3. 作业场地照明不足； 4. 起重机周围高空有较多障碍物； 5. 起重机周围存在视野盲区	1. 施工方案不完善或未落实； 2. 安全教育、培训、交底、检查制度不完善或落实不到位； 3. 未对起重设备进行进场验收或验收不到位； 4. 安全投入不足； 5. 起重吊装作业时无专人监视； 6. 起重吊装安全操作规程不规范或未落实	√	√	√	√	√

— 86 —

续上表

施工作业内容	典型风险事件	致害物	致险因素			风险事件后果类型			
			人的因素	物的因素	环境因素	管理因素	易导致伤亡人员类型		人员伤亡		
							本人	他人	轻伤	重伤	死亡
现浇闸首边墩	车船伤害	运输、施工的车船等	1. 人员违章进入危险区域； 2. 管理人员违章指挥，强令冒险作业（进入盲区等）； 3. 机驾人员无有效证件上岗，违章作业，酒后驾驶、超限、超载作业； 4. 机驾人员身体健康状况异常，心理异常，感知异常（反应迟钝，辨识错误）； 5. 人员疲劳作业； 6. 现场人员未正确使用安全防护用品（反光背心、安全帽等）	1. 车船未配备警示标识或标识破损（警戒区、标牌、反光锥、反光贴等）； 2. 车船带"病"作业（制动装置、喇叭、警示灯等设施缺陷）； 3. 车船作业安全距离不足； 4. 人员安全防护用品不合格（反光背心、安全帽等）； 5. 车辆外观存在破损，配件行驶时脱落，运载物超过车辆尺寸； 6. 车辆转弯后退时无明显提示； 7. 船舶甲板有较多缆绳和锚具	1. 强风、暴雨、大雪、冰雹、大雾等不良天气； 2. 作业场地狭窄、不平整，道路湿滑； 3. 车辆前后视线不良； 4. 存在视野盲区	1. 未对车辆、船机设备安全防护设施等进行进场验收或验收不到位； 2. 车船安全管理制度不完善或未落实（检查维护保养不到位）； 3. 安全操作规程不规范或未落实（作业前未对车船周围环境进行检查）； 4. 安全教育、培训、交底、检查制度不完善或未落实； 5. 职业健康管理制度不完善； 6. 安全投入不足	√	√	√	√	√

续上表

施工作业内容	典型风险事件	致害物	致险因素			风险事件后果类型				
			人的因素	物的因素	环境因素	管理因素	易导致伤亡人员类型		人员伤亡	
							本人	他人	轻伤	重伤	死亡
现浇闸首边墩	高处坠落	无防护的作业平台、施工人员受自身的重力运动	1.作业人员未正确使用安全防护用品(安全带、防滑鞋等); 2.作业人员身体健康状况异常、心理异常、知异常(高血压、恐高症等禁忌症、反应迟钝、辨识或错误); 3.作业人员疲劳作业、管理人员违章指挥、冒险作业; 4.作业人员操作错误或违章作业	1.高处作业场所未设置安全防坠落措施(安全绳索、防坠网、栏杆等); 2.未设置标识或安全警示标识或破损; 3.安全防护用品质量不合格、存在缺陷; 4.未设置或设置不安全爬梯或人员上下安全梯设置不规范	1.大风、雷电、大雪、暴雨等恶劣天气; 2.夜间施工照明不足; 3.作业场地不平整、湿滑; 4.临边洞口区域较多; 5.现场需要经常高作业	1.安全教育、培训、交底、检查制度不完善或未落实; 2.职业健康、安全管理制度不完善、未定期体检; 3.安全投入不足; 4.高处作业安全操作规程不规范或未落实; 5.安全防护用品等未进行进场验收或验收不到位	√		√	√	√
现浇混凝土闸墙	物体打击	工具、材料、土石方等	1.现场作业人员未正确使用安全防护用品(安全帽等); 2.人员违章进入危险区域; 3.管理人员违章指挥、强令冒险作业; 4.作业人员身体健康状况异常、心理异常、知异常(反应迟钝、辨识错误); 5.作业人员操作错误、违章作业(违章抛物)	1.安全防护用品不合格(安全帽等); 2.作业过程中产生的坠落物、抛射物、喷射物、溅落物(工具、材料等); 3.未设置防护设施、防护设施存在缺陷(挡脚板、防护网等); 4.物品摆放位置不合理或未固定; 5.物品尺寸超大、超长等	1.强风、暴雨、冰雹、大雾等不良天气; 2.作业场地杂乱; 3.照明光线不足; 4.机械、车船、场地等震动、振动	1.施工方案不完善或未落实; 2.安全教育、培训、交底、检查制度不完善或未落实; 3.安全投入不足; 4.进行进场验收或验收不到位; 5.现场破损、标识或标牌无警示标识或警戒区、标牌、反光锥等		√	√	√	

续上表

施工作业内容	典型风险事件	致害物	致险因素 人的因素	致险因素 物的因素	致险因素 环境因素	致险因素 管理因素	易导致伤亡人员类型 本人	易导致伤亡人员类型 他人	人员伤亡 轻伤	人员伤亡 重伤	人员伤亡 死亡
现浇混凝土闸墙	触电	发电机、破损的电线、配电箱、钢筋等导电材料	1. 作业人员未正确使用安全防护用品（绝缘鞋、绝缘手套等）； 2. 作业人员操作错误或违章作业（带电检修维护）； 3. 管理人员违章指挥、强令冒险作业； 4. 电工、电焊工等特种人员未持有效证件上岗； 5. 作业人员疲劳作业	1. 电缆线、配电箱等电气设施不合格（线路破损、老化）； 2. 电气设施设置不规范（电缆拖地、配电箱无支架）； 3. 带电设施无警示标识或标识破损； 4. 安全防护装置不规范、无漏电保护器、接线端子无防护罩等； 5. 防护不当，防护距离不足（配电柜、发电机无遮雨棚、防护围挡或防护围挡破损）	1. 强风、雷雨等不良天气； 2. 作业场地杂乱、潮湿或积水； 3. 作业场地照明不足； 4. 高温导致电线胶皮脱落	1. 临时用电方案不完善或未落实； 2. 发电机等安全操作规程不规范或未落实； 3. 电工设施材料等未进行进场验收； 4. 无电工对用电设施进行巡查或巡查不到位； 5. 机械设备安全管理制度未落实（发电机、电焊机等检查维护保养不到位）； 6. 安全教育、培训、交底、检查制度不完善或未落实； 7. 安全投入不足	√			√	
	坍塌	围堰、基坑、边坡等整体塌方，局部或整体支架、构筑物倒塌	1. 管理人员违章指挥，强令冒险作业（防护、放坡不及时）； 2. 人员心理异常（冒险、侥幸心理）	1. 流砂、涌水、水冲、坡引起的塌方； 2. 停靠在围堰上的机械、车辆和过重的堆物； 3. 没有或不符合要求的支护措施	1. 存在滑坡、偏压等不良地质； 2. 强风、暴雨、大雪、地震等自然灾害； 3. 土体不均匀沉降； 4. 附近有强烈的震动； 5. 外部存在强冲击源	1. 专项施工方案、应急预案不完善或未落实； 2. 安全教育、培训、交底、检查制度不完善或未落实； 3. 安全投入不足； 4. 现场监测不足	√	√	√	√	√

续上表

施工作业内容	典型风险事件	致害物	致险因素				风险事件后果类型			
			人的因素	物的因素	环境因素	管理因素	易导致伤亡人员类型		人员伤亡		
							本人	他人	轻伤	重伤	死亡
现浇混凝土闸墙	坍塌	围堰、基坑、边坡等局部或整体塌方、支架、构筑物倒塌	3. 作业人员操作错误,违章作业; 4. 违反劳动纪律行为(管理人员脱岗)	4. 堆置过高、过陡或地基不牢的堆置物; 5. 支架、构筑物结构失稳; 6. 支架等构件不合格或老化							
	机械伤害	挖掘机、打桩机、搅拌机、破碎机、切割机、弯曲机、装载机等施工机具	1. 人员违章进入危险区域(机械作业半径等); 2. 管理人员违章指挥、强令冒险作业; 3. 机械操作人员未持有效证件上岗; 4. 机械操作人员操作错误、违章作业(违规载人、酒后作业); 5. 操作人员身体健康状况异常、心理异常、感知异常(反应迟钝、辨识错误); 6. 现场作业人员安全防护用品不正确使用(反光背心、安全帽等); 7. 机械操作人员疲劳作业	1. 机械无警示标识或标识破损(警戒区、标牌、反光贴等); 2. 设备设施安全作业距离不足; 3. 设备带"病"作业(设备设施制动装置失效、活动或转动装置无防护或防护装置有缺陷等); 4. 安全防护用品不合格(反光背心、安全帽、护目镜等)	1. 强风、暴雨、大雪、冰雹、大雾等不良天气; 2. 作业场地狭窄、不平整,道路湿滑; 3. 场地光线不足; 4. 存在视野盲区	1. 机械设备不完善或管理制度不完善,安全管理(检查维护保养不到位); 2. 未对机械设备、安全防护用品等进行进场验收验收不到位; 3. 安全教育、培训、交底制度不完善或未落实; 4. 机械设备操作规程不规范或未落实; 5. 安全投入不足		✓	✓	✓	✓

续上表

施工作业内容	典型风险事件	致害物	致险因素				风险事件后果类型				
			人的因素	物的因素	环境因素	管理因素	易导致伤亡人员类型		人员伤亡		
							本人	他人	轻伤	重伤	死亡
现浇混凝土闸墙	起重伤害	汽车起重机、履带式起重设备、吊索吊具	1.管理人员违章指挥，强令冒险作业； 2.作业人员操作错误，违章作业； 3.起重工、信号工未持有效证件上岗； 4.现场作业人员未正确使用安全防护用品（安全帽等）； 5.抗倾覆验算错误； 6.人员违章进入危险区域； 7.状况异常，心理异常，反应迟钝辨识知异常（反应迟钝，辨识错误）； 8.作业人员疲劳作业	1.设备自身缺陷（强度、刚度不足，抗倾覆能力不足）； 2.现场无警示标识、标识破损（警戒区、标牌、反光锥等）； 3.起重机支垫材料不合格（枕木、钢板等）； 4.构件防锈处理不合格； 5.吊索吊具不合格； 6.吊索吊具报废标准（钢丝绳、吊带、U形卸扣等）； 6.无防护或防护装置缺陷（防脱钩装置、限动装置等）； 7.设备"带病"作业（制动装置等）； 8.安全防护用品不合格（反光背心、安全帽等）	1.强风、暴雨、大雾、大雪等不良天气； 2.地基承载力不足，基础下沉； 3.作业场地照明不足； 4.起重机周围高空有较多障碍物； 5.起重机周围存在视野盲区	1.施工方案不完善或未落实； 2.安全教育、培训，交底，检查制度不完善或未落实； 3.未对起重设备进行进场验收或验收不到位； 4.安全投入不足； 5.起重吊装作业时无专人监视； 6.起重吊装安全操作规程不规范或未落实	√	√	√	√	√

— 91 —

续上表

施工作业内容	典型风险事件	致害物	致险因素			风险事件后果类型				
			人的因素	物的因素	环境因素	管理因素	易导致伤亡人员类型		人员伤亡		
							本人	他人	轻伤	重伤	死亡
现浇混凝土闸墙	车船伤害	运输、施工的车船等	1. 人员违章进入危险区域； 2. 管理人员违章指挥，强令冒险作业（进入盲区等）； 3. 机驾人员未持有效证件上岗，机驾人员操作错误，违章作业（违规超载、酒后驾驶、超速、超限作业）； 4. 机驾人员身体健康状况异常、心理异常、感知异常（反应迟钝、辨识错误）； 5. 机驾人员疲劳作业； 6. 现场人员防护用品未正确使用（反光背心、安全帽等）	1. 车船未配备警示标识或标识破损（警戒区、标牌、反光锥、反光贴等）； 2. 车船带"病"作业（制动装置、喇叭、警示灯等设施缺陷）； 3. 车船作业安全距离不足； 4. 人员安全防护用品不合格（反光背心、安全帽等）； 5. 车辆外观存在破损、配件行驶时脱落、运载物品尺寸超过车辆尺寸等； 6. 车船转弯或退行时无明显提示； 7. 船舶甲板有较多缆绳和锚具	1. 强风、暴雨、大雪、冰雹、大雾等不良天气； 2. 作业场地狭窄、不平整，道路湿滑； 3. 车辆前后视线不良； 4. 存在视野盲区	1. 未对车辆、船机设备安全防护设施等进行进场验收或验收不到位； 2. 车船安全管理制度不完善或未落实（检查维护保养不到位）； 3. 安全操作规范未落实或未完善（作业前环境未对车船周围环境进行检查）； 4. 安全教育、培训、交底、检查制度不完善或未落实； 5. 职业健康管理制度不完善或未落实； 6. 安全投入不足	√	√	√	√	√

续上表

施工作业内容	典型风险事件	致害物	致险因素 人的因素	致险因素 物的因素	致险因素 环境因素	致险因素 管理因素	易导致伤亡人员类型 本人	易导致伤亡人员类型 他人	人员伤亡 轻伤	人员伤亡 重伤	人员伤亡 死亡
现浇混凝土闸墙	高处坠落	无防护的作业平台,施工人员受自身的重力自由运动	1. 作业人员未正确使用安全防护用品(安全带,防滑鞋等); 2. 作业人员身体健康状况异常,心理异常,感知异常(高血压,恐高症等禁忌症,反应迟钝,辨识错误); 3. 管理人员违章指挥,冒险作业; 4. 作业人员操作错误或违章作业	1. 高处作业场所未设置安全防护措施(安全绳索,防坠网,栏杆等); 2. 未设置安全警示标识或标识破损; 3. 安全防护用品质量不合格,存在缺陷; 4. 未设置人员上下安全爬梯或设置不规范	1. 大风,雷电,大雪,暴雨等恶劣天气; 2. 夜间施工照明不足; 3. 作业场地不平整,潮湿; 4. 临边洞口区域较多; 5. 现场需要经常登高作业	1. 安全教育,培训,交底,检查制度不完善或未落实; 2. 职业健康,安全管理制度不完善或未定期体检); 3. 安全投入不足; 4. 高处作业安全规范现场进行验收未到位	√				√
钢板桩闸墙	物体打击	工具,材料,预制构件等	1. 现场作业人员未正确使用安全防护用品(安全帽等); 2. 人员违章进入危险区域; 3. 管理人员违章指挥,强令冒险作业; 4. 作业人员身体健康状况异常,心理异常,感知异常(反应迟钝,辨识错误); 5. 作业人员操作错误,违章作业(违章抛物)	1. 安全防护用品不合格(安全帽等); 2. 作业过程中产生坠落物,抛射物,喷射物,溅射物(工具,材料等); 3. 未设置防护设施,防护设施存在缺陷(挡脚板,防护网); 4. 物品摆放位置不合理或未固定; 5. 物品尺寸超大,超长等	1. 强风,暴雨,冰雹,大雾等不良天气; 2. 作业场地杂乱; 3. 照明光线不足; 4. 机械,车船,场地等晃动,振动	1. 施工方案不完善或未落实; 2. 安全教育,培训,交底,检查制度不完善或未落实; 3. 安全防护用品等未进行进场验收或验收不到位; 4. 安全投入不足; 5. 现场无警示标识或标识破损,警戒区(标牌,反光锥等)		√	√	√	

续上表

施工作业内容	典型风险事件	致害物	致险因素				风险事件后果类型				
			人的因素	物的因素	环境因素	管理因素	易导致伤亡人员类型		人员伤亡		
							本人	他人	轻伤	重伤	死亡
钢板桩围墙	触电	发电机、破损的电线、配电箱、钢筋等导电材料	1. 作业人员未正确使用安全防护用品（绝缘鞋、绝缘手套等）； 2. 作业人员操作错误或违章作业（带电检修维护）； 3. 管理人员违章指挥、强令冒险作业； 4. 电工、电焊工等特种人员未持有效证件上岗； 5. 作业人员疲劳作业	1. 电缆线、配电箱等电气设施不合格（线路破损、老化）； 2. 电气设施设置不规范（电缆插地、配电箱无支架等）； 3. 带电设施无警示标识或标识破损； 4. 安全防护装置不规范，无漏电保护器，接线端子无防护罩等）； 5. 防护不当，防护距离不足（配电柜、发电机无遮雨棚，防护围挡或防护罩破损）	1. 强风、雷雨等不良天气； 2. 作业场地杂乱、潮湿或积水； 3. 作业场地照明不足； 4. 高温导致电线胶皮脱落	1. 临时用电方案不完善或未落实； 2. 发电机等安全操作规程不规范或未落实； 3. 电气设施材料未进行进场验收； 4. 无电工对用电设施进行巡查或巡查不到位； 5. 机械设备安全管理制度未落实（发电机、电焊机等检查维护保养不到位）； 6. 安全教育、培训、交底，检查制度不完善或未落实； 7. 安全投入不足	√		√	√	

第五章 船闸工程施工的主要安全风险分析

续上表

施工作业内容	典型风险事件	致害物	致险因素				风险事件后果类型				
			人的因素	物的因素	环境因素	管理因素	易导致伤亡人员类型		人员伤亡		
							本人	他人	轻伤	重伤	死亡
钢板桩闸墙	机械伤害	打桩机、装载机等施工机具	1.人员违章进入危险区域（机械作业半径等）； 2.管理人员违章指挥，强令冒险作业； 3.机械操作人员未持有效证件上岗； 4.机械操作人员操作错误，违章作业（违规载人、酒后作业）； 5.操作人员身体健康状况异常、心理异常，感知异常（反应迟钝、辨识错误）； 6.现场作业人员未正确使用安全防护用品（反光背心、安全帽等）； 7.机械操作人员疲劳作业	1.机械无警示标识或标识破损（警戒区、标牌、反光贴等）； 2.设备设施安全作业距离不足； 3.设备带"病"作业（设备设施制动装置失效，运动或转动装置无防护、防护装置有缺陷等）； 4.安全防护用品不合格（反光背心、安全帽、护目镜等）	1.强风、暴雨、大雪、冰雹、大雾等不良天气； 2.作业场地狭窄、不平整、道路湿滑； 3.场地光线不足； 4.存在视野盲区	1.机械设备安全管理制度不完善或未落实（检查维护保养不到位）； 2.未对机械设备、安全防护用品等进行进场验收或验收未到位； 3.安全教育、培训、交底制度不完善或未落实； 4.机械设备操作规程不规范或未落实； 5.安全投入不足		√	√	√	√

续上表

施工作业内容	典型风险事件	致害物	致险因素			风险事件后果类型				
			人的因素	物的因素	环境因素	管理因素	易导致伤亡人员类型		人员伤亡		
							本人	他人	轻伤	重伤	死亡
钢板桩闸墙	起重伤害	汽车起重机、履带式起重机等设备，吊索吊具	1. 管理人员违章指挥，强令冒险作业； 2. 作业人员操作错误，违章作业； 3. 起重工、信号工未持有效证件上岗； 4. 现场作业人员未正确使用安全防护用品（安全帽等）； 5. 抗倾覆验算错误； 6. 人员违章进入危险区域； 7. 起重人员身体健康状况异常、心理异常、感知异常（反应迟钝、辨识错误）； 8. 作业人员疲劳作业	1. 设备自身缺陷（强度、刚度不足，抗倾覆能力不足）； 2. 现场无警示标识或标识破损（警戒区、标牌、反光锥等）； 3. 起重机支垫材料不合格（枕木、钢板等）； 4. 构件防锈处理不合格； 5. 吊索吊具不合格； 6. 吊索吊具磨损或达到报废标准（钢丝绳、吊带、U形卸扣等）； 7. 无防护或防护装置缺陷（防脱钩装置、限位装置等）； 8. 安全防护用品不合格（反光背心、安全帽等）	1. 强风、暴雨、大雾、大雪等不良天气； 2. 地基承载力不足，基础下沉； 3. 作业场地照明不足； 4. 起重机周围高空有较多障碍物； 5. 起重机周围存在视野盲区	1. 施工方案不完善或未落实； 2. 安全教育、培训、交底，检查制度不完善或未落实； 3. 未对起重设备进行进场验收或验收不到位； 4. 安全投入不足； 5. 起重吊装作业时无专人监视； 6. 起重吊装安全操作规程不规范或未落实	√	√	√	√	√

第五章 船闸工程施工的主要安全风险分析

续上表

施工作业内容	典型风险事件	致害物	致险因素				风险致伤亡类型				
			人的因素	物的因素	环境因素	管理因素	易导致伤亡人员类型		人员伤亡		
							本人	他人	轻伤	重伤	死亡
钢板桩闸墙	车船伤害	运输、施工的车船等	1.人员违章进入危险区域； 2.管理人员违章指挥，强令冒险作业（进入视野盲区等）； 3.机驾人员未持有效证件上岗，违章驾驶、机驾人员违规操作错误，酒后驾驶、超限、超载作业； 4.机驾人员身体健康状况异常，心理异常、感知异常（反应迟钝、辨识错误）； 5.机驾人员疲劳作业； 6.现场人员未正确使用安全防护用品（反光背心、安全帽等）	1.车船未配备警示标识或标识破损（警戒区、标牌、反光锥、反光贴等）； 2.车船"带病"作业（制动装置、喇叭、警示灯等设施缺陷）； 3.车船作业安全距离不足； 4.人员安全防护用品不合格（反光背心、安全帽等）； 5.车辆外观存在破损，配件行驶时脱落，运载物品尺寸超过车辆尺寸等； 6.车辆转弯后退时无明显提示； 7.船舶甲板有较多缆绳和锚具	1.强风、暴雨、大雪、冰雹、大雾等不良天气； 2.作业场地狭窄、不平整、道路湿滑； 3.车辆前后视线不良； 4.存在视野盲区	1.未对车辆、船舶机设备安全防护设施进行进场验收或验收不到位； 2.车船安全管理制度不完善未落实（检查维护保养不到位）； 3.安全操作规程不规范或未落实（作业前未对车船周围环境进行检查）； 4.安全教育、培训，交底、检查制度不完善或未落实； 5.职业健康管理制度不完善未落实； 6.安全投入不足	√	√	√	√	√

续上表

施工作业内容	典型风险事件	致害物	致险因素				风险事件后果类型				
			人的因素	物的因素	环境因素	管理因素	易导致伤亡人员类型		人员伤亡		
							本人	他人	轻伤	重伤	死亡
	高处坠落	无防护的作业平台，施工人员受自身的重力运动	1.作业人员未正确使用安全防护用品（安全带，防滑鞋等）；2.作业人员身体健康状况异常（高血压，恐高症等禁忌症，反应迟钝等）意识错误；3.作业人员疲劳作业、管理人员违章指挥，强令冒险作业；4.作业人员操作错误或违章作业	1.高处作业场所未设置安全防护等措施（安全绳索，防坠网，栏杆等）；2.未设置安全警示标识或标识破损；3.安全防护用品质量不合格，存在缺陷；4.未设置或设置人员上下安全爬梯不规范	1.大风、雷电、大雪、暴雨等恶劣天气；2.夜间施工照明不足；3.作业场地不平整、湿滑；4.临边洞口区域较多；5.现场需要经常登高作业	1.安全教育、培训、交底、检查制度不完善或落实；2.职业健康、安全管理制度不完善，未落实（定期体检）；3.安全投入不足；4.高处作业安全操作规范不规范或落实未到位；5.安全防护用品等未进行进场验收或验收不到位	√			√	√
钢板桩围堰	滑坡	围堰、航道边坡、墙后回填土、基坑	1.管理人员违章指挥，强令冒险作业（防护/放坡不及时）；2.人员心理异常、侥幸心理；3.作业人员操作错误、违章作业；4.违反劳动纪律行为（管理人员脱岗）	1.流砂、涌水冲刷引起的边坡局部或整体剥离；2.停靠在围堰、基坑、边坡上的机械、车辆和过重的堆物；3.没有或不符合要求的支护措施；4.土体不均匀沉降；5.附近有强烈的震动、冲击源；6.堆置过高、过陡或地基不牢的堆置物；7.土体含水率较大	1.冰雹、暴雨、大雪等恶劣天气；2.夜间施工照明不足；3.作业场地不平整、湿滑；4.周围有较大持续震动；5.淤泥土质较多地下水位较高	1.安全教育、培训、交底、检查制度不完善或落实；2.职业健康、安全管理制度不完善，未落实（定期体检）；3.安全投入不足；4.高边坡作业安全操作规程不规范或落实；5.安全防护用品等未进行进场验收或验收不到位	√	√	√	√	√

续上表

施工作业内容	典型风险事件	致害物	致险因素				风险事件后果类型				
			人的因素	物的因素	环境因素	管理因素	易导致伤亡人员类型		人员伤亡		
							本人	他人	轻伤	重伤	死亡
地连墙闸墙	淹溺	周边水域	1. 管理人员违章指挥，强令冒险作业；2. 人员心理异常（冒险侥幸心理）；3. 作业人员操作错误，违章作业；4. 违反劳动纪律行为（管理人员脱岗）；5. 人员未正确使用安全防护用品	1. 现场无警示标识或标识破损；2. 现场救生设施不足；3. 水下存在不明物体或运动的拖挖生设备缠绕；4. 氧气瓶、头盔等存在缺陷	1. 雷雨、大风（6级以上）、冰雹、大雾等恶劣天气作业；2. 水体寒冷；3. 水体内能见度不足	1. 专项施工方案、应急预案不完善或未落实；2. 未落实安全教育，培训、交底，检查制度；3. 现场监控看管不到位	√		√		√
	物体打击	工具、材料、土石方、预制构件等	1. 现场作业人员未正确使用安全防护用品（安全帽等）；2. 人员违章进入危险区域；3. 管理人员违章指挥，强令冒险作业；4. 作业人员身体健康状况异常，心理异常，感知异常（反应迟钝辨识错误）；5. 作业人员操作错误，违章作业（违章抛物）	1. 安全防护用品不合格（安全帽等）；2. 作业过程中产生坠落物、抛射物、喷射物、溅射物等（工具、材料等）；3. 未设置防护设施（挡脚板、防护网等）；4. 物品摆放位置不合理或未固定；5. 物品尺寸超大、超长等	1. 强风、暴雨、冰雹、大雾等不良天气；2. 作业场地杂乱；3. 照明光线不足；4. 机械、车船、场地等晃动、振动	1. 施工方案不完善或未落实；2. 安全教育、培训、交底，检查制度不完善或未落实；3. 安全防护用品等未进行进场验收或验收不到位；4. 安全投入不足；5. 现场无警示标识或标识破损，标牌（警戒区、标牌、反光锥）等		√	√	√	

续上表

施工作业内容	典型风险事件	致害物	致险因素				风险事件后果类型				
			人的因素	物的因素	环境因素	管理因素	易导致伤亡人员类型		人员伤亡		
							本人	他人	轻伤	重伤	死亡
地连墙闸墙	触电	发电机、破损的电线、配电箱、钢筋等导电材料	1. 作业人员未正确使用安全防护用品（绝缘鞋、绝缘手套等）；2. 作业人员操作错误或违章作业（带电检修维护）；3. 管理人员违章指挥，强令违章作业；4. 电工、电焊工等特种人员未持有效证件上岗；5. 作业人员疲劳作业	1. 电缆线、配电箱等电气设施不合格（线路破损、老化）；2. 电气设施设置不规范（电缆拖地、配电箱无支架等）；3. 带电设施无警示标识或标识破损；4. 安全防护装置不规范（未接地、无漏电保护器、接线端子无防护罩等）；5. 防护不当，防护距离不足（配电柜、发电机无遮雨棚、防护围挡或防护罩破损）	1. 强风、雷雨等不良天气；2. 作业场地杂乱、潮湿或积水；3. 作业场地照明不足；4. 高温导致电线胶皮脱落	1. 临时用电方案不完善或未落实；2. 发电机等安全操作规程不规范或未落实；3. 电气设施进场材料等未进行进场验收；4. 无电工对用电设施进行巡查或巡查不到位；5. 机械设备（发电机、电焊机等）安全管理制度未落实，检查维护保养不到位；6. 安全教育、培训、交底，检查制度不完善或未落实；7. 安全投入不足	√		√	√	
	坍塌	围堰、基坑、边坡等整体塌方或局部塌陷、支架、构筑物倒塌	1. 管理人员违章指挥，强令冒险作业（防护、放坡不及时）；2. 人员心理异常（冒险侥幸心理）	1. 流砂、涌水冲刷、坡引起的塌方；2. 停靠在围堰上的机械、车辆和过重的堆物；3. 没有或支护不符合要求的支护措施	1. 存在滑坡、偏压等不良地质；2. 强风、暴雨、大雪、地震等自然灾害；3. 土体不均匀沉降；4. 附近有强烈的震动；5. 外部存在冲击源	1. 专项施工方案、应急预案不完善或未落实；2. 安全教育、培训、交底，检查制度不完善或未落实；3. 安全投入不足；4. 现场监测不足	√	√	√	√	√

— 100 —

续上表

施工作业内容	典型风险事件	致害物	致险因素 人的因素	致险因素 物的因素	致险因素 环境因素	致险因素 管理因素	风险事件后果类型 易导致伤亡人员类型 本人	风险事件后果类型 易导致伤亡人员类型 他人	风险事件后果类型 人员伤亡 轻伤	风险事件后果类型 人员伤亡 重伤	风险事件后果类型 人员伤亡 死亡
地连墙闸墙	坍塌	围堰、基坑、边坡等局部或整体塌方，支架、构筑物倒塌	3. 作业人员操作错误，违章作业； 4. 违反劳动纪律（管理人员脱岗）	4. 堆置过高、过陡或地基不牢的堆置物； 5. 支架、构筑物结构失稳； 6. 支架等构件不合格或老化							
地连墙闸墙	机械伤害	挖掘机、打桩机、搅拌机、破碎机、弯曲机、切割机、装载机等施工机具	1. 人员违章进入危险区域（机械作业半径等）； 2. 管理人员违章指挥，强令冒险作业； 3. 机械操作人员未持有效证件上岗； 4. 机械操作人员违规作业（违规载人、酒后作业）； 5. 操作人员身体健康状况异常、心理异常、感知异常（反应迟钝、辨识错误）； 6. 现场作业人员未正确使用安全防护用品（反光背心、安全帽等）； 7. 机械操作人员疲劳作业	1. 机械无警示标识或标识破损（警戒区、标牌、反光贴）； 2. 设备设施安全作业距离不足； 3. 设备带"病"作业（设备设施制动装置失效、运动或转动装置无防护或防护装置有缺陷等）； 4. 安全防护用品不合格（反光背心、安全帽、护目镜等）	1. 强风、暴雨、大雪、冰雹、大雾等不良天气； 2. 作业场地狭窄、不平整，道路湿滑； 3. 场地光线不足； 4. 存在视野盲区	1. 机械设备安全管理制度不完善或落实不到位（检查维护保养未到位）； 2. 未对机械设备、安全防护用品等进行进场验收或验收不落实； 3. 安全教育、培训、交底制度不完善或未落实； 4. 机械设备操作规程不规范或未落实； 5. 安全投入不足		√	√	√	√

— 101 —

续上表

施工作业内容	典型风险事件	致害物	致险因素			风险事件后果类型				
			人的因素	物的因素	环境因素	管理因素	易导致伤亡人员类型		人员伤亡		
							本人	他人	轻伤	重伤	死亡
地连墙闸墙	起重伤害	汽车起重机、履带式起重机等起重设备，吊索吊具	1. 管理人员违章指挥，强令冒险作业； 2. 作业人员操作错误，违章作业； 3. 起重工、信号工未持有效证件上岗； 4. 现场作业人员未正确使用安全防护用品（安全帽等）； 5. 抗倾覆验算错误； 6. 人员违章进入危险区域； 7. 起重人员身体健康状况异常、心理异常、感知异常（反应迟钝、辨识错误）； 8. 作业人员疲劳作业	1. 设备自身缺陷（强度、刚度不足，抗倾覆能力不足）； 2. 现场无警示标识或标识破损（警戒区、标牌、反光锥等）； 3. 起重机支垫材料不合格（枕木、钢板等）； 4. 构件防锈处理不合格； 5. 吊索吊具不合格，达到报废标准（钢丝绳、吊带、U形卸扣等）； 6. 无防护或防护装置缺陷（防脱钩装置、限位装置等）； 7. 设备带"病"作业（制动装置等）； 8. 安全防护用品不合格（反光背心、安全帽等）	1. 强风、暴雨、大雾、大雪等不良天气； 2. 地基承载力不足，基础下沉； 3. 作业场地照明不足； 4. 起重机周围高空有较多障碍物； 5. 起重机周围存在视野盲区	1. 施工方案不完善或未落实； 2. 安全教育、培训、交底、检查制度不完善或未落实； 3. 未对起重设备进行进场验收或验收不到位； 4. 安全投入不足； 5. 起重吊装作业时无专人监视； 6. 起重吊装安全操作规程不规范或未落实	√	√	√	√	√

续上表

施工作业内容	典型风险事件	致害物	致险因素				风险事件后果类型				
			人的因素	物的因素	环境因素	管理因素	易导致伤亡人员类型		人员伤亡		
							本人	他人	轻伤	重伤	死亡
地连墙闸墙	车船伤害	运输、施工的车船等	1. 人员违章进入危险区域；2. 管理人员违章指挥，强令冒险作业（进入视野盲区等）；3. 机驾人员未持有效证件上岗，违章操作错误，酒后驾驶，超载人员，违章作业（违章载人、超速、超限、超载作业；4. 机驾人员身体健康状况异常、心理异常、感知异常（反应迟钝、辨识错误）；5. 现场人员疲劳作业或现场作业人员；6. 现场人员未正确使用安全防护用品（反光背心、安全帽等）	1. 车船未配备警示标识或标识破损（警戒区、标牌、反光锥、反光贴等）；2. 车船带"病"作业（制动装置、喇叭、警示灯等设施缺陷）；3. 车船作业安全距离不足；4. 人员安全防护用品不合格（反光背心、安全帽等）；5. 车辆外观存在破损、配件行驶时脱落、运载物品尺寸超过车辆尺寸等；6. 车辆转弯时退行无明显提示；7. 船舶甲板有较多缆绳和锚具	1. 强风、暴雨、大雪、冰雹、大雾等不良天气；2. 作业场地狭窄、不平整、道路湿滑；3. 车辆前后视线不良；4. 存在视野盲区	1. 未对车辆、船机设备安全防护设施等进行进场验收或验收不到位；2. 车船安全管理制度不完善或未落实（检查维护保养不到位）；3. 安全操作规程不规范或落实不落实（作业前未对车船周围环境进行检查）；4. 安全教育、培训、交底、检查制度不完善或未落实；5. 职业健康管理制度不完善或未落实；6. 安全投入不足	√	√	√	√	√

续上表

施工作业内容	典型风险事件	致害物	致险因素			风险事件后果类型				
			人的因素	物的因素	环境因素	管理因素	易导致伤亡人员类型		人员伤亡		
							本人	他人	轻伤	重伤	死亡
地连墙闸墙	高处坠落	无防护的作业平台，施工人员受自身的重力运动	1. 作业人员未正确使用安全防护用品（安全带、防滑鞋等）； 2. 作业人员身体健康状况异常（高血压、感知异常（高血压、感冒）、反应迟钝、恐高症等禁忌、辨识错误）； 3. 作业人员疲劳作业，管理人员违章指挥，强令冒险作业； 4. 作业人员操作错误或违章作业	1. 高处作业场所未设置安全防护措施（安全绳索（防坠网、栏杆等）、识或标识破损； 3. 安全防护用品质量不合格，存在缺陷； 4. 未设置防护或设置不安全爬梯或设置不规范	1. 大风、雷电、大雪、暴雨等恶劣天气； 2. 夜间施工照明不足； 3. 作业场地不平整、湿滑； 4. 临边洞口区域较多； 5. 现场需要经常登高作业	1. 安全教育、培训、交底、检查制度不完善或未落实； 2. 职业健康安全管理制度不完善（定期体检）； 3. 安全投入不足； 4. 高处作业安全操作规范不完善或未落实； 5. 安全防护用品等未进行进场验收或验收不到位	√			√	√
现浇或预制安装闸墙顶挡板	物体打击	工具、材料、预制构件等	1. 现场作业人员未正确使用安全防护用品（安全帽等）； 2. 人员违章进入危险区域； 3. 管理人员违章指挥，强令冒险作业； 4. 作业人员身体健康状况异常（反应迟钝、辨识错误）； 5. 作业人员操作错误，违章作业（违章抛物）	1. 安全防护用品不合格（安全帽等）； 2. 作业过程中产生坠落物、抛射物、喷射物、溅射物等（工具、材料等）； 3. 未设置防护设施（挡脚板、防护网等）； 4. 物品摆放位置不合理或固定不牢； 5. 物品尺寸超大、超长等	1. 强风、暴雨、冰雹、大雾等不良天气； 2. 作业场地杂乱； 3. 照明光线不足； 4. 机械、车船、场地等晃动、振动	1. 施工方案不完善或未落实； 2. 安全教育、培训、交底、检查制度不完善或未落实； 3. 安全防护用品等未进行进场验收或验收不到位； 4. 安全投入不足； 5. 现场无警示标识或标识破损（警戒区、标牌、反光锥等）		√	√	√	

— 104 —

续上表

施工作业内容	典型风险事件	致害物	致险因素			风险事件后果类型			
			人的因素	物的因素	环境因素	管理因素	易导致伤亡人员类型 || 人员伤亡		
							本人	他人	轻伤	重伤	死亡
现浇或预制安装闸墙顶挡板	触电	发电机、破损的电线、配电箱、钢筋等导电材料	1.作业人员未正确使用安全防护用品（绝缘鞋、绝缘手套等）；2.作业人员操作错误或违章作业（带电拖线维护）；3.管理人员违章指挥，强令冒险作业；4.电工、电焊工等特种人员未持有效证件上岗；5.作业人员疲劳作业	1.电缆线、配电箱等电气设施不合格（线路破损、老化）；2.电气设施设置不规范（电缆拖地、配电箱无支架等）；3.带电设施无警示标识或标识破损；4.安全防护装置不规范（未接地、无漏电保护器、接线端子无防护罩等）；5.防护不当（配电柜、发电机无遮雨棚、防护围挡或防护棚破损）	1.强风、雷雨等不良天气；2.作业场地杂乱、潮湿或积水；3.作业场地照明不足；4.高温导致电线胶皮脱落	1.临时用电方案不完善或未落实；2.发电机等安全操作规程不规范或操作未落实；3.电气设施未进行进场验收；4.无电工对用电设施进行巡查或巡查不到位；5.机械设备安全管理制度未落实（发电机、电焊机等机具检查维护保养不到位）；6.安全教育、检查制度不完善或未落实；7.安全投入不足	√			√	
	坍塌	围堰、基坑、边坡整体或局部塌方、支架、构筑物倒塌	1.管理人员违章指挥，强令冒险作业（防护不及时）；2.人员心理异常（冒险侥幸心理）	1.流砂、涌水、水冲、滑坡引起的塌方；2.停靠在围堰上的机械、车辆超重过重的堆物；3.没有或支护措施不符合要求	1.存在滑坡、偏压等不良地质；2.强风、暴雨、大雪、地震等自然灾害；3.土体不均匀沉降；4.附近有强烈的震动；5.外部存在冲击源	1.专项施工方案、应急预案不完善或未落实；2.安全教育、培训、交底、检查制度不完善或未落实；3.安全投入不足；4.现场监测不足	√	√	√	√	√

续上表

施工作业内容	典型风险事件	致害物	致险因素			风险致致伤亡			风险事件后果类型		
			人的因素	物的因素	环境因素	管理因素	易导致伤亡人员类型		人员伤亡		
							本人	他人	轻伤	重伤	死亡
现浇或预制安装闸墙顶挡板	坍塌	围堰、基坑、边坡等局部或整体塌方、支架、构筑物倒塌	3. 作业人员操作错误，违章作业；4. 违反劳动纪律行为（管理人员脱岗）	4. 堆置过高、过陡或地基不牢的堆置物；5. 支架、构筑物结构失稳；6. 支架等构件不合格或老化							
	机械伤害	挖掘机、搅拌机、切割机、弯曲机、装载机等施工机具	1. 人员违章进入危险区域（机械作业半径等）；2. 管理人员违章指挥，强令冒险作业；3. 机械操作人员无持有效证件上岗；4. 机械操作人员操作错误、违章作业（违规载人、酒后作业）；5. 操作人员身体健康状况异常、心理异常，感知异常（反应迟钝、辨识错误）；6. 现场作业人员未正确使用安全防护用品（反光背心、安全帽等）；7. 机械操作人员疲劳作业	1. 机械无警示标识或标识破损（警戒区、标牌、反光贴等）；2. 设备设施安全作业距离不足；3. 设备带"病"作业（设备设施转动装置失效、运动或制动装置无防护或防护装置有缺陷等）；4. 安全防护用品不合格（反光背心、安全帽、护目镜等）	1. 强风、暴雨、大雪、冰雹、大雾等不良天气；2. 作业场地狭窄、不平整、道路湿滑；3. 场地光线不足；4. 存在视野盲区	1. 机械设备安全管理制度不完善或未落实（检查维护保养不到位）；2. 未对机械设备、安全防护用品等进行进场验收或验收不到位；3. 安全教育、培训、交底制度不完善或未落实；4. 机械设备操作规程不规范或未落实；5. 安全投入不足		√	√	√	√

第五章 船闸工程施工的主要安全风险分析

续上表

施工作业内容	典型风险事件	致害物	致险因素				风险事件后果类型				
			人的因素	物的因素	环境因素	管理因素	易导致伤亡人员类型		人员伤亡		
							本人	他人	轻伤	重伤	死亡
现浇或预制安装闸墙顶挡板	起重伤害	汽车起重机、履带式起重机等起重设备，吊索吊具	1. 管理人员违章指挥，强令冒险作业；2. 作业人员操作错误，违章作业；3. 起重工、信号工未持有效证件上岗；4. 现场作业人员未正确使用安全防护用品（安全帽等）；5. 抗倾覆验算错误；6. 人员违章进入危险区域；7. 起重人员身体健康状况异常、心理异常，感知异常（反应迟钝、辨识错误）；8. 作业人员疲劳作业	1. 设备自身缺陷（强度、刚度不足，抗倾覆能力不足）；2. 现场无警示标识或标识破损（警戒区、标牌、反光锥等）；3. 起重机支垫材料不合格（枕木、钢板等）；4. 构件防锈处理不合格；5. 吊索吊具不合格或达到报废标准（钢丝绳、吊带、U形卸扣等）；6. 无防护或防护装置、限位装置缺陷（防脱钩装置等）；7. 设备"带病"作业（制动装置等）；8. 安全防护用品不合格（反光背心、安全帽等）	1. 强风、暴雨、大雾、大雪等不良天气；2. 地基承载力不足、基础下沉；3. 作业场地照明不足；4. 起重机周围高空有较多障碍物；5. 起重机周围存在视野盲区	1. 施工方案不完善或未落实；2. 安全教育、培训、交底、检查制度不完善或未落实；3. 未对起重设备进行进场验收或验收不到位；4. 安全投入不足；5. 起重吊装作业时无专人监视；6. 起重吊装安全操作规程不规范或未落实	√	√	√	√	√

— 107 —

续上表

施工作业内容	典型风险事件	致害物	致险因素			风险事件后果类型				
			人的因素	物的因素	环境因素	管理因素	易导致伤亡人员类型		人员伤亡	
							本人	他人	轻伤	重伤	死亡
现浇或预制安装闸墙顶挡板	车船伤害	运输、施工的车船等	1. 人员违章进入危险区域； 2. 管理人员违章指挥，强令冒险作业（进入驾驶员视野盲区等）； 3. 机驾人员未持有效证件上岗，违章作业（酒后驾驶、超速、超限等）； 4. 机驾人员身体健康状况异常、心理异常，感知异常（反应迟钝、辨识错误）； 5. 机驾人员疲劳作业； 6. 现场人员未正确使用安全防护用品（反光背心、安全帽等）	1. 车船未配备警示标识或标识破损（警戒区、标牌、反光锥、反光贴等）； 2. 车船带"病"作业（制动装置、喇叭、警示灯等设施缺陷）； 3. 车船作业安全距离不足； 4. 人员安全防护用品不合格（反光背心、安全帽等）； 5. 车辆外观存在破损，配件行驶时脱落，运载物品尺寸超过车辆尺寸等； 6. 车辆转弯或后退时无明显提示； 7. 船舶甲板有较多缆绳和锚具	1. 强风、暴雨、大雪、冰雹、大雾等天气不良； 2. 作业场地狭窄、不平整，道路湿滑； 3. 车辆前后视线不良； 4. 存在视野盲区	1. 未对车辆、船机设备安全防护设施等进行进场验收或验收不到位； 2. 车船安全管理制度不完善或未落实（检查维护保养不到位）； 3. 安全操作规程不规范或未落实（作业前对车船周围环境进行检查）； 4. 安全教育、培训、交底、检查制度不完善或落实不到位； 5. 职业健康管理制度不完善或未落实； 6. 安全投入不足	√	√	√	√	√

— 108 —

续上表

施工作业内容	典型风险事件	致害物	致险因素			风险事件后果类型				
			人的因素	物的因素	环境因素	管理因素	易导致伤亡人员类型		人员伤亡		
							本人	他人	轻伤	重伤	死亡
现浇或预制安装闸墙顶挡板	高处坠落	无防护的作业平台、土石方、施工人员受自身的重力运动	1. 作业人员未正确使用安全防护用品（安全带、防滑鞋等）；2. 作业人员身体健康状况异常，心理异常（高血压、恐高症等禁忌症，反应迟钝，辨识错误）；3. 作业人员疲劳作业，管理人员违章指挥、强令冒险作业；4. 作业人员操作错误或违反规范	1. 高处作业场所未设置安全防护等措施（安全绳索、防坠网、栏杆等）；2. 未设置安全警示标识或标识破损；3. 安全防护用品质量不合格，存在缺陷；4. 未设置人员上下安全爬梯或设置不规范	1. 大风、雷电、大雪暴雨等恶劣天气；2. 夜间施工照明不足；3. 作业场地不平整、湿滑；4. 临边洞口区域较多；5. 现场需要经常登高作业	1. 安全教育、培训、交底、检查制度不完善或未落实；2. 职业健康、安全管理制度不完善，未落实（定期体检）；3. 安全投入不足；4. 高处作业安全操作规程不规范或未落实；5. 安全防护用品等验收不到位	√				√
二期混凝土	物体打击	工具、材料、土石方、预制构件等	1. 现场作业人员未正确使用安全防护用品（安全帽等）；2. 人员违章进入危险区域；3. 管理人员违章作业，强令冒险作业；4. 作业人员身体健康状况异常，心理异常（反应迟钝，辨识错误）；5. 作业人员操作错误，违章作业（违章抛物）	1. 安全防护用品不合格（安全帽等）；2. 作业过程中产生的坠落物、抛射物、喷射物、溅射物（工具、材料等）；3. 未设置防护设施，防护设施存在缺陷（挡脚板、防护网等）；4. 物品摆放位置不合理或未固定；5. 物品尺寸超大、超长等	1. 强风、暴雨、冰雹、大雾等不良天气；2. 作业场地杂乱；3. 照明光线不足；4. 机械、车船、场地等晃动、振动	1. 施工方案不完善或未落实；2. 安全教育、培训、交底、检查制度不完善或未落实；3. 进行进场验收或验收不到位；4. 安全投入不足；5. 现场无警示标识或标识破损（警戒区、标牌、反光锥等）		√	√	√	

续上表

施工作业内容	典型风险事件	致害物	致险因素			风险事件后果类型			
			人的因素	物的因素	环境因素	管理因素	易导致伤亡人员类型		人员伤亡
							本人	他人	轻伤 / 重伤 / 死亡
二期混凝土	触电	发电机、破损的电缆线、配电箱、钢筋等导电材料	1. 作业人员未正确使用安全防护用品（绝缘鞋、绝缘手套等）； 2. 作业人员操作错误或违章作业（带电检修维护）； 3. 管理人员违章指挥，强令冒险作业； 4. 电工、电焊工等特种人员未持有效证件上岗； 5. 作业人员疲劳作业	1. 电缆线、配电箱等电气设施不合格（线路破损、老化）； 2. 电气设施设置不规范（电缆拖地、配电箱无支架等）； 3. 带电设施无警示标识或标识破损； 4. 安全防护装置不规范、未接地、无漏电保护器、接线端子无防护罩等）； 5. 防护不当，防护距离不足（配电柜、发电机遮雨棚、防护围挡或防护破损）	1. 强风、雷雨等不良天气； 2. 作业场地杂乱、潮湿或积水； 3. 作业场地照明不足； 4. 高温导致电线胶皮脱落	1. 临时用电方案不完善或未落实； 2. 发电机等安全操作规程不规范或未落实； 3. 电气设施材料等未进行进场验收； 4. 无电工对用电设施进行巡查或巡查不到位； 5. 机械设备安全管理制度未落实（发电机、电焊机等）检查维护保养不到位； 6. 安全教育、培训、交底、检查制度不完善或未落实； 7. 安全投入不足	√		√	√

续上表

施工作业内容	典型风险事件	致害物	致险因素				风险事件后果类型			
							易导致伤亡人员类型		人员伤亡		
			人的因素	物的因素	环境因素	管理因素	本人	他人	轻伤	重伤	死亡
二期混凝土	机械伤害	挖掘机、打桩机、搅拌机、破碎机、弯曲机、切割机、装载机等施工机具	1. 人员违章进入危险区域（机械作业半径等）； 2. 管理人员违章指挥，强令冒险作业； 3. 机械操作人员未持有效证件上岗； 4. 机械操作人员操作错误，违章作业（违规载人，酒后作业）； 5. 操作人员身体健康状况异常、心理异常，感知异常（反应迟钝、辨识错误）； 6. 现场作业人员未正确使用安全防护用品（反光背心、安全帽、护目镜等）； 7. 机械操作人员疲劳作业	1. 机械无警示标识或标识破损（警戒区、标牌、反光贴等）； 2. 设备设施安全作业距离不足； 3. 设备带"病"作业（设备设施制动装置失效、运动或转动装置无防护或防护装置有缺陷等）； 4. 安全防护用品不合格（反光背心、安全帽、护目镜等）	1. 强风、暴雨、大雪、冰雹、大雾等不良天气； 2. 作业场地狭窄、不平整，道路湿滑； 3. 场地光线不足； 4. 存在视野盲区	1. 机械设备安全管理制度不完善或未落实（检查维护保养不到位）； 2. 未对机械设备进行进场验收或验收未到位； 3. 安全教育、培训，交底制度不完善或未落实； 4. 机械设备操作规程不规范或未落实； 5. 安全投入不足		√	√	√	√

续上表

施工作业内容	典型风险事件	致害物	致险因素				风险事件后果类型					
			人的因素	物的因素	环境因素	管理因素	易导致伤亡人员类型			人员伤亡		
							本人	他人		轻伤	重伤	死亡
二期混凝土	起重伤害	汽车起重机、履带式起重机、浮式起重机等起重设备、吊索吊具	1. 管理人员违章指挥，强令冒险作业；2. 作业人员操作错误，违章作业；3. 起重工、信号工未持有效证件上岗；4. 现场作业人员未正确使用安全防护用品（安全帽等）；5. 抗倾覆验算错误；6. 人员违章进入危险区域；7. 起重人员身体健康状况异常、心理异常、感知异常（反应迟钝、辨识错误）；8. 作业人员疲劳作业	1. 设备自身缺陷（强度、刚度不足，抗倾覆能力不足）；2. 现场无警示标识或标识破损（警戒区、标牌、反光锥等）；3. 起重机支垫材料不合格（枕木、钢板等）；4. 构件防锈处理不合格；5. 吊索吊具不合格或达到报废标准（钢丝绳、吊带、U形卸扣等）；6. 无防护或防护装置缺陷（防脱钩装置、限位装置等）；7. 设备带"病"作业（制动装置等）；8. 安全防护用品不合格（反光背心、安全帽等）	1. 强风、暴雨、大雾、大雪等不良天气；2. 地基承载力不足，基础下沉；3. 作业场地照明不足；4. 浮式起重机周围存在波浪或暗流；5. 起重机周围高空有较多障碍物；6. 起重机周围存在视野盲区	1. 施工方案不完善或未落实；2. 安全教育、培训、交底、检查制度不完善或未落实；3. 未对起重设备进行进场验收或验收不到位；4. 安全投入不足；5. 起重吊装作业时无专人监视；6. 起重吊装安全操作规程不规范或未落实	√	√		√	√	√

— 112 —

续上表

施工作业内容	典型风险事件	致害物	致险因素				风险事件后果类型			
			人的因素	物的因素	环境因素	管理因素	易导致伤亡人员类型		人员伤亡		
							本人	他人	轻伤	重伤	死亡
二期混凝土	车船伤害	运输、施工的车船等	1.人员违章进入危险区域； 2.管理人员违章指挥，强令冒险作业（进入驾驶员视野盲区等）； 3.机驾人员未持有效证件上岗，违章操作错误，酒后驾驶、机驾人员（违规载人、超速、超限、超载作业）； 4.机驾人员身体健康状况异常，心理异常，感知异常（反应迟钝，辨识错误）； 5.现场人员疲劳作业； 6.现场人员未正确使用安全防护用品（反光背心、安全帽等）	1.车船未配备警示标识或标识破损（警戒区、标牌、反光锥、反光贴等）； 2.车船"带病"作业（制动装置、喇叭、警示灯等设施缺陷）； 3.车船作业安全距离不足； 4.人员安全防护用品不合格（反光背心、安全帽等）； 5.车辆外观存在破损，配件行驶时脱落，运载物品尺寸超过车辆尺寸； 6.车辆转弯后退时无明显提示； 7.船舶甲板有较多缆绳和锚具	1.强风、暴雨、大雪、冰雹、大雾等不良天气； 2.作业场地狭窄，不平整、道路湿滑； 3.车辆前后视线不良； 4.存在视野盲区	1.未对车辆、船机设备安全防护设施进行进场验收或验收不到位； 2.车船安全管理制度不完善或落实（检查维护保养）不到位； 3.安全操作规程不规范或未落实（作业前未对车船周围环境进行检查）； 4.安全教育、培训、交底、检查制度不完善或未落实； 5.职业健康管理制度不完善或落实不到位； 6.安全投入不足	√	√	√	√	√

续上表

施工作业内容	典型风险事件	致害物	致险因素			风险事件后果类型				
			人的因素	物的因素	环境因素	管理因素	易导致伤亡人员类型		人员伤亡		
							本人	他人	轻伤	重伤	死亡
二期混凝土	高处坠落	无防护的作业平台、施工人员受自身的重力运动	1.作业人员未正确使用安全防护用品（安全带、防滑鞋等）；2.作业人员身体健康状况异常（高血压、恐高症等禁忌，反应迟钝，辨识错误）；3.作业人员疲劳作业，管理人员违章指挥，强令冒险作业；4.作业人员违章作业或违章冒险作业	1.高处作业场所未设置安全防护等措施（安全绳索、防坠网、栏杆等）；2.未设置安全警示标识或标识破损；3.安全防护用品质量不合格，存在缺陷；4.未设置或设置不安全爬梯或设置不规范	1.大风、雷电、大雪、暴雨等恶劣天气；2.夜间施工照明不足；3.作业场地不平整、湿滑；4.临边洞口区域较多；5.现场需要经常登高作业	1.安全教育、培训、交底、检查制度不完善或未落实；2.职业健康、安全管理制度不完善，未落实（定期体检）；3.安全投入不足；4.高处作业安全操作规程不规范；5.安全防护用品等未进行进场验收或验收不到位	√			√	√
倒滤层	机械伤害	挖掘机、装载机等施工机具	1.人员违章进入危险区域（机械半径等）；2.管理人员违章指挥，强令冒险作业；3.机械操作人员未持有效证件上岗；4.机械操作人员违规操作错误；5.作业人员身体健康状况异常、心理异常，感知异常（反应迟钝，辨识错误）；	1.机械无警示标识或标识破损、反光贴等；2.设备设施安全作业距离不足；3.设备带"病"作业（设备设施制动装置失效、运动或转动装置无防护或防护装置有缺陷等）；4.安全防护用品不合格（反光背心、安全帽、护目镜等）	1.强风、暴雨、大雪、冰雹、大雾等不良天气；2.作业场地狭窄、不平整、道路湿滑；3.场地光线不足；4.存在视野盲区	1.机械设备安全管理制度不完善或未落实（检查维护保养不到位）；2.未对机械设备、安全防护用品等进行进场验收或验收不到位；3.安全教育、培训、交底、制度不完善或未落实；4.机械设备安全操作规程不规范或未落实；5.安全投入不足		√	√	√	√

续上表

施工作业内容	典型风险事件	致害物	致险因素				风险事件后果类型				
			人的因素	物的因素	环境因素	管理因素	易导致伤亡人员类型		人员伤亡		
							本人	他人	轻伤	重伤	死亡
	机械伤害	挖掘机、装载机等施工机具	6. 现场作业人员未正确使用安全防护用品（反光背心、安全帽等）；7. 机械操作人员疲劳作业								
倒滤层	车船伤害	运输、施工的车船等	1. 人员违章进入危险区域；2. 管理人员违章指挥，强令冒险作业（进入驾驶员视野盲区等）；3. 机驾人员未持有效证件上岗，违章操作错误；4. 机驾人员身体健康状况异常、心理异常、感知异常（反应迟钝、辨识错误）；5. 机驾人员疲劳驾驶，酒后驾驶，超速、超限、超载作业；6. 现场作业人员未正确使用安全防护用品（反光背心、安全帽等）	1. 车船未配备警示标识或标识破损（警戒区、标牌、反光锥、反光贴等）；2. 车船"带病"作业（制动装置、喇叭、警示灯等设施缺陷）；3. 车船作业安全距离不足；4. 人员安全防护用品不合格（反光背心、安全帽等）；5. 车辆外观存在破损、配件行驶时脱落、运载物品尺寸超过车辆尺寸；6. 车辆转弯后退时无明显提示；7. 船舶甲板有较多绳和锚具	1. 强风、暴雨、大雪、冰雹、大雾等不良天气；2. 作业场地狭窄、不平整，道路湿滑；3. 车辆前后视线不良；4. 存在视野盲区	1. 未对车辆、船舶机设备安全防护设施等进行进场验收或验收不到位；2. 车船安全管理制度不完善或落实（检查维护保养）未到位；3. 安全操作规程不规范或操作未落实（作业前环境未对车船周围环境进行检查）；4. 安全教育、培训、交底、检查制度不完善或未落实；5. 职业健康管理制度不完善或未落实；6. 安全投入不足	√	√	√	√	√

— 115 —

续上表

施工作业内容	典型风险事件	致害物	致险因素 人的因素	致险因素 物的因素	致险因素 环境因素	致险因素 管理因素	易致伤亡人员类型 本人	易致伤亡人员类型 他人	人员伤亡 轻伤	人员伤亡 重伤	人员伤亡 死亡
	物体打击	工具、材料、土石方等	1. 现场作业人员未正确使用安全防护用品（安全帽等）；2. 人员违章进入危险区域；3. 管理人员违章指挥，强令冒险作业；4. 作业人员身体健康状况异常、心理异常、感知异常（反应迟钝，辨识错误）；5. 作业人员操作错误，违章作业、违章抛物	1. 安全防护用品不合格（安全帽等）；2. 作业过程中产生的坠落物、抛射物、喷射物、溅射物等（工具、材料等）；3. 未设置防护设施，防护设施存在缺陷（挡脚板、防护网等）；4. 物品摆放位置不合理或未固定；5. 物品尺寸超大、超长等	1. 强风、暴雨、冰雹、大雾等不良天气；2. 作业场地杂乱；3. 照明光线不足；4. 机械、车船、场地晃动、振动	1. 施工方案不完善或未落实；2. 安全教育、培训、交底、检查制度不完善或落实；3. 安全防护用品等未进行进场验收或验收不到位；4. 安全投入不足；5. 现场无警示标识或标识破损（警戒区、标牌、反光锥等）		√	√	√	
墙后排水系统施工	坍塌	围堰、基坑、边坡等局部或整体塌方、支架、构筑物倒塌	1. 管理人员违章指挥，强令冒险作业（防护、放坡不及时）；2. 人员心理异常（冒险心理）；3. 作业人员操作错误、违章作业；4. 违反劳动纪律行为（管理人员脱岗）	1. 流砂、涌水、水冲、滑坡引起的塌方；2. 停靠在围堰上的机械、车辆和过重的堆物；3. 没有或不符合要求的支护措施；4. 堆置过高、过陡的堆置物；5. 支架、构筑物结构基不牢；6. 支架等构件不合格或老化	1. 存在滑坡、偏压等不良地质；2. 强风、暴雨、大雪、地震等自然灾害；3. 土体不均匀沉降；4. 附近有强烈的震动；5. 外部存在冲击源	1. 专项施工方案或应急预案不完善或未落实；2. 安全教育、培训、交底、检查制度不完善或落实；3. 安全投入不足；4. 现场监测不足	√	√	√	√	√

续上表

施工作业内容	典型风险事件	致害物	致险因素				风险事件后果类型				
			人的因素	物的因素	环境因素	管理因素	易导致伤亡人员类型		人员伤亡		
							本人	他人	轻伤	重伤	死亡
墙后排水系统施工	机械伤害	挖掘机、切割机、装载机等施工机具	1. 人员违章进入危险区域（机械作业半径等）；2. 管理人员违章指挥，强令冒险作业；3. 机械操作人员未持有效证件上岗；4. 机械操作人员操作错误，违规作业（违规载人、酒后作业）；5. 操作人员身体健康状况异常，心理异常（反应迟钝、辨识知异常）错误；6. 现场作业人员未正确使用安全防护用品（反光背心、安全帽等）；7. 机械操作人员疲劳作业	1. 机械无警示标识或标识破损（警戒区、标牌、反光贴等）；2. 设备设施安全作业距离不足；3. 设备带"病"作业（设备设施制动装置失效、运动或转动装置无防护罩、防护装置有缺陷等）；4. 安全防护用品不合格（反光背心、安全帽、护目镜等）	1. 强风、暴雨、大雪、冰雹、大雾等不良天气；2. 作业场地狭窄、不平整，道路湿滑；3. 场地光线不足；4. 存在视野盲区	1. 机械设备安全管理制度不完善或未落实（检查维护保养不到位）；2. 未对机械设备、安全防护用品等进行进场验收或验收不到位；3. 安全教育、培训、交底制度不完善或未落实；4. 机械设备操作规程不规范或未落实；5. 安全投入不足		√	√	√	√

续上表

施工作业内容	典型风险事件	致害物	致险因素				风险致伤亡类型				
			人的因素	物的因素	环境因素	管理因素	易导致伤亡人员类型		人员伤亡后果类型		
							本人	他人	轻伤	重伤	死亡
墙后排水系统施工	高处坠落	无防护的作业平台，施工人员受自身的重力运动	1.作业人员未正确使用安全防护用品（安全带、防滑鞋等）；2.作业人员身体健康状况异常，心理异常，感知异常（高血压、恐高症等禁忌症，反应迟钝，辨识错误）；3.作业人员疲劳作业，管理人员违章指挥，强令冒险作业；4.作业人员操作错误或违章作业	1.高处作业场所未设置安全防护措施（安全绳索、防坠网、栏杆等）；2.未设置标识或安全警示标识或标识破损；3.安全防护用品质量不合格，存在缺陷；4.未设置人员上下安全爬梯或设置不规范	1.大风、雷电、大雪、暴雨等恶劣天气；2.夜间施工照明不足；3.作业场地不平整、湿滑；4.临边洞口区域较多；5.现场需要经常登高作业	1.安全教育、培训、交底、检查制度不完善或未落实；2.职业健康、安全管理制度不完善，未落实（定期体检）；3.安全投入不足；4.高处作业规范或操作规程不规范；5.安全防护用品等验收不到位	✓			✓	✓
土石方及混凝土回填	物体打击	工具、材料、土石方、预制构件等	1.现场作业人员未正确使用安全防护用品（安全帽等）；2.人员违章进入危险区域；3.管理人员违章指挥、强令冒险作业；4.作业人员身体健康状况异常，心理异常，感知异常（反应迟钝，辨识错误）；5.作业人员操作错误、违章作业（违章抛物）	1.安全防护用品不合格（安全帽等）；2.作业过程中产生坠落物、抛射物、喷射物、溅出物等（工具、材料等）；3.未设置防护设施、防护设施存在缺陷（挡脚板、防护网等）；4.物品摆放位置不合理或未固定；5.物品尺寸超大、超长等	1.强风、暴雨、冰雹、大雾等不良天气；2.作业场地杂乱；3.照明光线不足；4.机械、车船、场地晃动、振动	1.施工方案不完善或未落实；2.安全教育、培训、交底、检查制度不完善或未落实；3.安全防护用品等验收不到位；4.安全投入不足；5.现场无警示标识或标识破损（警戒区、标牌、反光锥等）		✓	✓	✓	

第五章 船闸工程施工的主要安全风险分析

续上表

<table>
<tr><th rowspan="3">施工作业内容</th><th rowspan="3">典型风险事件</th><th rowspan="3">致害物</th><th colspan="3">致险因素</th><th colspan="5">风险事件后果类型</th></tr>
<tr><th rowspan="2">人的因素</th><th rowspan="2">物的因素</th><th rowspan="2">环境因素</th><th rowspan="2">管理因素</th><th colspan="2">易导致伤亡人员类型</th><th colspan="3">人员伤亡</th></tr>
<tr><th>本人</th><th>他人</th><th>轻伤</th><th>重伤</th><th>死亡</th></tr>
<tr>
<td rowspan="2">土石方及混凝土回填</td>
<td>坍塌</td>
<td>围堰、基坑、边坡等局部或整体塌方、支架、构筑物倒塌</td>
<td>1. 管理人员违章指挥，强令人员冒险作业（防护不及时）；
2. 人员心理异常（冒险侥幸心理）；
3. 作业人员操作错误，违章作业；
4. 违反劳动纪律行为（管理人员脱岗）</td>
<td>1. 流砂、涌水、水冲、滑坡引起的塌方；
2. 停靠在围堰上的机械、车辆和过重的堆载；
3. 没有或不符合要求的支护措施；
4. 堆置过高、过陡或地基不牢的堆置物；
5. 支架、构筑物结构失稳；
6. 支架、构件不合格或老化</td>
<td>1. 存在滑坡、偏压等不良地质；
2. 强风、暴雨、大雪、地震等自然灾害；
3. 土体不均匀沉降；
4. 附近有强烈的震动；
5. 外部存在冲击源</td>
<td>1. 专项施工方案、应急预案不完善或未落实，培训、交底、检查制度不完善或未落实；
2. 安全教育不到位；
3. 安全投入不足；
4. 现场监测不足</td>
<td>√</td>
<td></td>
<td></td>
<td>√</td>
<td>√</td>
</tr>
<tr>
<td>机械伤害</td>
<td>挖掘机、搅拌机、破碎机、弯曲机、装载机等施工机具</td>
<td>1. 人员违章进入危险区域（机械作业半径等）；
2. 管理人员违章指挥，强令冒险作业；
3. 机械操作人员未持有效证件上岗；
4. 机械操作人员操作错误、违章作业（违规载人、酒后作业）；
5. 操作人员身体健康状况异常、心理异常、感知异常（反应迟钝、辨识错误）；</td>
<td>1. 机械无警示标识或标牌、警戒区、标牌、反光贴等；
2. 设备设施安全作业距离不足；
3. 设备带"病"作业（设备设施制动装置失效、运动或转动装置无防护或防护装置有缺陷等）；
4. 安全防护用品不合格（反光背心、安全帽、护目镜等）</td>
<td>1. 强风、暴雨、大雪、冰雹、大雾等不良天气；
2. 作业场地狭窄、不平整、道路湿滑；
3. 场地光线不足；
4. 存在视野盲区</td>
<td>1. 机械设备安全管理制度不完善或未落实（检查维护不到位）；
2. 未对机械设备进行进场验收或验收不到位；
3. 安全教育、培训、交底制度不完善或未落实，机械设备操作规程不规范或未落实；
5. 安全投入不足</td>
<td></td>
<td>√</td>
<td>√</td>
<td>√</td>
<td>√</td>
</tr>
</table>

— 119 —

续上表

施工作业内容	典型风险事件	致害物	致险因素			风险事件后果类型				
			人的因素	物的因素	环境因素	管理因素	易导致伤亡人员类型		人员伤亡		
							本人	他人	轻伤	重伤	死亡
土石方及混凝土回填	机械伤害	挖掘机、搅拌机、破碎机、装载机等施工机具	6. 现场作业人员未正确使用安全防护用品（反光背心、安全帽等）； 7. 机械操作人员疲劳作业								
	车船伤害	运输、施工的车船等	1. 人员违章进入危险区域； 2. 管理人员违章指挥，强令冒险作业（进入视野盲区等）； 3. 机驾人员未持有效证件上岗，机驾人员操作错误，酒后驾驶、违章驾人、违规载重、超速、超限、超载作业）； 4. 驾人员身体健康状况异常、心理异常、感知异常（反应迟钝、辨识错误）； 5. 驾人员疲劳作业； 6. 现场人员未正确使用安全防护用品（反光背心、安全帽等）	1. 车船未配备警示标识或标识破损，标牌、反光锥、反光贴等； 2. 车船"带病"作业（制动装置、喇叭、警示灯等设施缺陷）； 3. 车船作业安全距离不足； 4. 人员安全防护用品不合格（反光背心、安全帽等）； 5. 车辆外观存在破损，配件行驶时脱落，运载物品尺寸超过车辆尺寸； 6. 车辆转弯后退时无明显提示； 7. 船舶甲板有较多缆绳和锚具	1. 强风、暴雨、大雪、冰雹、大雾等不良天气； 2. 作业场地狭窄不平整，道路湿滑； 3. 车辆前后视线不良； 4. 存在视野盲区	1. 未对车辆、船机设备安全防护设施等进行进场验收或验收不到位； 2. 车船安全管理制度不完善或未落实（检查维护保养不到位）； 3. 安全操作规程不规范或未落实（作业前环境未进行检查）； 4. 安全教育、培训、交底、检查制度不完善或未落实； 5. 职业健康管理制度不完善或未落实； 6. 安全投入不足	√	√	√	√	√

续上表

施工作业内容	典型风险事件	致害物	致险因素			风险事件后果类型				
			人的因素	物的因素	环境因素	管理因素	易导致伤亡人员类型		人员伤亡		
							本人	他人	轻伤	重伤	死亡
土石方及混凝土回填	坍塌	围堰、基坑、边坡等局部或整体塌方、支架、构筑物倒塌等	1. 管理人员违章指挥，强令冒险作业（防护、放坡引起不及时）；2. 人员心理异常，侥幸心理；3. 作业人员操作错误，违章作业；4. 违反劳动纪律等（管理人员脱岗）	1. 流砂、涌水冲刷滑坡引起的塌方；2. 停靠在围堰上的机械、车辆过重的堆物；3. 没有或不符合要求的支护措施；4. 堆置过高、过陡或地基不平的堆置物；5. 支架、构筑物结构失稳；6. 支架等构件不合格或老化	1. 存在滑坡、偏压等不良地质；2. 强风、暴雨、冰雹、大雪、地震等自然灾害；3. 土体不均匀沉降；4. 附近有强烈的震动；5. 外部存在冲击源	1. 专项施工方案、应急预案不完善或未落实；2. 安全教育、培训、交底、检查制度不完善或未落实；3. 安全投入不足；4. 现场监测监控不足	√	√		√	√
铺砌面层	物体打击	工具、材料、土石方、预制构件等	1. 现场作业人员未正确使用安全防护用品（安全帽等）；2. 人员违章进入危险区域；3. 管理人员违章指挥，强令冒险作业；4. 作业人员身体健康状况异常，心理异常，感知异常（反应迟钝、辨识错误）；5. 作业人员操作错误，违章作业（违章抛物）	1. 安全防护用品不合格（安全帽等）；2. 作业过程中产生的坠落物、抛射物、喷射物、溅射物（工具、材料等）；3. 未设置防护设施，防护设施存在缺陷（挡脚板、防护网等）；4. 物品摆放位置不合理或未固定；5. 物品尺寸超大、超长等	1. 强风、暴雨、冰雹、大雾等不良天气；2. 作业场地杂乱；3. 照明光线不足；4. 机械、车船、场地晃动、振动	1. 施工方案不完善或未落实；2. 安全教育、培训、交底、检查制度不完善或未落实；3. 安全防护用品等未进行进场验收或验收不到位；4. 安全投入不足；5. 现场无警示标识或标识破损（警戒区、警牌、反光锥等）		√	√	√	

— 121 —

续上表

施工作业内容	典型风险事件	致害物	致险因素			风险致伤亡易导致伤亡人员类型		风险事件后果类型		
			人的因素	物的因素	环境因素	管理因素	本人	他人	轻伤	重伤	死亡
铺砌面层	机械伤害	挖掘机、装载机等施工机具	1. 人员违章进入危险区域（机械作业半径等）； 2. 管理人员违章指挥，强令冒险作业； 3. 机械操作人员未持有效证件上岗； 4. 机械操作人员操作错误，违章作业（违规载人、酒后作业）； 5. 操作人员身体健康状况异常、心理异常感知异常（反应迟钝、辨识错误）； 6. 现场作业人员未正确使用安全防护用品（反光背心、安全帽等）； 7. 机械操作人员疲劳作业	1. 机械无警示标识或标识破损（警戒区、标牌、反光贴等）； 2. 设备设施安全作业距离不足； 3. 设备带"病"作业（设备设施制动装置失效、运动或转动装置无防护、防护装置有缺陷等）； 4. 安全防护用品不合格（反光背心、安全帽、护目镜等）	1. 强风、暴雨、大雪、冰雹、大雾等不良天气； 2. 作业场地狭窄、不平整，道路湿滑； 3. 场地光线不足； 4. 存在视野盲区	1. 机械设备安全管理制度不完善或未落实，检查维护保养不到位； 2. 未对机械设备、安全防护用品等进行进场验收或验收不到位； 3. 安全教育、培训、交底制度不完善或未落实； 4. 机械设备操作规程不规范或未落实； 5. 安全投入不足		√	√	√	√

续上表

施工作业内容	典型风险事件	致害物	致险因素				风险致伤亡		人员伤亡类型			
			人的因素	物的因素	环境因素	管理因素	易导致伤亡人员类型		人员事件后果类型			
							本人	他人	轻伤	重伤	死亡	
钢护面、护角安装	物体打击	工具、材料、土石方、破损的预制构件等	1. 现场作业人员未正确使用安全防护用品（安全帽等）； 2. 人员违章进入危险区域； 3. 管理人员违章指挥，强令冒险作业； 4. 作业人员身体健康状况异常（反应迟钝、辨识知异常）、心理异常等； 5. 作业人员操作错误，违章作业（违章抛物）	1. 安全防护用品不合格（安全帽等）； 2. 作业过程中产生的坠落物、抛射物、喷射物、溅射物（工具、材料等）； 3. 未设置防护设施、防护设施存在缺陷（挡脚板、防护网等）； 4. 物品摆放位置不合理或未固定； 5. 物品尺寸超大、超长等	1. 强风、暴雨、冰雹、大雾等天气不良天气； 2. 作业场地杂乱； 3. 照明光线不足； 4. 机械、车船、场地等晃动、振动	1. 施工方案不完善或未落实； 2. 安全教育、培训、交底、检查制度不完善或未落实； 3. 安全防护用品等未进行进场验收或验收不到位； 4. 安全投入不足； 5. 现场无警示标识或标识破损（警戒区、标牌、反光锥等）		√	√	√		
	触电	发电机、破损的电线、配电箱、钢筋等导电材料	1. 作业人员未正确使用安全防护用品（绝缘鞋、绝缘手套等）； 2. 作业人员操作错误或违章作业（带电检修维护）； 3. 管理人员违章指挥，强令冒险作业	1. 电缆线、配电箱等电气设施设置不合格（线路破损、老化）； 2. 电气设施设置不规范（电缆拖地、配电箱无支架等）； 3. 带电设施无警示标识或标识破损； 4. 安全防护装置不规范（未接地、无漏电保护器、接线端子无防护罩等）	1. 强风、雷雨等天气； 2. 作业场地杂乱、潮湿或积水； 3. 作业场地照明不足； 4. 高温导致电线胶皮脱落	1. 临时用电方案不完善或未落实； 2. 发电机等安全操作规程不规范或未落实； 3. 电气设施等未进行进场验收； 4. 无电工对用电设施进行巡查或巡查不到位	√		√	√		

续上表

施工作业内容	典型风险事件	致害物	致险因素				风险事件后果类型			
			人的因素	物的因素	环境因素	管理因素	易导致伤亡人员类型		人员伤亡		
							本人	他人	轻伤	重伤	死亡
	触电	发电机、破损的电线、配电箱、钢筋等导电材料	4.电工、电焊工等特种人员未持有效证件上岗； 5.作业人员疲劳危险作业	5.防护不当,防护距离不足（配电柜、发电机无遮雨棚、防护围挡或防护破损）		5.机械设备安全管理制度未落实（发电机、电焊机等检查维护保养不到位）； 6.安全教育、培训、交底,检查制度不完善或未落实； 7.安全投入不足		√		√	√
钢护面、护角安装	机械伤害	挖掘机、切割机、装载机等施工机具	1.人员违章进入危险区域（机械作业半径等）； 2.管理人员违章指挥,强令冒险作业； 3.机械操作人员未持有效证件上岗； 4.机械操作人员操作错误,违章作业（违规载人,酒后作业）； 5.操作人员身体健康状况异常,心理异常,感知异常（反应迟钝,辨识错误）； 6.现场作业人员未正确使用安全防护用品（反光背心、安全帽等）； 7.机械操作人员疲劳作业	1.机械无警示标识或标识破损（警戒区、标牌、反光贴）； 2.设备设施安全作业距离不足； 3.设备带"病"作业（设备设施制动装置失效,运动或转动装置无防护或防护装置有缺陷等）； 4.安全防护用品不合格（反光背心、安全帽、护目镜等）	1.强风、暴雨、大雪、冰雹、大雾等不良天气； 2.作业场地狭窄,不平整,道路湿滑； 3.场地光线不足； 4.存在视野盲区	1.机械设备安全管理制度不完善或维护保养不到位（检查维护保养不到位）； 2.未对机械设备进行进场验收或验收不到位； 3.安全教育、培训,交底不完善或未落实； 4.机械设备操作规程不规范或未落实； 5.安全投入不足		√	√	√	√

第五章 船闸工程施工的主要安全风险分析

续上表

施工作业内容	典型风险事件	致害物	致险因素				风险事件后果类型					
			人的因素	物的因素	环境因素	管理因素	易导致伤亡人员类型			人员伤亡		
							本人	他人		轻伤	重伤	死亡
钢护面、护角安装	起重伤害	汽车起重机、履带式起重机等起重设备，吊索吊具	1. 管理人员违章指挥，强令冒险作业； 2. 作业人员操作错误，违章作业； 3. 起重工、信号工未持有效证件上岗； 4. 现场作业人员未正确使用安全防护用品（安全帽等）； 5. 抗倾覆验算错误； 6. 人员违章进入危险区域； 7. 起重人员身体健康状况异常，心理异常，感知异常（反应迟钝、辨识错误）； 8. 作业人员疲劳作业。	1. 设备自身缺陷（强度、刚度不足，抗倾覆能力不足）； 2. 现场无警示标识或标识破损（警戒区、标牌、反光锥等）； 3. 起重机支垫材料不合格（枕木、钢板等）； 4. 构件防锈处理不合格； 5. 吊索吊具不合格或达到报废标准（钢丝绳、吊带、U形卸扣等）； 6. 无防护或防护装置存在缺陷（防脱钩装置、限位装置等）； 7. 设备"带病"作业（制动装置等）； 8. 安全防护用品不合格（反光背心、安全帽等）。	1. 强风、暴雨、大雾、大雪等不良天气； 2. 地基承载力不足，基础下沉； 3. 作业场地照明不足； 4. 起重机周围高空有较多障碍物； 5. 起重机周围存在视野盲区。	1. 施工方案不完善或未落实； 2. 安全教育、培训、交底，检查验收不完善或未落实； 3. 未对起重设备进行进场验收或验收不到位； 4. 安全投入不足； 5. 起重吊装作业时无专人监视； 6. 起重吊装安全操作规程不规范或未落实。	√	√		√	√	√

— 125 —

续上表

施工作业内容	典型风险事件	致害物	致险因素				风险致伤亡			风险事件后果类型		
			人的因素	物的因素	环境因素	管理因素	易导致伤亡人员类型			人员伤亡		
							本人	他人		轻伤	重伤	死亡
钢护面、角护安装	车船伤害	运输、施工的车船等	1. 人员违章进入危险区域； 2. 管理人员违章指挥，强令冒险作业（进入驾驶员视野盲区等）； 3. 机驾人员未持有效证件上岗，违章作业错误，酒后驾驶、超速、超限，超载作业）； 4. 机驾人员身体健康状况异常、心理异常、感知异常（反应迟钝、辨识错误）； 5. 机驾人员疲劳作业； 6. 现场人员未正确使用安全防护用品（反光背心、安全帽等）	1. 车船未配备警示标识或标识破损（警戒区、标牌、反光锥、反光贴等）； 2. 车船带"病"作业（制动装置、喇叭、警示灯等设施缺陷）； 3. 车船作业安全距离不足； 4. 人员安全防护用品不合格（反光背心、安全帽等）； 5. 车辆外观存在破损，配件行驶时脱落，运载物品尺寸超过车辆尺寸； 6. 车辆转弯或倒退时无明显提示； 7. 船舶甲板有较多缆绳利锚具	1. 强风、暴雨、大雪、冰雹、大雾等不良天气； 2. 作业场地狭窄、不平整，道路湿滑； 3. 车辆前后视线不良； 4. 存在视野盲区	1. 未对车辆、船机设备安全防护设施等进行进场验收或验收不到位； 2. 车船安全管理制度不完善或落实（检查维护保养不到位）； 3. 安全操作规程不规范或未落实（作业前对车船周围环境未进行检查）； 4. 安全教育、培训、交底、检查制度不完善或落实不； 5. 职业健康管理制度不完善或落实； 6. 安全投入不足	√	√		√	√	√

续上表

施工作业内容	典型风险事件	致害物	致险因素				风险事件后果类型				
			人的因素	物的因素	环境因素	管理因素	易导致伤亡人员类型		人员伤亡		
							本人	他人	轻伤	重伤	死亡
钢护筒、护角安装	高处坠落	无防护的作业平台、施工人员自身的重力运动	1. 作业人员未正确使用安全防护用品(安全带、防滑鞋等); 2. 作业人员身体健康状况异常、心理异常,感知异常(高血压、恐高症等禁忌症,反应迟钝,辨识错误); 3. 作业人员疲劳作业,管理人员违章指挥、冒险作业; 4. 作业人员操作错误或违章作业	1. 高处作业场所未设置安全防护等措施(安全绳索、防坠网、栏杆等); 2. 未设置安全警示标识或标识破损; 3. 安全防护用品质量不合格,存在缺陷; 4. 未设置人员上下安全爬梯或设置不规范	1. 大风、雷电、大雪、暴雨等恶劣天气; 2. 夜间施工照明不足; 3. 作业场地不平整、湿滑; 4. 临边洞口区域较多; 5. 现场需要经常登高作业	1. 安全教育、培训、交底、检查制度不完善或未落实; 2. 职业健康、安全管理制度不完善(定期体检); 3. 安全投入不足; 4. 高处作业安全操作规程不规范或未落实; 5. 安全防护用品等未进行进场验收或验收不到位	√		√	√	√
栏杆、系船柱(钩)安装	淹溺	周边水域	1. 管理人员违章指挥、强令冒险作业; 2. 人员心理异常(冒险、侥幸心理); 3. 作业人员操作错误、违章作业; 4. 违反劳动纪律行为(管理人员脱岗); 5. 人员未正确使用安全防护用品	1. 现场无警示标识或标识破损; 2. 现场救生设施不足; 3. 水下存在不明物体或生物的拖拽或缠绕	1. 雷雨、大风(6级以上)、冰雹、大雾等恶劣天气作业; 2. 水体兼冷; 3. 水体内能见度不足	1. 专项施工方案、应急预案不完善或未落实; 2. 未落实安全教育、培训、交底、检查制度; 3. 现场监控看管不到位	√		√		√

续上表

施工作业内容	典型风险事件	致害物	致险因素			风险事件后果类型				
			人的因素	物的因素	环境因素	管理因素	易导致伤亡人员类型		人员伤亡		
							本人	他人	轻伤	重伤	死亡
栏杆、系船柱(钩)安装	物体打击	工具、材料、预制构件等	1. 现场作业人员未正确使用安全防护用品(安全帽等); 2. 人员违章进入危险区域; 3. 管理人员违章指挥,强令冒险作业; 4. 作业人员身体健康状况异常,心理异常,感知异常(反应迟钝辨识错误); 5. 作业人员操作错误、违章作业(违章抛物)	1. 安全防护用品不合格(安全帽等); 2. 作业过程中产生坠落物、抛射物、喷射物、溅射物等(工具、材料等); 3. 未设置防护设施,防护设施存在缺陷(挡脚板、防护网等); 4. 物品摆放位置不合理或未固定; 5. 物品尺寸超大、超长等	1. 强风,暴雨,冰雹,大雾等不良天气; 2. 作业场地杂乱; 3. 照明光线不足; 4. 机械、车船、场地晃动、振动	1. 施工方案不完善或未落实; 2. 安全教育、培训,交底、检查制度不完善或未落实; 3. 安全防护用品等未进行进场验收或验收不到位; 4. 安全投入不足; 5. 现场破损标识或标识破损(警戒区、标牌、反光锥等)	√		√	√	
	触电	发电机、破损的电线、配电箱、钢筋等导电材料	1. 作业人员未正确使用安全防护用品(绝缘鞋、绝缘手套等); 2. 作业人员操作错误或违章作业(带电检修维护); 3. 管理人员违章指挥,强令冒险作业;	1. 电缆线、配电箱等电气设施不合格(线路破损、老化); 2. 电气设施设置不规范(电缆拖地、配电箱无支架等); 3. 带电设施无警示标识或标识破损; 4. 安全防护装置不规范(未接地、无漏电保护器、接线端子无防护罩等);	1. 强风,雷雨等不良天气; 2. 作业场地杂乱,潮湿或积水; 3. 作业场地照明不足; 4. 高温导致电线胶皮脱落	1. 临时用电方案不完善或未落实; 2. 发电机等安全操作规程不规范或未落实; 3. 电气设施材料等未进行进场验收; 4. 无电工对用电设施进行巡查或巡查不到位	√		√	√	

续上表

施工作业内容	典型风险事件	致害物	致险因素				风险事件后果类型			
			人的因素	物的因素	环境因素	管理因素	易导致伤亡人员类型		人员伤亡		
							本人	他人	轻伤	重伤	死亡
	触电	发电机、破损的电线、配电箱、钢筋等导电材料	4. 电工、电焊工等特种人员未持有效证件上岗；5. 作业人员疲劳作业	5. 防护不当，防护距离不足（配电柜、发电机遮雨棚、防护围挡或防护破损）		5. 机械设备安全管理制度未落实（发电机、电焊机等机具检查维护保养不到位）；6. 安全教育、培训、交底、检查制度不完善或未落实；7. 安全投入不足		√	√	√	√
栏杆、系船柱（钩）安装	机械伤害	挖掘机、切割机、装载机等施工机具	1. 人员违章进入危险区域（机械作业半径等）；2. 管理人员违章强令冒险作业；3. 机械操作人员未持有效证件上岗；4. 机械操作人员违章作业（连续载人、酒后作业）；5. 操作人员身体健康状况异常、心理异常，感知异常（反应迟钝、辨识错误）；6. 现场作业防护用品不正确使用（反光背心、安全帽等）；7. 机械操作人员疲劳作业	1. 机械无警示标识或标识破损（警戒区、标牌、反光贴等）；2. 设备设施安全作业距离不足；3. 设备设施"带病"作业（设备设施转动装置失效，运动或转动装置无防护或防护装置有缺陷等）；4. 安全防护用品不合格（反光背心、安全帽、护目镜等）	1. 强风、暴雨、大雪、冰雹、大雾等不良天气；2. 作业场地狭窄、不平整，道路湿滑；3. 场地光线不足；4. 存在视野盲区	1. 机械设备安全管理制度不完善或未落实（检查维护保养不到位）；2. 未对机械设备进行进场验收或验收不到位；3. 安全教育、培训、交底、制度不完善或未落实；4. 机械设备操作规程不规范或未落实；5. 安全投入不足		√	√	√	√

续上表

施工作业内容	典型风险事件	致害物	致险因素			风险事件后果类型				
			人的因素	物的因素	环境因素	管理因素	易导致伤亡人员类型		人员伤亡		
							本人	他人	轻伤	重伤	死亡
栏杆、系船柱（钩）安装	起重伤害	汽车起重机、履带式起重机等起重设备，吊索吊具	1. 管理人员违章指挥，强令冒险作业； 2. 作业人员操作错误，违章作业； 3. 起重工、信号工未持有效证件上岗； 4. 现场作业人员未正确使用安全防护用品（安全帽等）； 5. 抗倾覆验算错误； 6. 人员违章进入危险区域； 7. 人员身体健康状况异常、心理异常、感知异常（反应迟钝、辨识错误）； 8. 作业人员疲劳作业	1. 设备自身缺陷（强度、刚度不足，抗倾覆能力不足）； 2. 现场无警示标识或标识破损（警戒区、标牌、反光锥等）； 3. 起重机支垫材料不合格（枕木、钢板等）； 4. 构件防锈防腐处理不合格； 5. 吊索吊具不合格或达到报废标准（钢丝绳、吊带、U形卸扣等）； 6. 无防护或防护装置缺陷（防脱钩装置、限位装置等）； 7. 设备带"病"作业（制动装置等）； 8. 安全防护用品不合格（反光背心、安全帽等）	1. 强风、暴雨、大雾、大雪等不良天气； 2. 地基承载力不足，基础下沉； 3. 作业场地照明不足； 4. 起重机周围高空有较多障碍物； 5. 起重机周围存在视野盲区	1. 施工方案不完善或未落实； 2. 安全教育、培训、交底、检查制度不完善未落实； 3. 未对起重设备进行进场验收或验收不到位； 4. 安全投入不足； 5. 起重吊装作业时无专人监视； 6. 起重吊装安全操作规程不规范或未落实	√	√	√	√	√

— 130 —

续上表

施工作业内容	典型风险事件	致害物	致险因素				风险事件后果类型			
			人的因素	物的因素	环境因素	管理因素	易导致伤亡人员类型		人员伤亡		
							本人	他人	轻伤	重伤	死亡
栏杆、系船柱(钩)安装	车船伤害	运输、施工的车船等	1. 人员违章进入危险区域； 2. 管理人员违章指挥，强令冒险作业(进入驾驶员视野盲区等)； 3. 机驾人员未持有效证件上岗，违章作业(违规载人、酒后机驾人员操作错误，超速、超限)； 4. 机驾人员身体健康状况异常，心理异常，感知异常(反应迟钝、辨识错误)； 5. 机驾人员疲劳作业； 6. 现场人员未正确使用安全防护用品(反光背心、安全帽等)	1. 车船未配备警示标识或标识破损(警戒区、标牌、反光锥、反光贴等)； 2. 车船带"病"作业(制动装置、喇叭、警示灯等设施缺陷)； 3. 车船作业安全距离不足； 4. 人员安全防护用品不合格(反光背心、安全帽等)； 5. 车辆外观存在破损，配件行驶时脱落，运载物品尺寸超过车辆尺寸等； 6. 车辆转弯或后退时无明显提示； 7. 船舶甲板有较多缆绳和锚具	1. 强风、暴雨、大雪、冰雹、大雾等不良天气； 2. 作业场地狭窄，不平整，道路湿滑； 3. 车辆前后视线不良； 4. 存在视野盲区	1. 未对车辆、船机设备安全防护设施进行进场验收或验收不到位； 2. 车船安全管理制度不完善或未落实(检查维护保养未到位)； 3. 安全操作规程不规范或未落实(作业前未对车船周围环境进行检查)； 4. 安全教育、培训，交底、检查制度不完善或未落实； 5. 职业健康管理制度不完善或未落实； 6. 安全投入不足	√	√	√	√	√

续上表

施工作业内容	典型风险事件	致害物	致险因素				风险事件后果类型				
			人的因素	物的因素	环境因素	管理因素	易导致伤亡人员类型		人员伤亡		
							本人	他人	轻伤	重伤	死亡
栏杆、系船柱(钩)安装	高处坠落	无防护的作业平台,作业人员受施工人员自身的重力运动	1.作业人员未正确使用安全防护用品(安全带、防滑鞋等); 2.作业人员身体健康状况异常、心理异常、知异常(高血压、恐高症等禁忌症,反应迟钝、辨识错误); 3.作业人员疲劳作业,管理人员违章指挥、强令冒险作业; 4.作业人员操作错误或违章作业	1.高处作业场所未设置安全防护等措施(安全绳索、防坠网、栏杆等); 2.未设置安全警示标识或标识破损; 3.安全防护用品质量不合格、存在缺陷; 4.设置安全爬梯或设置不规范	1.大风、雷电、大雪、暴雨等恶劣天气; 2.夜间施工照明不足; 3.作业场地不平整、湿滑; 4.临边洞口区域较多; 5.现场需要经常登高作业	1.安全教育、培训、交底、检查制度不完善或未落实; 2.职业健康、安全管理制度不完善,未落实(定期体检); 3.安全投入不足; 4.高处作业安全操作规程不规范或未落实; 5.安全防护用品等未进行进场验收或验收不到位	√			√	√
护舷、爬梯、水尺安装	淹溺	周边水域	1.管理人员违章指挥、强令冒险作业; 2.心理异常(冒险心理、侥幸心理); 3.作业人员操作错误、违章作业; 4.违反劳动纪律行为(管理人员脱岗); 5.人员未正确使用安全防护用品	1.现场无警示标识或标识破损; 2.现场救生设施设置不足; 3.水下存在不明物体或生物的拖拽缠绕; 4.氧气瓶、头盔等存在缺陷	1.雷雨、大风(6级以上)、冰雹、大雾等恶劣天气作业; 2.水体寒冷; 3.水体内能见度不足	1.专项施工方案、应急预案不完善或未落实; 2.未落实安全教育、培训、交底、检查制度; 3.现场监控看管不到位	√		√		√

续上表

施工作业内容	典型风险事件	致害物	致险因素				风险事件后果类型				
			人的因素	物的因素	环境因素	管理因素	易导致伤亡人员类型		人员伤亡		
							本人	他人	轻伤	重伤	死亡
护舷、爬梯、水尺安装	物体打击	工具、材料、土石方、预制构件等	1.现场作业人员未正确使用安全防护用品（安全帽等）； 2.人员违章进入危险区域； 3.管理人员违章指挥，强令冒险作业； 4.作业人员身体健康状况异常（反应迟钝等异常，心理异常，辨识知觉错误）； 5.作业人员操作错误，违章作业（违章抛物）等	1.安全防护用品不合格（安全帽等）； 2.作业过程中产生坠落物、抛射物、喷射物、溅射物等（工具、材料等）； 3.未设置防护设施，防护设施存在缺陷（挡脚板、防护网等）； 4.物品摆放位置不合理或未固定； 5.物品尺寸超大、超长等	1.强风、暴雨、冰雹大雾等不良天气； 2.作业场地杂乱； 3.照明光线不足； 4.机械、车船、场地等晃动、振动	1.施工方案不完善或未落实； 2.安全教育、培训、交底、检查制度不完善或未落实； 3.安全防护用品等未进行进场验收或验收不到位； 4.安全投入不足； 5.现场无警示标识或标识破损（警戒区、标牌、反光锥等）		√	√	√	
	触电	发电机、破损的电线、配电箱、钢筋等导电材料	1.作业人员未正确使用安全防护用品（绝缘鞋、绝缘手套等）； 2.作业人员操作错误或违章作业（带电检修维护）； 3.管理人员违章指挥，强令冒险作业； 4.电工、电焊工等特种人员未持有效证件上岗； 5.作业人员疲劳作业	1.电缆线、配电箱等电气设施设置不合格（线路破损、老化）； 2.电气设施设置不规范（电缆拖地、配电箱无支架等）； 3.带电设施无警示标识或标识破损； 4.安全防护装置不规范，无漏电保护器，（未接地、接线端子无防护罩等）	1.强风、雷雨等不良天气； 2.作业场地杂乱、潮湿或有积水； 3.作业场地照明不足； 4.高温导致电线胶皮脱落	1.临时用电方案不完善或未落实； 2.发电机等安全操作规程不规范或未落实； 3.电气设施材料未进行进场验收； 4.无电工对用电设施进行或巡查不到位	√		√	√	

续上表

施工作业内容	典型风险事件	致害物	致险因素			风险事件后果类型			
			人的因素	物的因素	环境因素	管理因素	易导致伤亡人员类型		人员伤亡
							本人	他人	轻伤 重伤 死亡
	触电	发电机、破损的电线、配电箱、钢筋等导电材料		5.防护不当,防护距离不足(配电柜、发电机遮雨棚、防护围挡或防护破损)		5.机械设备安全管理制度未落实(发电机、电焊机等机具检查维护保养不到位); 6.安全教育、培训、交底、检查制度不完善或未落实; 7.安全投入不足			
护舷、爬梯、水尺安装	机械伤害	弯曲机、切割机等施工机载机具	1.人员违章进入危险区域(警戒作业半径等); 2.管理人员违章指挥,强令冒险作业; 3.机械操作人员未持有效证件上岗; 4.机械操作人员操作错误,违章作业(违规载人,酒后作业); 5.操作人员身体健康状况异常,心理异常,感知异常(反应迟钝,辨识错误); 6.现场作业人员未正确使用安全防护用品(反光背心、安全帽等); 7.机械操作人员疲劳作业	1.机械无警示标识或标识破损(警戒区、标牌、反光贴等); 2.设备设施安全作业距离不足; 3.设备带"病"作业(设备运制动装置失效,运动或转动装置无防护或防护装置有缺陷等); 4.安全防护用品不合格(反光背心、安全帽、护目镜等)	1.强风、暴雨、大雪、冰雹、大雾等不良天气; 2.作业场地狭窄、不平整,道路湿滑; 3.场地光线不足; 4.存在视野盲区	1.机械设备安全管理制度不完善或维护保养不到位(检查); 2.未对机械设备进行进场验收或验收不到位; 3.安全教育、培训、交底制度不完善或未落实; 4.机械设备操作规程不规范、安全投入不足; 5.机械设备操作规程未落实	√		√ √ √

第五章 船闸工程施工的主要安全风险分析

续上表

施工作业内容	典型风险事件	致害物	致险因素			风险事件后果类型				
			人的因素	物的因素	环境因素	管理因素	易导致伤亡人员类型		人员伤亡		
							本人	他人	轻伤	重伤	死亡
护舷、爬梯、水尺安装	起重伤害	汽车起重机、履带式起重机等起重设备、吊索吊具	1.管理人员违章指挥，强令冒险作业； 2.作业人员操作错误，违章作业； 3.起重工、信号工未持有效证件上岗； 4.现场作业人员未正确使用安全防护用品（安全帽等）； 5.抗倾覆验算错误； 6.人员违章进入危险区域； 7.起重人员身体健康状况异常，心理异常，感知异常（反应迟钝，辨识错误）； 8.作业人员疲劳作业	1.设备自身缺陷（强度、刚度不足，抗倾覆能力不足）； 2.现场无警示标识或标识破损（警戒区、标牌、反光锥等）； 3.起重机支垫材料不合格（枕木、钢板等）； 4.构件防锈处理不合格； 5.吊索吊具不合格（钢丝绳、吊带、U形卸扣等）； 6.达到报废标准或缺陷（防脱钩装置等）； 7.设备"带病"作业（制动装置等）； 8.安全防护用品不合格（反光背心、安全帽等）	1.强风、暴雨、大雾、大雪等不良天气； 2.地基承载力不足，基础下沉； 3.作业场地照明不足； 4.起重机周围障碍物较多； 5.起重机周围存在视野盲区	1.施工方案不完善或未落实； 2.安全教育、培训、交底、检查制度不完善或未落实； 3.未对起重设备进行进场验收或验收不到位； 4.安全投入不足； 5.起重吊装作业时无专人监视； 6.起重吊装安全操作规程不规范或未落实	√	√	√	√	√

— 135 —

续上表

施工作业内容	典型风险事件	致害物	致险因素			风险事件后果类型				
			人的因素	物的因素	环境因素	管理因素	易导致伤亡人员类型		人员伤亡		
							本人	他人	轻伤	重伤	死亡
护舷、爬梯、水尺安装	车船伤害	运输、施工的车船等	1. 人员违章进入危险区域； 2. 管理人员违章指挥，强令冒险作业（进入驾驶员视野盲区等）； 3. 机驾人员未持有效证件上岗，违章人员操作错误，酒后驾驶，超载人、违规作业、超载载超重、超速、超限； 4. 机驾人员身体健康状况异常，心理异常，感知异常（反应迟钝、辨识错误）； 5. 机驾人员疲劳作业； 6. 现场人员未正确使用安全防护用品（反光背心、安全帽等）	1. 车船未配备警示标识或标识破损（警戒区、标牌、反光锥、反光贴等）； 2. 车船"带病"作业（制动装置、喇叭、警示灯等设施缺陷）； 3. 车船作业安全距离不足； 4. 人员安全防护用品不合格（反光背心、安全帽等）； 5. 车辆外观存在破损、配件行驶时脱落、运载物品尺寸超过车辆尺寸； 6. 车辆转弯或后退时无明显提示； 7. 船舶甲板有较多缆绳和锚具	1. 强风、暴雨、大雪、冰雹、大雾等不良天气； 2. 作业场地狭窄、不平整、道路湿滑； 3. 车辆前后视线不良； 4. 存在视野盲区	1. 未对车辆、船舶机设备安全防护设施验收进行进场验收或验收不到位； 2. 车船安全管理制度不完善或未落实（检查维护保不到位）； 3. 安全操作规程不规范或未落实（作业前环境未检查）； 4. 安全教育、培训、交底、检查制度不完善或未落实； 5. 职业健康管理制度不完善或未落实； 6. 安全投入不足	√	√	√	√	√

续上表

施工作业内容	典型风险事件	致害物	致险因素				风险事件后果类型				
			人的因素	物的因素	环境因素	管理因素	易导致伤亡人员类型		人员伤亡		
							本人	他人	轻伤	重伤	死亡
护舷、爬梯、水尺安装	高处坠落	无防护的作业平台，施工人员受自身的重力运动	1. 作业人员未正确使用安全防护用品（安全带、防滑鞋等）；2. 作业人员身体健康状况异常、心理异常，感知异常（高血压、恐高症等）、注意力不集中，辨识错误）；3. 作业人员疲劳作业，管理人员违章指挥，强令冒险作业；4. 作业人员操作错误或违章作业	1. 高处作业场所未设置安全防护等措施（安全绳索、防坠网、栏杆等）；2. 未设置安全警示标识或标识破损；3. 安全防护用品质量不合格，存在缺陷；4. 未设置爬梯或设置不安全爬梯或设置不规范	1. 大风、雷电、大雪、暴雨等恶劣天气；2. 夜间施工照明不足；3. 作业场地不平整、潮湿；4. 临边洞口区域较多；5. 现场需要经常登高作业	1. 安全教育、培训、交底、检查制度不完善或未落实；2. 职业健康、安全管理制度不完善，未落实（定期体检）；3. 安全投入不足；4. 高处作业安全操作规程不规范或未落实；5. 安全防护用品等未进行进场验收或验收不到位	√		√	√	√

第二节 引航道工程施工的主要安全风险分析

引航道工程主要涉及航道工程、围堰工程、基坑工程、地基与基础、导航建筑物与靠船建筑物、护岸与护底、墙后工程、附属设施等施工内容；典型风险事件主要有淹溺、物体打击、触电、坍塌、机械伤害、起重伤害、车船伤害、爆炸、高处坠落、火灾、滑坡等，致害物主要包含了周边水体、工具、材料等坠落物,围堰局部或整体塌物,围堰局部或整体塌方、挖掘机、压路机等,施工船舶等。风险事件的发生常常是因为人的因素、物的因素、环境因素、管理因素的管理、维护、设置等不到位而导致,具体风险分析见表5-2。

引航道工程施工的主要安全风险分析

表 5-2

施工作业内容	典型风险事件	致害物	致险因素				风险事件后果类型				
			人的因素	物的因素	环境因素	管理因素	易导致伤亡人员类型		人员伤亡		
							本人	他人	轻伤	重伤	死亡
	物体打击	工具、材料、土石方等	1.现场作业人员未正确使用安全防护用品(安全帽等); 2.人员违章进入危险区域; 3.管理人员违章指挥,强令冒险作业; 4.作业人员身体健康状况异常、心理异常,感知异常(反应迟钝、辨识错误); 5.作业人员操作错误、违章作业(违章抛物)	1.安全防护用品不合格(安全帽等); 2.作业过程中产生的落物、抛射物、喷射物等(工具、材料等); 3.未设置防护设施、防护设施存在缺陷(挡脚板、防护网等); 4.物品摆放位置不合理或未固定; 5.物品尺寸超大、超长等	1.强风、暴雨、冰雹、大雾等不良天气; 2.作业场地杂乱; 3.照明光线不足; 4.机械、车船、场地晃动、振动	1.施工方案不完善或未落实; 2.安全教育、培训、交底不完善或未落实; 3.安全防护用品等未进行进场验收或验收不到位; 4.安全投入不足; 5.现场无警示标识或标识破损(警戒区、标牌、反光锥等)	√	√	√	√	
陆上开挖	坍塌	围堰、基坑、边坡等局部或整体塌方、支架、构筑物倒塌	1.管理人员违章指挥,强令冒险作业,放坡不及时; 2.人员心理异常,侥幸心理; 3.作业人员操作错误,违章作业; 4.违反劳动纪律行为(管理人员脱岗)	1.流砂、涌水、水冲滑坡引起的塌方; 2.停靠在围堰上的堆的机械、车辆和过重的堆物; 3.没有或支护不符合要求的支护措施; 4.堆置过高、过陡或堆基不牢; 5.支架、构筑物结构不稳; 6.支架等构件不合格或老化	1.存在滑坡、偏压等不良地质; 2.强风、暴雨、大雪、地震等自然灾害; 3.土体不均匀沉降; 4.附近有强烈的震动; 5.外部存在冲击源	1.专项施工方案、应急预案不完善或未落实; 2.安全教育、培训、交底不完善或未落实; 3.安全检查制度不完善或未落实; 4.现场监测不足	√	√	√	√	√

续上表

施工作业内容	典型风险事件	致害物	致险因素				风险事件后果类型			
			人的因素	物的因素	环境因素	管理因素	易导致伤亡人员类型		人员伤亡	
							本人	他人	轻伤	重伤	死亡

施工作业内容	典型风险事件	致害物	人的因素	物的因素	环境因素	管理因素	本人	他人	轻伤	重伤	死亡
陆上开挖	机械伤害	挖掘机、打桩机、搅拌机、装载机、破碎机等施工机具	1. 人员违章进入危险区域（机械作业半径等）； 2. 管理人员违章指挥，强令冒险作业； 3. 机械操作人员未持有效证件上岗； 4. 机械操作人员操作错误，违章作业（违规载人，酒后作业）； 5. 操作人员身体健康状况异常，心理异常，感知异常（反应迟钝，辨识错误）； 6. 现场作业人员未正确使用安全防护用品（反光背心、安全帽等）； 7. 机械操作人员疲劳作业	1. 机械无警示标识或标识破损（警戒区、标牌、反光贴等）； 2. 设备设施安全作业距离不足； 3. 设备带"病"作业（设备设施制动装置失效、运动转动装置无防护或防护装置有缺陷等）； 4. 安全防护用品不合格（反光背心、安全帽、护目镜等）	1. 强风、暴雨、大雪、冰雹、大雾等不良天气； 2. 作业场地狭窄，不平整，道路湿滑； 3. 场地光线不足； 4. 存在视野盲区	1. 机械设备安全管理制度不完善或维护保养不到位（检查维护保养不到位）； 2. 未对机械设备、安全防护用品等进行进场验收或验收未落实； 3. 安全教育、培训、交底制度不完善或落实不到位； 4. 机械设备操作规程不规范或未落实； 5. 安全投入不足	√	√	√	√	√

— 139 —

续上表

施工作业内容	典型风险事件	致害物	致险因素			风险事件后果类型				
			人的因素	物的因素	环境因素	管理因素	易导致伤亡人员类型		人员伤亡		
							本人	他人	轻伤	重伤	死亡
陆上开挖	车船伤害	运输、施工的车船等	1. 人员违章进入危险区域；2. 管理人员违章指挥，强令冒险作业（进入驾驶员视野盲区等）；3. 机驾人员未持有效证件上岗，违章作业（违规载人、酒后驾驶、超速、超限、超载作业）；4. 机驾人员身体健康状况异常、心理异常、感知异常（反应迟钝、辨识错误）；5. 机驾人员疲劳作业；6. 现场人员未正确使用安全防护用品（反光背心、安全帽等）	1. 车船未配备警示标识或标识破损（警戒区、标牌、反光锥、反光贴等）；2. 车船"带病"作业（制动装置、喇叭、警示灯等设施缺陷）；3. 车船作业安全距离不足；4. 人员安全防护用品不合格（反光背心、安全帽等）；5. 车辆外观存在破损，配件行驶时脱落，运载物品尺寸超过车辆尺寸等；6. 车辆转弯或后退时无明显提示；7. 船舶甲板有较多缆绳和锚具	1. 强风、暴雨、大雪、冰雹、大雾等不良天气；2. 作业场地狭窄、不平整，道路湿滑；3. 车辆前后视线不良；4. 存在视野盲区	1. 未对车辆、船舶机设备安全防护设施等进行进场验收或验收不到位；2. 车船安全管理制度不完善或落实（检查维护保养）不到位；3. 安全操作规程不规范或未落实（作业前未对车船周围环境进行检查）；4. 安全教育、培训，交底、检查制度不完善或未落实；5. 职业健康管理制度不完善，落实不到位；6. 安全投入不足	√	√	√	√	√

续上表

施工作业内容	典型风险事件	致险因素				风险事件后果类型					
		致害物	人的因素	物的因素	环境因素	管理因素	易导致伤亡人员类型		人员伤亡类型		
							本人	他人	轻伤	重伤	死亡
	高处坠落	无防护的作业平台、施工人员自身的重力运动	1. 作业人员未正确使用安全防护用品（安全带、防滑鞋等）；2. 作业人员身体健康状况异常（高血压、恐高症等异常），感知异常（反应迟钝，辨识错误）；3. 作业人员疲劳作业，管理人员违章指挥、强令冒险作业；4. 作业人员操作错误或违章作业	1. 高处作业场所未设置安全防护等措施（安全绳索、防坠网、栏杆等）；2. 未设置安全警示标识或标识破损；3. 安全防护用品质量不合格、存在缺陷；4. 未设置或设置不安全爬梯	1. 大风、雷电、大雪、暴雨等恶劣天气；2. 夜间施工照明不足；3. 作业场地不平整、湿滑；4. 临边洞口区域较多；5. 现场需要经常高处作业	1. 安全教育、培训、交底、检查制度不完善或未落实；2. 职业健康、安全管理制度不完善，未落实（定期体检）；3. 安全投入不足；4. 高处作业安全操作规程不规范；5. 安全防护用品等进行进场验收或验收不到位	√		√	√	√
陆上开挖	滑坡	围堰、航道边坡、墙后回填土、基坑	1. 管理人员违章指挥，强令冒险作业（防护、放坡不及时）；2. 人员心理异常（冒险心理）；3. 作业人员操作错误，违章作业；4. 违反劳动纪律行为（管理人员脱岗）	1. 流砂、涌水、水冲、滑坡引起的边坡局部或整体剥离；2. 停靠在围堰、基坑、边坡上的机械、车辆超重的堆物；3. 没有或不符合要求的支护措施；4. 土体不均匀沉降；5. 附近有强烈的震动、冲击震源；6. 堆置过高、过陡或地基不牢的堆置物；7. 土体含水量较大	1. 冰雹、暴雨、大雪等恶劣天气；2. 夜间施工照明不足；3. 作业场地不平整、湿滑；4. 周围有较大持续震动；5. 淤泥土质较多或地下水位较高	1. 安全教育、培训、交底、检查制度不完善或未落实；2. 职业健康、安全管理制度不完善，未落实（定期体检）；3. 安全投入不足；4. 高边坡作业安全规范操作规程等未落实；5. 安全防护用品等未进行进场验收或验收不到位	√	√	√	√	√

续上表

施工作业内容	典型风险事件	致害物	致险因素				风险事件后果类型				
			人的因素	物的因素	环境因素	管理因素	易导致伤亡人员类型		人员伤亡		
							本人	他人	轻伤	重伤	死亡
	淹溺	周边水域	1. 管理人员违章指挥，强令冒险作业； 2. 人员心理异常（冒险侥幸心理）； 3. 作业人员操作错误，违章作业； 4. 违反劳动纪律行为（管理人员脱岗）； 5. 人员未正确使用安全防护用品	1. 现场无警示标识或标识破损； 2. 现场救生设施不足； 3. 水下存在不明物体或生物的掩地或缠绕； 4. 氧气瓶、头盔等存在缺陷	1. 雷雨、大风（6级以上）、冰雹、大雾等恶劣天气作业； 2. 水体寒冷； 3. 水体内能见度不足	1. 专项施工方案、应急预案不完善或未落实； 2. 未落实安全教育、培训、交底、检查制度； 3. 现场监督看管不到位	√				√
水下开挖	物体打击	工具、材料、土石方等	1. 现场作业人员未正确使用安全防护用品（安全帽等）； 2. 人员违章进入危险区域； 3. 管理人员违章指挥，强令冒险作业； 4. 作业人员身体健康状况异常、心理异常、感知异常（反应迟钝、辨识错误）； 5. 作业人员操作错误、违章作业（违章抛物）	1. 安全防护用品不合格（安全帽等）； 2. 作业过程中产生的坠落物、抛射物、喷射物、溅射物（工具、材料等）； 3. 未设置防护设施，防护设施存在缺陷（挡脚板、防护网等）； 4. 物品摆放位置不合理或未固定； 5. 物品尺寸超大、超长等	1. 强风、暴雨、冰雹、大雾等不良天气； 2. 作业场地杂乱； 3. 照明光线不足； 4. 机械、车船、场地等晃动、振动	1. 施工方案不完善或未落实； 2. 安全教育、培训、交底、检查制度不完善或未落实； 3. 安全防护用品等未进行进场验收或验收不到位； 4. 安全投入不足； 5. 现场无警示标识或标识破损（警戒区、标牌、反光锥等）		√	√	√	

— 142 —

续上表

施工作业内容	典型风险事件	致害物	致险因素			风险事件后果类型				
			人的因素	物的因素	环境因素	管理因素	易导致伤亡人员类型		人员伤亡	
							本人	他人	轻伤	重伤	死亡
水下开挖	机械伤害	挖掘机、抽泥设备、装载机等施工机具	1. 人员违章进入危险区域（机械作业半径等）； 2. 管理人员违章指挥，强令冒险作业； 3. 机械操作人员未持有效证件上岗； 4. 机械操作人员操作错误，违规载人、酒后作业； 5. 操作人员身体健康状况异常，心理异常，感知异常（反应迟钝，辨识错误）； 6. 现场作业人员未正确使用安全防护用品（反光背心、安全帽等）； 7. 机械操作人员疲劳作业	1. 机械无警示标识或标识破损（警戒区、标牌、反光贴等）； 2. 设备设施安全作业距离不足； 3. 设备带"病"作业（设备设施制动装置失效，运动或转动装置无防护或防护装置有缺陷等）； 4. 安全防护用品不合格（反光背心、安全帽、护目镜等）	1. 强风、暴雨、大雪、冰雹、大雾等不良天气； 2. 作业场地狭窄，不平整，道路湿滑； 3. 场地光线不足； 4. 存在视野盲区	1. 机械设备安全管理制度不完善或未落实（检查维护保养不到位）； 2. 未对机械设备进行进场验收或验收不到位； 3. 安全教育、培训、交底制度不完善或未落实； 4. 机械设备操作规程不规范或未落实； 5. 安全投入不足		√	√	√	√

续上表

施工作业内容	典型风险事件	致害物	致险因素			风险致伤亡		风险事件后果类型		
			人的因素	物的因素	环境因素	管理因素	易导致伤亡人员类型		人员伤亡		
							本人	他人	轻伤	重伤	死亡
水下开挖	起重伤害	汽车起重机、履带式起重机、浮式起重设备、吊索吊具等	1. 管理人员违章指挥，强令冒险作业；2. 作业人员操作错误，违章作业；3. 起重工、信号工未持有效证件上岗；4. 现场作业人员未正确使用安全防护用品（安全帽等）；5. 抗倾覆验算错误；6. 人员违章进入危险区域；7. 起重人员身体健康状况异常、心理异常、感知异常（反应迟钝、辨识错误）；8. 作业人员疲劳作业	1. 设备自身缺陷（强度、刚度不足，抗倾覆能力不足）；2. 现场无警示标识或标识破损（警戒区、标牌、反光锥等）；3. 起重机支垫材料不合格（枕木、钢板等）；4. 构件防锈处理不合格；5. 吊索吊具不合格，达到报废标准（钢丝绳、吊带、U形倒扣等）；6. 无防护或防护装置缺陷（防脱钩装置、限位装置等）；7. 设备带"病"作业（制动装置等）；8. 安全防护用品不合格（反光背心、安全帽等）	1. 强风、暴雨、大雾、大雪等不良天气；2. 地基承载力不足，基础下沉；3. 作业场地照明不足；4. 浮式起重机较大波浪或暗流；5. 起重机周围存在较多障碍物；6. 起重机周围存在视野盲区	1. 施工方案不完善或未落实；2. 安全教育、培训、交底、检查制度不完善或未落实；3. 未对起重设备进行进场验收或验收不到位；4. 安全投入不足；5. 起重吊装作业时无专人监视；6. 起重吊装安全操作规程不规范或未落实	√	√	√	√	√

续上表

施工作业内容	典型风险事件	致害物	致险因素				风险事件后果类型				
			人的因素	物的因素	环境因素	管理因素	易导致伤亡人员类型		人员伤亡		
							本人	他人	轻伤	重伤	死亡
水下开挖	车船伤害	运输、施工的车船等	1.人员违章进入危险区域；2.管理人员违章指挥，强令冒险作业，进入驾驶员视野盲区等；3.机驾人员未持有效证件上岗，违章操作错误，违章作业（违规载人、酒后驾驶、超速、超限、超载作业）；4.机驾人员身体健康状况异常、心理异常、感知异常（反应迟钝、辨识错误）；5.机驾人员疲劳作业；6.现场安全防护用品（反光背心、安全帽等）	1.车船未配备警示标识或标牌破损（警戒区、标牌、反光锥、反光贴等）；2.车船"带病"作业（制动装置、喇叭、警示灯等设施缺陷）；3.车船作业安全距离不足；4.人员安全防护用品（反光背心、安全帽等）不合格；5.车辆外观存在破损、配件行驶时脱落、运载物品尺寸超过车辆尺寸；6.车辆转弯后退时无明显提示；7.船舶甲板有较多缆绳和锚具	1.强风、暴雨、大雪、冰雹、大雾等不良天气；2.作业场地狭窄、不平整，道路湿滑；3.车辆前后视线不良；4.存在视野盲区	1.未对车辆、船机设备安全防护设施等进行进场验收或验收不到位；2.车船安全管理制度不完善或检查维护保养不到位；3.安全操作规程不落实（作业前未对车船周围环境进行检查）；4.安全教育、培训、交底或检查制度不完善或未落实；5.职业健康管理制度不完善或未落实；6.安全投入不足	√	√	√	√	√

续上表

施工作业内容	典型风险事件	致害物	致险因素				风险事件后果类型				
			人的因素	物的因素	环境因素	管理因素	易导致伤亡人员类型		人员伤亡		
							本人	他人	轻伤	重伤	死亡
岸坡削坡及整平	淹溺	周边水域	1.管理人员违章指挥,强令冒险作业; 2.人员心理异常(冒险侥幸心理); 3.作业人员操作错误、违章作业; 4.违反劳动纪律行为(管理人员脱岗); 5.人员未正确使用安全防护用品	1.现场无警示标识或标识破损; 2.水下存在不明物体或生物的拖拽缠绕; 3.氧气瓶、头盔等存在缺陷	1.雷雨、大风(6级以上)、冰雹、大雾等恶劣天气作业; 2.水体寒冷; 3.水体内能见度不足	1.专项施工方案、应急预案不完善或未落实; 2.未落实安全教育、培训、交底、检查制度; 3.现场监控看管不到位	√		√		√
	物体打击	工具、材料、土石方等	1.现场作业人员未正确使用安全防护用品(安全帽等); 2.人员违章进入危险区域; 3.管理人员违章指挥,强令冒险作业; 4.作业人员身体健康状况异常(反应迟钝、感知异常、辨识错误); 5.作业人员操作错误、违章作业(违章抛物)	1.安全防护用品不合格(安全帽等); 2.作业过程中产生坠落物、抛射物、溅射物等(工具、材料等); 3.未设置防护设施,防护设施存在缺陷(挡脚板、防护网等); 4.物品摆放位置不合理或未固定; 5.物品尺寸超大、超长等	1.强风、暴雨、冰雹、大雾等不良天气; 2.作业场地杂乱; 3.照明光线不足; 4.机械、车船、场地等晃动、振动	1.施工方案不完善或未落实; 2.安全教育、培训、交底、检查制度不完善或未落实; 3.安全防护用品等未进行进场验收或验收不到位; 4.安全投入不足; 5.现场无警示标识或标识破损(警戒区、标牌、反光锥等)		√	√	√	

续上表

施工作业内容	典型风险事件	致害物	致险因素				风险事件后果类型				
			人的因素	物的因素	环境因素	管理因素	易导致伤亡人员类型		人员伤亡		
							本人	他人	轻伤	重伤	死亡
岸坡削坡及整平	坍塌	围堰、基坑、边坡等局部或整体塌方、支架、构筑物倒塌	1. 管理人员违章指挥，强令冒险作业（防护、放坡不及时）； 2. 人员心理异常（冒险心理、侥幸心理）； 3. 作业人员操作错误，违章作业； 4. 违反劳动纪律行为（管理人员脱岗）	1. 流砂、涌水、水冲、滑坡引起的塌方； 2. 停靠在围堰上的机械、车辆和过重的堆物； 3. 没有或不符合要求的支护措施； 4. 堆置过高、过陡或地基不平、不均； 5. 支架、构筑物堆置物基不稳； 6. 支架等构件不合格或老化	1. 存在滑坡、偏压等不良地质； 2. 强风、暴雨、大雪，地震等自然灾害； 3. 土体不均匀沉降； 4. 附近有强烈的震动； 5. 外部存在冲击震源	1. 专项施工方案、应急预案不完善或未落实； 2. 安全教育、培训、交底，检查制度不完善或未落实； 3. 安全投入不足； 4. 现场监测不到位	√		√	√	√
	机械伤害	挖掘机、打桩机、破碎机、拌和机、装载机等施工机具	1. 人员违章进入危险区域（机械作业半径等）； 2. 管理人员违章指挥，强令冒险作业； 3. 机械操作人员未持有效证件上岗； 4. 机械操作人员操作错误，违章作业；（违规载人、酒后作业）； 5. 操作人员身体健康状况异常，心理异常，感知异常（反应迟钝、辨识错误）	1. 机械无警示标识或标识破损，标牌、反光贴等； 2. 设备设施安全作业距离不足； 3. 设备带"病"作业（设备设施转动装置失效、防护装置有缺陷等）； 4. 安全防护用品不合格（反光背心、安全帽、目镜等）	1. 强风、暴雨、大雪、冰雹、大雾等不良天气； 2. 作业场地狭窄、不平整、道路湿滑； 3. 场地光线不良； 4. 存在视野盲区	1. 机械设备安全管理制度不完善或未落实（检查维护保养不到位）； 2. 未对机械设备、安全防护用品等进行进场验收或验收未落实； 3. 安全教育、培训、交底、制度不完善或未落实； 4. 机械设备操作规程不规范或未落实； 5. 安全投入不足		√	√	√	√

续上表

施工作业内容	典型风险事件	致害物	致险因素				风险事件后果类型			
			人的因素	物的因素	环境因素	管理因素	易导致伤亡人员类型	人员伤亡		
							本人 / 他人	轻伤	重伤	死亡
岸坡削坡及整平	机械伤害	挖掘机、打桩机、搅拌机、破碎机、装载机等施工机具	6. 现场作业人员未正确使用安全防护用品(反光背心、安全帽等); 7. 机械操作人员疲劳作业							
	车船伤害	运输、施工的车船只等	1. 人员违章进入危险区域; 2. 管理人员违章指挥,强令冒险作业(进入驾驶员视野盲区等); 3. 机驾人员未持有效证件上岗,违章作业,错误,酒后驾驶,超速、超限、超载作业; 4. 机驾人员身体健康状况异常,心理异常,感知异常(反应迟钝、辨识错误); 5. 机驾人员疲劳作业; 6. 现场作业人员未正确使用安全防护用品(反光背心、安全帽等)	1. 车船未配备警示标识或标识破损(警戒区、标牌、反光锥、反光贴等); 2. 车船带"病"作业(制动装置、喇叭、警示灯等设施缺陷); 3. 车船作业安全距离不足; 4. 人员安全防护用品不合格(反光背心、安全帽等); 5. 车辆外观存在破损,配件行驶时脱落,运载物品尺寸超过车辆尺寸等; 6. 车辆转弯或后退时无明显提示; 7. 船舶甲板有较多缆绳和锚具	1. 强风、暴雨、大雪、冰雹、大雾等不良天气; 2. 作业场地狭窄,不平整,道路湿滑; 3. 车辆前后视线不良; 4. 存在视野盲区	1. 未对车辆、船舶设备安全防护设施等进行进场验收或验收不到位; 2. 车船安全管理制度不完善或未落实(检查维护保养不到位); 3. 安全操作规程(作业规范)或未落实(作业前环境进行检查); 4. 安全教育、培训、交底、检查制度不完善或未落实; 5. 职业健康管理制度不完善; 6. 安全投入不足	√	√	√	√

续上表

施工作业内容	典型风险事件	致害物	致险因素					风险事件后果类型				
			人的因素	物的因素	环境因素	管理因素	易导致伤亡人员类型		人员伤亡		
							本人	他人	轻伤	重伤	死亡
	高处坠落	无防护的作业平台、施工人员受自身的重力运动	1. 作业人员未正确使用安全防护用品（安全带、防滑鞋等）；2. 作业人员身体健康状况异常，心理异常，感知异常（高血压、恐高症等禁忌症，反应迟钝，辨识错误）；3. 管理人员违章指挥，强令冒险作业；4. 作业人员疲劳作业，或违章作业	1. 高处作业场所未设置安全防护等措施（安全绳索、防坠网，栏杆等）；2. 未设置安全警示标识或标识破损；3. 安全防护用品质量不合格，存在缺陷；4. 未设置或设置不安全爬梯	1. 大风、雷电、大雪、暴雨等恶劣天气；2. 夜间施工照明不足；3. 作业场地不平整，湿滑；4. 临边洞口区域较多；5. 现场需要经常登高作业	1. 安全教育、培训、交底、检查制度不完善或未落实；2. 职业健康、安全管理制度不完善，未落实（定期体检）；3. 安全投入不足；4. 高处作业安全操作规程不规范或操作未落实；5. 安全防护用品等未进行进场验收或验收不到位	√				√
岸坡削坡及整平	滑坡	围堰、航道边坡、墙后回填土、基坑	1. 管理人员违章指挥，强令冒险作业（防护、放坡不及时）；2. 人员心理异常，侥幸心理；3. 作业人员操作错误，违章作业；4. 违反劳动纪律行为（管理人员脱岗）	1. 流砂、涌水、水冲刷引起的边坡局部或整体剥离；2. 停靠在围堰、基坑、边坡上的机械、车辆和过重的堆物；3. 没有或支护措施不符合要求的支护措施；4. 土体不均匀沉降；5. 附近有强烈的震动、冲击源；6. 堆置过高、过陡或地基不牢的堆置物；7. 土体含水量较大	1. 冰雹、暴雨、大雪等恶劣天气；2. 夜间施工照明不足；3. 作业场地不平整，湿滑；4. 周围有较大持续震动；5. 淤泥土质较多或地下水位较高	1. 安全教育、培训、交底、检查制度不完善或未落实；2. 职业健康、安全管理制度不完善，未落实（定期体检）；3. 安全投入不足；4. 高处作业操作规程不规范或操作未落实；5. 安全防护用品等未进行进场验收或验收不到位	√	√	√	√	√

续上表

施工作业内容	典型风险事件	致害物	致险因素				风险事件后果类型				
			人的因素	物的因素	环境因素	管理因素	易导致伤亡人员类型		人员伤亡		
							本人	他人	轻伤	重伤	死亡
土石围堰施工	淹溺	周边水域	1. 管理人员违章指挥，强令冒险作业； 2. 人员心理异常（冒险侥幸心理）； 3. 作业人员操作错误，违章作业； 4. 违反劳动纪律行为（管理人员脱岗）； 5. 人员未正确使用安全防护用品	1. 现场无警示标识或标识破损； 2. 现场救生设施不足； 3. 水下存在不明物体或生物的拖拽或缠绕； 4. 氧气瓶、头盔等存在缺陷	1. 雷雨、大风（6级以上）、冰雹、大雾等恶劣天气作业； 2. 水体寒冷； 3. 水体内能见度不足	1. 专项施工方案、应急预案不完善或未落实； 2. 未落实安全教育、培训、交底，检查制度； 3. 现场监控看管不到位	√		√		√
	物体打击	工具、材料、土石方、预制构件等	1. 现场作业人员未正确使用安全防护用品（安全帽等）； 2. 人员违章进入危险区域； 3. 管理人员违章指挥，强令冒险作业； 4. 作业人员身体健康状况异常，心理异常，知异常（反应迟钝、辨识错误）； 5. 作业人员操作错误，违章作业（违章抛物）	1. 安全防护用品不合格（安全帽等）； 2. 作业过程中产生的坠落物、抛射物、喷射物、溅射物等（工具、材料等）； 3. 未设置防护设施，防护设施存在缺陷（挡脚板、防护网等）； 4. 物品摆放位置不合理或未固定； 5. 物品尺寸超大、超长等	1. 强风、暴雨、冰雹、大雾等不良天气； 2. 作业场地杂乱； 3. 照明光线不足； 4. 机械、车船、场地等晃动、振动	1. 施工方案不完善或未落实； 2. 安全教育、培训、交底，检查制度不完善或未落实； 3. 安全防护用品等未进行进场验收或验收不到位； 4. 安全投入不足； 5. 现场无警示标识或标识破损，警戒区、标牌、反光锥等		√	√	√	

— 150 —

续上表

施工作业内容	典型风险事件	致害物	致险因素				风险事件后果类型				
			人的因素	物的因素	环境因素	管理因素	易导致伤亡人员类型		人员伤亡类型		
							本人	他人	轻伤	重伤	死亡
土石围堰施工	坍塌	围堰、基坑、边坡等整体局部或整体塌方，支架、构筑物倒塌	1. 管理人员违章指挥，强令冒险作业（防护、放坡等不足时）； 2. 人员心理异常，侥幸心理； 3. 作业人员操作错误，违章作业； 4. 违反劳动纪律行为（管理人员脱岗）	1. 流砂、涌水、水冲、滑坡引起的塌方； 2. 停靠在围堰上的机械、车辆和过重的堆物； 3. 没有或不符合要求的支护措施； 4. 堆置过高、过陡或地基不牢的堆置物； 5. 支架、构筑物结构失稳； 6. 支架构件不合格或老化	1. 存在滑坡、偏压等不良地质； 2. 强风、暴雨、大雪地震等自然灾害； 3. 土体不均匀沉降； 4. 附近有强烈的震动； 5. 外部存在冲击源	1. 专项施工方案、应急预案不完善或未落实； 2. 安全教育、培训、交底、检查制度不完善或未落实； 3. 安全投入不足； 4. 现场监测不足	√	√	√	√	√
	机械伤害	挖掘机、打桩机、搅拌桩、装载机等施工机具	1. 人员违章进入危险区域（机械作业半径等）； 2. 管理人员违章指挥，强令冒险作业； 3. 机械操作人员无有效证件上岗； 4. 机械操作人员操作错误，违章作业（违规载人、酒后作业）； 5. 操作人员身体健康状况异常，心理异常，感知异常（反应迟钝，辨识错误）；	1. 机械无警示标识（警戒区、标牌、反光贴等）； 2. 设备设施安全作业距离不足； 3. 设备带"病"作业（设备设施安全防护装置失效、运动转动装置无防护或防护装置有缺陷等）； 4. 安全防护用品不合格（反光背心、安全帽目镜等）	1. 强风、暴雨、大雪、冰雹、大雾等不良天气； 2. 作业场地狭窄、不平整、道路湿滑； 3. 场地光线不足； 4. 存在视野盲区	1. 机械设备安全管理制度不完善或未落实（检查维护保养不到位）； 2. 未对机械设备、安全防护用品等进行进场验收验收或不到位； 3. 安全教育、培训、交底、制度不完善或未落实； 4. 安全操作规程不规范或未落实； 5. 安全投入不足		√	√	√	√

— 151 —

续上表

施工作业内容	典型风险事件	致害物	致险因素				风险事件后果类型				
			人的因素	物的因素	环境因素	管理因素	易导致伤亡人员类型		人员伤亡		
							本人	他人	轻伤	重伤	死亡
土石围堰施工	机械伤害	挖掘机、打桩机、搅拌机、装载机等施工机具	6.现场作业人员未正确使用安全防护用品（反光背心、安全帽等）；7.机械操作人员疲劳作业								
	起重伤害	汽车起重机、履带式起重机等起重设备、吊索吊具	1.管理人员违章指挥，强令冒险作业；2.作业人员操作错误，违章作业；3.起重工、信号工未持有效证件上岗；4.现场作业人员未正确使用安全防护用品（安全帽等）；5.抗倾覆验算错误；6.人员违章进入危险区域；7.起重作业人员身体健康状况异常、心理异常、感知异常（反应迟钝、辨识错误）；8.作业人员疲劳作业	1.设备自身缺陷（强度、刚度不足、抗倾覆能力不足）；2.现场无警示标识或标识破损（警戒区、标牌、反光锥等）；3.起重机支垫材料不合格（枕木、钢板等）；4.构件防锈处理不合格；5.吊索吊具不合格（钢丝绳、吊带、U形卸扣等）；6.无防护或防护装置缺陷（防脱钩装置、限位装置等）；7.设备"带病"作业（制动装置等）；8.安全防护用品不合格（反光背心、安全帽等）	1.强风、暴雨、大雾、大雪等不良天气；2.地基承载力不足，基础下沉；3.作业场地照明不足；4.起重机周围高空有较多障碍物；5.起重机周围存在视野盲区	1.施工方案不完善或未落实；2.安全教育、培训、交底、检查制度不完善或未落实；3.未对起重设备进行进场验收或验收不到位；4.安全投入不足；5.起重吊装作业时无专人监视；6.起重吊装安全操作规程不规范或未落实	√	√	√	√	√

续上表

施工作业内容	典型风险事件	致害物	致险因素			风险事件后果类型			
			人的因素	物的因素	环境因素	管理因素	易导致伤亡人员类型		人员伤亡
							本人 他人	轻伤 重伤 死亡	
土石围堰施工	车船伤害	运输、施工的车船等	1. 人员违章进入危险区域； 2. 管理人员违章指挥，强令冒险作业（进入视野盲区等）； 3. 机驾人员未持有效证件上岗，违章操作错误，违章作业（违规载人、酒后驾驶、超速、超限、超载作业）； 4. 机驾人员身体健康状况异常，心理异常，知觉异常（反应迟钝、辨识错误）； 5. 机驾人员疲劳作业； 6. 现场人员防护用品使用安全背心、安全帽等）	1. 车船未配备警示标识或标识破损（警戒区、标牌、反光锥、反光贴等）； 2. 车船带"病"作业（制动装置、喇叭、警示灯等设施缺陷）； 3. 车船作业安全距离不足； 4. 人员安全防护用品不合格（反光背心、安全帽等）； 5. 车辆外观存在破损、配件行驶时脱落、运载物品尺寸超过车辆尺寸； 6. 车船转弯或后退时无明显提示； 7. 船舶甲板有较多缆绳和锚具	1. 强风、暴雨、大雪、冰雹、大雾等不良天气； 2. 作业场地狭窄，道路湿滑； 3. 车辆前后视线不良； 4. 存在视野盲区	1. 未对车辆、船舶机设备安全防护设施验收或验收不到位、车船安全管理制度不完善或未落实（检查维护保养不到位）； 3. 安全操作规程不规范或未落实（作业前环境对车船周围环境未进行检查）； 4. 安全教育、培训、交底或检查制度不完善、不落实； 5. 职业健康管理制度不完善或未落实； 6. 安全投入不足	√	√	√ √ √

续上表

施工作业内容	典型风险事件	致害物	致险因素				风险事件后果类型				
			人的因素	物的因素	环境因素	管理因素	易导致伤亡人员类型			人员伤亡		
							本人	他人		轻伤	重伤	死亡
	高处坠落	无防护的作业平台，施工人员受自身的重力运动	1. 作业人员未正确使用安全防护用品（安全带、防滑鞋等）； 2. 作业人员身体健康状况异常、心理异常，感知异常（高血压、恐高症等）反应迟钝，辨识或识别错误； 3. 管理人员违章指挥、管理人员违章指令，强令冒险作业； 4. 作业人员操作错误或违章作业	1. 高处作业场所未设置安全防护等措施（安全绳索、防坠网、栏杆等）； 2. 未设置安全警示标识或标识破损； 3. 安全防护用品质量不合格、存在缺陷； 4. 未设置或设置不安全的爬梯上下安全不规范	1. 大风、雷电、大雪、暴雨等恶劣天气； 2. 夜间施工照明不足； 3. 作业场地不平整，较湿滑； 4. 临边洞口区域较多； 5. 现场需要经常登高作业	1. 安全教育、培训、交底、检查制度不完善或未落实； 2. 职业健康、安全管理制度不完善，未定期体检； 3. 安全投入不足； 4. 高处作业规范不规范操作； 5. 安全防护用品等未进行进场验收或验收不到位	√				√	√
土石围堰施工	滑坡	围堰、航道边坡、墙后回填土、基坑	1. 管理人员违章指挥，强令冒险作业（冒险强行陡坡作业时）； 2. 人员心理异常（冒险心理）； 3. 作业人员操作错误、违章作业； 4. 违反劳动纪律行为（管理人员脱岗）	1. 流砂、涌水、水冲刷引起的边坡局部或整体剥离； 2. 停靠在围堰、基坑、边坡上的机械、车辆过重的堆载； 3. 没有或不符合要求的支护措施； 4. 土体不均匀沉降； 5. 附近有强烈的震动、过陡或地震源； 6. 堆置过高、过陡或地基不平的堆置物； 7. 土体含水量较大	1. 冰雹、暴雨、大雪等恶劣天气； 2. 夜间施工照明不足； 3. 作业场地不平整，较湿滑； 4. 周围有较大持续震动； 5. 淤泥土质较多地下水位较高	1. 安全教育、培训、交底、检查制度不完善或未落实； 2. 职业健康、安全管理制度不完善，未定期体检； 3. 安全投入不足； 4. 高边坡作业处不规范操作规程不落实； 5. 安全防护用品等未进行进场验收或验收不到位	√	√		√	√	√

续上表

施工作业内容	典型风险事件	致害物	致险因素				风险事件后果类型				
			人的因素	物的因素	环境因素	管理因素	易导致伤亡人员类型		人员伤亡类型		
							本人	他人	轻伤	重伤	死亡
	淹溺	周边水域	1. 管理人员违章指挥，强令冒险作业；2. 人员心理异常（冒险侥幸心理）；3. 作业人员操作错误，违章作业；4. 违反劳动纪律行为（管理人员脱岗）；5. 人员未正确使用安全防护用品	1. 现场无警示标识或标识破损；2. 现场救生设施不足；3. 水下存在不明物体或生物的拖拽或缠绕；4. 氧气瓶、头盔等存在缺陷	1. 雷雨、大风（6级以上）、冰雹、大雾等恶劣天气作业；2. 水体寒冷；3. 水体内能见度不足	1. 专项施工方案、应急预案不完善或未落实；2. 未落实安全教育、培训、交底、检查制度；3. 现场监督管看不到位	√				√
钢板桩围堰施工	物体打击	工具、材料、预制构件等	1. 现场作业人员未正确使用安全防护用品（安全帽等）；2. 人员违章进入危险区域；3. 管理人员违章指挥，强令冒险作业；4. 作业人员身体健康状况异常、心理异常，知觉异常（反应迟钝、感知错误）；5. 作业人员操作错误，违章作业（违章抛物）	1. 安全防护用品不合格（安全帽等）；2. 作业过程中产生的坠落物、抛射物、喷射物、溅射物等（工具、材料等）；3. 未设置防护设施，防护设施存在缺陷（挡脚板、防护网等）；4. 物品摆放位置不合理或未固定；5. 物品尺寸超大、超长等	1. 强风、暴雨、冰雹、大雾等不良天气；2. 作业场地杂乱；3. 照明光线不足；4. 机械、车船、场地等晃动、振动	1. 施工方案不完善或未落实；2. 安全教育、培训、交底，检查制度不完善或落实不到位；3. 安全防护用品等未进行进场验收或验收不到位；4. 安全投入不足；5. 现场破损（警戒区、标识破损（警戒区、反光锥等）		√	√	√	

— 155 —

续上表

施工作业内容	典型风险事件	致害物	致险因素				风险事件后果类型			
			人的因素	物的因素	环境因素	管理因素	易导致伤亡人员类型		人员伤亡		
							本人	他人	轻伤	重伤	死亡
	触电	发电机、破损的电线、配电箱等电气材料	1. 作业人员未正确使用安全防护用品（绝缘鞋、绝缘手套等）； 2. 作业人员操作错误或违章作业（带电检修维护）； 3. 管理人员违章指挥，强令冒险作业； 4. 电工、电焊工等特种人员未持有效证件上岗； 5. 作业人员疲劳作业	1. 电缆线、配电箱等电气设施不合格（线路破损、老化）； 2. 电气设施设置不规范（电缆拖地、配电箱无支架等）； 3. 带电设施无警示标识或标识破损； 4. 安全防护装置不规范，无漏电保护器，接线端子无防护罩等）； 5. 防护不当，防护距离不足（配电柜、发电机遮雨棚、防护围挡或防护破损）	1. 强风、雷雨等不良天气； 2. 作业场地杂乱，潮湿或积水； 3. 作业场地照明不足； 4. 高温导致电线胶皮脱落	1. 临时用电方案不完善或未落实； 2. 发电机等安全操作规程不规范或未落实； 3. 电气设施材料等未进行进场验收； 4. 无电工对用电设施进行巡查或巡查不到位； 5. 机械设备安全管理制度未落实（发电机、电焊机等机具检查维护保养未到位）； 6. 安全教育、培训、交底、检查制度未完善或未落实； 7. 安全投入不足	√			√	
钢板桩围堰施工	坍塌	围堰、基坑、边坡等局部或整体塌方、支架、构筑物倒塌	1. 管理人员违章指挥，强令冒险作业（防护、放坡不及时）； 2. 人员心理异常（冒险侥幸心理）	1. 流砂、涌水、水冲、坡引起的塌方； 2. 停靠在围堰上的机械、车辆和过重的堆物； 3. 没有或支护不符合要求的支护措施	1. 存在滑坡、偏压等不良地质； 2. 强风、暴雨、大雪、地震等自然灾害； 3. 土体不均匀沉降；	1. 专项施工方案、应急预案不完善或未落实； 2. 安全教育、培训、交底、检查制度未完善或未落实	√	√	√	√	√

续上表

施工作业内容	典型风险事件	致害物	致险因素				风险事件后果类型				
			人的因素	物的因素	环境因素	管理因素	易导致伤亡人员类型		人员伤亡		
							本人	他人	轻伤	重伤	死亡
钢板桩围堰施工	坍塌	围堰、基坑、边坡等局部或整体塌方、支架、构筑物倒塌	3. 作业人员操作错误，违章作业； 4. 违反劳动纪律行为（管理人员脱岗）	4. 堆置过高、过陡或堆置地基不平； 5. 支架、构筑物结构失稳； 6. 支架构件不合格或老化	4. 附近有强烈的震动； 5. 外部存在冲击源	3. 安全投入不足； 4. 现场监测不足		√	√	√	√
	机械伤害	打桩机、装载机等施工机具	1. 人员违章进入危险区域（机械作业半径等）； 2. 管理人员违章指挥，强令冒险作业； 3. 机械操作人员未持有效证件上岗； 4. 机械操作人员违章作业（违规载人、酒后作业）； 5. 操作人员身体健康状况异常，心理异常、感知异常（反应迟钝、辨识错误）； 6. 现场作业人员未正确使用安全防护用品（反光背心、安全帽）； 7. 机械操作人员疲劳作业	1. 机械无警示标识标牌，标识破损（警戒区、反光贴等）； 2. 设备安全作业距离不足； 3. 设备设施制动装置失效，运备设施转动装置无防护或防护装置有缺陷等）； 4. 安全防护用品不合格（反光背心、安全帽、护目镜等）	1. 强风、暴雨、大雪、冰雹、大雾等不良天气； 2. 作业场地狭窄，不平整，道路湿滑； 3. 场地光线不足； 4. 存在视野盲区	1. 机械设备安全管理制度不完善或未落实（检查维护保养不到位）； 2. 未对机械设备进行进场验收或验收不到位； 3. 安全教育、培训、交底制度不完善或未落实； 4. 机械设备操作规程不规范或未落实； 5. 安全投入不足		√	√	√	√

续上表

施工作业内容	典型风险事件	致害物	致险因素			风险事件后果类型				
			人的因素	物的因素	环境因素	管理因素	易导致伤亡人员类型		人员伤亡	
							本人	他人	轻伤	重伤	死亡
钢板桩围堰施工	起重伤害	汽车起重机、履带式起重机、浮式起重设备、吊索吊具等	1. 管理人员违章指挥、强令冒险作业；2. 作业人员操作错误、违章作业；3. 起重工、信号工未持有效证件上岗；4. 现场作业人员未正确使用安全防护用品（安全帽等）；5. 抗倾覆验算错误；6. 人员违章进入危险区域；7. 起重人员身体健康状况异常、心理异常，感知异常（反应迟钝，辨识错误）；8. 作业人员疲劳作业	1. 设备自身缺陷（强度、刚度不足，抗倾覆能力不足）；2. 现场无警示标识或标识破损（警戒区、标牌、反光锥等）；3. 起重机支垫材料不合格（枕木、钢板等）；4. 构件防锈处理不合格；5. 吊索吊具不合格；6. 钢丝绳达到报废标准（钢丝绳、吊带、U形卸扣等）；6. 无防护或防护装置缺陷（防钩脱装置、限位装置等）；7. 设备带"病"作业（制动装置等）；8. 安全防护用品不合格（反光背心、安全帽等）	1. 强风、暴雨、大雾、大雪等不良天气；2. 地基承载力不足，基础下沉；3. 作业场地照明不足；4. 浮式起重机周围水域存在较大波浪或暗流；5. 起重机周围高空有较多障碍物；6. 起重机周围存在视野盲区	1. 施工方案不完善或未落实；2. 安全教育、培训、交底、检查制度不完善或未落实；3. 未对起重设备进行进场验收或验收不到位；4. 安全投入不足；5. 起重吊装作业时无专人监视；6. 起重吊装安全操作规程不规范或未落实	√	√	√	√	√

— 158 —

续上表

施工作业内容	典型风险事件	致害物	致险因素				风险事件后果类型				
			人的因素	物的因素	环境因素	管理因素	易导致伤亡人员类型		人员伤亡		
							本人	他人	轻伤	重伤	死亡
钢板桩围堰施工	车船伤害	运输、施工的车船机等	1. 人员违章进入危险区域； 2. 管理人员违章指挥，强令冒险作业（进入驾驶员视野盲区等）； 3. 机驾人员未持有效证件上岗，违章操作错误，违章作业（违规载人、酒后驾驶、超速、超限、超载作业）； 4. 机驾人员身体健康状况异常，心理异常（反应迟钝、辨识判异常（反应迟钝、辨识知异常错误）； 5. 机驾人员疲劳作业； 6. 现场人员未正确使用安全防护用品（反光背心、安全帽等）	1. 车船未配备警示标识或标识破损（警戒区、标牌、反光锥、反光贴等）； 2. 车船带"病"作业（制动装置、喇叭、警示灯等设施缺陷）； 3. 车船作业安全距离不足； 4. 人员安全防护用品不合格（反光背心、安全帽等）； 5. 车辆外观存在破损、配件行驶时脱落、运载物品尺寸超过车辆尺寸等； 6. 车船转弯或后退时无明显提示； 7. 船舶甲板有较多缆绳和锚具	1. 强风、暴雨、大雪、冰雹、大雾等不良天气； 2. 作业场地狭窄、不平整，道路湿滑； 3. 车辆前后视线不良； 4. 存在视野盲区	1. 未对车辆、船舶机设备安全防护设施等进行进场验收或验收不到位； 2. 车船安全管理制度不完善或落实（检查维护保养不到位）； 3. 安全操作规程不规范或未落实（作业前环境对车船周围环境未进行检查）； 4. 安全教育、培训、交底，检查制度不完善或未落实； 5. 职业健康管理制度不完善或未落实； 6. 安全投入不足	√	√	√	√	√

续上表

施工作业内容	典型风险事件	致害物	致险因素			风险致伤亡人员类型		风险事件后果类型		
			人的因素	物的因素	环境因素	管理因素	本人	他人	轻伤	重伤	死亡

施工作业内容	典型风险事件	致害物	人的因素	物的因素	环境因素	管理因素	本人	他人	轻伤	重伤	死亡
钢板桩围堰施工	高处坠落	无防护的作业平台、施工人员受自身的重力运动	1.作业人员未正确使用安全防护用品(安全带、防滑鞋等); 2.作业人员身体健康状况异常、心理异常、感知异常(高血压、恐高症等禁忌症,反应迟钝、辨识错误); 3.作业人员疲劳作业、管理人员违章指挥、强令冒险作业; 4.作业人员操作错误或违章作业	1.高处作业场所未设置安全防护等措施(安全绳索、防坠网、栏杆等); 2.未设置安全警示标识或标识破损; 3.安全防护用品质量不合格,存在缺陷; 4.未设置人员上下安全爬梯或设置不规范	1.大风、雷电、大雪、暴雨等恶劣天气; 2.夜间施工照明不足; 3.作业场地不平整、湿滑; 4.临边洞口区域较多; 5.现场需要经常登高作业	1.安全教育、培训、交底、检查制度不完善或未落实; 2.职业健康、安全管理制度不完善、未落实(定期体检); 3.安全投入不足; 4.高处作业安全操作规程不规范或未落实; 5.安全防护用品等未进行进场验收或验收不到位	√			√	√
钢管桩、木桩围堰施工	淹溺	周边水域	1.管理人员违章指挥、强令冒险作业; 2.人员心理异常、饶幸心理; 3.作业人员操作错误、违章作业; 4.违反劳动纪律行为(管理人员脱岗); 5.人员未正确使用安全防护用品	1.现场无警示标识或标识破损; 2.现场救生设施不足; 3.水下存在不明物体或生物的拖拽或缠绕	1.雷雨、大风(6级以上)、冰雹、大雾等恶劣天气作业; 2.水体寒冷; 3.水体内能见度不足	1.专项施工方案、应急预案不完善或未落实; 2.未落实安全教育、培训、交底、检查制度; 3.现场监控看管不到位	√		√		√

续上表

施工作业内容	典型风险事件	致害物	致险因素				风险事件后果类型				
			人的因素	物的因素	环境因素	管理因素	易导致伤亡人员类型		人员伤亡		
							本人	他人	轻伤	重伤	死亡
钢管桩、木桩围堰施工	物体打击	工具、材料、预制构件等	1. 现场作业人员未正确使用安全防护用品（安全帽等）；2. 人员违章进入危险区域；3. 管理人员违章指挥，强令冒险作业；4. 作业人员身体健康状况异常、心理异常，感知异常（反应迟钝、辨识错误）；5. 作业人员操作错误、违章作业（违章抛物）	1. 安全防护用品不合格（安全帽等）；2. 作业过程中产生的坠落物、抛射物、喷射物、溅射物（工具、材料、防护等）；3. 未设置防护设施、防护设施存在缺陷（挡脚板、防护网等）；4. 物品摆放位置不合理或未固定；5. 物品尺寸超大、超长等	1. 强风、暴雨、冰雹、大雾等不良天气；2. 作业场地杂乱；3. 照明光线不足；4. 机械、车船、场地晃动、振动	1. 施工方案不完善或未落实；2. 安全教育、培训、交底，检查制度不完善或未落实；3. 安全防护用品等未进行进场验收或验收不到位；4. 安全投入不足；5. 现场无警示标识或标识破损（警戒区、标牌、反光锥等）		√	√	√	
	触电	发电机、破损的电线、配电箱、钢筋等导电材料	1. 作业人员未正确使用安全防护用品（绝缘鞋、绝缘手套等）；2. 作业人员操作错误或违章作业（带电检修维护）；3. 管理人员违章指挥，强令冒险作业	1. 电缆线、配电箱等电气设施设置不合格（线路破损、老化）；2. 电气设施设置不规范（电缆拖地、配电箱无支架等）；3. 带电设施无警示标识或标识破损；	1. 强风、雷雨等不良天气；2. 作业场地杂乱、潮湿或积水；3. 作业场地照明不足；4. 高温导致电线胶皮脱落	1. 临时用电方案不完善或未落实；2. 发电机等安全操作规程不规范或未落实；3. 电气设施材料等未进行进场验收；4. 无电工对用电设施进行巡查或巡查不到位	√		√	√	

续上表

施工作业内容	典型风险事件	致害物	致险因素			风险事件后果类型				
			人的因素	物的因素	环境因素	管理因素	易导致伤亡人员类型		人员伤亡	
							本人	他人	轻伤	重伤	死亡
	触电	发电机、破损的电线、配电箱、钢筋等导电材料	4.电工、电焊工等特种人员未持有效证件上岗；5.作业人员疲劳作业	4.安全防护装置不规范,未接地、无漏电保护器,接线端子无防护罩等）；5.防护不当,防护距离不足（配电柜、发电机无遮雨棚,防护围挡或防护罩破损）		5.机械设备安全管理制度未落实（发电机、电焊机等机具检查维护保养不到位）；6.安全教育、培训、交底,检查制度不完善或未落实；7.安全投入不足	√	√	√	√	√
钢管桩、木桩围堰施工	坍塌	围堰、基坑、边坡等局部或整体塌方、支架、构筑物倒塌	1.管理人员违章指挥,强令冒险作业（防护、放坡不及时）；2.人员心理异常（冒险侥幸心理）；3.作业人员操作错误,违章作业；4.违反劳动纪律行为（管理人员脱岗）	1.流砂、涌水、水冲、滑坡引起的塌方；2.停靠在围堰上的机械、车辆和过重的堆物；3.没有或不符合要求的支护措施；4.堆置过高、过陡或地基不牢的堆置物；5.支架、构筑物结构失稳；6.支架等构件不合格或老化	1.存在滑坡、偏压等不良地质；2.强风、暴雨、大雪、地震等自然灾害；3.土体不均匀沉降；4.附近有强烈的震动；5.外部存在冲击源	1.专项施工方案、应急预案不完善或未落实；2.安全教育、培训、交底,检查制度不完善或未落实；3.安全投入不足；4.现场监测不足					

续上表

施工作业内容	典型风险事件	致害物	致险因素			风险事件后果类型				
			人的因素	物的因素	环境因素	管理因素	易导致伤亡人员类型		人员伤亡	
							本人	他人	轻伤	重伤	死亡
钢管桩、木桩围堰施工	机械伤害	挖掘机、打桩机、装载机等施工机具	1. 人员违章进入危险区域（机械作业半径等）； 2. 管理人员违章指挥，强令冒险作业； 3. 机械操作人员未持有效证件上岗； 4. 机械操作人员操作错误，违章作业（违规载人、酒后作业）； 5. 操作人员身体健康状况异常、心理异常，感知异常（反应迟钝、辨识错误）； 6. 现场作业人员安全防护用品使用不正确（反光背心、安全帽等）； 7. 机械操作人员疲劳作业	1. 机械无警示标识或标识破损（警戒区、标牌、反光贴等）； 2. 设备设施安全作业距离不足； 3. 设施带"病"作业（设备设施制动装置失效、运动或转动装置无防护或防护装置有缺陷等）； 4. 安全防护用品不合格（反光背心、安全帽、护目镜等）	1. 强风、暴雨、大雪、冰雹、大雾等不良天气； 2. 作业场地狭窄、不平整，道路湿滑； 3. 场地光线不足； 4. 存在视野盲区	1. 机械设备安全管理制度不完善或落实不到位（检查维护保养不到位）； 2. 未对机械设备、安全防护用品等进行进场验收或验收未落实； 3. 安全教育、培训、交底制度不完善或未落实； 4. 机械设备操作规程不规范或落实不到位； 5. 安全投入不足		√	√	√	√

续上表

施工作业内容	典型风险事件	致害物	致险因素			风险事件后果类型					
			人的因素	物的因素	环境因素	管理因素	易导致伤亡人员类型			人员伤亡		
							本人	他人		轻伤	重伤	死亡
钢管桩木桩围堰施工	起重伤害	汽车起重机、履带式起重机等起重设备，吊索吊具	1. 管理人员违章指挥，强令冒险作业； 2. 作业人员操作错误，违章作业； 3. 起重工、信号工未持有效证件上岗； 4. 现场作业人员未正确使用安全防护用品（安全帽等）； 5. 抗倾覆验算错误； 6. 人员违章进入危险区域； 7. 起重人员身体健康状况异常、心理异常、感知异常（反应迟钝、辨识错误）； 8. 作业人员疲劳作业	1. 设备自身缺陷（强度、刚度不足，抗倾覆能力不足）； 2. 现场无警示标识或标识破损（警戒区、标牌、反光锥等）； 3. 起重机支垫材料不合格（枕木、钢板等）； 4. 构件防锈处理不合格； 5. 吊索吊具不合格或达到报废标准（钢丝绳、吊带、U形倒扣等）； 6. 无防护或防护装置缺陷（防脱钩装置、限位装置等）； 7. 设备带"病"作业（制动装置等）； 8. 安全防护用品不合格（反光背心、安全帽等）	1. 强风、暴雨、大雾、大雪等不良天气； 2. 地基承载力不足，基础下沉； 3. 作业场地照明不足； 4. 起重机周围高空有较多障碍物； 5. 起重机周围存在视野盲区	1. 施工方案不完善或未落实； 2. 安全教育、培训、交底、检查制度不完善或未落实； 3. 未对起重设备进行进场验收或验收不到位； 4. 安全投入不足； 5. 起重吊装作业时无专人监视； 6. 起重吊装安全操作规程不规范或未落实	√	√		√	√	√

— 164 —

续上表

施工作业内容	典型风险事件	致害物	致险因素			风险事件后果类型			
			人的因素	物的因素	环境因素	管理因素	易导致伤亡人员类型		人员伤亡
							本人	他人	轻伤 | 重伤 | 死亡
钢管桩、木桩围堰施工	车船伤害	运输、施工的车船等	1.人员违章进入危险区域； 2.管理人员违章指挥，强令冒险作业（进入视野盲区等）； 3.机驾人员未持有效证件上岗，违章作业，违规操作错误，酒后驾驶、超速、超限、超载作业； 4.机驾人员身体健康状况异常，心理异常，感知异常（反应迟钝，辨识错误）； 5.机驾人员疲劳作业； 6.现场人员未正确使用安全防护用品（反光背心、安全帽等）	1.车船未配备警示标识或标识破损（警戒区、标牌、反光锥、反光贴等）； 2.车船"带病"作业（制动装置、喇叭、警示灯等设施缺陷）； 3.车船作业安全距离不足； 4.人员安全防护用品不合格（反光背心、安全帽等）； 5.车辆外观存在破损、配件行驶时脱落，运载物品尺寸超过车辆尺寸； 6.车辆转弯后退时无明显提示； 7.船舶甲板有较多缆绳和锚具	1.强风、暴雨、大雪、冰雹、大雾等不良天气； 2.作业场地狭窄不平整，道路湿滑； 3.车辆前后视线不良； 4.存在视野盲区	1.未对车辆、船机设备安全防护设施进行进场验收或验收不到位； 2.车船安全管理制度不完善或检查维护保养不到位； 3.安全操作规程不规范或未落实（作业前环境车船周围环境进行检查）； 4.安全教育、培训、交底，检查制度不完善或未落实； 5.职业健康管理制度不完善或未落实； 6.安全投入不足	√	√	√ | √ | √

续上表

施工作业内容	典型风险事件	致害物	致险因素				风险事件后果类型			
			人的因素	物的因素	环境因素	管理因素	易导致伤亡人员类型		人员伤亡		
							本人	他人	轻伤	重伤	死亡
	物体打击	工具、材料、土石方等	1. 现场作业人员未正确使用安全防护用品（安全帽等）； 2. 人员违章进入危险区域； 3. 管理人员违章指挥，强令冒险作业； 4. 作业人员身体健康状况异常、心理异常，感知异常（反应迟钝或辨识错误）； 5. 作业人员操作错误，违章作业（违章抛物）	1. 安全防护用品不合格（安全帽等）； 2. 作业过程中产生坠落物、抛射物、喷射物、溅射物等（工具、材料等）； 3. 未设置防护设施，防护设施存在缺陷（挡脚板、防护网等）； 4. 物品摆放位置不合理或未固定； 5. 物品尺寸超大、超长等	1. 强风、暴雨、冰雹、大雾等不良天气； 2. 作业场地杂乱； 3. 照明光线不足； 4. 机械、车船、起动振动	1. 施工方案不完善或未落实； 2. 安全教育、培训、交底、检查制度不完善或未落实； 3. 安全防护用品等未进行进场验收或验收不到位； 4. 安全投入不足； 5. 现场无警示标识或标识破损（警戒区、标牌、反光等）		√	√	√	
土石方开挖	坍塌	围堰、基坑、边坡或整体垮方、支架、构筑物倒塌等	1. 管理人员违章指挥，强令冒险作业（防护、放坡等不及时）； 2. 人员心理异常（冒险侥幸心理）； 3. 作业人员操作错误，违章作业； 4. 违反劳动纪律行为（管理人员脱岗）	1. 流砂涌水、水冲、滑坡引起塌方； 2. 停靠在围堰上的机械、车辆和过重的堆放； 3. 没有或不符合要求的支护措施； 4. 堆置过高、过陡或地基不牢的堆置物； 5. 支架、构筑物结构失稳； 6. 支架等构件不合格或老化	1. 存在滑坡、偏压等不良地质； 2. 强风、暴雨、大雪、地震等自然灾害； 3. 土体不均匀沉降； 4. 附近有强烈的震动； 5. 外部存在冲击源	1. 专项施工方案或应急预案不完善或未落实； 2. 安全教育、培训、交底、检查制度不完善或未落实； 3. 安全投入不足； 4. 现场监测不足	√	√	√	√	√

第五章 船闸工程施工的主要安全风险分析

续上表

施工作业内容	典型风险事件	致害物	致险因素				风险事件后果类型				
			人的因素	物的因素	环境因素	管理因素	易导致伤亡人员类型		人员伤亡		
							本人	他人	轻伤	重伤	死亡
土石方开挖	机械伤害	挖掘机、打桩机、破碎机、装载机等施工机具	1. 人员违章进入危险区域（机械作业半径等）； 2. 管理人员违章指挥，强令冒险作业； 3. 机械操作人员未持有效证件上岗； 4. 机械操作人员操作错误，违章作业（违规载人、酒后作业）； 5. 操作人员身体健康状况异常，心理异常，感知异常（反应迟钝，辨识错误）； 6. 现场作业人员未正确使用安全防护用品（反光背心、安全帽等）； 7. 机械操作人员疲劳作业	1. 机械无警示标识或标识破损（警戒区、标牌、反光贴等）； 2. 设备设施安全作业距离不足； 3. 设备带"病"作业（设备设施制动装置失效，运动或转动装置无防护或防护装置有缺陷等）； 4. 安全防护用品不合格（反光背心、安全帽、护目镜等）	1. 强风、暴雨、大雪、冰雹、大雾等不良天气； 2. 作业场地狭窄，不平整，道路湿滑； 3. 场地光线不足； 4. 存在视野盲区	1. 机械设备安全管理制度不完善或未落实（检查维护保养不到位）； 2. 未对机械设备、安全防护用品等进行进场验收或验收未到位； 3. 安全教育、培训、交底制度不完善或未落实； 4. 机械设备操作规程不规范或未落实； 5. 安全投入不足		√	√	√	√

续上表

施工作业内容	典型风险事件	致害物	致险因素				风险事件后果类型				
			人的因素	物的因素	环境因素	管理因素	易导致伤亡人员类型		人员伤亡		
							本人	他人	轻伤	重伤	死亡
土石方开挖	车船伤害	运输、施工的车船等	1. 人员违章进入危险区域； 2. 管理人员违章指挥，强令冒险作业（进入视野盲区等）； 3. 机驾人员未持有效证件上岗，酒后驾驶人，违规超载超限，违章作业； 4. 机驾人员身体健康状况异常，心理异常，知异常（反应迟钝、辨识错误）等； 5. 机驾人员疲劳作业； 6. 现场人员未正确使用安全防护用品（反光背心、安全帽等）	1. 车船未配备警示标识或标识破损（警戒区、标牌、反光锥、反光贴等）； 2. 车船带"病"作业（制动装置、喇叭、警示灯等设施缺陷）； 3. 车船作业安全距离不足； 4. 人员安全防护用品不合格（反光背心、安全帽等）； 5. 车辆外观存在破损、配件行驶时脱落、运载物品尺寸超过车辆尺寸等； 6. 车辆转弯或倒退时无明显提示； 7. 船舶甲板有较多缆绳和锚具	1. 强风、暴雨、大雪、冰雹、大雾等不良天气； 2. 作业场地狭窄、不平整，道路湿滑； 3. 车辆前后视线不良； 4. 存在视野盲区	1. 未对车辆、船舶机设备安全防护设施等进行进场验收或验收不到位； 2. 车船安全管理制度不完善或落实（检查维护保养不到位）； 3. 安全操作规程不规范或未落实（作业前对车船周围环境未进行检查）； 4. 安全教育、培训、交底、检查制度不完善或未落实； 5. 职业健康管理制度不完善或未落实； 6. 安全投入不足	√	√	√	√	√

续上表

施工作业内容	典型风险事件	致害物	致险因素				风险事件后果类型				
			人的因素	物的因素	环境因素	管理因素	易导致伤亡人员类型		人员伤亡类型		
							本人	他人	轻伤	重伤	死亡
土石方开挖	爆炸	炸药、雷管等	1. 特种作业人员未持有效证件上岗； 2. 作业人员操作错误或违章作业； 3. 现场作业人员未正确使用安全防护用品； 4. 管理人员违章指挥、强令冒险作业； 5. 作业人员疲劳作业； 6. 人员身体健康状况异常； 7. 警戒人员现场警戒不到位； 8. 人员违章进入爆破区域	1. 现场无警示标识或标识破损； 2. 爆破无指挥信号或信号不清； 3. 爆破器材不合格或发生故障； 4. 易燃易爆物品与其他易燃物混放； 5. 现场无禁止火源警示标识或标识破损； 6. 存放现场无灭火装置； 7. 环境中存在与爆破物品混合产生化学反应的物质	1. 易燃易爆物品存放区域温度较高； 2. 易燃易爆物品存放区域过于干燥； 3. 周围环境中有火灾发生； 4. 易燃易爆物品存放空间过于密闭，挥发性可燃气体浓度过高； 5. 易燃易爆物品与其他易燃物品空间距离不足； 6. 雷电等恶劣天气	1. 爆破专项施工方案不完善或未落实； 2. 安全教育、培训、交底、检查制度不完善或未落实； 3. 火工品管理制度不完善或未落实； 4. 未对爆破施工队伍、作业人员进行资质审查； 5. 爆破作业安全操作规程不规范或未落实； 6. 安全投入不足； 7. 爆破的安全距离不足	√	√	√	√	√

续上表

施工作业内容	典型风险事件	致害物	致险因素			风险事件后果类型				
			人的因素	物的因素	环境因素	管理因素	易导致伤亡人员类型		人员伤亡	
							本人	他人	轻伤	重伤	死亡
	高处坠落	无防护的作业平台、施工人员受自身的重力运动	1. 作业人员未正确使用安全防护用品（安全带、防滑鞋等）；2. 作业人员身体健康状况异常、心理异常，感知异常（高血压，恐高症等禁忌症，反应迟钝，辨识错误）；3. 管理人员违章指挥，强令冒险作业；4. 作业人员操作错误或违章作业	1. 高处作业场所未设置安全防护等措施（安全绳索、防坠网、栏杆等）；2. 未设置安全警示标识或标识破损；3. 安全防护用品质量不合格，存在缺陷；4. 未设置或设置不安全爬梯或设置不规范	1. 大风、雷电、大雪、暴雨等恶劣天气；2. 夜间施工照明不足；3. 作业场地不平整；4. 临边洞口区域较多；5. 现场需要经常登高作业	1. 安全教育、培训、交底、检查制度不完善或落实；2. 职业健康、安全管理制度不完善、未落实（定期体检）；3. 安全投入不足；4. 高处作业不规范或规程不规范操作未落实；5. 安全防护用品等未进行进场验收或验收不到位	√			√	
土石方开挖	滑坡	围堰、航道边坡、墙后回填土、基坑	1. 管理人员违章指挥，强令冒险作业（防护不放坡不及时）；2. 人员心理异常侥幸心理；3. 作业人员操作错误，违章作业；4. 违反劳动纪律行为（管理人员脱岗）	1. 流砂、涌水水冲、滑坡引起的边坡剥离；2. 停靠在围堰、基坑、边坡上的机械，车辆和过重的堆物；3. 没有或不符合要求的支护措施；4. 土体不均匀沉降；5. 附近有强烈的震动；6. 堆置过高、过陡、或堆置物，基坑不牢；7. 土体含水量较大	1. 冰雹，暴雨，大雪等恶劣天气；2. 夜间施工照明不足；3. 作业场地不平整；4. 周围有较大持续震动；5. 淤泥土质较多或地下水位较高	1. 安全教育、培训、交底、检查制度不完善或落实；2. 职业健康、安全管理制度不完善、未落实（定期体检）；3. 安全投入不足；4. 高边坡作业安全操作规范未落实；5. 安全防护用品等未进行进场验收或验收不到位	√	√	√	√	√

续上表

施工作业内容	典型风险事件	致险因素				风险事件后果类型				
		致害物	人的因素	物的因素	环境因素	管理因素	导致伤亡人员类型		人员伤亡		
							本人	他人	轻伤	重伤	死亡
	物体打击	工具、材料、土石方等	1. 现场作业人员未正确使用安全防护用品（安全帽等）； 2. 人员违章进入危险区域； 3. 管理人员违章指挥，强令冒险作业； 4. 作业人员身体健康状况异常，心理反应迟钝，感知异常（反应迟钝，辨识错误）； 5. 作业人员操作错误，违章作业（违章抛物）	1. 安全防护用品不合格（安全帽等）； 2. 作业过程中产生坠落物、抛射物、喷射物、溅射物等（工具、材料等）； 3. 未设置防护设施，防护设施存在缺陷（挡脚板、防护网等）； 4. 物品摆放位置不合理或未固定； 5. 物品尺寸超大、超长等	1. 强风、暴雨、冰雹、大雾等不良天气； 2. 作业场地杂乱； 3. 照明光线不足； 4. 机械、车船、场地等晃动、振动	1. 施工方案不完善或未落实； 2. 安全教育、培训、交底、检查制度不完善或落实不到位； 3. 安全防护用品验收或进行进场验收不到位； 4. 安全投入不足； 5. 现场无警示标识或标识破损（警戒区、标牌、反光锥等）		√	√	√	
地基换填	坍塌	围堰、基坑、边坡等整体或局部坍方、支架、构筑物倒塌	1. 管理人员违章指挥，强令冒险作业； 2. 人员心理异常、侥幸心理； 3. 作业人员操作错误、违章作业； 4. 违反劳动纪律行为（管理人员脱岗）	1. 流砂、涌水、水冲、滑坡引起的塌方； 2. 停靠在围堰上的机械、车辆和过重的堆载和过重的支护措施； 3. 没有或不符合要求的支护措施； 4. 堆置过高、过陡或基不均匀沉降； 5. 支架、构筑物结构不稳； 6. 支架等构件不合格或老化	1. 存在滑坡、偏压等不良地质； 2. 强风、暴雨、大雪、地震等自然灾害； 3. 土体不均匀沉降； 4. 附近有强烈的震动； 5. 外部存在冲击源	1. 专项施工方案、应急预案不完善或未落实； 2. 安全教育、培训、交底、检查制度不完善或落实； 3. 安全投入不足； 4. 现场监测不足	√	√	√	√	√

续上表

施工作业内容	典型风险事件	致害物	致险因素				风险事件后果类型				
			人的因素	物的因素	环境因素	管理因素	易导致伤亡人员类型		人员伤亡		
							本人	他人	轻伤	重伤	死亡
地基换填	机械伤害	挖掘机、打桩机、破碎机、搅拌机、装载机等施工机具	1. 人员违章进入危险区域（机械作业半径等）； 2. 管理人员违章指挥，强令冒险作业； 3. 机械操作人员未持有效证件上岗； 4. 机械操作人员操作错误、违章作业（违规载人、酒后作业）； 5. 操作人员身体健康状况异常、心理异常、感知异常（反应迟钝、辨识错误）； 6. 现场作业人员未正确使用安全防护用品（反光背心、安全帽等）； 7. 机械操作人员疲劳作业	1. 机械无警示标识或标识破损（警戒区、标牌、反光贴等）； 2. 设备设施安全作业距离不足； 3. 设备带"病"作业（设备设施制动装置失效、运动或转动装置无防护或防护装置有缺陷等）； 4. 安全防护用品不合格（反光背心、安全帽、护目镜等）	1. 强风、暴雨、大雪、冰雹、大雾等不良天气； 2. 作业场地狭窄、不平整，道路湿滑； 3. 场地光线不足； 4. 存在视野盲区	1. 机械设备安全管理制度不完善或维护保养未落实（检查维护保养不到位）； 2. 未对机械设备、安全防护用品等进行进场验收或验收未到位； 3. 安全教育、培训、交底制度不完善或未落实； 4. 机械设备操作规程不规范或未落实； 5. 安全投入不足		√	√	√	√

— 172 —

第五章 船闸工程施工的主要安全风险分析

续上表

施工作业内容	典型风险事件	致害物	致险因素				风险致伤亡类型		风险事件后果类型		
			人的因素	物的因素	环境因素	管理因素	易导致伤亡人员类型		人员伤亡		
							本人	他人	轻伤	重伤	死亡
地基换填	车船伤害	运输、施工的车船等	1.人员违章进入危险区域；2.管理人员违章指挥，强令冒险作业（进入视野盲区等）；3.机驾人员未持有效证件上岗，违章作业，违规操作错误，酒后驾驶，机驾人员违规载人，超速、超限；4.机驾人员身体健康状况异常，心理异常，感知异常（反应迟钝，辨识错误）；5.机驾人员疲劳作业；6.现场防护人员未正确使用安全防护用品（反光背心、安全帽等）	1.车船未配备警示标识或标识破损（警戒区、标牌、反光锥、反光贴等）；2.车船带"病"作业（制动装置、喇叭、警示灯等设施缺陷）；3.车船作业安全距离不足；4.人员安全防护用品不合格（反光背心、安全帽等）；5.车辆外观存在破损、配件行驶时脱落、运载物品尺寸超过车辆尺寸无明显提示；6.车辆转弯或退后时无明显提示；7.船舶甲板有较多缆绳和锚泊具	1.强风、暴雨、大雪、冰雹、大雾等不良天气；2.作业场地狭窄、不平整，道路湿滑；3.车辆前后视线不良；4.存在视野盲区	1.未对车辆、船机设备安全防护设施等进行进场验收或验收不到位；2.车船安全管理制度不完善或未落实（检查维护保养不到位）；3.安全操作规程不规范或未落实（作业前未对车船周围环境进行检查）；4.安全教育、培训、交底、检查制度不完善或未落实；5.职业健康管理制度不完善或未落实；6.安全投入不足	√	√	√	√	√

— 173 —

续上表

施工作业内容	典型风险事件	致害物	致险因素			风险事件后果类型				
			人的因素	物的因素	环境因素	管理因素	易导致伤亡人员类型		人员伤亡		
							本人	他人	轻伤	重伤	死亡
	物体打击	工具、材料、预制构件等	1. 现场作业人员未正确使用安全防护用品（安全帽等）；2. 人员违章进入危险区域；3. 管理人员违章指挥，强令冒险作业；4. 作业人员身体健康状况异常，心理异常、感知异常（反应迟钝、辨识错误）；5. 作业人员操作错误、违章抛物	1. 安全防护用品不合格（安全帽等）；2. 作业过程中产生的坠落物、抛射物、喷射物、溅射物等（工具、材料）；3. 未设置防护设施，防护设施存在缺陷（挡脚板、防护网等）；4. 物品摆放位置不合理或未固定；5. 物品尺寸超大、超长等	1. 强风、暴雨、冰雹、大雾等不良天气；2. 作业场地杂乱；3. 照明光线不足；4. 机械、车船、场地等晃动、振动	1. 施工方案不完善或未落实；2. 安全教育、培训，交底、检查制度不完善或未落实；3. 安全防护用品等未进行进场验收或验收不到位；4. 安全投入不足；5. 现场无警示标识或标志破损（警戒区、标牌、反光锥等）		√	√	√	
预制桩沉桩	触电	发电机、破损的电线、配电箱、钢筋等导电材料	1. 作业人员未正确使用安全防护用品（绝缘鞋、绝缘手套等）；2. 作业人员操作错误或违章作业（带电维修维护）。3. 管理人员违章指挥，强令冒险作业；	1. 电缆线、配电箱等电气设施（线路破损、老化）；2. 电气设施设置不规范（电缆拖地、配电箱无支架等）；3. 带电设施无警示标识或标识破损；4. 安全防护装置不规范、无漏电保护器，接线端子无防护罩等；	1. 强风、雷雨等不良天气；2. 作业场地杂乱、潮湿或积水；3. 作业场地照明不足；4. 高温导致发电电线胶皮脱落	1. 临时用电方案不完善或未落实；2. 发电机等安全操作规程不规范或未落实；3. 电气设施材料未进行进场验收；4. 无电工对用电设施进行巡查或巡查不到位；5. 机械设备安全管理制度未落实（发电机、电焊机等机具检查维护保养不到位）；	√		√	√	

续上表

施工作业内容	典型风险事件	致害物	致险因素				风险事件后果类型				
			人的因素	物的因素	环境因素	管理因素	易导致伤亡人员类型		人员伤亡		
							本人	他人	轻伤	重伤	死亡
	触电	发电机、破损的电线、配电箱、钢筋等导电材料	4. 电工、电焊工等特种人员未持有效证件上岗；5. 作业人员疲劳作业	5. 防护不当，防护距离不足（配电柜、发电机无遮雨棚、防护围挡或防护破损）		6. 安全教育、培训、交底、检查制度不完善或未落实；7. 安全投入不足					
预制桩沉桩	机械伤害	打桩机、装载机等施工机具	1. 人员违章进入危险区域（机械作业半径等）；2. 管理人员违章指挥，强令冒险作业；3. 机械操作人员违章作业；4. 机械操作人员未持有效证件上岗；5. 操作人员身体健康状况异常、心理异常、感知异常（反应迟钝、辨识错误）；6. 现场作业人员未正确使用安全防护用品（反光背心、安全帽等）；7. 机械操作人员疲劳作业	1. 机械设备破损，标识破损（警戒区、标牌、反光贴等）；2. 设备设施安全作业距离不足；3. 设备"带病"作业，设备设施制动装置失效、运动或转动装置无防护或有缺陷等；4. 安全防护用品不合格（反光背心、安全帽、护目镜等）	1. 强风、暴雨、大雪、冰雹、大雾等不良天气；2. 作业场地狭窄、不平整、道路湿滑；3. 场地光线不足；4. 存在视野盲区	1. 机械设备安全管理制度不完善或未到位，对机械设备、安全防护用品等进行进场验收不到位；2. 未对机械设备、安全防护用品等进行进场验收不到位；3. 安全教育、培训、交底制度不完善或未落实；4. 机械设备操作规程不规范或未落实；5. 安全投入不足	√		√	√	√

续上表

施工作业内容	典型风险事件	致害物	致险因素			风险事件后果类型				
			人的因素	物的因素	环境因素	管理因素	易导致伤亡人员类型		人员伤亡	
							本人	他人	轻伤	重伤	死亡
预制桩沉桩	起重伤害	汽车起重机、履带式起重机、浮式起重机等起重设备、吊索吊具	1. 管理人员违章指挥、强令冒险作业； 2. 作业人员违章作业； 3. 起重工、信号工未持有效证件上岗； 4. 现场作业人员未正确使用安全防护用品（安全帽等）； 5. 抗倾覆验算错误； 6. 人员违章进入危险区域； 7. 起重人员身体健康状况异常、心理异常、感知异常（反应迟钝、辨识错误）； 8. 作业人员疲劳作业	1. 设备自身缺陷（强度、刚度不足、抗倾覆能力不足）； 2. 现场无警示标识或标识破损（警戒区、标牌、反光锥等）； 3. 起重机支垫材料不合格（枕木、钢板等）； 4. 构件防锈处理不合格； 5. 吊索吊具不合格或达到报废标准（钢丝绳、吊带、U形卸扣等）； 6. 无防护或防护装置缺陷（防脱钩装置、限位装置等）； 7. 设备带"病"作业（制动装置等）； 8. 安全防护用品不合格（反光背心、安全帽等）	1. 强风、暴雨、大雾、大雪等不良天气； 2. 地基承载力不足，基础下沉； 3. 作业场地照明不足； 4. 浮式起重机周围水域存在较大波浪或暗流； 5. 起重机周围高空有较多障碍物； 6. 起重机周围存在视野盲区	1. 施工方案不完善或未落实； 2. 安全教育、培训、交底、检查制度不完善或未落实； 3. 未对起重设备进行进场验收或验收不到位； 4. 安全投入不足； 5. 起重吊装作业时无专人监视； 6. 起重吊装安全操作规程不规范或未落实	√	√	√	√	√

— 176 —

续上表

施工作业内容	典型风险事件	致害物	致险因素			风险事件后果类型				
			人的因素	物的因素	环境因素	管理因素	易导致伤亡人员类型		人员伤亡		
							本人	他人	轻伤	重伤	死亡
预制桩沉桩	车船伤害	运输、施工的车船等	1. 人员违章进入危险区域； 2. 管理人员违章指挥，强令冒险作业（进入驾驶员视野盲区等）； 3. 机驾人员未持有效证件上岗，违章作业（违规载人、酒后驾驶、超速、超限、超载作业）； 4. 机驾人员身体健康状况异常，心理异常，感知异常（反应迟钝、辨识错误）； 5. 机驾人员疲劳作业； 6. 现场人员未正确使用安全防护用品（反光背心、安全帽等）	1. 车船未配备警示标识或标识破损（警戒区、标牌、反光锥、反光贴等）； 2. 车船带"病"作业（制动装置、喇叭、警示灯等设施缺陷）； 3. 车船作业安全距离不足； 4. 人员安全防护用品不合格（反光背心、安全帽等）； 5. 车辆外观存在破损、配件行驶时脱落、运载物品尺寸超过车辆尺寸； 6. 车船转弯时退时无明显提示； 7. 船舶甲板有较多缆绳和锚具	1. 强风、暴雨、大雪、冰雹、大雾等不良天气； 2. 作业场地狭窄不平整、道路湿滑； 3. 车辆前后视线不良； 4. 存在视野盲区	1. 未对车辆、船舶机设备安全防护设施等进行进场验收或验收不到位； 2. 车船安全管理制度不完善或未落实（检查维护保养不到位）； 3. 安全操作规程不规范或未落实（作业前环境对车船周围环境未进行检查）； 4. 安全教育、培训、交底，检查制度不完善或未落实； 5. 职业健康管理制度不完善或未落实； 6. 安全投入不足	√	√	√	√	√

续上表

施工作业内容	典型风险事件	致害物	致险因素				风险事件后果类型				
			人的因素	物的因素	环境因素	管理因素	易导致伤亡人员类型		人员伤亡		
							本人	他人	轻伤	重伤	死亡
灌注桩施工	淹溺	周边水域、泥浆	1. 管理人员违章指挥，强令冒险作业； 2. 人员心理异常（冒险侥幸心理）； 3. 作业人员操作错误，违章作业； 4. 违反劳动纪律行为（管理人员脱岗）； 5. 人员未正确使用安全防护用品	1. 现场无警示标识或标识破损； 2. 现场救生设施不足； 3. 水下存在不明物体或生物的缠绕或绳绕； 4. 氧气瓶、头盔等存在缺陷	1. 雷雨、大风（6级以上）、冰雹、大雾等恶劣天气作业； 2. 水体寒冷； 3. 水体内能见度不足	1. 专项施工方案、应急预案不完善或未落实； 2. 未落实安全教育、培训、交底、检查制度； 3. 现场监控看管不到位	√				√
	物体打击	工具、材料、土石方、预制构件等	1. 现场作业人员未正确使用安全防护用品（安全帽等）； 2. 人员违章进入危险区域； 3. 管理人员违章指挥，强令冒险作业； 4. 作业人员身体健康状况异常、心理异常、感知异常（反应迟钝、辨识错误）； 5. 作业人员操作错误、违章作业（违章抛物）	1. 安全防护用品不合格（安全帽等）； 2. 作业过程中产生的坠落物、抛射物、喷射物、溅射物（工具、材料等）； 3. 未设置防护设施，防护设施存在缺陷（挡脚板、防护网等）； 4. 物品摆放位置不合理或未固定； 5. 物品尺寸超大、超长等	1. 强风、暴雨、冰雹、大雾等不良天气； 2. 作业场地杂乱； 3. 照明光线不足； 4. 机械、车船、场地等晃动、振动	1. 施工方案不完善或未落实； 2. 安全教育、培训、交底、检查制度不完善或未落实； 3. 安全防护用品等未进行进场验收或验收不到位； 4. 安全投入不足； 5. 现场无警示标识或标识破损（警戒区、标牌、反光锥等）		√	√	√	

续上表

施工作业内容	典型风险事件	致害物	致险因素				风险事件后果类型				
			人的因素	物的因素	环境因素	管理因素	易导致伤亡人员类型		人员伤亡		
							本人	他人	轻伤	重伤	死亡
灌注桩施工	触电	发电机、破损的电线、配电箱、钢筋等导电材料	1. 作业人员未正确使用安全防护用品（绝缘鞋、绝缘手套等）；2. 作业人员操作错误或违章作业（带电检修维护）；3. 管理人员违章指挥，强令冒险作业；4. 电工、电焊工等特种人员未持有效证上岗；5. 作业人员疲劳作业	1. 电缆线、配电箱等电气设施不合格（线路破损、老化）；2. 电气设施设置不规范（电缆拖地、配电箱无支架）；3. 带电设施无警示标识或标识破损；4. 安全防护装置不规范，无漏电保护器（未接地，接线端子无防护罩等）；5. 防护不当，防护距离不足（配电柜、发电机遮雨棚，防护围挡或防护间隔挡破损）	1. 强风、雷雨等不良天气；2. 作业场地杂乱、潮湿或积水；3. 作业场地照明不足；4. 高温导致电线胶皮脱落	1. 临时用电方案不完善或未落实；2. 发电机等安全操作规程不规范或未落实；3. 电气设施材料等未进行进场验收；4. 无电工对用电设施进行巡查或检查不到位；5. 机械设备安全管理制度未落实（发电机、电焊机等机具检查维护保养不到位）；6. 安全教育、培训、交底、检查制度不完善或落实；7. 安全投入不足	√		√	√	

— 179 —

续上表

施工作业内容	典型风险事件	致害物	致险因素			风险事件后果类型			
			人的因素	物的因素	环境因素	管理因素	易导致伤亡人员类型		人员伤亡
							本人 / 他人	轻伤 / 重伤 / 死亡	
灌注桩施工	机械伤害	挖掘机、打桩机、搅拌机、破碎机、弯曲机、切割机、装载机等施工机具	1. 人员违章进入危险区域（机械作业半径等）； 2. 管理人员违章指挥，强令冒险作业； 3. 机械操作人员未持有效证件上岗； 4. 机械操作人员操作错误、违章作业（违规载人、酒后作业）； 5. 操作人员身体健康状况异常、心理异常，感知异常（反应迟钝、辨识错误）； 6. 现场作业人员未正确使用安全防护用品（反光背心、安全帽等）； 7. 机械操作人员疲劳作业	1. 机械无警示标识或标识破损（警戒区、反光贴等）； 2. 设备设施安全作业距离不足； 3. 设备带"病"作业（设备设施制动装置失效、运动或转动装置无防护或防护装置有缺陷等）； 4. 安全防护用品不合格（反光背心、安全帽、护目镜等）	1. 强风、暴雨、大雪、冰雹、大雾等不良天气； 2. 作业场地狭窄、不平整，道路湿滑； 3. 场地光线不足； 4. 存在视野盲区	1. 机械设备安全管理制度不完善或未落实（检查维护保养不到位）； 2. 未对机械设备、安全防护用品等进行进场验收或验收验收未落实； 3. 安全教育、培训、交底制度不完善或未落实； 4. 机械设备操作规程不规范或未落实； 5. 安全投入不足	√	√	√	√

续上表

施工作业内容	典型风险事件	致害物	致险因素				风险致伤亡人员类型		风险事件后果类型 人员伤亡		
			人的因素	物的因素	环境因素	管理因素	本人	他人	轻伤	重伤	死亡
灌注桩施工	起重伤害	汽车起重机、履带式起重机等起重设备,吊索吊具	1.管理人员违章指挥,强令冒险作业; 2.作业人员操作错误,违章作业; 3.起重工、信号工未持有效证上岗; 4.现场作业人员未正确使用安全防护用品(安全帽等); 5.抗倾覆验算错误; 6.人员擅自进入危险区域; 7.起重人员身体健康状况异常、心理异常,感知异常(反应迟钝、辨识错误); 8.作业人员疲劳作业	1.设备自身缺陷(强度、刚度不足、抗倾覆能力不足); 2.现场无警示标识或标识破损(警戒区、标牌、反光锥等); 3.起重机支垫材料不合格(枕木、钢板等); 4.构件防锈处理不合格; 5.吊索吊具不合格或达到报废标准(钢丝绳、吊带、U形卸扣等); 6.无防护或防护装置缺陷(防脱钩装置、限位装置等); 7.设备带"病"作业(制动装置等); 8.安全防护用品不合格(反光背心、安全帽等)	1.强风、暴雨、大雾、大雪等不良天气; 2.地基承载力不足,基础下沉; 3.作业场地照明不足; 4.起重机周围高空有较多障碍物; 5.起重机周围存在视野盲区	1.施工方案不完善或未落实; 2.安全教育、培训、交底、检查制度不完善或未落实; 3.未对起重设备进行进场验收或验收不到位; 4.安全投入不足; 5.起重吊装作业时无专人监视; 6.起重吊装安全操作规程不规范或未落实	√	√	√	√	√

续上表

施工作业内容	典型风险事件	致害物	致险因素			风险事件后果类型				
			人的因素	物的因素	环境因素	管理因素	易导致伤亡人员类型		人员伤亡		
							本人	他人	轻伤	重伤	死亡
灌注桩施工	车船伤害	运输、施工的车船等	1.人员违章进入危险区域；2.管理人员违章指挥，强令冒险作业（进入驾驶员视野盲区等）；3.机驾人员未持有效证件上岗，违章操作错误，违章作业（违规离人、酒后驾驶、超载超限、超速、超载作业）；4.机驾人员身体健康状况异常，心理异常，感知异常（反应迟钝，辨识错误）；5.机驾人员疲劳作业；6.现场人员未正确使用安全防护用品（反光背心、安全帽等）	1.车船未配备警示标识或标识破损（警戒区、标牌、反光锥、反光贴等）；2.车船"带"病"作业（制动装置、喇叭、警示灯等设施缺陷）；3.车船作业安全距离不足；4.人员安全防护用品不合格（反光背心、安全帽等）；5.车辆外观存在破损，配件行驶时脱落，运载物品尺寸超过车辆尺寸等；6.车辆转弯或后退时无明显提示；7.船舶甲板有较多缆绳和锚具	1.强风、暴雨、大雪、冰雹、大雾等不良天气；2.作业场地狭窄、不平整，道路湿滑；3.车辆前后视线不良；4.存在视野盲区	1.未对车辆、船机设备安全防护设施等进行进场验收或验收不到位；2.车船安全管理制度不完善或落实（检查维护保养不到位）；3.安全操作规程不规范或未落实（作业前对车船周围环境进行检查）；4.安全教育、培训、交底、检查制度不完善或未落实；5.职业健康管理制度不完善或未落实；6.安全投入不足	√	√	√	√	√

— 182 —

续上表

施工作业内容	典型风险事件	致害物	致险因素				风险事件后果类型				
			人的因素	物的因素	环境因素	管理因素	易导致伤亡人员类型		人员伤亡		
							本人	他人	轻伤	重伤	死亡
小木桩	物体打击	工具、材料、土石方、预制构件等	1. 现场作业人员未正确使用安全防护用品（安全帽等）；2. 人员违章进入危险区域；3. 管理人员违章指挥、强令冒险作业；4. 作业人员身体健康状况异常（反应迟钝、感知异常、辨识错误）；5. 作业人员操作错误、违章作业	1. 安全防护用品不合格（安全帽等）；2. 作业过程中产生的坠落物、抛射物、喷射物、溅射物等（工具、材料等）；3. 未设置防护设施，防护设施存在缺陷（挡脚板、防护网等）；4. 物品摆放位置不合理或未固定；5. 物品尺寸超大、超长等	1. 强风、暴雨、冰雹、大雾等不良天气；2. 作业场地杂乱；3. 照明光线不足；4. 机械、车船、场地晃动、振动	1. 施工方案不完善或未落实；2. 安全教育、培训、交底、检查制度不完善或未落实；3. 安全防护用品等未进行进场验收或验收不到位；4. 安全投入不足；5. 现场无警示标识或标识破损（警戒区、标牌、反光锥等）		√	√	√	
	机械伤害	挖掘机、打桩机、搅拌机、装载机等施工机具	1. 人员违章进入危险区域（机械作业半径内）；2. 管理人员违章指挥、强令冒险作业；3. 机械操作人员未持有效证件上岗；4. 机械操作人员违规操作错误、违章作业（违规载人、酒后作业）；5. 作业人员身体健康状况异常（反应迟钝、感知异常、辨识错误）；	1. 机械无警示标识或标识破损、反光贴等；2. 设备设施安全作业距离不足；3. 设备设施"带病"作业（设备设施制动装置失效、设备转动或防护装置有缺陷等）；	1. 强风、暴雨、大雪、冰雹、大雾等不良天气；2. 作业场地狭窄不平整、道路湿滑；3. 场地光线不足；4. 存在视野盲区	1. 机械设备安全管理制度不完善或未落实（检查维护保养不到位）；2. 未对机械设备、安全防护用品等进行进场验收或验收不到位；3. 安全教育、培训、交底、制度不完善或未落实；4. 机械设备操作规程不规范或未落实；5. 安全投入不足		√	√	√	√

续上表

施工作业内容	典型风险事件	致害物	致险因素			风险事件后果类型				
			人的因素	物的因素	环境因素	管理因素	易导致伤亡人员类型		人员伤亡	
							本人	他人	轻伤	重伤	死亡
小木桩	机械伤害	挖掘机、打桩机、履带式搅拌机、装载机等施工机具	6. 现场作业人员未正确使用安全防护用品（反光背心、安全帽，护目镜等）；7. 机械操作人员疲劳作业	4. 安全防护用品不合格（反光背心、安全帽，护目镜等）							
	起重伤害	汽车起重机、履带式起重机等起重设备、吊索吊具	1. 管理人员违章指挥，强令冒险作业；2. 作业人员操作错误，违章作业；3. 起重工、信号工未持有效证件上岗；4. 现场作业人员未正确使用安全防护用品（安全帽等）；5. 抗倾覆验算错误；6. 人员违章进入危险区域；7. 起重作业人员身体健康状况异常、心理异常，感知异常（反应迟钝、辨识错误）；8. 作业人员疲劳作业	1. 设备自身缺陷（强度、刚度不足，抗倾覆能力不足）；2. 现场无警示标识或标识破损（警戒区、标牌、反光锥等）；3. 起重机支垫材料不合格（枕木、钢板等）；4. 构件防锈处理不合格；5. 吊索吊具不合格或达到报废标准（钢丝绳、吊带、U形卸扣等）；6. 无防护或防护装置缺陷（防脱钩装置、限位装置等）；7. 设备带"病"作业（制动装置等）；8. 安全防护用品不合格（反光背心、安全帽等）	1. 强风、暴雨、大雾、大雪等不良天气；2. 地基承载力不足，基础下沉；3. 作业场地照明不足；4. 起重机周围高空有较多障碍物；5. 起重机周围存在视野盲区	1. 施工方案不完善或未落实；2. 安全教育、培训、交底、检查制度不完善或未落实；3. 未对起重设备进行进场验收或验收不到位；4. 安全投入不足；5. 起重吊装作业时无专人监视；6. 起重吊装安全操作规程不规范或未落实	√	√	√	√	√

续上表

施工作业内容	典型风险事件	致害物	致险因素				风险事件后果类型				
			人的因素	物的因素	环境因素	管理因素	易导致伤亡人员类型		人员伤亡		
							本人	他人	轻伤	重伤	死亡
小木班	车船伤害	运输、施工的车船等	1. 人员违章进入危险区域； 2. 管理人员违章指挥，强令冒险作业（进入驾驶员视野盲区等）； 3. 机驾人员未持有效证件上岗，违章操作错误，违章驾驶（违规载人、酒后驾驶、超限、超速、超载操作）； 4. 机驾人员身体健康状况异常、心理异常，感知异常（反应迟钝、辨识错误）； 5. 机驾人员疲劳作业； 6. 现场人员未正确使用安全防护用品（反光背心、安全帽等）	1. 车船未配备警示标识或标识破损（警戒区、标牌、反光锥、反光贴等）； 2. 车船"带病"作业（制动装置、喇叭、警示灯等设施缺陷）； 3. 车船作业安全距离不足； 4. 人员安全防护用品不合格、安全防护用品不合格、安全帽等）； 5. 车辆外观存在破损、配件行驶时脱落，运载物品尺寸超过车辆尺寸等； 6. 车辆转弯或退后时无明显提示； 7. 船舶甲板有较多缆绳利锚具	1. 强风、暴雨、大雪、冰雹、大雾等不良天气； 2. 作业场地狭窄，不平整，道路湿滑； 3. 车辆前后视线不良； 4. 存在视野盲区	1. 未对车辆、船机设备安全防护设施等进行进场验收或验收不到位； 2. 车船安全管理制度不完善或未落实（检查维护保养不到位）； 3. 安全操作规程不规范或未落实（作业前未对车船周围环境进行检查）； 4. 安全教育、培训、交底、检查制度不完善或未落实； 5. 职业健康管理制度不完善或未落实； 6. 安全投入不足	√	√	√	√	√

续上表

施工作业内容	典型风险事件	致害物	致险因素				风险事件后果类型				
			人的因素	物的因素	环境因素	管理因素	易导致伤亡人员类型		人员伤亡		
							本人	他人	轻伤	重伤	死亡
CFG桩	物体打击	工具、材料、预制构件等	1. 现场作业人员未正确使用安全防护用品（安全帽等）； 2. 人员违章进入危险区域； 3. 管理人员违章指挥，强令冒险作业； 4. 作业人员身体健康状况异常，心理异常（反应迟钝、辨识知识错误）； 5. 作业人员操作错误（违章抛物）	1. 安全防护用品不合格（安全帽等）； 2. 作业过程中产生坠落物、抛射物、喷射物、溅射物等（工具、材料等）； 3. 未设置防护设施，防护设施存在缺陷（挡脚板、防护网等）； 4. 物品摆放位置不合理或未固定； 5. 物品尺寸超长、超长等	1. 强风、暴雨、冰雹、大雾等不良天气； 2. 作业场地杂乱； 3. 照明光线不足； 4. 机械、车船场地等晃动、振动	1. 施工方案不完善或未落实； 2. 安全教育、培训、交底、检查制度不完善或未落实； 3. 安全防护用品等未进行进场验收或验收不到位； 4. 安全投入不足； 5. 现场破损（警戒区、标牌、反光锥等）标识或标识破损		√	√	√	
	触电	发电机、破损的电线、配电箱等导电材料	1. 作业人员未正确使用安全防护用品（绝缘鞋、绝缘手套等）； 2. 作业人员操作错误或违章作业（带电维修等）； 3. 管理人员违章指挥，强令冒险作业； 4. 电工、电焊工等特种人员未持有效证件上岗； 5. 作业人员疲劳作业	1. 电缆线、配电箱等电气设施不合格（线路破损、老化）； 2. 电气设施设置不规范（电缆拖地、配电箱无支架等）； 3. 带电设施无警示标识或标识破损； 4. 安全防护装置不规范，无漏电保护器，接线端子无防护罩等	1. 强风、雷雨等不良天气； 2. 作业场地杂乱、潮湿或积水； 3. 高温导致电线胶皮脱落	1. 临时用电方案不完善或未落实； 2. 发电机等安全操作规程不规范或未落实； 3. 电气设施材料等未进行进场验收； 4. 无电工对用电设施进行巡查或巡查不到位； 5. 机械设备安全管理制度未落实（发电机、电焊机等机具检查维修保养不到位）；	√		√	√	

续上表

施工作业内容	典型风险事件	致害物	致险因素				风险事件后果类型				
			人的因素	物的因素	环境因素	管理因素	易导致伤亡人员类型		人员伤亡		
							本人	他人	轻伤	重伤	死亡
	触电	发电机、破损的电线、配电箱、钢筋等施工材料		5. 防护不当,防护距离不足(配电柜、发电机无遮雨棚、防护围挡或防护破损)		6. 安全教育、培训、交底、检查制度不完善或未落实; 7. 安全投入不足					
CFG桩	机械伤害	挖掘机、打桩机、搅拌机、装载机等施工机具	1. 人员违章进入危险区域(机械作业半径等); 2. 管理人员违章指挥,强令冒险作业; 3. 机械操作人员未持有效证作业上岗; 4. 机械操作人员操作错误,违章作业(违规载人、酒后作业); 5. 操作人员身体健康状况异常、心理异常,感知异常(反应迟钝、辨识错误); 6. 现场作业人员未正确使用安全防护用品(反光背心、安全帽); 7. 机械操作人员疲劳作业	1. 机械无警示标识或标识破损、标牌、反光贴; 2. 设备安全作业距离不足; 3. 设施设备"带病"作业(设备设施制动装置失效、运动或转动装置无防护或防护装置有缺陷等); 4. 安全防护用品不合格(反光背心、安全帽、目镜等)	1. 强风、暴雨、大雪、冰雹、大雾等不良天气; 2. 作业场地狭窄、不平整,道路湿滑; 3. 场地光线不足; 4. 存在视野盲区	1. 机械设备安全管理制度不完善或保养不到位(检查维护保养不到位); 2. 未对机械设备、安全防护用品等进行进场验收或验收不到位; 3. 安全教育、培训、交底制度不完善或未落实; 4. 机械设备操作规程不规范或未落实; 5. 安全投入不足		√	√	√	√

续上表

施工作业内容	典型风险事件	致险因素				风险事件后果类型				
		致害物	人的因素	物的因素	环境因素	管理因素	易导致伤亡人员类型		人员伤亡		
							本人	他人	轻伤	重伤	死亡
CFG桩	车船伤害	运输、施工的车船等	1. 人员违章进入危险区域； 2. 管理人员违章指挥，强令冒险作业（进入驾驶员视野盲区等）； 3. 机驾人员未持有效证件上岗，酒后驾驶，违章作业，违规超限、超速、超载； 4. 机驾人员身体健康状况异常，心理异常，知觉异常（反应迟钝、辨识错误）； 5. 机驾人员疲劳作业； 6. 现场人员防护用品未正确使用安全防护用品（反光背心、安全帽等）	1. 车船未配备警示标识或标识破损（警戒区、标牌、反光锥、反光贴等）； 2. 车船带"病"作业（制动装置、喇叭、警示灯等设施缺陷）； 3. 车船作业安全距离不足； 4. 人员安全防护用品不合格（反光背心、安全帽等）； 5. 车辆外观存在破损、配件行驶时脱落、运载物品尺寸超过车辆尺寸等； 6. 车辆转弯或后退时无明显提示； 7. 船舶甲板有较多缆绳和锚具	1. 强风、暴雨、大雪、冰雹、大雾等不良天气； 2. 作业场地狭窄、不平整，道路湿滑； 3. 车辆前后视线不良； 4. 存在视野盲区	1. 未对车辆、船机设备安全防护设施等进行进场验收或验收不到位； 2. 车船安全管理制度不完善或落实（检查维护保养不到位）； 3. 安全操作规程不规范或未落实（作业前未对车船周围环境进行检查）； 4. 安全教育、培训、交底、检查制度不完善或未落实； 5. 职业健康管理制度不完善或未落实； 6. 安全投入不足	√	√	√	√	√

续上表

施工作业内容	典型风险事件	致害物	致险因素				风险事件后果类型			
			人的因素	物的因素	环境因素	管理因素	易导致伤亡人员类型		人员伤亡		
							本人	他人	轻伤	重伤	死亡
水泥搅拌桩	物体打击	工具、材料、土石方等	1. 现场作业人员未正确使用安全防护用品（安全帽等）；2. 人员违章进入危险区域；3. 管理人员违章指挥，强令冒险作业；4. 作业人员身体健康状况异常，心理反应迟钝，辨识知识异常（反应迟钝、错误）；5. 作业人员操作错误，违章作业（违章抛物）	1. 安全防护用品不合格（安全帽等）；2. 作业过程中产生的坠落物、抛射物、喷射物、溅射物等（工具、材料等）；3. 未设置防护设施，防护设施存在缺陷（挡脚板、防护网等）；4. 物品摆放位置不合理或未固定；5. 物品尺寸超大、超长等	1. 强风、暴雨、冰雹、大雾等不良天气；2. 作业场地杂乱；3. 照明光线不足；4. 机械、车船、场地等晃动、振动	1. 施工方案不完善或未落实；2. 安全教育、培训、交底、检查制度不完善或未落实；3. 安全防护用品等未进行进场验收或验收不到位；4. 安全投入不足；5. 现场无警示标识或标识破损（警戒区、警戒线、标牌、反光锥等）		√	√	√	
	触电	发电机、破损的电线、配电箱、钢筋等导电材料	1. 作业人员未正确使用安全防护用品（绝缘鞋、绝缘手套等）；2. 作业人员操作错误或违章作业（带电修维护）；3. 管理人员违章指挥，强令冒险作业；4. 电工、电焊工等特种人员未持有效证件上岗；5. 作业人员疲劳作业	1. 电缆线、配电箱等电气设施不合格（线路破损、老化）；2. 电气设施不规范（电缆拖地、配电箱无支架等）；3. 带电设施无警示标识或标识破损；4. 安全防护装置不规范（未接地、无漏电保护器、接线端子无防护罩等）	1. 强风、雷雨等不良天气；2. 作业场地杂乱、潮湿或积水；3. 作业场地照明不足；4. 高温导致电线胶皮脱落	1. 临时用电方案不完善或未落实；2. 发电机等安全操作规程不规范或未落实；3. 电气设施等未进行进场验收；4. 无电工对用电设施进行巡查或巡查不到位；5. 机械等安全管理制度未落实（发电机、电焊机等机具检查维护养不到位）；	√		√	√	

— 189 —

续上表

施工作业内容	典型风险事件	致害物	致险因素				风险事件后果类型			
			人的因素	物的因素	环境因素	管理因素	易导致伤亡人员类型		人员伤亡		
							本人	他人	轻伤	重伤	死亡
	触电	发电机、破损的电线、配电箱、钢筋等导电材料		5.防护不当,防护距离不足(配电柜、发电机无遮雨棚,防护围挡或防护破损)		6.安全教育、培训、交底、检查制度不完善或未落实; 7.安全投入不足					
水泥搅拌桩	机械伤害	挖掘机、打桩机、搅拌机、装载机等施工机具	1.人员违章进入危险区域(机械作业半径等); 2.管理人员违章指挥,强令冒险作业; 3.机械操作人员未持有效证件上岗; 4.机械操作人员操作错误、违章作业(违规载人、酒后作业); 5.操作人员身体健康状况异常、心理异常,感知异常(反应迟钝、辨识错误); 6.现场作业人员未正确使用安全防护用品(反光背心、安全帽等); 7.机械操作人员疲劳作业	1.机械无警示标识或标识破损(警戒区、标牌、反光贴等); 2.设备设施安全作业距离不足; 3.设备带"病"作业(设备设施制动装置失效、运动或转动装置无防护或防护装置有缺陷等); 4.安全防护用品不合格(反光背心、安全帽、护目镜等)	1.强风、暴雨、大雪、冰雹、大雾等不良天气; 2.作业场地狭窄,不平整,道路湿滑; 3.场地光线不足; 4.存在视野盲区	1.机械设备安全管理制度不完善或未落实(检查维护保养不到位); 2.未对机械设备、安全防护用品等进行进场验收或验收不落实; 3.安全教育、培训、交底制度不完善或未落实; 4.机械设备操作规程不规范; 5.安全投入不足	√		√	√	√

— 190 —

续上表

施工作业内容	典型风险事件	致害物	致险因素 人的因素	致险因素 物的因素	致险因素 环境因素	致险因素 管理因素	风险事件后果类型 易导致伤亡人员类型 本人	风险事件后果类型 易导致伤亡人员类型 他人	人员伤亡 轻伤	人员伤亡 重伤	人员伤亡 死亡
水泥搅拌桩	车船伤害	运输、施工的车船等	1. 人员违章进入危险区域；2. 管理人员违章指挥，强令冒险作业（进入驾驶员视野盲区等）；3. 机驾人员未持有效证件上岗，违章操作错误，酒后驾驶，超限、超载作业；4. 机驾人员身体健康状况异常，心理异常，感知异常（反应迟钝、辨识错误）；5. 机驾人员疲劳作业；6. 现场人员未正确使用安全防护用品（反光背心、安全帽等）	1. 车船未配备警示标识或标识破损（警戒区、标牌、反光锥、反光贴等）；2. 车船"带病"作业（制动装置、喇叭、警示灯等设施缺陷）；3. 车船作业安全距离不足；4. 人员安全防护用品不合格（反光背心、安全帽等）；5. 车辆外观存在破损，配件行驶时脱落，运载物品尺寸超过车辆尺寸；6. 车辆转弯或退后时无明显提示；7. 船舶甲板有较多缆绳和锚具	1. 强风、暴雨、大雪、冰雹、大雾等不良天气；2. 作业场地狭窄，不平整，道路湿滑；3. 车辆前后视线不良；4. 存在视野盲区	1. 未对车辆、船机设备安全防护设施等进行进场验收或验收不到位；2. 车船安全管理制度不完善或未落实（检查维护保养不到位）；3. 安全操作规程不规范或未落实（作业前周围环境未进行检查）；4. 安全教育、培训，交底，检查制度不完善或未落实；5. 职业健康管理制度不完善；6. 安全投入不足	√	√	√	√	√

— 191 —

续上表

施工作业内容	典型风险事件	致害物	致险因素			风险事件后果类型				
			人的因素	物的因素	环境因素	管理因素	易导致伤亡人员类型		人员伤亡	
							本人	他人	轻伤	重伤	死亡
长螺旋钻孔压灌桩	物体打击	工具、材料、土石方等	1. 现场作业人员未正确使用安全防护用品（安全帽等）；2. 人员违章进入危险区域；3. 管理人员违章指挥，强令冒险作业；4. 作业人员身体健康状况异常，心理异常，感知异常（反应迟钝意识错误）；5. 作业人员（违章抛物）	1. 安全防护用品不合格（安全帽等）；2. 作业过程中产生的坠落物、抛射物、喷射物、溅射物等（工具、材料等）；3. 未设置防护设施，防护设施存在缺陷（挡脚板、防护网等）；4. 物品摆放位置不合理或未固定；5. 物品尺寸超大、超长等	1. 强风、暴雨、冰雹、大雾等不良天气；2. 作业场地杂乱；3. 照明光线不足；4. 机械、车船、场地晃动、振动	1. 施工方案不完善或未落实；2. 安全教育、培训、交底、检查制度不完善或未落实；3. 安全防护用品等未进行进场验收或验收不到位；4. 安全投入不足；5. 现场破损（警戒区、标牌、反光锥等）		√	√	√	
	触电	发电机，破损的电线，配电箱，钢筋等导电材料	1. 作业人员未正确使用安全防护用品（绝缘鞋、绝缘手套等）；2. 作业人员操作错误或违章作业（带电维修电气设备未断电作业等）；3. 管理人员违章指挥，强令冒险作业；4. 电工、电焊工等特种人员未持有效证件上岗；5. 作业人员疲劳作业	1. 电缆线，配电箱等电气设施设置不合格（线路破损、老化）；2. 电气设施设置不规范（电缆拖地、配电箱无支架等）；3. 带电设施无警示标识或标识破损；4. 安全防护装置不规范（未接地、无漏电保护器、接线端子无防护罩等）	1. 强风、雷雨等不良天气；2. 作业场地杂乱、潮湿或积水；3. 作业场地照明不足；4. 高温导致电线胶皮脱落	1. 临时用电方案不完善或未落实；2. 发电机等安全操作规程不规范或未落实；3. 电气设施材料等未进行进场验收；4. 无电工对用电设施进行巡查或巡查不到位；5. 机械设备安全管理制度未落实（发电机、电焊机等机具检查维修保养不到位）	√		√	√	

续上表

施工作业内容	典型风险事件	致害物	致险因素				风险事件后果类型				
			人的因素	物的因素	环境因素	管理因素	易导致伤亡人员类型		人员伤亡		
							本人	他人	轻伤	重伤	死亡
	触电	发电机、破损的电线、配电箱、钢筋等导电材料		5.防护不当,防护距离不足(配电柜、发电机无遮雨棚、防护闸挡或防护破损)		6.安全教育、培训、交底、检查制度不完善或未落实; 7.安全投入不足		√	√	√	√
长螺旋钻孔压灌桩	机械伤害	挖掘机、打桩机、搅拌机、装载机等施工机具	1.人员违章进入危险区域(机械作业半径等); 2.管理人员违章指挥,强令冒险作业; 3.机械操作人员未持有效证件上岗; 4.机械操作人员违章作业(违规载人、酒后作业); 5.操作人员身体健康状况异常、心理异常,感知异常(反应迟钝、辨识错误); 6.现场作业人员未正确使用安全防护用品(反光背心、安全帽等); 7.机械操作人员疲劳作业	1.机械设备无警示标识标牌,标识破损(警戒区、标牌、反光贴等); 2.设备设施安全作业距离不足; 3.设备设施制动装置、运动或转动装置无防护或防护装置有缺陷); 4.安全防护用品不合格(反光背心、安全帽、护目镜等); 5.设备"带病"作业(设备设施制动装置失效、防护装置无防护或有缺陷等)	1.强风、暴雨、大雪、冰雹、大雾等不良天气; 2.作业场地狭窄、道路湿滑; 3.场地亮光线不足; 4.存在视野盲区	1.机械设备安全管理制度不完善或未落实(检查维护保养不到位); 2.未对机械设备、安全防护用品等进行进场验收或验收不到位; 3.安全教育、培训、交底制度不完善或未落实; 4.机械设备操作规程不规范、未落实; 5.安全投入不足		√	√	√	√

— 193 —

续上表

施工作业内容	典型风险事件	致害物	致险因素			风险事件后果类型				
			人的因素	物的因素	环境因素	管理因素	易导致伤亡人员类型		人员伤亡		
							本人	他人	轻伤	重伤	死亡
长螺旋钻孔压灌桩	起重伤害	汽车起重机、履带式起重机等起重设备，吊索吊具	1. 管理人员违章指挥、强令冒险作业； 2. 作业人员操作错误、违章作业； 3. 起重工、信号工未持有效证件上岗； 4. 现场作业人员未正确使用安全防护用品（安全帽等）； 5. 抗倾覆验算错误； 6. 人员违章进入危险区域； 7. 起重人员身体健康状况异常、心理异常、感知异常（反应迟钝、辨识错误）； 8. 作业人员疲劳作业	1. 设备自身缺陷（强度、刚度不足、抗倾覆能力不足）； 2. 现场无警示标识或标识破损（警戒区、标牌、反光锥等）； 3. 起重机支垫材料不合格（枕木、钢板等）； 4. 构件防锈处理不合格； 5. 吊索吊具不合格或达到报废标准（钢丝绳、吊带、U形卸扣等）； 6. 无防护或防护装置缺陷（防脱钩装置、限位装置等）； 7. 设备"带病"作业（制动装置等）； 8. 安全防护用品不合格（反光背心、安全帽等）	1. 强风、暴雨、大雾、大雪等不良天气； 2. 地基承载力不足，基础下沉； 3. 作业场地照明不足； 4. 起重机周围高空有较多障碍物； 5. 起重机周围存在视野盲区	1. 施工方案不完善或未落实； 2. 安全教育、培训、交底、检查制度不完善或落实不到位； 3. 未对起重设备进行进场验收或验收不到位； 4. 安全投入不足； 5. 起重吊装作业时无专人监视； 6. 起重吊装安全操作规程不规范或落实不到位	√	√	√	√	√

续上表

施工作业内容	典型风险事件	致险物	致险因素				风险事件后果类型				
			人的因素	物的因素	环境因素	管理因素	易导致伤亡人员类型		人员伤亡		
							本人	他人	轻伤	重伤	死亡
长螺旋钻孔压灌桩	车船伤害	运输、施工的车船等	1. 人员违章进入危险区域； 2. 管理人员违章指挥，强令冒险作业（进入驾驶员视野盲区等）； 3. 机驾人员未持有效证件上岗，违章操作错误，违章作业（无人，酒后驾驶，超限，超载等）； 4. 机驾人员身体健康状况异常，心理异常（反应迟钝，辨识错误）； 5. 机驾人员疲劳作业； 6. 现场人员未正确使用安全防护用品（反光背心、安全帽等）	1. 车船未配备警示标识或标识破损（警戒区、标牌、反光锥、反光贴等）； 2. 车船"带病"作业（制动装置、喇叭、警示灯等设施缺陷）； 3. 车船作业安全距离不足； 4. 人员安全防护用品不合格（反光背心、安全帽等）； 5. 车辆外观存在破损，配件行驶时脱落，运载物品尺寸超过车辆尺寸； 6. 车辆转弯或退后时无明显提示； 7. 船舶甲板有较多缆绳和锚具	1. 强风、暴雨、大雪、冰雹、大雾等不良天气； 2. 作业场地狭窄不平整，道路湿滑； 3. 车辆前后视线不良； 4. 存在视野盲区	1. 未对车辆、船机设备安全防护设施等进行进场验收或验收不到位； 2. 车船安全管理制度不完善或落实（检查维护保养不到位）； 3. 安全操作规程不规范或作业前环境对车船周围环境未进行检查）； 4. 安全教育、培训、交底，检查制度不完善或未落实； 5. 职业健康管理制度不完善或未落实； 6. 安全投入不足	√	√	√	√	√

— 195 —

续上表

施工作业内容	典型风险事件	致害物	致险因素			风险导致伤亡类型		人员伤亡后果类型		
			人的因素	物的因素	环境因素	管理因素	易导致伤亡人员类型		人员伤亡		
							本人	他人	轻伤	重伤	死亡
旋喷桩	物体打击	工具、材料、土石方等	1. 现场作业人员未正确使用安全防护用品（安全帽等）；2. 人员违章进入危险区域；3. 管理人员违章指挥，强令冒险作业；4. 作业人员身体健康状况异常、心理异常，感知异常（反应迟钝，辨识错误）；5. 违章作业（违章抛物）等	1. 安全防护用品不合格（安全帽等）；2. 作业过程中产生的坠落物、抛射物、喷射物、溅射物等（工具、材料等）；3. 未设置防护设施，防护设施存在缺陷（挡脚板、防护网等）；4. 物品摆放位置不合理或未固定；5. 物品尺寸超大、超长等	1. 强风、暴雨、冰雹、大雾等不良天气；2. 作业场地杂乱；3. 照明光线不足；4. 机械、车船、场地晃动、振动	1. 施工方案不完善或未落实；2. 安全教育、培训、交底，检查制度不完善或未落实；3. 安全防护用品等验收进行进场验收或验收不到位；4. 安全投入不足；5. 现场无警示标识或标识破损（警戒区、标牌、反光锥等）		√	√	√	
	触电	发电机、破损的电线配电箱、钢筋等导电材料	1. 作业人员未正确使用安全防护用品（绝缘鞋、绝缘手套等）；2. 作业人员操作错误或违章作业（带电检修维护）；3. 管理人员违章指挥，强令冒险作业；4. 电工、电焊工等特种人员未持有效证作上岗；5. 作业人员疲劳作业	1. 电缆线、配电箱等电气设施设置不合格（线路破损、老化）；2. 电气设施设置不规范（电缆拖地、配电箱无支架等）；3. 带电标识破损、识别标识破损；4. 安全防护装置不规范，无漏电保护器，接线端子无防护罩等；	1. 强风、雷雨等不良天气；2. 作业场地杂乱、潮湿或积水；3. 作业场地照明不足；4. 高温导致电线胶皮脱落	1. 临时用电方案不完善或未落实；2. 发电机等安全操作规程不规范或未落实；3. 电气设施等材料未进行进场验收；4. 无电工对用电设施进行巡查或巡查不到位；5. 机械设备安全管理制度未落实（发电机、电焊机等机具检查维护保养不到位）；	√		√	√	

— 196 —

第五章 船闸工程施工的主要安全风险分析

续上表

施工作业内容	典型风险事件	致害物	致险因素				风险事件后果类型				
			人的因素	物的因素	环境因素	管理因素	易导致伤亡人员类型		人员伤亡		
							本人	他人	轻伤	重伤	死亡
	触电	发电机、破损的电缆、配电箱、钢筋等导电材料		5.防护不当,防护距离不足(配电柜、发电机无遮雨棚,防护围挡或防护破损)		6.安全教育、培训、交底、检查制度不完善或未落实; 7.安全投入不足					
旋喷桩	机械伤害	挖掘机、打桩机、装载机、搅拌机等施工机具	1.人员违章进入危险区域(机械作业半径等); 2.管理人员违章指挥,强令冒险作业; 3.机械操作人员未持有效证件上岗; 4.机械操作人员(违规载人,酒后作业); 5.操作人员身体健康状况异常、心理异常,感知异常(反应迟钝,辨识知识)错误; 6.现场作业人员未正确使用安全防护用品(反光背心、安全帽等); 7.机械操作人员疲劳作业	1.机械无警示标识或标识破损,标识不清(警戒区、反光贴)不足; 2.设备设施安全作业距离不足; 3.设备带"病"作业(设备设施制动装置失效、运动或转动装置无防护或防护装置有缺陷等); 4.安全防护用品不合格(反光背心、安全帽、护目镜等)	1.强风、暴雨、大雪、冰雹、大雾等不良天气; 2.作业场地狭窄、不平整,道路湿滑; 3.场地光线不足; 4.存在视野盲区	1.机械设备安全管理制度不完善或未落实(检查维护保养不到位); 2.未对机械设备、安全防护用品等进行进场验收或验收不到位; 3.安全教育、培训、交底、制度不完善或未落实; 4.机械设备操作规程不规范; 5.安全投入不足		√	√	√	√

— 197 —

续上表

施工作业内容	典型风险事件	致害物	致险因素			风险事件后果类型				
			人的因素	物的因素	环境因素	管理因素	易导致伤亡人员类型		人员伤亡		
							本人	他人	轻伤	重伤	死亡
旋喷桩	车船伤害	运输、施工的车船等	1.人员违章进入危险区域; 2.管理人员违章指挥,强令冒险作业(进入驾驶员视野盲区等); 3.机驾人员未持有效证件上岗,违章作业错误,违章驾驶(酒后驾驶、超速、超限、超载作业); 4.机驾人员身体健康状况异常、心理异常、感知异常(反应迟钝、辨识错误); 5.机驾人员疲劳作业; 6.现场人员未正确使用安全防护用品(反光背心、安全帽等)	1.车船未配备警示标识或标识破损(警戒区、标牌、反光锥、反光贴等); 2.车船带"病"作业(制动装置、喇叭、警示灯等设施缺陷); 3.车船作业安全距离不足; 4.人员安全防护用品不合格(反光背心、安全帽等); 5.车辆外观存在破损、配件行驶时脱落,运载物品尺寸超过车辆尺寸等; 6.车辆转弯或后退时无明显提示; 7.船舶甲板有较多缆绳和锚具	1.强风、暴雨、大雪、冰雹、大雾等不良天气; 2.作业场地狭窄、不平整,道路湿滑; 3.车辆前后视线不良; 4.存在视野盲区	1.未对车辆、船机设备安全防护设施等进行进场验收或设施验收不到位; 2.车船安全管理制度不完善或落实(检查维护保养不到位); 3.安全操作规程不规范或未落实(作业前环境未进行检查); 4.安全教育、培训、交底,检查制度不完善或落实; 5.职业健康管理制度不完善或落实; 6.安全投入不足	√	√	√	√	√

续上表

施工作业内容	典型风险事件	致害物	致险因素				风险事件后果类型				
			人的因素	物的因素	环境因素	管理因素	易导致伤亡人员类型		人员伤亡		
							本人	他人	轻伤	重伤	死亡
	淹溺	周边水域	1. 管理人员违章指挥，强令冒险作业；2. 人员心理异常（冒险侥幸心理）；3. 作业人员操作错误、违章作业；4. 违反劳动纪律行为（管理人员脱岗）；5. 人员未正确使用安全防护用品	1. 现场无警示标识或标识破损；2. 现场救生设施不足；3. 水下存在不明物体或绳缠绕	1. 雷雨、大风（6级以上）、冰雹、大雾等恶劣天气作业；2. 水体寒冷；3. 水体内能见度不足	1. 专项施工方案、应急预案不完善或落实；2. 未落实安全教育，培训、交底、检查制度；3. 现场监控看管不到位	√		√		√
沉井安装	物体打击	工具、材料、土石方、预制构件等	1. 现场作业人员未正确使用安全防护用品（安全帽等）；2. 人员违章进入危险区域；3. 管理人员违章指挥，强令冒险作业；4. 作业人员身体健康状况异常、心理异常、感知异常（反应迟钝、辨识错误）；5. 作业人员操作错误、违章作业（违章抛物）	1. 安全防护用品不合格（安全帽等）；2. 作业过程中产生的坠落物、抛射物、喷射物溅射物等（工具、材料等）；3. 未设置防护设施，防护设施存在缺陷（挡脚板、防护网等）；4. 物品摆放位置不合理或未固定；5. 物品尺寸超大、超长等	1. 强风、暴雨、冰雹、大雾等不良天气；2. 作业场地杂乱；3. 照明光线不足；4. 机械、车船、场地等晃动、振动	1. 施工方案不完善或未落实；2. 安全教育、培训、交底，检查制度不完善或落实；3. 安全防护用品等未进行进场验收或验收不到位；4. 安全投入不足；5. 现场无警示标识或标识破损（警戒区、标牌、反光锥等）		√	√	√	

— 199 —

续上表

施工作业内容	典型风险事件	致害物	致险因素			风险事件后果类型			
			人的因素	物的因素	环境因素	管理因素	易导致伤亡人员类型		人员伤亡		
							本人	他人	轻伤	重伤	死亡
沉井安装	触电	发电机、破损的电线、配电箱、钢筋等导电材料	1. 作业人员未正确使用安全防护用品（绝缘鞋、绝缘手套等）； 2. 作业人员操作错误或违章作业（带电检修维护）； 3. 管理人员违章指挥，强令冒险作业； 4. 电工、电焊工等特种人员未持有效证件上岗； 5. 作业人员疲劳作业；	1. 电缆线、配电箱等电气设施不合格（线路破损、老化）； 2. 电气设施设置不规范（电缆拖地、配电箱无支架）； 3. 带电设施无警示标识或标识破损； 4. 安全防护装置不规范（未接地、无漏电保护器、接线端子无防护罩等）； 5. 防护不足（配电柜、发电机防护距离不足，遮雨棚、防护雨挡或防护罩破损）	1. 强风、雷雨等不良天气； 2. 作业场地杂乱、潮湿或积水； 3. 作业场地照明不足； 4. 高温导致电线胶皮脱落	1. 临时用电方案不完善或未落实； 2. 发电机等安全操作规程不规范或未落实； 3. 电气设施材料未进行进场验收； 4. 无电工对用电设施进行巡查或巡查未到位； 5. 机械设备安全管理制度未落实（发电机、电焊机等机具检查维护保养未到位）； 6. 安全教育、培训、交底、检查制度不完善或未落实； 7. 安全投入不足	√	√	√	√	
	坍塌	基坑、边坡等局部或整体坍塌、支架、构筑物倒塌	1. 管理人员违章指挥，强令冒险作业，防护、放坡引起不及时； 2. 人员心理异常（冒险心理、侥幸心理）； 3. 作业人员操作错误、违章作业；	1. 流砂、涌水水冲，坡引起的塌方； 2. 停靠在围堰上的机械、车辆和过重的堆物； 3. 没有或不符合要求的支护措施； 4. 堆置过高、过陡或基不牢的堆置；	1. 存在滑坡、偏压等不良地质； 2. 强风、暴雨、大雪、地震等自然灾害； 3. 土体不均匀沉降； 4. 附近有强烈的震动； 5. 外部存在冲击源	1. 专项施工方案、应急预案不完善或未落实； 2. 安全教育、培训、交底、检查制度不完善或未落实； 3. 安全投入不足； 4. 现场监测不足	√	√	√	√	√

续上表

施工作业内容	典型风险事件	致害物	致险因素				风险事件后果类型			
			人的因素	物的因素	环境因素	管理因素	易导致伤亡人员类型	人员伤亡		
							本人 / 他人	轻伤	重伤	死亡
沉井安装	坍塌	基坑、边坡等局部或整体塌方、支架、构筑物倒塌	4. 违反劳动纪律行为（管理人员脱岗）	5. 支架、构筑物结构失稳；6. 支架等构件不合格或老化						
	机械伤害	挖泥、冲泥等施工机具	1. 人员违章进入危险区域（机械作业半径等）；2. 管理人员违章指挥，强令冒险作业；3. 机械操作人员未持有效证件上岗；4. 机械操作人员操作错误，违章作业（违规载人、酒后作业）；5. 操作人员身体健康状况异常、心理异常，感知异常（反应迟钝、辨识错误）；6. 现场作业人员未正确使用安全防护用品（反光背心、安全帽等）；7. 机械操作人员疲劳作业	1. 机械设备破损、标识缺损或标识破损（警戒区、标牌、反光贴等）；2. 设备设施安全作业距离不足；3. 设备带"病"作业（设备设施制动装置失效、运动或转动装置无防护或防护装置有缺陷等）；4. 安全防护用品不合格（反光背心、安全帽、护目镜等）	1. 强风、暴雨、大雪、冰雹、大雾等不良天气；2. 作业场地狭窄、不平整、道路湿滑；3. 场地光线不足；4. 存在视野盲区	1. 机械设备安全管理制度不完善或管理不到位（检查维护保养不到位）；2. 未对机械设备、安全防护用品等进行进场验收或验收未到位；3. 安全教育、培训、交底制度不完善或未落实；4. 机械设备操作规程不规范或未落实；5. 安全投入不足	√	√	√	√

— 201 —

续上表

施工作业内容	典型风险事件	致害物	致险因素			风险致伤亡人员类型		风险事件后果类型		
			人的因素	物的因素	环境因素	管理因素	本人	他人	人员伤亡	
									轻伤	重伤	死亡
沉井安装	起重伤害	汽车起重机、履带式起重机、浮式起重机等设备、吊索吊具	1.管理人员违章指挥、强令冒险作业；2.作业人员操作错误、违章作业；3.起重工、信号工未持有效证件上岗；4.现场作业人员未正确使用安全防护用品（安全帽等）；5.抗倾覆验算错误；6.人员违章进入危险区域；7.起重作业人员身体健康状况异常、心理异常，感知异常（反应迟钝、辨识错误）；8.作业人员疲劳作业	1.设备自身缺陷（强度、刚度不足，抗倾覆能力不足）；2.现场无警示标识或标识破损（警戒区、标牌、反光锥等）；3.起重机支垫材料不合格（枕木、钢板等）；4.构件防锈处理不合格；5.吊索吊具不合格或达到报废标准（钢丝绳、吊带、U形卸扣等）；6.无防护或防护装置缺陷（防脱钩装置、限位装置等）；7.设备"带病"作业（制动装置等）；8.安全防护用品不合格（反光背心、安全帽等）	1.强风、暴雨、大雾、大雪等不良天气；2.地基承载力不足，基础下沉；3.作业场地照明不足；4.浮式起重机周围水域存在较大波浪或暗流；5.起重机周围存在障碍物较多；6.起重机周围存在视野盲区	1.施工方案不完善或未落实；2.安全教育、培训、交底、检查制度不完善或未落实；3.未对起重设备进行进场验收或验收不到位；4.安全投入不足；5.起重吊装作业时无专人监视；6.起重吊装安全操作规程不规范或未落实	√	√	√	√	√

第五章 船闸工程施工的主要安全风险分析

续上表

施工作业内容	典型风险事件	致害物	致险因素				风险事件后果类型				
			人的因素	物的因素	环境因素	管理因素	易导致伤亡人员类型		人员伤亡		
							本人	他人	轻伤	重伤	死亡
沉井安装	车船伤害	运输、施工的车船等	1.人员违章进入危险区域；2.管理人员违章指挥，强令冒险作业（进入驾驶员视野盲区等）；3.机驾人员未持有效证件上岗，违章操作错误，违规作业（违规载人、酒后驾驶、超速、超限等）；4.机驾人员身体健康状况异常、心理异常、感知异常（反应迟钝、辨识错误）；5.机驾人员疲劳作业；6.现场人员未正确使用安全防护用品（反光背心、安全帽等）	1.车船未配备警示标识或标识破损（警戒区、标牌、反光锥、反光贴等）；2.车船带"病"作业（制动装置、喇叭、警示灯等设施缺陷）；3.车船作业安全距离不足；4.人员安全防护用品不合格（反光背心、安全帽等）；5.车辆外观存在破损，配件行驶时脱落，运载物品尺寸超过车辆尺寸等；6.车辆转弯或退后时无明显提示；7.船舶甲板有较多缆绳和锚具	1.强风、暴雨、大雪、冰雹、大雾等不良天气；2.作业场地狭窄、不平整，道路湿滑；3.车辆前后视线不良；4.存在视野盲区	1.未对车辆、船机设备安全防护设施等进行进场验收或验收不到位；2.车船安全管理制度不完善或未落实（检查维护保养未到位）；3.安全操作规程不规范或作业前对作业前环境进行检查；4.安全教育、培训、交底、检查制度不完善或未落实；5.职业健康管理制度不完善或未落实；6.安全投入不足	√	√	√	√	√

— 203 —

续上表

施工作业内容	典型风险事件	致害物	致险因素			风险事件后果类型				
			人的因素	物的因素	环境因素	管理因素	易导致伤亡人员类型		人员伤亡类型		
							本人	他人	轻伤	重伤	死亡
沉井安装	高处坠落	无防护的作业平台、施工人员自身的重力运动	1.作业人员未正确使用安全防护用品（安全带、防滑鞋等）；2.作业人员身体健康状况异常、心理异常，感知异常（高血压、恐高症等禁忌症，反应迟钝、辨识错误）；3.作业人员疲劳作业，管理人员违章指挥、强令冒险作业；4.作业人员操作错误或违章作业	1.高处作业场所未设置安全防护等措施（安全绳索、防坠网、栏杆等）；2.未设置安全警示标识或标识破损；3.安全防护用品质量不合格、存在缺陷；4.未设置爬梯或设置不安全、上下不规范	1.大风、雷电、大雪、暴雨等恶劣天气；2.夜间施工地不平整、湿滑；3.作业场地不平整、湿滑；4.临边洞口区域较多；5.现场需要经常登高作业	1.安全教育、培训、交底、检查制度不完善或未落实；2.职业健康、安全管理制度不完善，未落实（定期体检）；3.安全投入不足；4.高处作业安全操作规程不规范或未落实；5.安全防护验收进行验收或验收不到位	√		√	√	√
现浇导航墙	淹溺	周边水域	1.管理人员违章指挥、强令冒险作业；2.人员心理异常（冒险、侥幸心理）；3.作业人员操作错误、违章作业；4.违反劳动纪律行为（管理人员脱岗）；5.人员未正确使用安全防护用品	1.现场无警示标识或标识破损；2.现场救生设施不足；3.水下存在不明物体或生物的拖拽或缠绕	1.雷雨、大风（6级以上）、冰雹、大雾等恶劣天气作业；2.水质寒冷；3.水体内能见度不足	1.专项施工方案、应急预案不完善或未落实；2.未落实安全教育、培训、交底、检查制度；3.现场监控看管不到位	√		√		√

续上表

施工作业内容	典型风险事件	致害物	致险因素				风险事件后果类型				
			人的因素	物的因素	环境因素	管理因素	易导致伤亡人员类型		人员伤亡类型		
							本人	他人	轻伤	重伤	死亡
现浇导航墙	物体打击	工具、材料、土石方、预制构件等	1. 现场作业人员未正确使用安全防护用品（安全帽等）； 2. 人员违章进入危险区域； 3. 管理人员违章指挥，强令冒险作业； 4. 作业人员身体健康状况异常、心理异常、感知异常（反应迟钝、辨识错误）； 5. 违章作业（违章抛物）	1. 安全防护用品不合格（安全帽等）； 2. 作业过程中产生坠落物、抛射物、喷射物、溅射物等（工具、材料等）； 3. 未设置防护设施、防护设施存在缺陷（挡脚板、防护网等）； 4. 物品摆放位置不合理或未固定； 5. 物品尺寸超宽、超长等	1. 强风、暴雨、冰雹、大雾等不良天气； 2. 作业场地杂乱； 3. 照明光线不足； 4. 机械、车船、泵动、振动	1. 施工方案不完善或未落实； 2. 安全教育、培训、交底、检查制度不完善或未落实； 3. 安全防护用品等未进行进场验收或验收不到位； 4. 安全投入不足； 5. 现场无警示标识或标识破损（警戒区、标牌、反光锥等）		√	√	√	
	触电	发电机、破损的电线、配电箱、钢筋等导电材料	1. 作业人员未正确使用安全防护用品（绝缘鞋、绝缘手套等）； 2. 作业人员操作错误或违反操作规范（带电检修无防护）； 3. 管理人员违章指挥，强令冒险作业	1. 电缆线、配电箱等电气设施不合格（线路破损、老化）； 2. 电气设施设置不规范（电缆拖地、配电箱无支架）； 3. 带电设施无警示标识或标识破损；	1. 强风、雷雨等不良天气； 2. 作业场地杂乱、潮湿或积水； 3. 作业场地照明不足； 4. 高温导致电线胶皮脱落	1. 临时用电方案不完善或未落实； 2. 发电机等安全操作规程不规范或未落实； 3. 电气设施材料等未进行进场验收； 4. 无电工对用电设施进行巡查或巡查不到位	√		√	√	

— 205 —

续上表

施工作业内容	典型风险事件	致害物	致险因素				风险致伤亡人员类型		风险事件后果类型		
			人的因素	物的因素	环境因素	管理因素	本人	他人	轻伤	重伤	死亡
	触电	发电机、破损的电线、配电箱、钢筋等导电材料	4.电工、电焊工等特种人员未持有效证件上岗；5.作业人员疲劳作业	4.安全防护装置不规范（未接地、无漏电保护器、接线端子无防护罩等）；5.防护不当，防护距离不足（配电柜、发电机遮雨棚、防护围挡或防护破损）		5.机械设备安全管理制度未落实（发电机、电焊机等机具检查维护保养不到位）；6.安全教育、培训、交底、检查制度不完善或未落实；7.安全投入不足	√	√	√	√	√
现浇导航墙	坍塌	围堰、基坑、边坡等局部或整体塌方、支架、构筑物倒塌	1.管理人员违章指挥，强令冒险作业（防护、放坡不及时）；2.人员心理异常（冒险侥幸心理）；3.作业人员操作错误、违章作业；4.违反劳动纪律行为（管理人员脱岗）	1.流砂、涌水、水冲、滑坡引起的塌方；2.停靠在围堰上的机械、车辆和过重的堆物；3.没有或不符合要求的支护措施；4.堆置过高、过陡或地基不牢的堆置物；5.支架、构筑物结构失稳；6.支架等构件不合格或老化	1.存在滑坡、偏压等不良地质；2.强风、暴雨、大雪、地震等自然灾害；3.土体不均匀沉降；4.附近有强烈的震动；5.外部存在冲击源	1.专项施工方案、应急预案不完善或未落实；2.安全教育、培训、交底、检查制度不完善或未落实；3.安全投入不足；4.现场监测不足		√	√	√	√

续上表

施工作业内容	典型风险事件	致害物	致险因素			风险事件后果类型				
			人的因素	物的因素	环境因素	管理因素	导致致伤亡人员类型		人员伤亡类型	
							本人 他人	轻伤	重伤	死亡
现浇导航墙	机械伤害	挖掘机、打桩机、搅拌机、切割机、弯曲机、破碎机、装载机等施工机具	1. 人员违章进入危险区域（机械作业半径等）； 2. 管理人员违章指挥，强令冒险作业； 3. 机械操作人员未持有效证件上岗； 4. 机械操作人员操作错误、违章作业（违规载人、酒后作业）； 5. 操作人员身体健康状况异常、心理异常、感知异常（反应迟钝、辨识错误）； 6. 现场作业人员未正确使用安全防护用品（反光背心、安全帽等）； 7. 机械操作人员疲劳作业	1. 机械无警示标识或标识破损（警戒区、标牌、反光贴等）； 2. 设备设施安全作业距离不足； 3. 设备带"病"作业（设备设施制动装置失效，运动或转动装置无防护或防护装置有缺陷等）； 4. 安全防护用品不合格（反光背心、安全帽、护目镜等）	1. 强风、暴雨、大雪、冰雹、大雾等不良天气； 2. 作业场地狭窄、不平整，道路湿滑； 3. 场地光线不良； 4. 存在视野盲区	1. 机械设备安全管理制度不完善未落实（检查维护保养未到位）； 2. 未对机械设备、安全防护用品等进行进场验收或验收不到位； 3. 安全教育、培训、交底制度不完善或未落实； 4. 机械设备操作规程不规范或未落实； 5. 安全投入不足	√	√	√	√

— 207 —

续上表

施工作业内容	典型风险事件	致害物	致险因素			风险事件后果类型			
			人的因素	物的因素	环境因素	管理因素	易导致伤亡人员类型	人员伤亡	
							本人　他人	轻伤　重伤　死亡	
现浇导航墙	起重伤害	汽车起重机、履带式起重机、浮式起重机等设备、吊索吊具	1. 管理人员违章指挥、强令冒险作业； 2. 作业人员操作错误、违章作业； 3. 起重工、信号工未持有效证件上岗； 4. 现场作业人员未正确使用安全防护用品（安全帽等）； 5. 抗倾覆验算错误； 6. 人员违章进入危险区域； 7. 起重人员身体健康状况异常、心理异常，感知异常（反应迟钝、辨识错误）； 8. 作业人员疲劳作业	1. 设备自身缺陷（强度、刚度不足，抗倾覆能力不足）； 2. 现场无警示标识或标识破损（警戒区、标牌、反光锥等）； 3. 起重机支垫材料不合格（枕木、钢板等）； 4. 构件防锈处理不合格； 5. 吊索吊具不合格或达到报废标准（钢丝绳、吊带、U形卸扣等）； 6. 无防护或防护装置缺陷（防脱钩装置、限位装置等）； 7. 设备带"病"作业（制动装置等）； 8. 安全防护用品不合格（反光背心、安全帽等）	1. 强风、暴雨、大雾、大雪等不良天气； 2. 地基承载力不足，基础下沉； 3. 作业场地照明不足； 4. 浮式起重机周围水域存在较大波浪或暗流； 5. 起重机周围高空有较多障碍物； 6. 起重机周围存在视野盲区	1. 施工方案不完善或未落实； 2. 安全教育、培训、交底、检查制度不完善或未落实； 3. 未对起重设备进行进场验收或验收不到位； 4. 安全投入不足； 5. 起重吊装作业时无专人监视； 6. 起重吊装安全操作规程不规范或未落实	√	√	√	√

— 208 —

续上表

施工作业内容	典型风险事件	致害物	致险因素				风险事件后果类型				
			人的因素	物的因素	环境因素	管理因素	易导致伤亡人员类型		人员伤亡		
							本人	他人	轻伤	重伤	死亡
现浇导航端	车船伤害	运输、施工的车船等	1.人员违章进入危险区域； 2.管理人员违章指挥，强令冒险作业（进入驾驶员视野盲区等）； 3.机驾人员未持有效证件上岗，违章作业，酒后驾驶，超速，超限，超载作业； 4.机驾人员身体健康状况异常，心理异常，感知异常（反应迟钝、辨识错误）； 5.机驾人员疲劳作业； 6.现场人员未正确使用安全防护用品（反光背心、安全帽等）	1.车船未配备警示标识或标识破损（警戒区、标牌、反光锥、反光贴等）； 2.车船"带病"作业（制动装置、喇叭、警示灯等设施缺陷）； 3.车船作业安全距离不足； 4.人员安全防护用品不合格（反光背心、安全帽等）； 5.车辆外观存在破损，配件行驶时脱落，运载物品尺寸超过车辆尺寸无明显提示； 6.车辆转弯或倒后退时无明显提示； 7.船舶甲板有较多缆绳杂物储具	1.强风、暴雨、大雪、冰雹、大雾等不良天气； 2.作业场地狭窄，不平整，道路湿滑； 3.车辆前后视线不良； 4.存在视野盲区	1.未对车辆、船机设备安全防护设施等进行进场验收或验收不到位； 2.车船安全管理制度不完善或未落实（检查维护保养不到位）； 3.安全操作规程（作业前对车船周围环境进行检查）不完善或未落实； 4.安全教育、培训、交底、检查制度不完善或未落实； 5.职业健康管理制度不完善或未落实； 6.安全投入不足	√	√	√	√	√

— 209 —

续上表

施工作业内容	典型风险事件	致害物	致险因素			风险事件后果类型				
			人的因素	物的因素	环境因素	管理因素	易导致伤亡人员类型		人员伤亡	
							本人	他人	轻伤	重伤	死亡

施工作业内容	典型风险事件	致害物	人的因素	物的因素	环境因素	管理因素	本人	他人	轻伤	重伤	死亡
现浇导航墙	高处坠落	无防护的作业平台、施工人员自身的重力运动	1.作业人员未正确使用安全防护用品(安全带、防滑鞋等); 2.作业人员身体健康状况异常、心理异常(高血压、恐高症等禁忌症,反应迟钝、辨识错误); 3.作业人员疲劳作业,管理人员违章指挥、冒险作业; 4.作业人员操作错误或违章作业	1.高处作业场所未设置安全防护等措施(安全绳索、防坠网、栏杆等); 2.未设置安全警示标识或标识破损; 3.安全防护用品质量不合格,存在缺陷; 4.未设置或设置不规范	1.大风、雷电、大雪、暴雨等恶劣天气; 2.夜间施工照明不足; 3.作业场地不平整、湿滑; 4.临边洞口区域较多; 5.现场需要经常登高作业	1.安全教育、培训、交底、检查制度不完善或未落实; 2.职业健康、安全管理制度不完善、未落实(定期体检); 3.安全投入不足; 4.高处作业安全操作规程不规范或未落实; 5.安全防护用品等未进行进场验收或验收不到位		√	√	√	√
现浇靠船墩	溺溺	周边水域	1.管理人员违章指挥、强令冒险作业; 2.人员心理异常(冒险侥幸心理); 3.作业人员操作错误、违章作业; 4.违反劳动纪律行为(管理人员脱岗); 5.人员未正确使用安全防护用品	1.现场无警示标识或标识破损; 2.现场救生设施不足; 3.水下存在不明物体或缠绕的拖拽绳索; 4.氧气瓶、头盔等存在缺陷	1.雷雨、大风(6级以上)、冰雹、大雾等恶劣天气作业; 2.水体寒冷; 3.水体内能见度不足	1.专项施工方案、应急预案不完善或未落实; 2.未落实安全教育、培训、交底、检查制度; 3.现场监控监看管不到位	√		√	√	√

— 210 —

续上表

施工作业内容	典型风险事件	致害物	致险因素				风险事件后果类型				
			人的因素	物的因素	环境因素	管理因素	易导致伤亡人员类型		人员伤亡		
							本人	他人	轻伤	重伤	死亡
现浇靠船墩	物体打击	工具、材料、土石方、预制构件等	1. 现场作业人员未正确使用安全防护用品（安全帽等）； 2. 人员违章进入危险区域； 3. 管理人员违章指挥，强令冒险作业； 4. 作业人员身体健康状况异常，心理异常，感知异常（反应迟钝、辨识错误）； 5. 作业人员操作错误，违章作业	1. 安全防护用品不合格（安全帽等）； 2. 作业过程中产生坠落物、抛射物、喷射物、溅射物等（工具、材料等）； 3. 未设置防护设施，防护设施存在缺陷（挡脚板、防护网等）； 4. 物品摆放位置不合理或未固定； 5. 物品尺寸超大、超长等	1. 强风、暴雨、冰雹、大雾等不良天气； 2. 作业场地杂乱； 3. 照明光线不足； 4. 机械、车船、场地等晃动、振动	1. 施工方案不完善或未落实； 2. 安全教育、培训、交底、检查制度不完善或未落实； 3. 安全防护用品等未进行进场验收或验收不到位； 4. 安全投入不足； 5. 现场无警示标识或标识破损（警戒区、标牌、反光锥等）		√	√	√	
	触电	发电机、破损的电线、配电箱、钢筋等导电材料	1. 作业人员未正确使用安全防护用品（绝缘鞋、绝缘手套等）； 2. 作业人员操作错误或违反操作规程（带电检修维护）； 3. 管理人员违章指挥，强令冒险作业	1. 电缆线、配电箱等电气设施不合格（线路破损、老化）； 2. 电气设施设置不规范（电缆拖地、配电箱无支架等）； 3. 带电设施无警示标识或标识破损； 4. 安全防护装置不规范（未接地、无漏电保护器，接线端子无防护罩等）	1. 强风、雷雨等不良天气； 2. 作业场地杂乱、潮湿或积水； 3. 作业场地照明不足； 4. 高温导致电线胶皮脱落	1. 临时用电方案不完善或未落实； 2. 发电机等安全操作规程不规范或未落实； 3. 电气设施材料等未进行进场验收； 4. 无电工对用电设施进行巡查或巡查不到位	√		√	√	

续上表

施工作业内容	典型风险事件	致害物	致险因素			风险事件后果类型				
			人的因素	物的因素	环境因素	管理因素	易导致伤亡人员类型		人员伤亡	
							本人	他人	轻伤	重伤	死亡
	触电	发电机、破损的电线、配电箱、钢筋等导电材料	4.电工、电焊工等特种人员未持有效证件上岗； 5.作业人员疲劳作业	5.防护不当，防护距离不足（配电柜、发电机无遮雨棚、防护围挡或防护破损）		5.机械设备安全管理制度未落实（发电机、电焊机等检查维护保养不到位）； 6.安全教育、培训、交底、检查制度不完善或未落实； 7.安全投入不足					
现浇靠船墩	坍塌	围堰、基坑、边坡等局部或整体塌方、支架、构筑物倒塌	1.管理人员违章指挥，强令冒险作业（防护、放坡不及时）； 2.人员心理异常（冒险侥幸心理； 3.作业人员操作错误、违章作业； 4.违反劳动纪律行为（管理人员脱岗）	1.流砂、涌水冲刷引起的塌方； 2.停靠在围堰上的机械、车辆和过重的堆置； 3.没有或不符合要求的支护措施； 4.堆置过高、过陡或地基不牢的堆置物； 5.支架、构筑物结构失稳； 6.支架等构件不合格或老化	1.存在滑坡、偏压等不良地质； 2.强风、暴雨、大雪、地震等自然灾害； 3.土体不均匀沉降； 4.附近有强烈的震动； 5.外部存在冲击源	1.专项施工方案、应急预案不完善或未落实； 2.安全教育、培训、交底、检查制度不完善或未落实； 3.安全投入不足； 4.现场监测不足	√	√	√	√	√

续上表

施工作业内容	典型风险事件	致害物	致险因素			风险致伤亡人员类型		风险事件后果类型		
			人的因素	物的因素	环境因素	管理因素	本人	他人	轻伤	重伤	死亡

施工作业内容	典型风险事件	致害物	人的因素	物的因素	环境因素	管理因素	本人	他人	轻伤	重伤	死亡
现浇靠船墩	机械伤害	挖掘机、打桩机、搅拌机、弯曲机、切割机、装载机等施工机具	1.人员违章进入危险区域（机械作业半径等）；2.管理人员违章指挥，强令冒险作业；3.机械操作人员未持有效证件上岗；4.机械操作人员操作错误，违规作业（超载人、酒后作业）；5.操作人员身体健康状况异常、心理异常、感知异常（反应迟钝、辨识错误）；6.现场作业人员未正确使用安全防护用品（反光背心、安全帽等）；7.机械操作人员疲劳作业	1.机械无警示标识或标识破损（警戒区、标牌、反光贴等）；2.设备设施安全作业距离不足；3.设备带"病"作业（设备设施制动装置失效、运动或旋转动装置无防护或防护装置有缺陷等）；4.安全防护用品不合格（反光背心、安全帽、护目镜等）	1.强风、暴雨、大雪、冰雹、大雾等不良天气；2.作业场地狭窄、不平整，道路湿滑；3.场地光线不足；4.存在视野盲区	1.机械设备安全管理制度不完善或保养不到位（检查维护保养不到位）；2.未对机械设备、安全防护用品等进行进场验收或验收不到位；3.安全教育、培训、交底制度不完善或落实不到位；4.机械设备操作规程不规范或落实不到位；5.安全投入不足		√	√	√	√

— 213 —

续上表

施工作业内容	典型风险事件	致害物	致险因素				风险事件后果类型				
			人的因素	物的因素	环境因素	管理因素	易导致伤亡人员类型		人员伤亡		
							本人	他人	轻伤	重伤	死亡
现浇靠船墩	起重伤害	汽车起重机、履带式起重机、浮式起重机等设备、吊索吊具	1. 管理人员违章指挥、强令冒险作业； 2. 作业人员操作错误、违章作业； 3. 起重工、信号工未持有效证件上岗； 4. 现场作业人员未正确使用安全防护用品（安全帽等）； 5. 抗倾覆验算错误； 6. 人员违章进入危险区域； 7. 起重人员身体健康状况异常、心理异常、感知异常（反应迟钝、辨识错误）； 8. 作业人员疲劳作业	1. 设备自身缺陷（强度、刚度不足，抗倾覆能力不足）； 2. 现场无警示标识或标识破损（警戒区、标牌、反光锥等）； 3. 起重机支垫材料不合格（枕木、钢板等）； 4. 构件防锈处理不合格； 5. 吊索吊具不合格； 6. 吊索达到报废标准（钢丝绳、吊带、U形卸扣等）； 7. 无防护或防护装置缺损（防脱钩装置、限位装置等）； 8. 设备"带病"作业（制动装置等）； 9. 安全防护用品不合格（反光背心、安全帽等）	1. 强风、暴雨、大雾、大雪等不良天气； 2. 地基承载力不足，基础下沉； 3. 作业场地照明不足； 4. 浮式起重机周围水域存在较大波浪或暗流； 5. 起重机周围存在较多障碍物； 6. 起重机周围存在视野盲区	1. 施工方案不完善或未落实； 2. 安全教育、培训、交底、检查制度不完善或未落实； 3. 未对起重设备进行进场验收或验收不到位； 4. 安全投入不足； 5. 起重吊装作业时无专人监视； 6. 起重吊装安全操作规程不规范或未落实	√	√	√	√	√

— 214 —

续上表

施工作业内容	典型风险事件	致害物	致险因素				风险事件后果类型				
			人的因素	物的因素	环境因素	管理因素	易导致伤亡人员类型		人员伤亡		
							本人	他人	轻伤	重伤	死亡
现浇靠船墩	车船伤害	运输、施工的车船等	1.人员违章进入危险区域； 2.管理人员违章指挥，强令冒险作业（进入视野盲区等）； 3.机驾人员未持有效证件上岗，违章操作错误，违规载人、酒后驾驶、超速、超限； 4.机驾人员身体健康状况异常、心理异常，感知异常（反应迟钝、辨识错误）； 5.机驾人员疲劳作业； 6.现场人员未正确使用安全防护用品（反光背心、安全帽）	1.车船未配备警示标识或标识破损（警戒区、标牌、反光锥、反光贴等）； 2.车船"带病"作业（制动装置、喇叭、警示灯等设施缺陷）； 3.车船作业安全距离不足； 4.人员安全防护用品不合格（反光背心、安全帽等）； 5.车辆外观存在破损、配件行驶时脱落、运载物品尺寸超过车辆尺寸等； 6.车辆转弯或退后时无明显提示； 7.船舶甲板有较多缆绳利锚具	1.强风、暴雨、大雪、冰雹、大雾等不良天气； 2.作业场地狭窄，不平整，道路湿滑； 3.车辆前后视线不良； 4.存在视野盲区	1.未对车辆、船舶机设备安全防护设施等进行进场验收或验收不到位； 2.车船安全管理制度不完善或落实（检查维护保养不到位）； 3.安全操作规程（作业前对车船周围环境进行检查）、底、检查制度不完善未落实； 4.安全教育、培训、交底、检查制度不完善未落实； 5.职业健康管理制度不完善或未落实； 6.安全投入不足	√	√	√	√	√

续上表

施工作业内容	典型风险事件	致害物	致险因素			风险事件后果类型				
			人的因素	物的因素	环境因素	管理因素	易导致伤亡人员类型		人员伤亡		
							本人	他人	轻伤	重伤	死亡
现浇靠船墩	高处坠落	无防护的作业平台，施工人员受自身的重力运动	1. 作业人员未正确使用安全防护用品（安全带、防滑鞋等）；2. 作业人员身体健康状况异常、心理异常、感知异常（高血压、恐高症等禁忌症，反应迟钝、辨识错误）；3. 作业人员违章作业，管理人员违章指挥、强令冒险作业；4. 作业人员操作错误或违章作业	1. 高处作业场所未设置安全防护等措施（安全绳索（防坠网、栏杆等）；2. 未设置安全警示标识或标识破损；3. 安全防护用品质量不合格，存在缺陷；4. 未设置或设置不规范全爬梯或设置不规范	1. 大风、雷电、大雪、暴雨等恶劣天气；2. 夜间施工照明不足；3. 作业场地不平整、湿滑；4. 临边洞口区域较多；5. 现场需要经常登高作业	1. 安全教育、培训、交底、检查制度不完善或未落实；2. 职业健康、安全管理制度不完善、未落实（定期体检）；3. 安全投入不足；4. 高处作业安全操作规程不规范或未落实；5. 安全防护用品等未进行进场验收或验收不到位	√		√	√	√
现浇挡板	淹溺	周边水域	1. 管理人员违章指挥、强令冒险作业；2. 人员心理异常（冒险侥幸心理）；3. 作业人员操作错误、违章作业；4. 违反劳动纪律行为（管理人员脱岗）；5. 人员未正确使用安全防护用品	1. 现场无警示标识或标识破损；2. 现场救生设施不足；3. 水下存在不明物体或发生拖拽或缠绕；4. 氧气瓶、头盔等存在缺陷	1. 雷雨、大风（6级以上）、冰雹、大雾等恶劣天气作业；2. 水体寒冷；3. 水体内能见度不足	1. 专项施工方案、应急预案不完善或未落实；2. 未落实安全教育、培训、交底、检查制度；3. 现场监控看管不到位	√		√	√	√

续上表

施工作业内容	典型风险事件	致害物	致险因素				风险事件后果类型				
			人的因素	物的因素	环境因素	管理因素	易导致伤亡人员类型		人员伤亡		
							本人	他人	轻伤	重伤	死亡
现浇挡板	物体打击	工具、材料、预制构件等	1. 现场作业人员未正确使用安全防护用品（安全帽等）；2. 人员违章进入危险区域；3. 管理人员违章指挥，违令冒险作业；4. 作业人员身体健康状况异常，心理异常（反应迟钝，感知异常，辨识错误）；5. 违章作业（违章抛物）	1. 安全防护用品不合格（安全帽等）；2. 作业过程中产生坠落物、抛射物、喷射物、溅射物等（工具、材料等）；3. 未设置防护设施，防护设施存在缺陷（挡脚板、防护网等）；4. 物品摆放位置不合理或未固定；5. 物品尺寸超大、超长等	1. 强风、暴雨、冰雹、大雾等不良天气；2. 作业场地杂乱；3. 照明光线不足；4. 机械、车船、场地晃动、振动	1. 施工方案不完善或未落实；2. 安全教育、培训、交底、检查制度不完善或未落实；3. 安全防护用品等未进行进场验收或验收不到位；4. 安全投入不足；5. 现场无警示标识或标识破损（警戒区、标牌、反光锥等）		√	√	√	
	触电	发电机、破损的电线、配电箱、钢筋等导电材料	1. 作业人员未正确使用安全防护用品（绝缘鞋、绝缘手套等）；2. 作业人员操作错误或违章作业（带电检修维护）；3. 管理人员违章指挥，违令冒险作业；4. 电工、电焊工等特种人员未持有效证件上岗；5. 作业人员疲劳作业	1. 电缆线、配电箱等电气设施不合格（线路破损或老化）；2. 电气设施设置不规范（电缆拖地、配电箱无支架等）；3. 带电设施无警示标识或标识破损；4. 安全防护装置不规范，无漏电保护器（未接地、接线端子无防护罩等）	1. 强风、雷雨等不良天气；2. 作业场地杂乱、潮湿或积水；3. 作业场地照明不足；4. 高温导致电线胶皮脱落	1. 临时用电方案不完善或未落实；2. 发电机等安全操作规程不规范或未落实；3. 电气设施等材料未进行进场验收；4. 无电工对用电设施进行巡查或巡查不到位；5. 机械设备安全管理制度未落实（发电机、电焊机等机具检查维护保养不到位）；	√		√	√	

续上表

施工作业内容	典型风险事件	致害物	致险因素			风险事件后果类型				
			人的因素	物的因素	环境因素	管理因素	易导致伤亡人员类型		人员伤亡	
							本人	他人	轻伤	重伤	死亡
现浇挡板	触电	发电机、破损的电线、配电箱、发电机、钢筋等导电材料		5.防护不当,防护距离不足(配电柜、发电机无遮雨棚,防护围挡或防护破损)		6.安全教育、培训、交底、检查制度不完善或未落实; 7.安全投入不足		√		√	√
	机械伤害	挖掘机、打桩机、搅拌机、破碎机、弯曲机、切割机、装载机等施工机具	1.人员违章进入危险区域(机械作业半径等); 2.管理人员违章指挥,强令冒险作业; 3.机械操作人员未持有效证上岗; 4.机械操作人员操作错误,违章作业(违规载人、酒后作业); 5.操作人员身体健康状况异常、心理异常,感知异常(反应迟钝、辨识知识错误); 6.现场作业人员未正确使用安全防护用品(反光背心、安全帽等); 7.机械操作人员疲劳作业	1.机械无警示标识标识破损(警戒区、标牌、反光贴等); 2.设备设施安全作业距离不足; 3.设备"带病"作业(设备设施制动装置失效,运动或转动装置无防护或防护装置有缺陷等); 4.安全防护用品不合格(反光背心、安全帽、目镜等)	1.强风、暴雨、大雪、冰雹,大雾等不良天气; 2.作业场地狭窄、道路不平整; 3.场地光线不足; 4.存在视野盲区	1.机械设备安全管理制度不完善或管理维护保养不到位(检查维护保养不到位); 2.未对机械设备、安全防护用品等进行进场验收或验收未到位; 3.安全教育、培训、交底制度不完善或未落实; 4.机械设备操作规程不规范或未落实; 5.安全投入不足					

续上表

施工作业内容	典型风险事件	致害物	致险因素			风险事件后果类型				
			人的因素	物的因素	环境因素	管理因素	易导致伤亡人员类型		人员伤亡	
							本人	他人	轻伤	重伤	死亡
现浇挡板	起重伤害	汽车起重机、履带式起重机等设备、吊索吊具	1. 管理人员违章指挥、强令冒险作业； 2. 作业人员操作错误、违章作业； 3. 起重工、信号工未持有效证件上岗； 4. 现场作业人员未正确使用安全防护用品（安全帽等）； 5. 抗倾覆验算错误； 6. 人员违章进入危险区域； 7. 起重人员身体健康状况异常、心理异常、感知异常（反应迟钝、辨识错误）； 8. 作业人员疲劳作业	1. 设备自身缺陷（强度、刚度不足，抗倾覆能力不足）； 2. 现场无警示标识或标识破损（警戒区、标牌、反光锥等）； 3. 起重机支垫材料不合格（枕木、钢板等）； 4. 构件防锈处理不合格； 5. 吊索吊具不合格或达到报废标准（钢丝绳、吊带、U形卸扣等）； 6. 无防护或防护装置缺陷（防脱钩装置、限位装置等）； 7. 设备带"病"作业（制动装置等）； 8. 安全防护用品不合格（反光背心、安全帽等）	1. 强风、暴雨、大雾、大雪等不良天气； 2. 地基承载力不足，基础下沉； 3. 作业场地照明不足； 4. 起重机周围高空有较多障碍物； 5. 起重机周围存在视野盲区	1. 施工方案不完善或未落实； 2. 安全教育、培训、交底、检查制度不完善或未落实； 3. 未对起重设备进行进场验收或验收不到位； 4. 安全投入不足； 5. 起重吊装作业时无专人监视； 6. 起重吊装安全操作规程不规范或未落实	√	√	√	√	√

续上表

施工作业内容	典型风险事件	致害物	致险因素				风险致伤亡类型			人员伤后果类型		
			人的因素	物的因素	环境因素	管理因素	易导致伤亡人员类型			人员伤亡		
							本人	他人		轻伤	重伤	死亡
现浇挡板	车船伤害	运输、施工的车船等	1.人员违章进入危险区域； 2.管理人员违章指挥，强令冒险作业（进入驾驶员视野盲区等）； 3.机驾人员未持有效证件上岗，违章操作错误，违规作业（违反操作人，酒后驾驶，超速、超限、超载作业）； 4.机驾人员身体健康状况异常，心理异常，感知异常（反应迟钝、辨识错误）； 5.机驾人员疲劳作业； 6.现场人员未正确使用安全防护用品（反光背心、安全帽等）	1.车船未配备警示标识或标识破损（警戒区、标牌、反光锥、反光贴等）； 2.车船带"病"作业（制动装置、喇叭、警示灯等设施缺陷）； 3.车船作业安全距离不足； 4.人员安全防护用品不合格（反光背心、安全帽等）； 5.车辆外观存在破损、配件行驶时脱落、运载物品尺寸超过车辆尺寸等； 6.车辆转弯退后时无明显提示； 7.船舶甲板有较多缆绳和锚具	1.强风、暴雨、大雪、冰雹、大雾等不良天气； 2.作业场地狭窄、不平整、道路湿滑； 3.车辆前后视线不良； 4.存在视野盲区	1.未对车辆、船机设备安全防护设施等进行进场验收或验收不到位； 2.车船安全管理制度不完善或管理落实不到位（检查维护保养不到位）； 3.安全操作规程不规范或未落实（作业前未对车船周围环境进行检查）； 4.安全教育、培训、交底、检查制度不完善或未落实； 5.职业健康管理制度不完善或未落实； 6.安全投入不足	√	√		√	√	√

续上表

施工作业内容	典型风险事件	致害物	致险因素 人的因素	物的因素	环境因素	管理因素	易导致伤亡人员类型 本人	他人	人员伤亡 轻伤	重伤	死亡
现浇挡板	高处坠落	无防护的作业平台、施工人员受自身的重力运动	1.作业人员未正确使用安全防护用品（安全带、防滑鞋等）；2.作业人员身体健康状况异常，心理异常（高血压、恐高症等禁忌症），反应迟钝、辨识或判错误；3.作业人员疲劳作业，管理人员违章指挥、强令冒险作业；4.作业人员操作错误或违章作业	1.高处作业场所未设置安全防护措施（安全绳索、防坠网、栏杆等）；2.未设置安全警示标识或标识破损；3.安全防护用品质量不合格，存在缺陷；4.未设置人员上下安全爬梯或设置不规范	1.大风、雷电、大雪、暴雨等恶劣天气；2.夜间施工照明不足；3.作业场地不平整、湿滑；4.临边洞口区域较多；5.现场需要经常登高作业	1.安全教育、培训、交底、检查制度不完善未落实；2.职业健康、安全管理制度不完善未落实（定期体检）；3.安全投入不足；4.高处作业不规范、规程不完善未落实；5.安全防护用品等未进行进场验收不到位	√			√	√
装配式靠船墩	物体打击	工具、材料、预制构件等	1.现场作业人员未正确使用安全防护用品（安全帽等）；2.人员违章进入危险区域；3.管理人员违章指挥、强令冒险作业；4.作业人员身体健康状况异常，心理异常，辨识或判错误（反应迟钝、辨识错误）；	1.安全防护用品不合格（安全帽）；2.作业过程中产生坠落物、抛射物、喷射物、溅射物等（工具、材料等）；3.未设置防护设施缺陷（挡脚板、防护网）；4.物品摆放位置不合理或未固定	1.强风、暴雨、冰雹、大雾等不良天气；2.作业场地杂乱；3.照明光线不足；4.机械、车船晃动、振动	1.施工方案不完善或未落实；2.安全教育、培训、交底、检查制度不完善未落实；3.进行进场验收或验收不到位；4.安全投入不足		√	√		√

续上表

施工作业内容	典型风险事件	致害物	致险因素				风险事件后果类型				
			人的因素	物的因素	环境因素	管理因素	易导致伤亡人员类型		人员伤亡		
							本人	他人	轻伤	重伤	死亡
	物体打击	工具、材料、预制构件等	5. 作业人员操作错误,违章作业(违章抛物)	5. 物品尺寸超大、超长等		5. 现场无警示标识或标识破损(警戒区、标牌、反光锥等)					
装配式靠船墩	机械伤害	搅拌机、弯曲机、切割机、装载机等施工机具	1. 人员违章进入危险区域(机械作业半径等); 2. 管理人员违章指挥,强令冒险作业; 3. 机械操作人员未持有效证件上岗; 4. 机械操作人员操作错误,违章作业(违规载人,酒后作业); 5. 操作人员身体健康状况异常、心理异常(反应迟钝,辨识错误); 6. 现场作业人员未正确使用安全防护用品(反光背心、安全帽等); 7. 机械操作人员疲劳作业	1. 机械无警示标识或标识破损(警戒区、标牌、反光贴等); 2. 设备设施安全作业距离不足; 3. 设备"带病"作业(设备设施制动装置失效,运动或转动装置无防护或防护装置有缺陷等); 4. 安全防护用品不合格(反光背心、安全帽、护目镜等)	1. 强风、暴雨、大雪、冰雹、大雾等不良天气; 2. 作业场地狭窄、不平整,道路湿滑; 3. 场地光线不足; 4. 存在视野盲区	1. 机械设备安全管理制度不完善或落实不到位(检查维护保养不到位); 2. 未对机械设备、安全防护用品等进行进场验收或验收不到位; 3. 安全教育、培训、交底制度不完善或落实不到位; 4. 机械设备操作规程不规范或未落实; 5. 安全投入不足	√	√	√	√	√

第五章 船闸工程施工的主要安全风险分析

续上表

施工作业内容	典型风险事件	致害物	致险因素			风险事件后果类型				
			人的因素	物的因素	环境因素	管理因素	易导致伤亡人员类型		人员伤亡		
							本人	他人	轻伤	重伤	死亡
装配式靠船墩	起重伤害	汽车起重机、履带式起重机、浮式起重机等起重设备、吊索吊具	1.管理人员违章指挥，强令冒险作业； 2.作业人员操作错误，违章作业； 3.起重工、信号工未持有效证件上岗； 4.现场作业人员未正确使用安全防护用品（安全帽等）； 5.抗倾覆验算错误； 6.人员违章进入危险区域； 7.起重人员身体健康状况异常、心理异常，反应迟钝、感知异常（反应迟钝、辨识错误）； 8.作业人员疲劳作业	1.设备自身缺陷（强度、刚度不足，抗倾覆能力不足）； 2.现场无警示标识标牌（警戒区、标牌、反光锥等）； 3.起重机支垫材料不合格（枕木、钢板等）； 4.构件防锈处理不合格； 5.吊索吊具不合格或达到报废标准（钢丝绳、吊带、U形卸扣等）； 6.无防护或防护装置缺陷（防脱钩装置、限位装置等）； 7.设备"带病"作业（制动装置等）； 8.安全防护用品不合格（反光背心、安全帽等）	1.强风、暴雨、大雾、大雪等不良天气； 2.地基承载力不足、基础下沉； 3.作业场地照明不足； 4.浮式起重机周围有大波浪或暗流； 5.起重机周围存在高空有较多障碍物； 6.起重机周围存在视野盲区	1.施工方案不完善或未落实； 2.安全教育、培训、交底、检查制度不完善或落实不到位； 3.未对起重设备进行进场验收或验收不到位； 4.安全投入不足； 5.起重吊装作业时无专人监视； 6.起重吊装安全操作规程不规范或未落实	√	√	√	√	√

— 223 —

续上表

施工作业内容	典型风险事件	致害物	致险因素			风险事件后果类型				
			人的因素	物的因素	环境因素	管理因素	易导致伤亡人员类型		人员伤亡		
							本人	他人	轻伤	重伤	死亡
装配式靠船墩	车船伤害	运输、施工的车船等	1. 人员违章进入危险区域；2. 管理人员违章指挥，强令冒险作业（进入驾驶员视野盲区等）；3. 机驾人员未持有效证件上岗，机驾人员操作错误，违章作业（违规离人、酒后驾驶、超速、超限）；4. 机驾人员身体健康状况异常、心理异常、感知觉异常（反应迟钝，辨识知识错误）；5. 机驾人员疲劳作业；6. 现场人员未正确使用安全防护用品（反光背心、安全帽等）	1. 车辆未配备警示标识或标识破损（警戒区、标牌、反光锥、反光贴等）；2. 车船带"病"作业（制动装置、喇叭、警示灯等设施缺陷）；3. 车船作业安全距离不足；4. 人员安全防护用品不合格（反光背心、安全帽等）；5. 车辆外观存在破损，配件行驶时脱落，运载物品尺寸超过车辆尺寸等；6. 车辆转弯或后退时无明显提示；7. 船舶甲板有较多缆绳和锚具	1. 强风、暴雨、大雪、冰雹、大雾等天气；2. 作业场地狭窄、不平整，道路湿滑；3. 车辆前后视线不良；4. 存在视野盲区	1. 未对车辆、船舶机设备安全防护设施等进行进场验收或验收不到位；2. 车船安全管理制度不完善或落实（检查维护保养不到位；3. 安全操作规程不规范或未落实（作业前未对车船周围环境进行检查）；4. 安全教育、培训、交底、检查制度不完善或未落实；5. 职业健康管理制度不完善或未落实；6. 安全投入不足	√	√	√	√	√

— 224 —

续上表

施工作业内容	典型风险事件	致害物	致险因素				风险事件后果类型			
			人的因素	物的因素	环境因素	管理因素	易导致伤亡人员类型		人员伤亡		
							本人	他人	轻伤	重伤	死亡
装配式墩船墩	高处坠落	无防护的作业平台，施工人员受自身的重力运动	1. 作业人员未正确使用安全防护用品（安全带、防滑鞋等）；2. 作业人员身体健康状况异常、心理异常，感知异常（高血压、恐高症等禁忌症，反应迟钝，辨识错误）；3. 作业人员违章指挥，管理人员违章指令，冒险作业；4. 作业人员操作错误或违章作业	1. 高处作业安全防护等措施（安全绳索、防坠网、栏杆等）设置或破损；2. 未设置安全警示标识或标识破损；3. 安全防护用品质量不合格，存在缺陷；4. 未设置人员上下安全爬梯或设置不规范	1. 大风、雷电、大雪、暴雨等恶劣天气；2. 夜间施工照明不足；3. 作业场地水平不整齐、湿滑；4. 临边洞口区域较多；5. 现场需要经常登高作业	1. 安全教育、培训、交底、检查制度不完善或未落实；2. 职业健康、安全管理制度不完善，未落实（定期体检）；3. 安全投入不足；4. 高处作业安全操作规程不规范或未落实；5. 安全防护用品等未进行进场验收或验收不到位	√			√	√
现浇底板	淹溺	周边水域	1. 管理人员违章指挥，强令冒险作业；2. 人员心理异常，侥幸心理；3. 作业人员操作错误、违章作业；4. 违反劳动纪律行为（管理人员脱岗）；5. 人员未正确使用安全防护用品	1. 现场无警示标识或标识破损；2. 现场救生设施设置不足；3. 水下存在不明物体或生物的拖拽或缠绕；4. 氧气瓶、头盔等存在缺陷	1. 雷雨、大风（6级以上）、冰雹、大雾等恶劣天气作业；2. 水体寒冷；3. 水体内能见度不足	1. 专项施工方案、应急预案不完善或未落实；2. 未落实安全教育、培训、交底，检查制度；3. 现场监控监管看不到位	√		√		√

续上表

施工作业内容	典型风险事件	致害物	致险因素				风险事件后果类型				
			人的因素	物的因素	环境因素	管理因素	易导致伤亡人员类型		人员伤亡		
							本人	他人	轻伤	重伤	死亡
现浇底板	物体打击	工具、材料、土石方、预制构件等	1. 现场作业人员未正确使用安全防护用品（安全帽等）；2. 人员违章进入危险区域；3. 管理人员违章指挥，强令冒险作业；4. 作业人员身体健康状况异常，心理异常，感知异常（反应迟钝、辨识错误）；5. 作业人员操作错误，违章作业（违章抛物）	1. 安全防护用品不合格（安全帽等）；2. 作业过程中产生的坠落物、抛射物、喷射物、溅射物等（工具、材料等）；3. 未设置防护设施（挡脚板、防护网等）；4. 物品摆放位置不合理或未固定；5. 物品尺寸超大、超长等	1. 强风、暴雨、冰雹、大雾等不良天气；2. 作业场地杂乱；3. 照明光线不足；4. 机械、车船、场地晃动、振动	1. 施工方案不完善或未落实；2. 安全教育、培训、交底、检查制度不完善或不落实；3. 安全防护用品等未进行进场验收或验收不到位；4. 安全投入不足；5. 现场无警示标识或标识破损（警戒区、标牌、反光等）		√	√	√	
	触电	发电机、破损的电缆、配电箱、用电线、配电箱、钢筋等导电材料	1. 作业人员未正确使用安全防护用品（绝缘鞋、绝缘手套等）；2. 作业人员操作错误或违章作业（带电检修维护）；3. 管理人员违章指挥，强令冒险作业；4. 电工、电焊工等特种人员未持有效证件上岗	1. 电缆线、配电箱等电气设施不合格（线路破损、老化）；2. 电气设置不规范（电缆接地、配电箱无支架等）；3. 带电设施无警示标识或标识破损；4. 安全防护装置不规范（未接地、无漏电保护器、接线端子无防护等）	1. 强风、雷雨等不良天气；2. 作业场地杂乱、潮湿或积水；3. 作业场地照明不足；4. 高温导致电线胶皮脱落	1. 临时用用电方案不完善或未落实；2. 发电机等安全操作规程不规范或未落实；3. 电气设施材料等未进行进场验收；4. 无电工对用电设施进行巡查或巡查不到位；5. 机械设备安全管理制度未落实（发电机、电焊机等检查维护保养不到位）；	√		√	√	

— 226 —

续上表

施工作业内容	典型风险事件	致害物	致险因素				风险事件后果类型			
			人的因素	物的因素	环境因素	管理因素	易导致伤亡人员类型		人员伤亡		
							本人	他人	轻伤	重伤	死亡
现浇底板	触电	发电机、破损的电线、配电箱、弯曲钢筋等导电材料	5.作业人员疲劳作业	5.防护不当,防护距离不足(配电柜、发电机遮雨棚、防护围挡或防护破损)		6.安全教育、培训、交底、检查制度不完善或未落实; 7.安全投入不足					
	机械伤害	挖掘机、搅拌机、破碎机、弯曲机、切割机、装载机等施工机具	1.人员违章进入危险区域(机械作业半径等); 2.管理人员违章指挥,强令冒险作业; 3.机械操作人员违章作业,违章作业,无有效证件上岗; 4.机械操作人员操作错误,违规作业(违载人、酒后作业); 5.操作人员身体健康状况异常、心理异常,感知异常(反应迟钝,辨识错误); 6.现场作业人员未正确使用安全防护用品(反光背心、安全帽等); 7.机械操作人员疲劳作业	1.机械设备破损、标识破损(警戒区、标牌、反光贴等); 2.设备设施安全作业距离不足; 3.设备带"病"作业(设备设施制动装置失效、运动或转动装置无防护、防护装置有缺陷等); 4.安全防护用品不合格(反光背心、安全帽、护目镜等)	1.强风、暴雨、大雪、冰雹、大雾等不良天气; 2.作业场地狭窄、不平整,道路湿滑; 3.场地光线不足; 4.存在视野盲区	1.机械设备安全管理制度不完善或落实不到位,检查维护保养不到位; 2.未对机械设备、安全防护用品等进行进场验收或验收不落实; 3.安全教育、培训、交底制度不完善或未落实; 4.机械设备操作规程不规范; 5.安全投入不足		√	√	√	√

— 227 —

续上表

施工作业内容	典型风险事件	致害物	致险因素				风险事件后果类型				
			人的因素	物的因素	环境因素	管理因素	易导致伤亡人员类型		人员伤亡		
							本人	他人	轻伤	重伤	死亡
现浇底板	车船伤害	运输、施工的车船等	1. 人员违章进入危险区域； 2. 管理人员违章指挥，强令冒险作业(进入驾驶员视野盲区等)； 3. 机驾人员未持有效证件上岗，机驾人员操作错误，违章作业(违规载人、酒后驾驶、超速、超限、超载作业)； 4. 机驾人员身体健康状况异常、心理异常、感知异常(反应迟钝、辨识错误)； 5. 机驾人员疲劳作业； 6. 现场人员未正确使用安全防护用品(反光背心、安全帽等)	1. 车船未配备警示标识或标识破损(警戒区、标牌、反光锥、反光贴等)； 2. 车船带“病”作业(制动装置、喇叭、警示灯等设施缺陷)； 3. 车船作业安全距离不足； 4. 人员安全防护用品不合格(反光背心、安全帽等)； 5. 车辆外观存在破损、配件行驶时脱落，运载物品尺寸超过车辆尺寸等； 6. 车辆转弯或后退时无明显提示； 7. 船舶甲板有较多缆绳和锚具	1. 强风、暴雨、大雪、冰雹、大雾等不良天气； 2. 作业场地狭窄、不平整、道路湿滑； 3. 车辆前后视线不良； 4. 存在视野盲区	1. 未对车辆、船机设备安全防护设施等进行进场验收或验收不到位； 2. 车船安全管理制度不完善或未落实(检查维护保养不到位)； 3. 安全操作规程不规范或未落实(作业前未对车船周围环境进行检查)； 4. 安全教育、培训、交底、检查制度不完善或未落实； 5. 职业健康管理制度不完善或未落实； 6. 安全投入不足	√	√	√	√	√

续上表

施工作业内容	典型风险事件	致害物	致险因素				风险事件后果类型				
			人的因素	物的因素	环境因素	管理因素	易导致伤亡人员类型		人员伤亡		
							本人	他人	轻伤	重伤	死亡
	淹溺	周边水域	1. 管理人员违章指挥，强令冒险作业；2. 人员心理异常（冒险侥幸心理）；3. 作业人员操作错误，违章作业；4. 违反劳动纪律行为（管理人员脱岗）；5. 人员未正确使用安全防护用品	1. 现场无警示标识或标志破损；2. 现场救生设施不足；3. 水下存在不明物体或生物的拖拽或缠绕；4. 氧气瓶、头盔等存在缺陷	1. 雷雨、大风（6级以上）、冰雹、大雾等恶劣天气作业；2. 水体寒冷；3. 水体内能见度不足	1. 专项施工方案、应急预案不完善或未落实；2. 未落实安全教育、培训、交底、检查制度；3. 现场监控监看管不到位	√		√		√
现浇挡墙	物体打击	工具、材料、土石方、预制构件等	1. 现场作业人员未正确使用安全防护用品（安全帽等）；2. 人员违章进入危险区域；3. 管理人员违章指挥，强令冒险作业；4. 作业人员身体健康状况异常，心理异常，感知异常（反应迟钝，辨识错误）；5. 作业人员操作错误（违章抛物）	1. 安全防护用品不合格（安全帽等）；2. 作业过程中产生的坠落物、抛射物、喷射物、溅射物等（工具、材料等）；3. 未设置防护设施，防护设施存在缺陷（挡脚板、防护网等）；4. 物品摆放位置不合理或未固定；5. 物品尺寸超大、超长等	1. 强风、暴雨、冰雹、大雾等不良天气；2. 作业场地杂乱；3. 照明光线不足；4. 机械、车船、场地等晃动、振动	1. 施工方案不完善或未落实；2. 安全教育、培训、交底、检查制度不完善或未落实；3. 安全防护用品等未进行进场验收或验收不到位；4. 安全投入不足；5. 现场无警示标识或标识破损（警戒区、标牌、反光锥等）		√	√	√	

续上表

施工作业内容	典型风险事件	致害物	致险因素			风险事件后果类型				
			人的因素	物的因素	环境因素	管理因素	易导致伤亡人员类型			人员伤亡		
							本人	他人		轻伤	重伤	死亡
现浇挡墙	触电	发电机、破损的电线、配电箱、钢筋等导电材料	1.作业人员未正确使用安全防护用品（绝缘鞋、绝缘手套等）； 2.作业人员操作错误或违章作业（带电检修维护）； 3.管理人员违章指挥、强令冒险作业； 4.电工、电焊工等特种人员未持有效证件上岗； 5.作业人员疲劳作业	1.电缆线、配电箱等电气设施不合格（线路破损、老化）； 2.电气设施设置不规范（电缆拖地、配电箱无支架等）； 3.带电设施无警示标识或标识破损； 4.安全防护装置不规范、未漏电保护器、接线端子无防护罩等）； 5.防护不当，防护距离不足（配电柜、发电机遮雨棚、防护围挡或防护罩破损）	1.强风、雷雨等不良天气； 2.作业场地杂乱、潮湿或积水； 3.作业场地照明不足； 4.高温导致电线胶皮脱落	1.临时用电方案不完善或未落实； 2.发电机等安全操作规程不规范或未落实； 3.电气设施材料等未进行进场验收； 4.无电工对用电设施进行巡查或巡查不到位； 5.机械设备安全管理制度未落实（发电机、电焊机等机具检查维护保养不到位）； 6.安全教育、培训、交底、检查制度不完善或未落实； 7.安全投入不足	√			√	√	

230

第五章 船闸工程施工的主要安全风险分析

续上表

施工作业内容	典型风险事件	致害物	致险因素			风险致伤亡人员类型		风险事件后果类型		
			人的因素	物的因素	环境因素	管理因素	易导致伤亡人员类型		人员伤亡		
							本人	他人	轻伤	重伤	死亡
现浇挡墙	机械伤害	挖掘机、打桩机、搅拌机、破碎机、切割机、装载机等施工机具	1. 人员违章进入危险区域（机械作业半径等）； 2. 管理人员违章指挥，强令冒险作业； 3. 机械操作人员未持有效证件上岗； 4. 机械操作人员操作错误，违章作业（违规载人、酒后作业）； 5. 操作人员身体健康状况异常、心理异常、感知异常（反应迟钝、辨识知识错误）； 6. 现场作业人员未正确使用安全防护用品（反光背心、安全帽等）； 7. 机械操作人员疲劳作业	1. 机械无警示标识或标识破损（警戒区、标牌、反光贴等）； 2. 设备设施安全作业距离不足； 3. 设备带"病"作业（设备设施制动装置失效、运动或转动装置无防护或防护装置有缺陷等）； 4. 安全防护用品不合格（反光背心、安全帽、护目镜等）	1. 强风、暴雨、大雪、冰雹、大雾等不良天气； 2. 作业场地狭窄、不平整，道路湿滑； 3. 场地光线不足； 4. 存在视野盲区	1. 机械设备安全管理制度不完善或保养未到位（检查维护保养未到位）； 2. 未对机械设备进行进场验收或验收不到位； 3. 安全教育、培训、交底制度不完善或未落实； 4. 机械设备操作规程不规范或未落实； 5. 安全投入不足		√	√	√	√

续上表

施工作业内容	典型风险事件	致害物	致险因素				风险事件后果类型				
			人的因素	物的因素	环境因素	管理因素	易导致伤亡人员类型		人员伤亡		
							本人	他人	轻伤	重伤	死亡
现浇挡墙	车船伤害	运输、施工的车船等	1. 人员违章进入危险区域； 2. 管理人员违章指挥，强令冒险作业（进入视野盲区等）； 3. 机驾人员未持有效证件上岗，违章操作错误，违章作业（违规超限、酒后驾驶、超速、超载等）； 4. 机驾人员身体健康状况异常、心理异常、感知异常（反应迟钝、辨识错误）等； 5. 机驾人员疲劳作业； 6. 现场防护用品使用安全防护用品（反光背心、安全帽等）	1. 车船未配备警示标识或标识破损（警戒区、标牌、反光锥、反光贴等）； 2. 车船声"病"作业（制动装置、喇叭、警示灯等设施缺陷）； 3. 车船带作业未有效证件上岗，违章操作； 4. 人员安全防护用品不合格（反光背心、安全帽等）； 5. 车辆外观存在破损、配件行驶时脱落、运载物品尺寸超过车辆尺寸等； 6. 车辆转弯或退后时无明显提示； 7. 船舶甲板有较多缆绳和锚具	1. 强风、暴雨、大雪、冰雹、大雾等不良天气； 2. 作业场地狭窄、不平整，道路湿滑； 3. 车辆前后视线不良； 4. 存在视野盲区	1. 未对车辆、船机设备安全防护设施验收进行进场验收或验收不到位； 2. 车船安全管理制度不完善或维护保养不规范； 3. 安全操作规程（作业前或未落实（作业前环境未进行检查）； 4. 安全教育、培训、交底、检查制度不完善或未落实； 5. 职业健康管理制度不完善或未落实； 6. 安全投入不足	√	√	√	√	√

— 232 —

续上表

施工作业内容	典型风险事件	致害物	致险因素				风险事件后果类型				
			人的因素	物的因素	环境因素	管理因素	易导致伤亡人员类型		人员伤亡		
							本人	他人	轻伤	重伤	死亡
现浇式挡墙	高处坠落	无防护的作业平台、施工人员受自身的重力运动	1. 作业人员未正确使用安全防护用品（安全带、防滑鞋等）；2. 作业人员身体健康状况异常，心理异常，感知异常（高血压、恐高症等禁忌症，反应迟钝，辨识错误）；3. 作业人员疲劳作业，管理人员违章指挥、强令冒险作业；4. 作业人员操作错误或违章作业	1. 高处作业场所未设置安全防护等措施（安全绳索、防坠网、栏杆等）；2. 未设置安全警示标识或标识破损；3. 安全防护用品质量不合格，存在缺陷；4. 未设置或设置不规范全爬梯或设置不规范	1. 大风、雷电、大雪、暴雨等恶劣天气；2. 夜间施工照明不足；3. 作业场地不平整、湿滑；4. 临边洞口区域较多；5. 现场需要经常登高作业	1. 安全教育、培训、交底、检查制度不完善或未落实；2. 职业健康、安全管理制度不完善，未落实（定期体检）；3. 安全投入不足；4. 高处作业安全操作规程不规范或未落实；5. 安全防护用品等未进行进场验收或验收不到位	√			√	√
装配式挡墙	淹溺	周边水域	1. 管理人员违章指挥、强令冒险作业；2. 人员心理异常（冒险、侥幸心理）；3. 作业人员操作错误、违章作业；4. 违反劳动纪律行为（管理人员脱岗）；5. 人员未正确使用安全防护用品	1. 现场无警示标识；2. 现场救生设施建设不足；3. 水下存在不明物体或发生拖拽缠绕；4. 氧气瓶、头盔等存在缺陷	1. 雷雨、大风（6级以上）、冰雹、大雾等恶劣天气作业；2. 水体寒冷；3. 水体内能见度不足	1. 专项施工方案、应急预案不完善或未落实；2. 未落实安全教育、培训、交底；3. 现场监控看管不到位	√		√		√

— 233 —

续上表

施工作业内容	典型风险事件	致害物	致险因素			风险事件后果类型			
						易导致伤亡人员类型		人员伤亡		
			人的因素	物的因素	环境因素	管理因素	本人	他人	轻伤	重伤	死亡

施工作业内容	典型风险事件	致害物	人的因素	物的因素	环境因素	管理因素	本人	他人	轻伤	重伤	死亡
装配式挡墙	物体打击	工具、材料、预制构件等	1.现场作业人员未正确使用安全防护用品（安全帽等）；2.人员违章进入危险区域；3.管理人员违章指挥，强令冒险作业；4.作业人员身体健康状况异常、心理异常、感知异常（反应迟钝、辨识错误）；5.作业人员操作错误（违章抛物）	1.安全防护用品不合格（安全帽等）；2.作业过程中产生的坠落物、抛射物、喷射物、溅射物等（工具、材料等）；3.未设置防护设施，防护设施存在缺陷（挡脚板、防护网等）；4.物品摆放位置不合理或未固定；5.物品尺寸超大、超长等	1.强风、暴雨、冰雹、大雾等不良天气；2.作业场地杂乱；3.照明光线不足；4.机械、车船、场地等晃动、振动	1.施工方案不完善或未落实；2.安全教育、培训、交底、检查制度不完善或未落实；3.安全防护用品等未进行进场验收或验收不到位；4.安全投入不足；5.现场无警示标识或标识破损（警戒区、标牌、反光锥等）		√	√	√	
	机械伤害	搅拌机、弯曲机、切制机、装载机等施工机具	1.人员违章进入危险区域（机械作业半径等）；2.管理人员违章指挥，强令冒险作业；3.机械操作人员未持有效证件上岗；4.机械操作人员操作错误，违章作业（违规抛物、违章作业、酒后上岗）	1.机械无警示标识或标识破损（警戒区、标牌、反光贴等）；2.设备设施安全作业距离不足；3.设备带"病"作业（设备设施制动装置失效、运动或转动装置无防护或防护装置有缺陷等）	1.强风、暴雨、大雪、冰雹、大雾等不良天气；2.作业场地狭窄、不平整，道路湿滑；3.场地光线不足；4.存在视野盲区	1.机械设备安全管理制度不完善或落实、检查维护保养不到位；2.未对机械设备、安全防护用品等进行进场验收或验收不到位；3.安全教育、培训、交底制度不完善或未落实		√	√	√	√

续上表

施工作业内容	典型风险事件	致害物	致险因素				风险事件后果类型			
			人的因素	物的因素	环境因素	管理因素	易导致伤亡人员类型		人员伤亡		
							本人	他人	轻伤	重伤	死亡
	机械伤害	搅拌机、弯曲机、切割机、装载机等施工机械机具	5.操作人员身体健康状况异常、心理异常、感知异常（反应迟钝、辨识错误）；6.现场作业人员未正确使用安全防护用品（反光背心、安全帽）；7.机械操作人员疲劳作业	4.安全防护用品不合格（反光背心、安全帽、护目镜等）		4.机械设备操作规程不规范或未落实；5.安全投入不足					
装配式挡墙	起重伤害	汽车起重机、履带式起重机、浮式起重机等起重设备、吊索吊具	1.管理人员违章指挥，强令冒险作业；2.作业人员操作错误、违章作业；3.起重工、信号工未持有效证件上岗；4.现场作业人员未正确使用安全防护用品（安全帽等）；5.抗倾覆验算错误；6.人员违章进入危险区域	1.设备自身缺陷（强度、刚度不足，抗倾覆能力不足）；2.现场无警示标识或标识破损（警戒区、反光锥等）；3.起重机支垫材料不合格（枕木、钢板等）；4.构件防锈处理不合格；5.吊索吊具不合格或达到报废标准（钢丝绳、吊带、U形卸扣等）；6.无防护或防护装置缺陷（防脱钩装置、限位装置等）；	1.强风、暴雨、大雾、大雪等不良天气；2.地基承载力不足，基础下沉；3.作业场地照明不足；4.浮式起重机周围水域存在较大波浪或暗流；5.起重机周围存在有较多障碍物；6.起重机周围存在视野盲区	1.施工方案不完善或未落实；2.安全教育、培训、交底，检查制度不完善或未落实；3.未对起重设备进行进场验收或验收不到位；4.安全投入不足；5.起重吊装作业时无专人监视；6.起重吊装安全操作规程不规范或落实	√	√	√	√	√

续上表

施工作业内容	典型风险事件	致害物	致险因素			风险事件后果类型			
			人的因素	物的因素	环境因素	管理因素	易导致伤亡人员类型 || 人员伤亡		
							本人	他人	轻伤	重伤	死亡
装配式挡墙	起重伤害	汽车起重机、履带式起重机、浮式起重机等起重设备、吊索吊具	7.起重人员身体健康状况异常，心理异常，感知异常（反应迟钝、辨识错误）；8.作业人员疲劳作业	7.设备带"病"作业（制动装置等）；8.安全防护用品不合格（反光背心、安全帽等）							
	车船伤害	运输、施工的车船等	1.人员违章进入危险区域；2.管理人员违章指挥，强令冒险作业（进入驾驶员视野盲区等）；3.机驾人员未持有效证件上岗，酒后驾驶，违章作业（违规载人，超速、超限、超载等）；4.驾驶人员身体健康状况异常，心理异常，感知异常（反应迟钝、辨识错误）；5.机驾人员疲劳作业；6.现场人员防护用品未正确使用（反光背心、安全帽等）	1.车船未配备警示标识或标识破损（警戒区、标牌、反光锥、反光贴等）；2.车船带"病"作业（制动装置、喇叭、警示灯等设施缺陷）；3.车船作业安全距离不足；4.人员安全防护用品不合格（反光背心、安全帽等）；5.车辆外观存在破损，配件行驶时脱落，运载物品尺寸超过车辆尺寸；6.车辆转弯提示无明显提示；7.船舶甲板有较多缆绳和锚具	1.强风、暴雨、大雪、冰雹、大雾等不良天气；2.作业场地狭窄、不平整或道路湿滑；3.车辆前后视线不良；4.存在视野盲区	1.未对车辆、船机设备安全防护设施等进行进场验收或验收不到位；2.车船安全管理制度不完善或未落实（检查维护保养不到位）；3.安全操作规程不规范或未落实（作业前对车船周围环境未进行检查）；4.安全教育、培训、交底、检查制度不完善或未落实；5.职业健康管理制度不完善不落实；6.安全投入不足	√	√	√	√	√

续上表

施工作业内容	典型风险事件	致害物	致险因素				风险事件后果类型				
							风险致伤亡人员类型		人员伤亡		
			人的因素	物的因素	环境因素	管理因素	本人	他人	轻伤	重伤	死亡
装配式挡墙	高处坠落	无防护的作业平台，施工人员受自身的重力运动	1.作业人员未正确使用安全防护用品（安全带、防滑鞋等）；2.作业人员身体健康状况异常、心理异常，感知异常（高血压、恐高症等禁忌症、反应迟钝、辨识错误）；3.作业人员疲劳作业，管理人员违章指挥、强令冒险作业；4.作业人员操作错误或违章作业	1.高处作业防护措施（安全绳索、防坠网、栏杆等）设置安全警示标识或破损；3.安全防护用品质量不合格，存在缺陷；4.未设置爬梯或设置不安全爬梯或设置不规范	1.大风、雷电、大雪、暴雨等恶劣天气；2.夜间施工照明不足；3.作业场地不平整、湿滑；4.临边洞口区域较多；5.现场需要经常登高作业	1.安全教育、培训、交底、检查制度不完善或未落实；2.职业健康、安全管理制度不完善，未落实（定期体检）；3.安全投入不足；4.高处作业安全操作规程不规范或未落实；5.安防护用品等未进行进场验收或验收不到位	√		√	√	√
钢板桩挡墙	淹溺	周边水域	1.管理人员违章指挥、强令冒险作业；2.人员心理异常（冒险、侥幸心理）；3.作业人员操作错误、违章作业；4.违反劳动纪律行为（管理人员脱岗）；5.人员未正确使用安全防护用品	1.现场无警示标识或标识破损；2.现场救生设施不足；3.水下存在不明物拖拽或生物等；4.氧气瓶、头盔等存在缺陷	1.雷雨、大风（6级以上）、冰雹、大雾等恶劣天气作业；2.水体寒冷；3.水体内能见度不足	1.专项施工方案、应急预案不完善或未落实；2.未落实安全教育、培训、交底、检查制度；3.现场监控看管不到位	√		√		√

续上表

施工作业内容	典型风险事件	致害物	致险因素				风险事件后果类型				
			人的因素	物的因素	环境因素	管理因素	易导致伤亡人员类型		人员伤亡		
							本人	他人	轻伤	重伤	死亡
	物体打击	工具、材料、预制构件等	1.现场作业人员未正确使用安全防护用品（安全帽等）；2.人员违章进入危险区域；3.管理人员违章指挥，强令冒险作业；4.作业人员身体健康状况异常，心理迟钝、感知异常（反应迟钝、辨识错误）；5.作业人员操作错误、违章作业（违章抛物）	1.作业过程中产生的坠落物、抛射物、喷射物、溅射物等（工具、材料等）；2.未设置防护设施，防护设施存在缺陷（挡脚板、防护网等）；3.物品摆放位置不合理或未固定；4.物品尺寸超大、超长等	1.强风、暴雨、冰雹、大雾等不良天气；2.作业场地杂乱；3.照明光线不足；4.机械、车船、场地晃动、振动	1.施工方案不完善或未落实；2.安全教育、培训、交底、检查制度不完善或未落实；3.安全防护用品等未进行进场验收或验收不到位；4.安全投入不足；5.现场无警示标识或标识破损（警戒区、标牌、反光锥等）		√	√	√	
钢板桩挡墙	触电	发电机、破损的电线、配电箱、钢筋等导电材料	1.作业人员未正确使用安全防护用品（绝缘鞋、绝缘手套等）；2.作业人员操作错误或违反安全操作规程（带电检修维护）；3.管理人员违章指挥，强令冒险作业	1.电缆线、配电箱等电气设施不合格（线路破损、老化）；2.电气设施设置不规范（电缆拖地、配电箱无支架等）；3.带电设施无警示标识或标识破损；4.安全防护装置不规范、无漏电保护器、接线端子无防护罩等	1.强风、雷雨等不良天气；2.作业场地杂乱、潮湿或积水；3.作业场地照明不足；4.高温导致电线胶皮脱落	1.临时用电方案不完善未落实；2.发电机等安全操作规程不规范或未落实；3.电气设施材料等未进行进场验收；4.无电工对用电设施进行巡查或检查不到位；5.机械设备安全管理制度未落实（发电机、电焊机等机具检查维护保养不到位）	√		√	√	

续上表

施工作业内容	典型风险事件	致害物	致险因素				风险事件后果类型				
			人的因素	物的因素	环境因素	管理因素	易导致伤亡人员类型		人员伤亡		
							本人	他人	轻伤	重伤	死亡
	触电	发电机、破损的电线、配电箱、钢筋等电材料	4. 电工、电焊工等特种人员未持有效证件上岗； 5. 作业人员疲劳作业	5. 防护不当,防护距离不足,发电机无遮雨棚,防护围挡或防护破损		6. 安全教育,培训,交底,检查制度不完善或未落实； 7. 安全投入不足		√	√	√	√
钢板桩挡墙	机械伤害	打桩机、装载机等施工机具	1. 人员违章进入危险区域（机械作业半径等）； 2. 管理人员违章指挥,强令冒险作业； 3. 机械操作人员未持有效证件上岗； 4. 机械操作人员操作错误,违章作业（违规载人,酒后作业）； 5. 操作人员身体健康状况异常,心理异常,感知异常（反应迟钝,辨识错误）； 6. 现场作业人员未正确使用安全防护用品（反光背心、安全帽等）； 7. 机械操作人员疲劳作业	1. 机械破损,标识破损,标识贴等； 2. 设备设施安全作业距离不够； 3. 设备带"病"作业（设备设施强制动装置失效,运动或转动装置无防护或防护装置有缺陷等）； 4. 安全防护用品不合格（反光背心、安全帽、目镜等）	1. 强风、暴雨、大雪、冰雹、大雾等不良天气； 2. 作业场地狭窄,不平整,道路湿滑； 3. 场地光线不足； 4. 存在视野盲区	1. 机械设备安全管理制度不完善或落实不到位（检查维护保养不到位）； 2. 未对机械设备,安全防护用品等进行进场验收或验收不到位； 3. 安全教育,培训,交底,制度不完善或未落实； 4. 机械设备操作规程不规范或未落实； 5. 安全投入不足		√	√	√	√

续上表

施工作业内容	典型风险事件	致险因素				风险事件后果类型			
						易导致伤亡人员类型	人员伤亡		
		致害物	人的因素	物的因素	环境因素	管理因素	本人	他人	轻伤	重伤	死亡

施工作业内容	典型风险事件	致害物	人的因素	物的因素	环境因素	管理因素	本人	他人	轻伤	重伤	死亡
钢板桩挡墙	起重伤害	汽车起重机、履带式起重机、浮式起重机等起重设备、吊索吊具	1.管理人员违章指挥，强令冒险作业；2.作业人员操作错误，违章作业；3.起重工、信号工未持有效证件上岗；4.现场作业人员未正确使用安全防护用品（安全帽等）；5.抗倾覆验算错误；6.人员违章进入危险区域；7.起重人员身体健康状况异常、心理异常、感知异常（反应迟钝、辨识错误）；8.作业人员疲劳作业	1.设备自身缺陷（强度、刚度不足、抗倾覆能力不足）；2.现场无警示标识或标识破损（警戒区、标牌、反光锥等）；3.起重机支垫材料不合格（枕木、钢板等）；4.构件防锈处理不合格；5.吊索吊具不合格（钢丝绳、吊带、U形卸扣等）；6.吊具吊索达到报废标准；7.无防护或防护装置缺陷（防脱钩装置、限位装置等）；8.设备带"病"作业（制动装置等）；8.安全防护用品不合格（反光背心、安全帽等）	1.强风、暴雨、大雾、大雪等天气不良；2.地基承载力不足，基础下沉；3.作业场地照明不足；4.浮式起重机周围水域存在大波浪或暗流；5.起重机周围存在较多障碍物；6.起重机周围存在视野盲区	1.施工方案不完善或未落实；2.安全教育、培训、交底、检查制度不完善或不落实；3.未对起重设备进行进场验收或验收不到位；4.安全投入不足；5.起重吊装作业时无专人监视；6.起重吊装安全操作规程不规范或未落实	√	√	√	√	√

续上表

施工作业内容	典型风险事件	致害物	致险因素			风险事件后果类型					
			人的因素	物的因素	环境因素	管理因素	易导致伤亡人员类型		人员伤亡		
							本人	他人	轻伤	重伤	死亡
钢板桩挡墙	车船伤害	运输、施工的车船等	1. 人员违章进入危险区域； 2. 管理人员违章指挥，强令冒险作业（进入视野盲区等）； 3. 机驾人员未持有效证件上岗，机驾人员操作错误，违章作业（违规载人、酒后驾驶、超速、超限）； 4. 机驾人员身体健康状况异常，心理异常，感知异常（反应迟钝、辨识错误）； 5. 人员疲劳作业； 6. 现场人员防护用品未正确使用安全防护用品（反光背心、安全帽等）	1. 车船未配备警示标识或标识破损（警戒区、标牌、反光锥、反光贴等）； 2. 车船"病"作业（制动装置、喇叭、警示灯等设施缺陷）； 3. 车船作业安全距离不足； 4. 人员安全防护用品不合格（反光背心、安全帽等）； 5. 车辆外观存在破损、配件行驶时脱落，运载物品尺寸超过车辆尺寸等； 6. 车辆转弯或退行时无明显提示； 7. 船舶甲板有较多缆绳和锚具	1. 强风、暴雨、大雪、冰雹、大雾等不良天气； 2. 作业场地狭窄不平整、道路湿滑； 3. 车辆前后视线不良； 4. 存在视野盲区	1. 未对车辆、船机设备安全防护设施等进行进场验收或验收不到位； 2. 车船安全管理制度不完善或保养不到位（检查维护保养不到位）； 3. 安全操作规程未落实（作业前未对车船周围环境进行检查）； 4. 安全教育、培训、交底、检查制度不完善或落实不足； 5. 职业健康管理制度不完善或未落实； 6. 安全投入不足	√	√	√	√	√

— 241 —

续上表

施工作业内容	典型风险事件	致害物	致险因素 人的因素	致险因素 物的因素	致险因素 环境因素	致险因素 管理因素	易导致伤亡人员类型 本人	易导致伤亡人员类型 他人	人员伤亡 轻伤	人员伤亡 重伤	人员伤亡 死亡
钢板桩挡墙	高处坠落	无防护的作业平台,施工人员受自身的重力运动	1.作业人员未正确使用安全防护用品(安全带、防滑鞋等);2.作业人员身体健康状况异常、心理异常,感知异常(高血压、恐高症等禁忌症,反应迟钝,辨识错误);3.作业人员违章指挥、管理人员违章指令、冒险作业;4.作业人员操作错误或违章作业	1.高处作业场所未设置安全防护等措施(安全绳索、防坠网、栏杆等);2.未设置安全警示标识或标识破损;3.安全防护用品质量不合格、存在缺陷;4.未设置或设置不安全爬梯或设置不规范	1.大风、雷电、大雪、暴雨等恶劣天气;2.夜间施工照明不足;3.作业场地不平整、湿滑;4.临边洞口区域较多;5.现场需要经常登高作业	1.安全教育、培训、交底、检查制度不完善或未落实;2.职业健康、安全管理制度不完善,未落实(定期体检);3.安全投入不足;4.高处作业安全操作规程不规范或未落实;5.安全防护用品等未进行进场验收或验收不到位	√			√	√
混凝土板桩挡墙	溺溺	周边水域	1.管理人员违章指挥、强令冒险作业;2.人员心理异常、侥幸心理;3.作业人员操作错误、违章作业;4.违反劳动纪律行为(管理人员脱岗);5.人员未正确使用安全防护用品	1.现场无警示标识或标识破损;2.现场救生设施不足;3.水下存在不明物体或拖拽或缠绕;4.氧气瓶、头盔等存在缺陷	1.雷雨、大风(6级以上)、冰雹、大雾等恶劣天气作业;2.水体寒冷;3.水体内能见度不足	1.专项施工方案、应急预案不完善或未落实;2.未落实安全教育、培训、交底;3.现场监督看管不到位	√		√		√

续上表

施工作业内容	典型风险事件	致害物	致险因素				风险事件后果类型				
			人的因素	物的因素	环境因素	管理因素	易导致伤亡人员类型		人员伤亡		
							本人	他人	轻伤	重伤	死亡
	物体打击	工具、材料、土石方、预制构件等	1. 现场作业人员未正确使用安全防护用品（安全帽等）；2. 人员违章进入危险区域；3. 管理人员违章指挥，强令冒险作业；4. 作业人员身体健康状况异常，心理迟钝，辨识错误）；5. 违章作业（违章抛物）	1. 安全防护用品不合格（安全帽等）；2. 作业过程中产生的坠落物、抛射物、喷射物、溅射物等（工具、材料等）；3. 未设置防护设施，防护设施存在缺陷（挡脚板、防护网等）；4. 物品摆放位置不合理或未固定；5. 物品尺寸超大、超长等	1. 强风、暴雨、冰雹、大雾等不良天气；2. 作业场地杂乱；3. 照明光线不足；4. 机械、车船、场地等晃动、振动	1. 施工方案不完善或未落实；2. 安全教育、培训、交底、检查制度不完善或未落实；3. 安全防护用品等未进行进场验收或验收不到位；4. 安全投入不足；5. 现场无警示标识或标识破损（警戒区、标牌、反光锥等）		√	√	√	
混凝土板桩挡墙	机械伤害	挖掘机、搅拌机、打桩机、弯曲机、切割机、破碎机、装载机等施工机具	1. 人员违章进入危险区域（机械作业半径等）；2. 管理人员违章指挥，强令冒险作业；3. 机械操作人员未持有效证件上岗；4. 机械操作人员操作错误，违规作业（违规载人、酒后作业）；5. 操作人员身体健康状况异常，心理迟钝，感知异常（反应迟钝、辨识错误）	1. 机械设备破损，标识破损、标牌、反光贴等；2. 设备设施安全距离不足；3. 设备带"病"作业（设备设施制动装置失效、运动或转动装置无防护装置有缺陷等）	1. 强风、暴雨、大雪、冰雹、大雾等不良天气；2. 作业场地狭窄不平整、道路湿滑；3. 场地光线不足；4. 存在视野盲区	1. 机械设备安全管理制度不完善或未落实（检查维护保养不到位；2. 未对机械设备、安全防护用品等进行进场验收或验收不到位；3. 安全教育、培训、交底制度不完善或未落实		√	√	√	√

续上表

施工作业内容	典型风险事件	致害物	致险因素			风险事件后果类型				
			人的因素	物的因素	环境因素	管理因素	易导致伤亡人员类型		人员伤亡		
							本人	他人	轻伤	重伤	死亡
	机械伤害	挖掘机、打桩机、搅拌机、破碎机、弯曲机、切割机、装载机等施工机具	6.现场作业人员未正确使用安全防护用品（反光背心、安全帽等）；7.机械操作人员疲劳作业	4.安全防护用品不合格（反光背心、安全帽、护目镜等）		4.机械设备操作规程不规范或设施未落实；5.安全投入不足					
混凝土板桩挡墙	车船伤害	运输、施工的车船等	1.人员违章进入危险区域；2.管理人员违章指挥，强令冒险作业（进入驾驶员视野盲区等）；3.机驾人员未持有效证件上岗，酒后驾驶，违规作业，违章作业错误，超人、超速、超限、超载作业；4.机驾人员身体健康状况异常、心理异常、感知异常（反应迟钝、辨识错误）；5.机驾人员疲劳作业；6.现场作业人员未正确使用安全防护用品（反光背心、安全帽等）	1.车船未配备警示标识或标识破损（警戒区、标牌、反光锥、反光贴等）；2.车船带"病"作业（制动装置、喇叭、警示灯等设施缺陷）；3.车船作业安全距离不足；4.人员安全防护用品不合格（反光背心、安全帽等）；5.车辆外观存在破损，配件行驶时脱落、运载物品尺寸超过车辆尺寸等；6.车辆转弯或退后时无明显提示；7.船舶甲板有较多缆绳和锚具	1.强风、暴雨、大雪、冰雹、大雾等不良天气；2.作业场地狭窄、不平整、道路湿滑；3.车辆前后视线不良；4.存在视野盲区	1.未对车辆、船机设备安全防护设施等进行进场验收或验收不到位；2.车船安全管理制度不完善或未落实（检查维护保养不到位）；3.安全操作规程不规范或未落实（作业前环境未对车船周围环境进行检查）；4.安全教育、培训、交底、检查制度不完善或未落实；5.职业健康管理制度不完善或未落实；6.安全投入不足	√	√	√	√	√

第五章 船闸工程施工的主要安全风险分析

续上表

施工作业内容	典型风险事件	致害物	致险因素				风险事件后果类型				
			人的因素	物的因素	环境因素	管理因素	易导致伤亡人员类型		人员伤亡		
							本人	他人	轻伤	重伤	死亡
	淹溺	周边水域	1.管理人员违章指挥，强令冒险作业；2.人员心理异常（冒险侥幸心理）；3.作业人员操作错误，违章作业；4.违反劳动纪律行为（管理人员脱岗）；5.人员未正确使用安全防护用品	1.现场无警示标识或标志破损；2.现场救生设施不足；3.水下存在不明物体或生物的拖拽或缠绕；4.氧气瓶、头盔等存在缺陷	1.雷雨、大风（6级以上）、冰雹、大雾等恶劣天气作业；2.水体寒冷；3.水体内能见度不足	1.专项施工方案、应急预案不完善或未落实；2.未落实安全教育、培训、交底、检查制度；3.现场监控看管不到位		√	√		√
灌注桩挡墙	物体打击	工具、材料、土石方、预制构件等	1.现场作业人员未正确使用安全防护用品（安全帽等）；2.人员违章进入危险区域；3.管理人员违章指挥，强令冒险作业；4.作业人员身体健康状况异常，心理反应迟钝，感知异常（反应迟钝、辨识错误）；5.作业人员（违章抛物）	1.安全防护用品不合格（安全帽等）；2.作业过程中产生的坠落物、抛射物、喷射物、溅射物等（工具、材料等）；3.未设置防护设施、防护设施存在缺陷（挡脚板、防护网等）；4.物品摆放位置不合理或未固定；5.物品尺寸超大、超长等	1.强风、暴雨、冰雹天气；2.作业场地杂乱；3.照明光线不足；4.机械、车船、场地等晃动、振动	1.施工方案不完善或未落实；2.安全教育、培训、交底、检查制度不完善或落实；3.安全防护用品等未进行进场验收或验收不到位；4.安全投入不足；5.现场无警示标识或标识破损（警戒区、标牌、反光锥等）	√	√	√	√	

— 245 —

续上表

施工作业内容	典型风险事件	致害物	致险因素				风险事件后果类型				
			人的因素	物的因素	环境因素	管理因素	易导致伤亡人员类型		人员伤亡		
							本人	他人	轻伤	重伤	死亡
灌注桩挡墙	触电	发电机、破损的电线、配电箱、钢筋等导电材料	1.作业人员未正确使用安全防护用品（绝缘鞋、绝缘手套等）；2.作业人员操作错误或违章作业（带电检修维护）；3.管理人员违章指挥，强令冒险作业；4.电工、电焊工等特种人员未持有效证件上岗；5.作业人员疲劳作业	1.电缆线、配电箱等电气设施不合格（线路破损、老化）；2.电气设施设置不规范（电缆拖地、配电箱无支架等）；3.带电设施无警示标识或标识破损；4.安全防护装置不规范、无漏电保护器、接线端子无防护罩等；5.防护不当，防护距离不足（配电柜、发电机无遮雨棚、防护围挡或防护破损）	1.强风、雷雨等不良天气；2.作业场地杂乱、潮湿或积水；3.作业场地照明不足；4.高温导致电线胶皮脱落	1.临时用电方案不完善或未落实；2.发电机等安全操作规程不规范或未落实；3.电气设施材料未进行巡场验收；4.无电工对用电设施进行巡查或巡查不到位；5.机械设备安全管理制度未落实（发电机、电焊机等检查维护保养不到位）；6.安全教育、培训、交底、检查制度不完善或落实不足；7.安全投入不足	√		√	√	

第五章 船闸工程施工的主要安全风险分析

续上表

施工作业内容	典型风险事件	致害物	致险因素				风险致伤亡类型		风险事件后果类型		
			人的因素	物的因素	环境因素	管理因素	易导致伤亡人员类型		人员伤亡		
							本人	他人	轻伤	重伤	死亡
灌注桩挡墙	机械伤害	挖掘机、打桩机、搅拌机、弯曲机、切割机、破碎机、装载机等施工机具	1. 人员违章进入危险区域（机械作业半径等）；2. 管理人员违章指挥，强令冒险作业；3. 机械操作人员未持有效证件上岗；4. 机械操作人员操作错误，违章作业（违规载人，酒后作业）；5. 操作人员身体健康状况异常，心理异常，感知异常（反应迟钝，辨识错误）；6. 现场作业人员未正确使用安全防护用品（反光背心、安全帽等）；7. 机械操作人员疲劳作业	1. 机械破损，标识破损或标识不全（警戒区、标牌、反光贴等）；2. 设备设施安全作业距离不足；3. 设备带"病"作业（设备设施制动装置失效，运动或转动装置无防护或防护装置有缺陷等）；4. 安全防护用品不合格（反光背心、安全帽、目镜等）	1. 强风、暴雨、大雪、冰雹、大雾等不良天气；2. 作业场地狭窄、道路不平整、场地光线不足；3. 场地湿滑；4. 存在视野盲区	1. 机械设备安全管理制度不完善或未落实（检查维护保养未到位）；2. 未对机械设备、安全防护用品等进行进场验收验证未到位；3. 安全教育、培训、交底制度不完善或未落实；4. 机械设备操作规程不规范或未落实；5. 安全投入不足		√	√	√	√

— 247 —

续上表

施工作业内容	典型风险事件	致害物	致险因素				风险事件后果类型				
			人的因素	物的因素	环境因素	管理因素	易导致伤亡人员类型		人员伤亡		
							本人	他人	轻伤	重伤	死亡
灌注桩挡墙	起重伤害	汽车起重机、履带式起重机、浮式起重机等起重设备、吊索吊具	1. 管理人员违章指挥、强令冒险作业； 2. 作业人员操作错误、违章作业； 3. 起重工、信号工未持有效证件上岗； 4. 现场作业人员未正确使用安全防护用品（安全帽等）； 5. 抗倾覆验算错误； 6. 人员违章进入危险区域； 7. 起重人员身体健康状况异常、心理异常、感知异常（反应迟钝、辨识错误）； 8. 作业人员疲劳作业	1. 设备自身缺陷（强度、刚度不足、抗倾覆能力不足）； 2. 现场无警示标识或标识破损（警戒区、反光锥等）； 3. 起重机支垫材料不合格（枕木、钢板等）； 4. 构件防锈处理不合格； 5. 吊索吊具不合格（钢丝绳、吊带、U形倒扣等）达到报废标准； 6. 无防护或防护装置缺陷（防脱钩装置、限位装置等）； 7. 设备带"病"作业（制动装置等）； 8. 安全防护用品不合格（反光背心、安全帽等）	1. 强风、暴雨、大雾、大雪等不良天气； 2. 地基承载力不足，基础下沉； 3. 作业场地照明不足； 4. 浮式起重机周围水域存在较大波浪或暗流； 5. 起重机周围高空有较多障碍物； 6. 起重机周围存在视野盲区	1. 施工方案不完善或未落实； 2. 安全教育、培训、交底，检查制度不完善或未落实； 3. 未对起重设备进行进场验收或验收不到位； 4. 安全投入不足； 5. 起重吊装作业时无专人监视； 6. 起重吊装安全操作规程不规范或未落实	√	√	√	√	√

— 248 —

续上表

施工作业内容	典型风险事件	致害物	致险因素				风险事件后果类型				
			人的因素	物的因素	环境因素	管理因素	易导致伤亡人员类型		人员伤亡		
							本人	他人	轻伤	重伤	死亡
灌注桩挡墙	车船伤害	运输、施工的车船等	1. 人员违章进入危险区域； 2. 管理人员违章指挥，强令冒险作业（进入驾驶员视野盲区等）； 3. 机驾人员无证件上岗，违章作业（违载错误，酒后驾驶，超速、超限、超载作业）； 4. 机驾人员身体健康状况异常，心理异常（反应迟钝，辨识知觉错误）； 5. 机驾人员疲劳作业； 6. 现场人员未正确使用安全防护用品（反光背心、安全帽等）	1. 车船未配备警示标识或标识破损（警戒区、标牌、反光锥、反光贴等）； 2. 车船"带病"作业（制动装置、喇叭、警示灯等设施缺陷）； 3. 车船作业安全距离不足； 4. 人员安全防护用品不合格（反光背心、安全帽等）； 5. 车辆外观存在破损，配件行驶时脱落，运载物品尺寸超过车辆尺寸； 6. 车辆转弯或退时无明显提示； 7. 船舶甲板有较多缆绳和锚具	1. 强风、暴雨、大雪、冰雹、大雾等不良天气； 2. 作业场地狭小不平整，道路湿滑； 3. 车辆前后视线不良； 4. 存在视野盲区	1. 未对车辆、船舶机设备安全防护设施验收等进行进场验收或验收不到位； 2. 车船安全管理制度不完善或未落实（检查维护保养不到位）； 3. 安全操作规程未落实（作业前环境进行检查）； 4. 安全教育、培训，交底、检查制度不完善或未落实； 5. 职业健康管理制度不完善或未落实； 6. 安全投入不足	√	√	√	√	√

续上表

施工作业内容	典型风险事件	致害物	致险因素				风险致伤亡人员类型			风险事件后果类型		
			人的因素	物的因素	环境因素	管理因素	易导致伤亡人员类型			人员伤亡		
							本人	他人		轻伤	重伤	死亡
	淹溺	周边水域	1.管理人员违章指挥，强令冒险作业； 2.人员心理异常（冒险侥幸心理）； 3.作业人员操作错误，违章作业； 4.违反劳动纪律行为（管理人员脱岗）； 5.人员未正确使用安全防护用品	1.现场无警示标识或标识破损； 2.现场救生设施不足； 3.水下存在不明物体或生物的拖拽或缠绕； 4.氧气瓶、头盔等存在缺陷	1.雷雨、大风（6级以上）、冰雹、大雾等恶劣天气作业； 2.水体寒冷； 3.水体内能见度不足	1.专项施工方案、应急预案不完善或未落实； 2.未落实安全教育、培训、交底、检查制度； 3.现场监控看管不到位	√					√
格宾挡墙	物体打击	工具、材料、土石方、预制构件等	1.现场作业人员未正确使用安全防护用品（安全帽等）； 2.人员违章进入危险区域； 3.管理人员违章指挥，强令冒险作业； 4.作业人员身体健康状况异常，心理异常，感知异常（反应迟钝，辨识错误）； 5.作业人员操作错误，违章作业（违章抛物）	1.安全防护用品不合格（安全帽等）； 2.作业过程中产生坠落物、抛射物、喷射物、溅射物等（工具、材料等）； 3.未设置防护设施，防护设施存在缺陷（挡脚板、防护网等）； 4.物品摆放位置不合理或未固定； 5.物品尺寸超大、超长等	1.强风、暴雨、冰雹、大雾等不良天气； 2.作业场地杂乱； 3.照明光线不足； 4.机械、车船、场地等晃动、振动	1.施工方案不完善或未落实； 2.安全教育、培训、交底、检查制度不完善或未落实； 3.安全防护用品等未进行进场验收或验收不到位； 4.安全投入不足； 5.现场无警示标识或标识破损（警戒区、标牌、反光锥等）		√		√	√	

第五章 船闸工程施工的主要安全风险分析

续上表

施工作业内容	典型风险事件	致害物	致险因素			风险事件后果类型				
			人的因素	物的因素	环境因素	管理因素	易导致伤亡人员类型		人员伤亡		
							本人	他人	轻伤	重伤	死亡
格宾挡墙	机械伤害	挖掘机、打桩机、搅拌机、弯曲机、切割机、破碎机、装载机等施工机具	1.人员违章进入危险区域（机械作业半径等）；2.管理人员违章指挥，强令冒险作业；3.机械操作人员未持有效证件上岗；4.机械操作人员违章操作错误、违规作业（违规载人、酒后作业）；5.操作人员身体健康状况异常、心理异常，感知异常（反应迟钝、辨识错误）；6.现场作业人员未正确使用安全防护用品（反光背心、安全帽等）；7.机械操作人员疲劳作业	1.机械破损，标识贴损（警戒区、标牌、反光贴等）；2.设备设施安全作业距离不足；3.设备带"病"作业（设备设施制动装置失效、运动或转动装置无防护或防护装置有缺陷等）；4.安全防护用品不合格（反光背心、安全帽、护目镜等）	1.强风、暴雨、大雪、冰雹、大雾等不良天气；2.作业场地狭窄、道路湿滑；3.场地光线不足；4.存在视野盲区	1.机械设备安全管理制度不完善或落实（检查维护保养不到位）；2.未对机械设备、安全防护用品等进行进场验收或验收不到位；3.安全教育、培训、交底制度不完善或未落实；4.机械设备操作规程不规范或未落实；5.安全投入不足		√	√	√	√

— 251 —

续上表

施工作业内容	典型风险事件	致害物	致险因素				风险事件后果类型			
			人的因素	物的因素	环境因素	管理因素	易导致伤亡人员类型			人员伤亡		
							本人	他人		轻伤	重伤	死亡
格宾挡墙	起重伤害	汽车起重机、履带式起重机、浮式起重机等起重设备、吊索吊具	1.管理人员违章指挥，强令冒险作业；2.作业人员操作错误，违章作业；3.起重工、信号工未持有效证书上岗；4.现场作业人员未正确使用安全防护用品（安全帽等）；5.抗倾覆验算错误；6.人员违章进入危险区域；7.作业人员身体健康状况异常、心理异常、感知异常（反应迟钝、辨识错误）；8.作业人员疲劳作业	1.设备自身缺陷（强度、刚度不足，抗倾覆能力不足）；2.现场无警示标识或标识破损（警戒区、标牌、反光锥等）；3.起重机支垫材料不合格（枕木、钢板等）；4.构件防锈处理不合格；5.吊索吊具不合格（钢丝绳、吊带、U形卸扣等）；6.吊索吊具不合格或达到报废标准；7.无防护或防护装置缺陷（防脱钩装置、限位装置等）；8.设备"带病"作业（制动装置等）；8.安全防护用品不合格（反光背心、安全帽等）	1.强风、暴雨、大雾、大雪等不良天气；2.地基承载力不足、基础下沉；3.作业场地照明不足；4.浮式起重机周围水域存在较大波浪或暗流；5.起重机周围存在较多障碍物；6.起重机周围存在视野盲区	1.施工方案不完善或未落实；2.安全教育、培训、交底、检查制度不完善或未落实；3.未对起重设备进行进场验收或验收不到位；4.安全投入不足；5.起重吊装作业时无专人监视；6.起重吊装安全操作规程不规范或未落实	√	√		√	√	√

第五章 船闸工程施工的主要安全风险分析

续上表

施工作业内容	典型风险事件	致害物	致险因素			风险事件伤亡				
			人的因素	物的因素	环境因素	管理因素	易导致伤亡人员类型		人员伤亡后果类型		
							本人	他人	轻伤	重伤	死亡
格宾挡墙	车船伤害	运输、施工的车船等	1.人员违章进入危险区域； 2.管理人员违章指挥，强令冒险作业（进入视野盲区等）； 3.机驾人员未持有效证件上岗，违章操作错误，酒后、超载超限人员、超速、超载作业； 4.机驾人员身体健康状况异常、心理异常、感知异常（反应迟钝、辨识错误）； 5.机驾人员疲劳作业； 6.现场人员未正确使用安全防护用品（反光背心、安全帽等）	1.车船未配备警示标识或标识破损（警戒区、标牌、反光锥、反光贴等）； 2.车船"带病"作业（制动装置、喇叭、警示灯等设施缺陷）； 3.车船作业安全距离不足； 4.人员安全防护用品不合格（反光背心、安全帽等）； 5.车辆外观存在破损、配件行驶时脱落、运载物品尺寸提示； 6.车辆转弯或后退时无明显提示； 7.船舶甲板有多缆绳和锚具	1.强风、暴雨、大雪、冰雹、大雾等不良天气； 2.作业场地狭窄、不平整、道路湿滑； 3.车辆前后视线不良； 4.存在视野盲区	1.未对车辆、船机设备安全防护设施等进行进场验收或验收不到位； 2.车船安全管理制度不完善或检查实（检查维护保养不到位）； 3.安全操作规程不落实（作业前未对车船周围环境进行检查）； 4.安全教育、培训、交底、检查制度不完善或未落实； 5.职业健康管理制度不完善未落实； 6.安全投入不足	√	√	√	√	√

— 253 —

续上表

施工作业内容	典型风险事件	致害物	致险因素				风险事件后果类型			
			人的因素	物的因素	环境因素	管理因素	易导致伤亡人员类型		人员伤亡		
							本人	他人	轻伤	重伤	死亡
	淹溺	周边水域	1.管理人员违章指挥，强令冒险作业；2.人员心理异常（冒险、侥幸心理）；3.作业人员操作错误、违章作业；4.违反劳动纪律行为（管理人员脱岗）；5.人员未正确使用安全防护用品	1.现场无警示标识或标识破损；2.现场救生设施不足；3.水下存在不明物体或生物的拖拽或缠绕；4.氧气瓶、头盔等存在缺陷	1.雷雨、大风（6级以上）、冰雹、大雾等恶劣天气作业；2.水体寒冷；3.水体内能见度不足	1.专项施工方案、应急预案不完善或未落实；2.未落实安全教育、培训、交底、检查制度；3.现场监控看管不到位	√		√		√
砌石护坡	物体打击	工具、材料、土石方、预制构件等	1.现场作业人员未正确使用安全防护用品（安全帽等）；2.人员违章进入危险区域；3.管理人员违章指挥，强令冒险作业；4.作业人员身体健康状况异常，心理异常、感知异常（反应迟钝、辨识错误）；5.作业人员操作错误、违章作业（违章抛物）	1.安全防护用品不合格（安全帽等）；2.作业过程中产生坠落物、抛射物、喷射物、溅射物等（工具、材料等）；3.未设置防护设施、防护设施存在缺陷（挡脚板、防护网等）；4.物品摆放位置不合理或未固定；5.物品尺寸超大、超长等	1.强风、暴雨、冰雹、大雾等不良天气；2.作业场地杂乱；3.照明光线不足；4.机械、车船、场地等晃动、振动	1.施工方案不完善或未落实；2.安全教育、培训、交底、检查制度不完善或未落实；3.安全防护用品验收或进行进场验收不到位；4.安全投入不足；5.现场无警示标识或标识破损（警戒区、标牌、反光锥等）		√	√	√	

— 254 —

续上表

施工作业内容	典型风险事件	致害物	致险因素				风险事件后果类型				
			人的因素	物的因素	环境因素	管理因素	易导致伤亡人员类型		人员伤亡		
							本人	他人	轻伤	重伤	死亡
砌石护坡	坍塌	围堰、基坑、边坡等局部或整体塌方、支架、构筑物倒塌	1. 管理人员违章指挥，强令冒险作业（防护、放坡不及时）； 2. 人员心理异常（冒险侥幸心理）； 3. 作业人员操作错误，违章作业； 4. 违反劳动纪律行为（管理人员脱岗）	1. 流砂、涌水、水冲、滑坡引起的塌方； 2. 停靠在围堰上的机械、车辆堆积过重； 3. 没有或不符合要求的支护措施； 4. 堆置过高过陡或地基不平的堆置物； 5. 支架、构筑物结构失稳； 6. 支架构件不合格或老化	1. 存在滑坡、偏压等不良地质； 2. 强风、暴雨、大雪，地震等自然灾害； 3. 土体不均匀沉降； 4. 附近有强烈的震动； 5. 外部存在冲击源	1. 专项施工方案、应急预案不完善或未落实； 2. 安全教育、培训、交底、检查制度不完善或未落实； 3. 安全投入不足； 4. 现场监测不足		✓	✓	✓	✓
	机械伤害	挖掘机、搅拌机、破碎机、装载机等施工机具	1. 人员违章进入危险区域（机械作业半径等）； 2. 管理人员违章指挥，强令冒险作业； 3. 机械操作人员未持有效证件上岗； 4. 机械操作人员操作错误，违章作业（违规载人、酒后作业）； 5. 操作人员身体健康状况异常、心理异常、感知异常（反应迟钝、辨识错误）	1. 机械无警示标识或标识破损（警戒区、反光贴等）； 2. 设备设施安全作业距离不足； 3. 设备设施"带病"作业（设备设施制动装置失效，运动或转动装置无防护或防护装置有缺陷等）； 4. 安全防护用品不合格（反光背心、安全帽、目镜等）	1. 强风、暴雨、大雾、大雪、冰雹、大雾等不良天气； 2. 作业场地狭窄不平整、道路湿滑； 3. 场地光线不足； 4. 存在视野盲区	1. 机械设备安全管理制度不完善或未落实（检查维护保养不到位）； 2. 未对机械设备、安全防护用品等进行进场验收或验收不到位； 3. 安全教育、培训、交底不完善或未落实，操作规程不规范或未落实； 4. 机械设备维护不到位； 5. 安全投入不足		✓		✓	✓

续上表

施工作业内容	典型风险事件	致害物	致险因素			风险事件后果类型				
			人的因素	物的因素	环境因素	管理因素	易导致伤亡人员类型		人员伤亡	
							本人	他人	轻伤	重伤	死亡
	机械伤害	挖掘机、搅拌机、破碎机、装载机等施工机具	6.现场作业人员未正确使用安全防护用品（反光背心、安全帽等）；7.机械操作人员疲劳作业								
砌石护坡	起重伤害	汽车起重机、履带式起重机、浮式起重设备、起索吊具	1.管理人员违章指挥，强令冒险作业；2.作业人员操作错误、违章作业；3.起重工、信号工未持有效证件上岗；4.现场作业人员未正确使用安全防护用品（安全帽等）；5.抗倾覆验算错误；6.人员身体健康状况异常，心理异常、知异常（反应迟钝、感知错误）；7.起重作业人危险区域；8.作业人员疲劳作业	1.设备自身缺陷（强度、刚度不足、抗倾覆能力不足）；2.现场无警示标识或标识破损（警戒区、反光锥等）；3.起重机支垫材料不合格（枕木、钢板等）；4.构件防锈处理不合格；5.吊索吊具不合格或达到报废标准（钢丝绳、吊带、U形卸扣等）；6.无防护或防护装置缺陷（防脱钩装置、限位装置等）	1.强风、暴雨、大雾、大雪等不良天气；2.地基承载力不足，基础下沉；3.作业场地照明不足；4.浮式起重机周围水域存在较大波浪或暗流；5.起重机周围存在较多障碍物；6.起重机周围存在视野盲区	1.施工方案不完善或未落实；2.安全教育、培训、交底、检查制度不完善或未落实；3.未对起重设备进行进场验收或验收不到位；4.安全投入不足；5.起重吊装作业时无专人监视；6.起重吊装安全操作规程不规范或未落实	√	√	√	√	√

第五章 船闸工程施工的主要安全风险分析

续上表

施工作业内容	典型风险事件	致害物	致险因素				风险事件后果类型			
			人的因素	物的因素	环境因素	管理因素	易导致伤亡人员类型		人员伤亡		
							本人	他人	轻伤	重伤	死亡
砌石护坡	起重伤害	汽车起重机、履带式起重机、浮式起重机等设备，吊索吊具		7. 设备带"病"作业（制动装置等）；8. 安全防护用品不合格（反光背心、安全帽等）							
	车船伤害	运输、施工的车船等	1. 人员违章进入危险区域；2. 管理人员违章指挥，强令冒险作业（进入视野盲区等）；3. 机驾人员未持有效证件上岗，酒后驾驶，违章作业，违规载人、超速、超限、超载作业；4. 机驾人员身体健康状况异常、心理异常，感知异常（反应迟钝，辨识错误）；5. 机驾人员疲劳作业；6. 现场安全防护用品使用安全防护用品（反光背心、安全帽等）	1. 车辆未配备警示标识或标识破损，标牌、反光锥等不足；2. 车船带"病"作业（制动装置、喇叭、警示灯等）；3. 车船作业安全距离不足；4. 人员安全防护用品不合格（反光背心、安全帽等）；5. 车辆外观存在破损，配件行驶时脱落、运载物品尺寸超过车辆尺寸等；6. 车辆转弯或后退时无明显提示；7. 船舶甲板有较多缆绳和锚具	1. 强风、暴雨、大雪、冰雹、大雾等不良天气；2. 作业场地狭窄、不平整，道路湿滑；3. 车辆前后视线不良；4. 存在视野盲区	1. 未对车辆、船舶机械设备安全防护设施等进行进场验收或验收不到位；2. 车船安全管理制度不完善或未落实（检查维护保养不到位）；3. 安全操作规程不规范或未落实（作业前未对车船周围环境进行检查）；4. 安全教育、培训、交底、检查制度不完善或未落实；5. 职业健康管理制度不完善或未落实；6. 安全投入不足	✓	✓	✓	✓	✓

续上表

施工作业内容	典型风险事件	致险因素					风险事件后果类型				
		致害物	人的因素	物的因素	环境因素	管理因素	易导致伤亡人员类型		人员伤亡		
							本人	他人	轻伤	重伤	死亡
砌石护坡	高处坠落	无防护的作业平台，施工人员受自身的重力运动	1. 作业人员未正确使用安全防护用品（安全带、防滑鞋等）； 2. 作业人员身体健康状况异常，心理异常、感知异常（高血压、恐高症等禁忌症，反应迟钝、辨识错误）； 3. 作业人员疲劳作业，管理人员违章指挥、强令冒险作业； 4. 作业人员操作错误或违章作业	1. 高处作业场所未设置安全防护等措施（安全绳索、防坠网、栏杆等）； 2. 未设置安全警示标识或标识破损； 3. 安全防护用品质量不合格，存在缺陷； 4. 未设置安全爬梯或设置不规范	1. 大风、雷电、大雪、暴雨等恶劣天气； 2. 夜间施工照明不足； 3. 作业场地不平整、湿滑； 4. 临边洞口区域较多； 5. 现场需要经常登高作业	1. 安全教育、培训、交底、检查制度不完善或未落实； 2. 职业健康安全管理制度不完善，未落实（定期体检）； 3. 安全投入不足； 4. 高处作业安全操作规程不规范或未落实； 5. 安全防护用品等未进行进场验收或验收不到位	√		√	√	√
模袋护坡	淹溺	周边水域	1. 管理人员违章指挥、强令冒险作业； 2. 人员心理异常（冒险侥幸心理）； 3. 作业人员操作错误，违章作业，水下作业上岗； 4. 违反劳动纪律行为（管理人员脱岗）； 5. 人员未正确使用安全防护用品	1. 现场无警示标识或标识破损； 2. 现场救生设施不足； 3. 水下存在不明物体或生物的拖拽或缠绕	1. 雷雨、大风（6级以上）、冰雹、大雾等恶劣天气作业； 2. 水体寒冷； 3. 水体内能见度不足	1. 专项施工方案、应急预案不完善或未落实； 2. 未落实安全教育、培训、交底、检查制度； 3. 现场监控看管不到位	√		√		√

续上表

施工作业内容	典型风险事件	致害物	致险因素			风险事件后果类型			
			人的因素	物的因素	环境因素	管理因素	易导致伤亡人员类型 || 人员伤亡		
							本人	他人	轻伤	重伤	死亡
模袋护坡	机械伤害	挖掘机、搅拌机、装载机等施工机具	1. 人员违章进入危险区域（机械作业半径等）； 2. 管理人员违章指挥，强令冒险作业； 3. 机械操作人员未持有效证件上岗； 4. 机械操作人员操作错误，违章作业（违规载人、酒后作业）； 5. 操作人员身体健康状况异常，心理异常，感知异常（反应迟钝，辨识错误）； 6. 现场作业人员未正确使用安全防护用品（反光背心、安全帽等）； 7. 机械操作人员疲劳作业	1. 机械无警示标识或标识破损（警戒区、标牌、反光贴等）； 2. 设备设施安全作业距离不足； 3. 设备带"病"作业（设备设施制动装置失效，运动或转动装置无防护或防护装置有缺陷等）； 4. 安全防护用品不合格（反光背心、安全帽、目镜等）	1. 强风、暴雨、大雪、冰雹、大雾等不良天气； 2. 作业场地狭窄、不平整，道路湿滑； 3. 场地光线不足； 4. 存在视野盲区	1. 机械设备安全管理制度不完善或未落实（检查维护保养不到位）； 2. 未对机械设备、安全防护用品等进行进场验收或验收不落实； 3. 安全教育、培训、交底制度不完善或未落实； 4. 机械设备操作规程不规范或未落实； 5. 安全投入不足		√	√	√	√

— 259 —

续上表

施工作业内容	典型风险事件	致害物	致险因素			风险事件后果类型				
			人的因素	物的因素	环境因素	管理因素	易导致伤亡人员类型		人员伤亡		
							本人	他人	轻伤	重伤	死亡
模袋护坡	车船伤害	运输、施工的车船等	1.人员违章进入危险区域； 2.管理人员违章指挥，强令冒险作业（进入驾驶员视野盲区等）； 3.机驾人员未持有效证件上岗，违规操作错误，违章作业（违规载人、酒后驾驶、超速、超限、超载作业）； 4.机驾人员身体健康状况异常，心理异常，感知异常（反应迟钝、辨识知识错误）； 5.机驾人员疲劳作业； 6.现场人员未正确使用安全防护用品（反光背心、安全帽等）	1.车船未配备警示标识或标识破损（警戒区、标牌、反光锥、反光贴等）； 2.车船"带"病"作业（制动装置、喇叭、警示灯等设施缺陷）； 3.车船作业安全距离不足； 4.人员安全防护用品不合格（反光背心、安全帽等）； 5.车辆外观存在破损，配件行驶时脱落，运载物品尺寸超过车辆尺寸等； 6.车辆转弯或后退时无明显提示； 7.船舶甲板有较多缆绳和锚具	1.强风、暴雨、大雪、冰雹、大雾等不良天气； 2.作业场地狭窄、不平整、道路湿滑； 3.车辆前后视线不良； 4.存在视野盲区	1.未对车辆、船舶设备安全防护设施等进行进场验收或验收不到位； 2.车船安全管理制度不完善或落实（检查维护保养不到位）； 3.安全操作规程不规范或未落实（作业前未对车船周围环境进行检查）； 4.安全教育、培训、交底或检查制度不完善或落实； 5.职业健康管理制度不完善或未落实； 6.安全投入不足	√	√	√	√	√

第五章 船闸工程施工的主要安全风险分析

续上表

施工作业内容	典型风险事件	致害物	致险因素				风险事件后果类型				
			人的因素	物的因素	环境因素	管理因素	易导致伤亡人员类型		人员伤亡		
							本人	他人	轻伤	重伤	死亡
模袋护坡	高处坠落	无防护的作业平台、施工人员受自身的重力运动	1. 作业人员未正确使用安全防护用品（安全带，防滑鞋等）；2. 作业人员身体健康状况异常、心理异常，感知异常（高血压、恐高症等禁忌症，反应迟钝，辨识错误）；3. 作业人员疲劳作业，管理人员违章指挥、强令冒险作业；4. 作业人员操作错误或违章作业	1. 高处作业场所未设置安全防护措施（安全绳索、防坠网、栏杆等）；2. 未设置安全警示标识或标识破损；3. 安全防护用品质量不合格，存在缺陷；4. 未设置人员上下安全爬梯或设置不规范	1. 大风、雷电、大雪、暴雨等恶劣天气；2. 夜间施工照明不足；3. 作业场地不平整、湿滑；4. 临边洞口区域较多；5. 现场需要经常登高作业	1. 安全教育、培训、交底，检查制度不完善或未落实；2. 职业健康、安全管理制度不完善，未定期体检；3. 安全投入不足；4. 高处作业安全操作规程不规范或未落实；5. 安全防护用品等未进行进场验收或验收不到位	√		√	√	√
预制块铺砌护坡	淹溺	周边水域	1. 管理人员违章指挥，强令冒险作业；2. 人员心理异常（冒险心理、侥幸心理）；3. 作业人员操作错误、违章作业；4. 违反劳动纪律行为（管理人员脱岗）；5. 人员未正确使用安全防护用品	1. 现场无警示标识或标识破损；2. 现场救生设施不足；3. 水下存在不明物体或生物的拖拽或缠绕；4. 氧气瓶、头盔等存在缺陷	1. 雷雨、大风（6 级以上）、冰雹、大雾等恶劣天气作业；2. 水体寒冷；3. 水体内能见度不足	1. 专项施工方案、应急预案不完善或未落实；2. 未落实安全教育、培训、交底、检查制度；3. 现场监控监管不到位	√		√		√

— 261 —

续上表

施工作业内容	典型风险事件	致害物	致险因素				风险事件后果类型			
			人的因素	物的因素	环境因素	管理因素	易导致伤亡人员类型		人员伤亡	
							本人	他人	轻伤	重伤	死亡
预制块铺砌护坡	物体打击	工具、材料、预制构件等	1.现场作业人员未正确使用安全防护用品（安全帽等）；2.人员违章进入危险区域；3.管理人员违章指挥、强令冒险作业；4.作业人员身体健康状况异常、心理异常，感知异常（反应迟钝、辨识错误）；5.作业人员操作错误、违章作业（违章抛物）	1.安全防护用品不合格（安全帽等）；2.作业过程中产生的坠落物、抛射物、喷射物、溅射物等（工具、材料等）；3.未设置防护设施、防护设施存在缺陷（挡脚板、防护网等）；4.物品摆放位置不合理或未固定；5.物品尺寸超大、超长等	1.强风、暴雨、冰雹、大雾等不良天气；2.作业场地杂乱；3.照明光线不足；4.机械、车船、场地起动、振动	1.施工方案不完善或未落实；2.安全教育、培训、交底，检查制度不完善或未落实；3.安全防护用品等收未进行进场验收或验收不到位；4.安全投入不足；5.现场无警示标识或标识破损（警戒区、标牌、反光锥等）		√	√	√	
	坍塌	围堰、基坑、边坡等局部或整体塌方，支架、构筑物倒塌	1.管理人员违章指挥、强令冒险作业；2.人员心理异常（冒险心理）；3.作业人员操作错误、违章作业；4.违反劳动纪律（管理人员脱岗）	1.流砂、涌水、水冲、滑坡引起的塌方；2.停靠在围堰上的机械、车辆和过重的堆物；3.没有或支护不符合要求的支护措施；4.堆置过高、过陡或地基不均匀的堆置物；5.支架、构筑物结构失稳；6.支架等构件不合格或老化	1.存在滑坡、偏压等不良地质；2.强风、暴雨、大雪、地震等自然灾害；3.土体不均匀沉降；4.附近有强烈的震动；5.外部存在冲击源	1.专项施工方案、应急预案不完善或未落实；2.安全教育、培训、交底，检查制度不完善或未落实；3.安全投入不足；4.现场监测不足	√	√	√	√	√

续上表

施工作业内容	典型风险事件	致害物	致险因素				风险事件后果类型				
			人的因素	物的因素	环境因素	管理因素	易导致伤亡人员类型		人员伤亡		
							本人	他人	轻伤	重伤	死亡
预制块铺砌护坡	机械伤害	挖掘机、打桩机、装载机、拌和机等施工机具	1. 人员违章进入危险区域（机械作业半径等）；2. 管理人员违章指挥，强令冒险作业；3. 机械操作人员未持有效证件上岗；4. 机械操作人员操作错误，违章作业（违规载人，酒后作业）；5. 操作人员身体健康状况异常、心理异常，感知异常（反应迟钝、辨识错误）；6. 现场作业人员未正确使用安全防护用品（反光背心、安全帽）；7. 机械操作人员疲劳作业	1. 机械无警示标识或标识破损（警戒区、标牌、反光贴等）；2. 设备设施安全作业距离不足；3. 设备带"病"作业（设备设施制动装置失效、运动或转动装置无防护或防护装置有缺陷等）；4. 安全防护用品不合格（反光背心、安全帽、护目镜等）	1. 强风、暴雨、大雪、冰雹、大雾等不良天气；2. 作业场地狭窄、不平整，道路湿滑；3. 场地灯光不足；4. 存在视野盲区	1. 机械设备安全管理制度不完善或未落实（检查维护保养不到位）；2. 未对机械设备进行进场验收或验收不到位；3. 安全教育、培训，交底制度不完善或未落实；4. 机械设备操作规程不规范或未落实；5. 安全投入不足	√	√	√	√	√

续上表

施工作业内容	典型风险事件	致害物	致险因素			风险事件后果类型				
			人的因素	物的因素	环境因素	管理因素	易导致伤亡人员类型		人员伤亡	
							本人	他人	轻伤	重伤	死亡
预制块铺砌护坡	起重伤害	汽车起重机、履带式起重机、浮式起重机等起重设备、吊索吊具	1. 管理人员违章指挥，强令冒险作业；2. 作业人员操作错误，违章作业；3. 起重工、信号工未持有效证件上岗；4. 现场作业人员未正确使用安全防护用品（安全帽等）；5. 抗倾覆验算错误；6. 人员违章进入危险区域；7. 状况异常、心理异常，感知异常（反应迟钝、辨识错误）；8. 作业人员疲劳作业	1. 设备自身缺陷（强度、刚度不足，抗倾覆能力不足）；2. 现场无警示标识或标识破损（警戒区、标牌、反光锥等）；3. 起重机支垫材料不合格（枕木、钢板等）；4. 构件防锈处理不合格；5. 吊索吊具不合格或达到报废标准（钢丝绳、吊带、U形卸扣等）；6. 无防护或防护装置缺陷（防脱钩装置、限位装置等）；7. 设备带"病"作业（制动装置等）；8. 安全防护用品不合格（反光背心、安全帽等）	1. 强风、暴雨、大雾、大雪等不良天气；2. 地基承载力不足，基础下沉；3. 作业场地照明不足；4. 浮式起重机较大波浪或暗流；5. 起重机周围空有较多障碍物；6. 起重机周围存在视野盲区	1. 施工方案不完善或未落实；2. 安全教育、培训、交底，检查制度不完善或未落实；3. 未对起重设备进行进场验收或验收不到位；4. 安全投入不足；5. 起重吊装作业时无专人监视；6. 起重吊装安全操作规程不规范或未落实	√	√	√	√	√

— 264 —

续上表

施工作业内容	典型风险事件	致害物	致险因素				风险事件后果类型				
			人的因素	物的因素	环境因素	管理因素	易导致伤亡人员类型		人员伤亡		
							本人	他人	轻伤	重伤	死亡
预制块铺砌护坡	车船伤害	运输、施工的车船等	1. 人员违章进入危险区域； 2. 管理人员违章指挥，强令冒险作业（进入驾驶员视野盲区等）； 3. 机驾人员未持有效证件上岗，违章作业（违规载人，酒后驾驶，超速、超限等）； 4. 机驾人员身体健康状况异常、心理异常，感知异常（反应迟钝、辨识错误）； 5. 机驾人员疲劳作业； 6. 现场人员防护用品使用不正确（反光背心、安全帽等）	1. 车船未配备警示标识或标识破损（警戒区、标牌、反光锥、反光贴等）； 2. 车船带"病"作业（制动装置、喇叭、警示灯等设施缺陷）； 3. 车船作业安全距离不足； 4. 人员安全防护用品不合格（反光背心、安全帽等）； 5. 车辆外观存在破损、配件行驶时脱落、运载物品尺寸超过车辆尺寸； 6. 车辆转弯或倒后退时无明显提示； 7. 船舶甲板有较多缆绳和锚具	1. 强风、暴雨、大雪、冰雹、大雾等不良天气； 2. 作业场地狭窄、不平整，道路湿滑； 3. 车辆前后视线不良； 4. 存在视野盲区	1. 未对车辆、船舶设备安全防护设施等进行进场验收或验收不到位； 2. 车船安全管理制度不完善或未落实（检查维护保养不到位）； 3. 安全操作规程不规范或未落实（作业前对车船周围环境未进行检查）； 4. 安全教育、培训、交底或检查制度不完善或未落实； 5. 职业健康管理制度不完善或未落实； 6. 安全投入不足	√	√	√	√	√

续上表

施工作业内容	典型风险事件	致害物	致险因素				风险事件后果类型			
			人的因素	物的因素	环境因素	管理因素	易导致伤亡人员类型	人员伤亡		
							本人 / 他人	轻伤	重伤	死亡
预制块铺砌护坡	高处坠落	无防护的作业平台,施工人员受自身的重力运动	1. 作业人员未正确使用安全防护用品(安全带、防滑鞋等); 2. 作业人员身体健康状况异常、心理异常,感知异常(高血压、恐高症等禁忌症,反应迟钝,辨识错误); 3. 作业人员疲劳作业,管理人员违章指挥,强令冒险作业; 4. 作业人员操作错误或违章作业	1. 高处作业场所未设置安全防护等措施(安全绳索、防坠网、栏杆等); 2. 未设置安全警示标识或标识破损; 3. 安全防护用品质量不合格,存在缺陷; 4. 未设置人员上下安全爬梯或设置不规范	1. 大风、雷电、大雪、暴雨等恶劣天气; 2. 夜间施工照明不足; 3. 作业场地不平整、湿滑; 4. 临边洞口区域较多; 5. 现场需要经常登高作业	1. 安全教育、培训、交底、检查制度不完善或未落实; 2. 职业健康、安全管理制度不完善,未落实(定期体检); 3. 安全投入不足; 4. 高处作业规范或规程不规范或未落实; 5. 安全防护用品等未进行进场验收或验收不到位	√	√	√	√
砌石拱圈护坡	淹溺	周边水域	1. 管理人员违章指挥、强令冒险作业; 2. 人员心理异常(冒险侥幸心理); 3. 作业人员操作错误、违章作业; 4. 违反劳动纪律行为(管理人员脱岗); 5. 人员未正确使用安全防护用品	1. 现场无警示标识或标识破损; 2. 现场救生设施不足; 3. 水下存在不明物体或生物的拖拽缠绕	1. 雷雨、大风(6级以上)、冰雹、大雾等恶劣天气作业; 2. 水体寒冷; 3. 水体内能见度不足	1. 专项施工方案、应急预案不完善或未落实; 2. 未落实安全教育、培训、交底、检查制度; 3. 现场监控看管不到位	√	√		√

续上表

施工作业内容	典型风险事件	致害物	致险因素				风险事件后果类型				
			人的因素	物的因素	环境因素	管理因素	异导致伤亡人员类型		人员伤亡		
							本人	他人	轻伤	重伤	死亡
砌石拱圈	物体打击	工具、材料、土石方、预制构件等	1. 现场作业人员未正确使用安全防护用品（安全帽等）；2. 人员违章进入危险区域；3. 管理人员违章指挥，强令冒险作业；4. 作业人员身体健康状况异常（反应迟钝，感知异常、辨识错误）；5. 作业人员操作错误，违章作业（违章抛物）	1. 安全防护用品不合格（安全帽等）；2. 作业过程中产生坠落物、抛射物、喷射物、溅射物等（工具、材料等）；3. 未设置防护设施，防护设施存在缺陷（挡脚板，防护网等）；4. 物品摆放位置不合理或未固定；5. 物品尺寸超大、超长等	1. 强风、暴雨、冰雹、大雾等不良天气；2. 作业场地杂乱；3. 照明光线不足；4. 机械、车船、场地等晃动、振动	1. 施工方案不完善或未落实；2. 安全教育、培训，交底，检查制度不完善或未落实；3. 安全防护用品验收不到位；4. 安全投入不足；5. 现场无警示标识或标识破损（警戒区、标牌、反光锥等）	√	√	√	√	
护坡	坍塌	围堰、基坑、边坡等局部或整体坍塌，支架、构筑物倒塌	1. 管理人员违章指挥，强令冒险作业（防护、放坡不及时）；2. 人员心理异常（冒险侥幸心理）；3. 作业人员操作错误，违章作业；4. 违反劳动纪律行为（管理人员脱岗）	1. 流砂、涌水、水冲、滑坡引起塌方；2. 停靠在围堰上的机械、车辆和过重的堆物；3. 没有或不符合要求的支护措施；4. 堆置过高、过陡或地基不均匀沉降的堆置物；5. 支架、构筑物结构失稳；6. 支架等构件不合格或老化	1. 存在滑坡、偏压等不良地质；2. 强风、暴雨、大雪、地震等自然灾害；3. 土体不均匀沉降；4. 附近有强烈的震动；5. 外部存在冲击源	1. 专项施工方案、应急预案不完善或未落实；2. 安全教育、培训，交底，检查制度不完善或未落实；3. 安全投入不足；4. 现场监测不足	√	√	√	√	√

续上表

施工作业内容	典型风险事件	致害物	致险因素				风险事件后果类型				
			人的因素	物的因素	环境因素	管理因素	易导致伤亡人员类型		人员伤亡		
							本人	他人	轻伤	重伤	死亡
砌石拱圈护坡	机械伤害	挖掘机、搅拌机、破碎机、装载机等施工机具	1. 人员违章进入危险区域(机械作业半径等); 2. 管理人员违章指挥,强令冒险作业; 3. 机械操作人员未持有效证件上岗; 4. 机械操作人员操作错误,违章作业(违规载人,酒后作业); 5. 操作人员身体健康状况异常,心理异常,感知异常(反应迟钝,辨识错误); 6. 现场作业人员未正确使用安全防护用品(反光背心,安全帽等); 7. 机械操作人员疲劳作业	1. 机械无警示标识或标识破损(警戒区、标牌、反光贴等); 2. 设备设施制动装置失效,运动或转动装置无防护(防护装置有缺陷等); 4. 安全防护用品不合格(反光背心、安全帽、护目镜等)	1. 强风、暴雨、大雪、冰雹、大雾等不良天气; 2. 作业场地狭窄,不平整,道路湿滑; 3. 场地光线不足; 4. 存在视野盲区	1. 机械设备安全管理制度不完善或执行保养不到位); 2. 未对机械设备安全防护用品等进行进场验收或验收不到位; 3. 安全教育、培训、交底制度不完善或落实不到位; 4. 机械设备操作规程不规范或未落实; 5. 安全投入不足		√	√	√	√

— 268 —

第五章 船闸工程施工的主要安全风险分析

续上表

施工作业内容	典型风险事件	致害物	致险因素				风险事件后果类型				
			人的因素	物的因素	环境因素	管理因素	易导致伤亡人员类型		人员伤亡		
							本人	他人	轻伤	重伤	死亡
砌石拱圈护坡	车船伤害	运输、施工的车船等	1. 人员违章进入危险区域； 2. 管理人员违章指挥，强令冒险作业（进入视野盲区等）； 3. 机驾人员无证件上岗，违章作业（违规操作错误，酒后驾驶，超限、超速、超载作业）； 4. 机驾人员身体健康状况异常、心理异常，感知异常（反应迟钝、辨识错误）； 5. 机驾人员疲劳作业； 6. 现场人员未正确使用安全防护用品（反光背心、安全帽等）	1. 车船未配备警示标识或标识破损（警戒区、标牌、反光锥、反光贴等）； 2. 车船"带病"作业（制动装置、喇叭、警示灯等设施缺陷）； 3. 车船作业安全距离不足； 4. 人员安全防护用品不合格（反光背心、安全帽等）； 5. 车辆外观存在破损，配件行驶时脱落，运载物品尺寸超过车辆尺寸； 6. 车辆转弯或后退时无明显提示； 7. 船舶甲板有较多缆绳和锚具	1. 强风、暴雨、大雪、冰雹、大雾等不良天气； 2. 作业场地狭窄、不平整，道路湿滑； 3. 车辆前后视线不良； 4. 存在视野盲区	1. 未对车辆、船机设备安全防护设施等进行进场验收或验收不到位； 2. 车船安全管理制度不完善或未落实（检查维护保养不到位）； 3. 安全操作规程不规范或未落实（作业前对车船周围环境进行检查）； 4. 安全教育、培训，交底、检查制度不完善或未落实； 5. 职业健康管理制度不完善或未落实； 6. 安全投入不足	√	√	√	√	√

— 269 —

续上表

施工作业内容	典型风险事件	致害物	致险因素			风险事件后果类型				
			人的因素	物的因素	环境因素	管理因素	易导致伤亡人员类型		人员伤亡		
							本人	他人	轻伤	重伤	死亡
砌石拱圈护坡	高处坠落	无防护的作业平台、施工人员受自身的重力运动	1.作业人员未正确使用安全防护用品（安全带、防滑鞋等）； 2.作业人员身体健康状况异常、心理异常，感知异常（高血压、恐高症等禁忌症，反应迟钝，辨识错误）； 3.作业人员疲劳作业、管理人员违章指挥，强令冒险作业； 4.作业人员操作错误或违章作业	1.高处作业场所未设置安全防护等措施（安全绳索、防坠网、栏杆等）； 2.未设置安全警示标识或标识破损； 3.安全防护用品质量不合格，存在缺陷； 4.未设置爬梯或设置不规范	1.大风、雷电、大雪、暴雨等恶劣天气； 2.夜间施工照明不足； 3.作业场地不平整、湿滑； 4.临边洞口区域较多； 5.现场需要经常登高作业	1.安全教育、培训、交底、检查制度不完善或未落实； 2.职业健康、安全管理制度不完善，未落实（定期体检）； 3.安全投入不足； 4.高处作业安全操作规程不规范； 5.安全进场验收或验收不到位		√	√	√	√
现浇混凝土护坡	淹溺	周边水域	1.管理人员违章指挥，强令冒险作业； 2.人员心理异常、冒险侥幸心理； 3.作业人员操作错误、违章作业； 4.违反劳动纪律行为（管理人员脱岗）； 5.人员未正确使用安全防护用品	1.现场无警示标识或标识破损； 2.现场救生设施不足； 3.水下存在不明物体或生物的拖拽或缠绕	1.雷雨、大风（6级以上）、冰雹、大雾等恶劣天气作业； 2.水体寒冷； 3.水体内能见度不足	1.专项施工方案、应急预案不完善或未落实； 2.未落实安全教育、培训、交底、检查制度； 3.现场监控监看管不到位	√		√		√

第五章 船闸工程施工的主要安全风险分析

续上表

施工作业内容	典型风险事件	致害物	致险因素				风险事件后果类型				
			人的因素	物的因素	环境因素	管理因素	易导致伤亡人员类型		人员伤亡		
							本人	他人	轻伤	重伤	死亡
现浇混凝土护坡	物体打击	工具、材料、土石方等	1.现场作业人员未正确使用安全防护用品（安全帽等）；2.人员违章进入危险区域；3.管理人员违章指挥，强令冒险作业；4.作业人员身体健康状况异常、心理迟钝、感知异常（反应迟钝、辨识错误）；5.作业人员操作错误，违章作业（违章抛物）	1.安全防护用品不合格（安全帽等）；2.作业过程中产生坠落物、抛射物、喷射物、溅射物（工具、材料等）；3.未设置防护设施，防护设施存在缺陷（挡脚板、防护网等）；4.物品摆放位置不合理或未固定；5.物品尺寸超宽、超长等	1.强风、暴雨、冰雹、大雾等不良天气；2.作业场地杂乱；3.照明光线不足；4.机械、车船、吊动、振动	1.施工方案不完善或未落实；2.安全教育、培训、交底、检查制度不完善或未落实；3.安全防护用品验收未进行进场验收或等未到位；4.安全投入不足；5.现场无警示标识或标志破损（警戒区、标牌、反光锥等）		√	√	√	
	触电	发电机、破损的电线、配电箱、钢筋等导电材料	1.作业人员未正确使用安全防护用品（绝缘鞋、绝缘手套等）；2.作业人员操作错误或违规作业（带电检修作业）；3.管理人员违章指挥，强令冒险作业	1.电缆线、配电箱等电气设施不合格（线路破损、老化）；2.电气设施设置不规范（电缆拖地、配电箱无支架）；3.带电设施无警示标识或标识破损	1.强风、雷雨等不良天气；2.作业场地杂乱、潮湿或积水；3.作业场地照明不足；4.高温导致电线胶皮脱落	1.临时用电方方案不完善或未落实；2.发电机等安全操作规程不规范或未落实；3.电气设施未进行进场验收；4.无电工对用电设施进行巡查或巡查不到位	√		√	√	

续上表

施工作业内容	典型风险事件	致害物	致险因素			风险事件后果类型				
			人的因素	物的因素	环境因素	管理因素	易导致伤亡人员类型		人员伤亡	
							本人	他人	轻伤	重伤	死亡
	触电	发电机、破损的电缆线、配电箱、钢筋等导电材料	4. 电工、电焊工等特种人员未持有效证件上岗；5. 作业人员疲劳作业	4. 安全防护装置不规范（未接地、无漏电保护器、接线端子无防护罩等）；5. 防护不当，防护距离不足（配电柜、发电机无遮雨棚、防护围挡或防护破损）		5. 机械设备安全管理制度未落实（发电机、电焊机等机具检查维护保养未到位）；6. 安全教育、培训、交底、检查制度不完善或未落实；7. 安全投入不足					
现浇混凝土护坡	机械伤害	挖掘机、搅拌机、装载机等施工机具	1. 人员违章进入危险区域（机械作业半径等）；2. 管理人员违章指挥、强令冒险作业；3. 机械操作人员未持有效证件上岗；4. 机械操作人员操作错误，违章作业（违规载人、酒后作业）；5. 操作人员身体健康状况异常，心理异常，感知异常（反应迟钝，辨识错误）；	1. 机械破损（无警示标识或标识破损、警戒区、标识牌、反光贴等）；2. 设备设施安全作业距离不足；3. 设备带"病"作业（设备设施制动装置失效、运动或转动装置无防护或防护装置有缺陷等）；4. 安全防护用品不合格（反光背心、安全帽、护目镜等）	1. 强风、暴雨、大雪、冰雹、大雾等不良天气；2. 作业场地狭窄、不平整、道路湿滑；3. 场地光线不足；4. 存在视野盲区	1. 机械设备安全管理制度不完善或未落实（检查维护保养未到位）；2. 未对机械设备进行进场验收或验收不到位；3. 安全教育、培训、交底制度不完善或未落实；4. 机械设备操作规程不规范或未落实；5. 安全投入不足	√	√	√	√	√

续上表

施工作业内容	典型风险事件	致害物	致险因素				风险事件后果类型				
			人的因素	物的因素	环境因素	管理因素	易导致伤亡人员类型		人员伤亡		
							本人	他人	轻伤	重伤	死亡
	机械伤害	挖掘机、搅拌机、装载机等施工机具	6.现场作业人员未正确使用安全防护用品（反光背心、安全帽等）；7.机械操作人员疲劳作业								
现浇混凝土护坡	车船伤害	运输、施工的车船等	1.人员违章进入危险区域；2.管理人员违章指挥，强令冒险作业（进入驾驶员视野盲区）等；3.机驾人员无证件上岗，机驾人员操作错误，违章驾驶、酒后驾驶、超速、超载、违规操作（违规载人、超载作业）；4.机驾人员身体健康状况异常、心理异常，感知异常（反应迟钝、辨识错误）；5.机驾人员疲劳作业；6.现场人员未正确使用安全防护用品（反光背心、安全帽等）	1.车船未配备警示标识或标识破损（警戒区、标牌、反光锥、反光贴等）；2.车船"带病"作业（制动装置、喇叭、警示灯等设施缺陷）；3.车船作业安全距离不足；4.人员安全防护用品不合格（反光背心、安全帽等）；5.车辆外观存在破损，配件行驶时脱落，运载物品尺寸超过车辆尺寸；6.车辆转弯或退后时无明显提示；7.船舶甲板有较多缆绳和锚具	1.强风、暴雨、大雪、冰雹、大雾等不良天气；2.作业场地狭窄，不平整，道路湿滑；3.车辆前后视线不良；4.存在视野盲区	1.未对车辆、船舶机设备安全防护设施等进行进场验收或设施验收不到位；2.车船安全管理制度不完善或未落实（检查维护保养不到位）；3.安全操作规程不规范或未落实（作业前环境对车船周围环境未进行检查）；4.安全教育、培训、交底，检查制度不完善或未落实；5.职业健康管理制度不完善；6.安全投入不足	√	√	√	√	√

续上表

施工作业内容	典型风险事件	致害物	致险因素				风险事件后果类型				
			人的因素	物的因素	环境因素	管理因素	易导致伤亡人员类型		人员伤亡		
							本人	他人	轻伤	重伤	死亡
护底护坦	淹溺	周边水域	1. 管理人员违章指挥,强令冒险作业; 2. 人员心理异常(冒险侥幸心理); 3. 作业人员操作错误,违章作业; 4. 违反劳动纪律行为(管理人员脱岗); 5. 人员未正确使用安全防护用品	1. 现场无警示标识或标识破损; 2. 现场救生设施不足; 3. 水下不存在不明物体或生物的拖拽或缠绕	1. 雷雨、大风(6级以上)、冰雹、大雾等恶劣天气作业; 2. 水体寒冷; 3. 水体内能见度不足	1. 专项施工方案、应急预案不完善或未落实; 2. 未落实安全教育、培训、交底、检查制度; 3. 现场监控看管不到位	√		√		√
	物体打击	工具、材料、土石方等	1. 现场作业人员未正确使用安全防护用品(安全帽等); 2. 人员违章进入危险区域; 3. 管理人员违章指挥,强令冒险作业; 4. 作业人员身体健康状况异常,心理异常,感知异常(反应迟钝,辨识错误); 5. 作业人员操作错误,违章作业(违章抛物)	1. 安全防护用品不合格(安全帽等); 2. 作业过程中产生的坠落物、抛射物、喷射物、溅射物等(工具、材料等); 3. 未设置防护设施,防护设施存在缺陷(挡脚板、防护网等); 4. 物品摆放位置不合理未固定; 5. 物品尺寸超大、超长等	1. 强风、暴雨、冰雹大雾等不良天气; 2. 作业场地杂乱; 3. 照明光线不足; 4. 机械、车船、场地等晃动、振动	1. 施工方案不完善或未落实; 2. 安全教育、培训、交底、检查制度不完善或未落实; 3. 安全防护用品等未进行进场验收或验收不到位; 4. 安全投入不足; 5. 现场无警示标识或标识破损(警戒区、标牌、反光锥等)		√	√	√	

续上表

施工作业内容	典型风险事件	致害物	致险因素				风险事件后果类型				
			人的因素	物的因素	环境因素	管理因素	易导致伤亡人员类型		人员伤亡		
							本人	他人	轻伤	重伤	死亡
护底护坦	机械伤害	挖掘机、搅拌机、装载机等施工机具	1. 人员违章进入危险区域(机械作业半径等); 2. 管理人员违章指挥,强令冒险作业; 3. 机械操作人员未持有效证件上岗; 4. 机械操作人员违章作业(违规载人,酒后作业); 5. 操作人员身体健康状况异常、心理异常,感知异常(反应迟钝、辨识错误); 6. 现场作业人员未正确使用安全防护用品(反光背心,安全帽等); 7. 机械操作人员疲劳作业	1. 机械破损、标识标志缺损(警戒区、标牌、反光贴等); 2. 设备设施安全作业距离不足; 3. 设备带"病"作业(设备设施制动装置失效、运动或转动装置防护装置有缺陷等); 4. 安全防护用品不合格(反光背心、安全帽、目镜等)	1. 强风、暴雨、大雪、冰雹、大雾等不良天气; 2. 作业场地狭窄、不平整,道路湿滑; 3. 场地光线不足; 4. 存在视野盲区	1. 机械设备安全管理制度不完善或落实不到位(检查维护保养不到位); 2. 未对机械设备、安全防护用品等进行进场验收或验收不到位; 3. 安全教育、培训、交底制度不完善或落实不到位; 4. 机械设备操作规程不规范或未落实; 5. 安全投入不足		√	√	√	√

续上表

施工作业内容	典型风险事件	致害物	致险因素			风险事件后果类型				
			人的因素	物的因素	环境因素	管理因素	易导致伤亡人员类型		人员伤亡	
							本人	他人	轻伤	重伤	死亡

施工作业内容	典型风险事件	致害物	人的因素	物的因素	环境因素	管理因素	本人	他人	轻伤	重伤	死亡
护底护坦	车船伤害	运输、施工的车船等	1. 人员违章进入危险区域；2. 管理人员违章指挥，强令冒险作业（进入视野盲区等）；3. 机驾人员未持有效证件上岗，违章作业（违规操作错误，酒后驾驶，超载超限，超载作业）；4. 机驾人员身体健康状况异常，心理异常，感知异常（反应迟钝，辨识错误）；5. 机驾人员疲劳作业；6. 现场防护用品（反光背心、安全帽等）	1. 车船未配备警示标识或标识破损（警戒区、标牌、反光锥、反光贴等）；2. 车船带"病"作业（制动装置、喇叭、警示灯等设施缺陷）；3. 车船作业安全距离不足；4. 人员安全防护用品不合格（反光背心、安全帽等）；5. 车辆外观存在破损，配件行驶时脱落，运载物品尺寸超过车辆尺寸等；6. 车辆转弯或后退时无明显提示；7. 船舶甲板有较多缆绳和锚具	1. 强风、暴雨、大雪、冰雹、大雾等不良天气；2. 作业场地狭窄、不平整，道路湿滑；3. 车辆前后视线不良；4. 存在视野盲区	1. 未对车辆、船机设备安全防护设施等进行进场验收或验收不到位；2. 车船安全管理制度不完善或落实不到位（检查维护保养不到位）；3. 安全操作规程不规范或未落实（作业前未对车船周围环境进行检查）；4. 安全教育、培训、交底，检查制度不完善或未落实；5. 职业健康管理制度不完善或未落实；6. 安全投入不足	√	√	√	√	√

第五章 船闸工程施工的主要安全风险分析

续上表

施工作业内容	典型风险事件	致害物	致险因素				风险事件后果类型				
			人的因素	物的因素	环境因素	管理因素	易导致伤亡人员类型		人员伤亡		
							本人	他人	轻伤	重伤	死亡
铺滤层	机械伤害	挖掘机、装载机等施工机具	1. 人员违章进入危险区域（机械作业半径等）； 2. 管理人员违章指挥，强令冒险作业； 3. 机械操作人员未持有效证件上岗； 4. 机械操作人员违章作业（违规载人、酒后作业）； 5. 操作人员身体健康状况异常、心理异常、感知异常（反应迟钝、辨识错误）； 6. 现场作业人员未正确使用安全防护用品（反光背心、安全帽、护目镜等） 7. 机械操作人员疲劳作业	1. 机械无警示标识或标识破损（警戒区、标牌、反光贴等）； 2. 设备设施安全作业距离不足； 3. 设备带"病"作业（设备设施制动装置失效、运动或转动装置无防护或防护装置有缺陷）； 4. 安全防护用品不合格（反光背心、安全帽、护目镜等）	1. 强风、暴雨、大雪、冰雹、大雾等不良天气； 2. 作业场地狭窄、不平整、道路湿滑； 3. 场地光线不足； 4. 存在视野盲区	1. 机械设备安全管理制度不完善或维护保养不到位（检查维护保养不到位）； 2. 未对机械设备、安全防护用品等进行进场验收或验收不落实； 3. 安全教育、培训、交底制度不完善或未落实； 4. 机械设备操作规程不规范或未落实； 5. 安全投入不足		√	√	√	√

— 277 —

续上表

施工作业内容	典型风险事件	致害物	致险因素				风险事件后果类型				
			人的因素	物的因素	环境因素	管理因素	易导致伤亡人员类型		人员伤亡		
							本人	他人	轻伤	重伤	死亡
闸阀层	车船伤害	运输、施工的车船等	1. 人员违章进入危险区域； 2. 管理人员违章指挥，强令冒险作业（进入驾驶员视野盲区等）； 3. 机驾人员未持有效证件上岗，违章作业（违规超员、酒后驾驶、超速、超限、超载作业）； 4. 机驾人员身体健康状况异常、心理异常、感知异常（反应迟钝、辨识错误）； 5. 机驾人员疲劳作业； 6. 现场人员未正确使用安全防护用品（反光背心、安全帽等）	1. 车船未配备警示标识或标识破损（警戒区、标牌、反光锥、反光贴等）； 2. 车船"带病"作业（制动装置、喇叭、警示灯等设施缺陷）； 3. 车船作业安全距离不足； 4. 人员安全防护用品不合格（反光背心、安全帽等）； 5. 车辆外观存在破损，配件行驶时脱落，运载物品尺寸超过车辆尺寸； 6. 车辆转弯或后退时无明显提示； 7. 船舶甲板有较多缆绳和锚具	1. 强风、暴雨、大雪、冰雹、大雾等不良天气； 2. 作业场地狭窄、不平整、道路湿滑； 3. 车辆前后视线不良； 4. 存在视野盲区	1. 未对车辆、船机设备安全防护设施等进行进场验收或验收不到位； 2. 车船安全管理制度不完善或未落实（检查维护保养不到位）； 3. 安全操作规程未规范或未落实（作业前未对车船周围环境进行检查、 4. 安全教育、培训、交底、检查不完善或未落实； 5. 职业健康管理制度不完善或未落实； 6. 安全投入不足	√	√	√	√	√

续上表

施工作业内容	典型风险事件	致害物	致险因素				风险事件后果类型				
			人的因素	物的因素	环境因素	管理因素	易导致伤亡人员类型		人员伤亡		
							本人	他人	轻伤	重伤	死亡
土石方及混凝土回填	物体打击	工具、材料、土石方、预制构件等	1. 现场作业人员未正确使用安全防护用品(安全帽等); 2. 人员违章进入危险区域; 3. 管理人员违章指挥,强令冒险作业; 4. 作业人员身体健康状况异常,心理迟钝,感知异常(反应迟钝、辨识错误); 5. 作业人员操作错误,违章作业(违章抛物)	1. 安全防护用品不合格(安全帽等); 2. 作业过程中产生坠落物、抛射物、溅射物(工具、材料等); 3. 未设置防护设施,防护设施存在缺陷(挡脚板、防护网等); 4. 物品摆放位置不合理或未固定; 5. 物品尺寸超大、超长等	1. 强风、暴雨、冰雹、大雾等不良天气; 2. 作业场地杂乱; 3. 照明光线不足; 4. 机械、车船、场地晃动、振动	1. 施工方案不完善或未落实; 2. 安全教育、培训、交底、检查制度不完善或未落实; 3. 安全防护用品等未进行进场验收或验收不到位; 4. 安全投入不足; 5. 现场破损、无警示标识或标识(警戒区、标牌、反光锥等)		√	√	√	
	坍塌	围堰、基坑、边坡或整体局部或或场方、构筑物倒塌、支架	1. 管理人员违章指挥,强令冒险作业,放坡不及时; 2. 人员心理异常(侥幸心理); 3. 作业人员操作错误,违章作业; 4. 违反劳动纪律行为(管理人员脱岗)	1. 流砂、涌水、水冲、滑坡引起的塌方; 2. 停靠在围堰上的机械、车辆和过重的堆物; 3. 没有或支护不符合要求的支护措施; 4. 堆置过高、过陡或地基不平的堆置物; 5. 支架、构筑物结构失稳; 6. 支架等构件不合格或老化	1. 存在滑坡、偏压等不良地质; 2. 强风、暴雨、大雪、地震等自然灾害; 3. 土体不均匀沉降; 4. 附近有强烈的震动; 5. 外部存在强冲击源	1. 专项施工方案、应急预案不完善或未落实; 2. 安全教育、培训、交底、检查制度不完善或未落实; 3. 安全投入不足; 4. 现场监测不足	√	√	√	√	√

续上表

施工作业内容	典型风险事件	致害物	致险因素				风险事件后果类型			
			人的因素	物的因素	环境因素	管理因素	易导致伤亡人员类型	人员伤亡		
							本人	他人	轻伤	重伤	死亡
土石方及混凝土回填	机械伤害	挖掘机、搅拌机、破碎机、切割机、装载机等施工机具	1. 人员违章进入危险区域（机械作业半径等）；2. 管理人员违章指挥，强令冒险作业；3. 机械操作人员未持有效证作上岗；4. 机械操作人员操作错误，违章作业（违规载人，酒后作业）；5. 操作人员身体健康状况异常，心理异常（反应迟钝，感知错误）；6. 现场作业人员未正确使用安全防护用品（反光背心、安全帽等）；7. 机械操作人员疲劳作业	1. 机械无警示标识或标识破损（警戒区、标牌、反光贴等）；2. 设备设施安全作业距离不足；3. 设备带"病"作业（设备设施制动装置失效，运动或转动装置无防护或防护装置有缺陷等）；4. 安全防护用品不合格（反光背心、安全帽、护目镜等）	1. 强风、暴雨、大雪、冰雹、大雾等不良天气；2. 作业场地狭窄、不平整，道路湿滑；3. 场地光线不足；4. 存在视野盲区	1. 机械设备安全管理制度不完善或未落实（检查维护保养不到位）；2. 未对机械设备、安全防护用品等进行进场验收或验收未到位；3. 安全教育、培训、交底制度不完善或未落实；4. 机械设备操作规程不规范或未落实；5. 安全投入不足		√	√	√	√

续上表

施工作业内容	典型风险事件	致害物	致险因素				风险事件后果类型				
			人的因素	物的因素	环境因素	管理因素	易导致伤亡人员类型		人员伤亡		
							本人	他人	轻伤	重伤	死亡
土石方及混凝土回填	车船伤害	运输、施工的车船等	1. 人员违章进入危险区域；2. 管理人员违章指挥，强令冒险作业（进入驾驶员视野盲区等）；3. 机驾人员未持有效证件上岗，违规操作错误，酒后驾驶、超载人、违规作业（违规载人、超速、超限、超载作业）；4. 机驾人员身体健康状况异常、心理异常、感知异常（反应迟钝、辨识错误）；5. 机驾人员疲劳作业；6. 现场人员防护用品使用安全防护用品（反光背心、安全帽等）	1. 车船未配备警示标识或标识破损（警戒区、标牌、反光锥、反光贴等）；2. 车船"带病"作业（制动装置、喇叭、警示灯等设施缺陷）；3. 车船作业安全距离不足；4. 人员安全防护用品不合格（反光背心、安全帽等）；5. 车辆外观存在破损，配件行驶时脱落，运载物件尺寸超过车辆尺寸；6. 车辆转弯或退回时无明显提示；7. 船舶甲板有较多缆绳和锚具	1. 强风、暴雨、大雪、冰电、大雾等不良天气；2. 作业场地狭窄、不平整，道路湿滑；3. 车辆前后视线不良；4. 存在视野盲区	1. 未对车辆、船舶机设备安全防护设施等进行进场验收或验收不到位；2. 车船安全管理制度不完善或管理制度（检查维护保养不到位）；3. 安全操作规程不规范或未落实（作业前未对车船周围环境进行检查）；4. 安全教育、培训、交底、检查不完善或未落实；5. 职业健康管理制度不完善或未落实；6. 安全投入不足	√	√	√	√	√

— 281 —

续上表

施工作业内容	典型风险事件	致害物	致险因素				风险事件后果类型			
			人的因素	物的因素	环境因素	管理因素	易导致伤亡人员类型		人员伤亡		
							本人	他人	轻伤	重伤	死亡
土石方及混凝土回填	滑坡	围堰、航道边坡、墙后回填土、基坑	1.管理人员违章指挥，强令冒险作业(防护、放坡不及时)；2.人员心理异常(冒险侥幸心理)；3.作业人员操作错误、违章作业；4.违反劳动纪律行为(管理人员脱岗)	1.流砂、涌水、水冲、滑坡引起的边坡局部或整体剥离；2.停靠在围堰、基坑、边坡上的机械、车辆和过重的堆物；3.没有或不符合要求的支护措施；4.土体不均匀沉降；5.附近有强烈的震动、冲击源；6.堆置过高、过陡或地基不牢的堆置物；7.土体含水量较大	1.冰雹、暴雨、大雪等恶劣天气；2.夜间施工照明不足；3.作业场地不平整、湿滑；4.周围有较大持续震动；5.淤泥土质较多或地下水位较高	1.安全教育、培训、交底、检查制度不完善或未落实；2.职业健康、安全管理制度不完善，未落实(定期体检)；3.安全投入不足；4.高边坡作业安全规范操作规程不完善或未落实；5.安全防护用品等未进行进场验收或验收不到位	√	√	√	√	√
铺砌面层	物体打击	工具、材料、土石方、预制构件等	1.现场作业人员未正确使用安全防护用品(安全帽等)；2.人员违章进入危险区域；3.管理人员违章指挥，强令冒险作业	1.安全防护用品不合格(安全帽等)；2.作业过程中产生的坠落物、抛射物、喷射物、溅射物等(工具、材料等)；3.未设置防护设施、防护设施存在缺陷(挡脚板、防护网等)	1.强风、暴雨、冰雹、大雾等不良天气；2.作业场地杂乱；3.照明光线不足；4.机械、车船、场地等晃动、振动	1.施工方案不完善或未落实；2.安全教育、培训、交底、检查制度不完善或未落实；3.安全防护用品等未进行进场验收或验收不到位		√	√	√	

— 282 —

续上表

施工作业内容	典型风险事件	致险因素				风险事件后果类型				
		致害物	人的因素	物的因素	环境因素	管理因素	易导致伤亡人员类型		人员伤亡	
							本人	他人	轻伤	重伤	死亡
铺砌面层	物体打击	工具、材料、土石方、预制构件等	4. 作业人员身体健康状况异常、心理异常，感知异常（反应迟钝，辨识错误）； 5. 作业人员违章操作、违章作业（违规抛物）	4. 物品摆放位置不合理或未固定； 5. 物品尺寸超大、超长等		4. 安全投入不足； 5. 现场无警示标识或标识破损（警戒区、标牌、反光锥等）					
	机械伤害	挖掘机、搅拌机、装载机等施工机具	1. 人员违章进入危险区域（机械作业半径等）； 2. 管理人员违章指挥、强令冒险作业； 3. 机械操作人员未持有效证件上岗； 4. 机械操作人员操作错误、违章作业（违规载人、酒后作业）； 5. 操作人员身体健康状况异常、心理异常，感知异常（反应迟钝，辨识错误）； 6. 现场作业人员未正确使用安全防护用品（反光背心、安全帽、安全目镜等）； 7. 机械操作人员疲劳作业	1. 机械破损无警示标识或标识破损（警戒区、标牌、反光贴等）； 2. 设备设施安全作业距离不足； 3. 设备带"病"作业（设备设施制动装置失效、运动或旋转部件无防护装置或防护装置有缺陷等）； 4. 安全防护用品不合格（反光背心、安全帽、安全目镜等）	1. 强风、暴雨、大雪、冰雹、大雾等不良天气； 2. 作业场地狭窄、运输道路湿滑、不平整； 3. 场地光线不足； 4. 存在视野盲区	1. 机械设备安全管理制度不完善或维护保养未落实（检查维护保养不到位）； 2. 未对机械设备或防护用品等进行进场验收或验收未落实； 3. 安全教育、培训、交底制度不完善或未落实； 4. 机械设备操作规程不规范或未落实； 5. 安全投入不足		√	√	√	√

续上表

施工作业内容	典型风险事件	致害物	致险因素				风险事件后果类型				
			人的因素	物的因素	环境因素	管理因素	易导致伤亡人员类型		人员伤亡		
							本人	他人	轻伤	重伤	死亡
钢护角安装	物体打击	工具、材料、预制构件等	1.现场作业人员未正确使用安全防护用品（安全帽等）；2.人员违章进入危险区域；3.管理人员违章指挥、强令冒险作业；4.作业人员身体健康状况异常、心理异常（反应迟钝、辨识错误）；5.作业人员操作错误、违章作业、违章抛物	1.安全防护用品不合格（安全帽等）；2.作业过程中产生坠落物、抛射物、喷射物、溅射物等（工具、材料等）；3.未设置防护设施、防护设施存在缺陷（挡脚板、防护网等）；4.物品摆放位置不合理或未固定；5.物品尺寸超大、超长等	1.强风、暴雨、冰雹、大雾等不良天气；2.作业场地杂乱；3.照明光线不足；4.机械、车船、场地等晃动、振动	1.施工方案不完善或未落实；2.安全教育、培训、交底、检查制度不完善或未落实；3.安全防护用品等未进行进场验收或验收不到位；4.安全投入不足；5.现场破损、标识不清（警戒区、标牌、反光锥等）		√	√	√	
	触电	发电机、破损的电缆线、配电箱、钢筋等导电材料	1.作业人员未正确使用安全防护用品（绝缘鞋、绝缘手套等）；2.作业人员操作错误或违章作业（带电检修维护）；3.管理人员违章指挥、强令冒险作业	1.电缆线、配电箱等电气设施不合格（线路破损、老化）；2.电气设施设置不规范（电缆拖地、配电箱无支架等）；3.带电设施无警示标识或标识破损；4.安全防护装置不规范（未接地、无漏电保护器、接线端子无防护罩等）	1.强风、雷雨等不良天气；2.作业场地杂乱、潮湿或积水；3.作业场地照明不足；4.高温导致电线胶皮脱落	1.临时用电方案不完善或未落实；2.发电机等安全操作规程不规范或未落实；3.电气设施等未进行进场验收；4.无电工对用电设施进行巡查或巡查不到位	√		√	√	

续上表

施工作业内容	典型风险事件	致害物	致险因素					风险致伤亡				
			人的因素	物的因素	环境因素	管理因素	易导致伤亡人员类型		人员伤亡后果类型		
							本人	他人	轻伤	重伤	死亡
	触电	发电机、破损的电线、配电箱、钢筋等装载机材料	4. 电工、电焊工等特种人员未持有效证件上岗; 5. 作业人员疲劳作业	5. 防护不当,防护距离不足(配电柜、发电机无遮雨棚,防护围挡或防护破损)		5. 机械设备安全管理制度未落实(发电机、电焊机等机具检查维护保养不到位); 6. 安全教育、培训、交底、检查制度不完善或未落实; 7. 安全投入不足					
钢护面、护角安装	机械伤害	挖掘机、破碎机、弯曲机、切割机、装载机等施工机具	1. 人员违章进入危险区域(机械作业半径等); 2. 管理人员违章指挥,强令冒险作业; 3. 机械操作人员违章作业、违证后作业; 4. 机械操作人员操作失误,违规载人、酒后作业; 5. 操作人员身体健康状况异常、心理异常,感知异常(反应迟钝、辨识错误); 6. 现场作业人员未正确使用安全防护用品(反光背心、安全帽、护目镜等); 7. 机械操作人员疲劳作业	1. 机械无警示标识或标识破损(警戒区、标牌、反光贴等); 2. 设备设施安全作业距离不足; 3. 设备"带病"作业(设备设施制动装置失效、运动或转动装置无防护或防护装置有缺陷等); 4. 安全防护用品不合格(反光背心、安全帽、护目镜等)	1. 强风、暴雨、大雪、冰雹、大雾等不良天气; 2. 作业场地狭窄、不平整,道路湿滑; 3. 场地光线不足; 4. 存在视野盲区	1. 机械设备安全管理制度不完善或维护保养不到位; 2. 未对机械设备、安全防护用品等进行进场验收或验收不到位; 3. 安全教育、培训、交底制度不完善或未落实; 4. 安全规范操作规程不落实; 5. 安全投入不足		√	√	√	√

续上表

施工作业内容	典型风险事件	致害物	致险因素				风险事件后果类型				
			人的因素	物的因素	环境因素	管理因素	风险致伤亡人员类型		人员伤亡		
							本人	他人	轻伤	重伤	死亡
钢护面、护角安装	起重伤害	汽车起重机、履带式起重机等起重设备、吊索吊具	1.管理人员违章指挥，强令冒险作业；2.作业人员操作错误，违章作业；3.起重工、信号工未持有效证件上岗；4.现场作业人员未正确使用安全防护用品（安全帽等）；5.抗倾覆验算错误；6.人员违章进入危险区域；7.起重作业人员身体健康状况异常、心理异常，感知异常（反应迟钝、辨识错误）；8.作业人员疲劳作业	1.设备自身缺陷（强度、刚度不足，抗倾覆能力不足）；2.现场无警示标识或标识破损，警戒区、标牌、反光锥等；3.起重机支垫材料不合格（枕木、钢板等）；4.构件防锈处理不合格；5.吊索吊具不合格；6.达到报废钩装置（钢丝绳、吊带、U形卸扣等）；7.无防护或防护装置缺陷（防脱钩装置、限位装置等）；8.安全防护用品不合格（反光背心、安全帽等）	1.强风、暴雨、大雾、大雪等不良天气；2.地基承载力不足，基础下沉；3.作业场地照明不足；4.起重机周围高空有较多障碍物；5.起重机周围存在视野盲区	1.施工方案不完善或未落实；2.安全教育、培训、交底，检查制度不完善或落实不到位；3.未对起重设备进行进场验收或验收未落实；4.安全投入不足；5.起重吊装作业时无专人监视；6.起重吊装安全操作规程不规范或未落实	√	√	√	√	√

续上表

施工作业内容	典型风险事件	致害物	致险因素				风险事件后果类型				
			人的因素	物的因素	环境因素	管理因素	易导致伤亡人员类型		人员伤亡		
							本人	他人	轻伤	重伤	死亡
钢护面、护角安装	车船伤害	运输、施工的车船等	1. 人员违章进入危险区域； 2. 管理人员违章指挥，强令冒险作业（进入驾驶员视野盲区等）； 3. 机驾人员未持有效证件上岗，违章驾驶操作错误，酒后驾驶，违章作业人员，超速，超限； 4. 机驾人员身体健康状况异常、心理异常、感知异常（反应迟钝、辨识错误）； 5. 机驾人员疲劳作业； 6. 现场人员未正确使用安全防护用品（反光背心、安全帽等）	1. 车船未配备警示标识或标识破损（警戒区、标识牌、反光锥、反光贴等）； 2. 车船"带病"作业（制动装置、喇叭、警示灯等设施缺陷）； 3. 车船作业安全距离不足； 4. 人员安全防护用品不合格（反光背心、安全帽等）； 5. 车辆外观存在破损、配件行驶时脱落、运载物错误； 6. 车辆行驶时超过车辆尺寸品尺寸或转弯退时无明显提示； 7. 船舶甲板有较多缆绳和锚具	1. 强风、暴雨、大雪、冰雹、大雾等不良天气； 2. 作业场地狭窄、不平整，道路湿滑； 3. 车辆前后视线不良； 4. 存在视野盲区	1. 未对车辆、船舶机设备安全防护设施等进行进场验收或验收不到位； 2. 车船安全管理制度不完善或未进行检查维护保养不到位； 3. 安全操作规程不规范或未落实（作业前未对车船周围环境进行检查）； 4. 安全教育、培训、交底、检查制度不完善或未落实； 5. 职业健康管理制度不完善； 6. 安全投入不足	√	√	√	√	√

续上表

施工作业内容	典型风险事件	致害物	致险因素				风险事件后果类型				
			人的因素	物的因素	环境因素	管理因素	易导致伤亡人员类型		人员伤亡		
							本人	他人	轻伤	重伤	死亡
钢护面、护角安装	高处坠落	无防护的作业平台、施工人员受自身的重力运动	1. 作业人员未正确使用安全防护用品（安全带、防滑鞋等）； 2. 作业人员身体健康状况异常、心理异常，感知异常（高血压、恐高症等禁忌症，反应迟钝，辨识错误）； 3. 作业人员疲劳作业，管理人员违章指挥、强令冒险作业； 4. 作业人员操作错误或违章作业	1. 高处作业场所未设置安全防护等措施（安全绳索、防坠网、栏杆等）； 2. 未设置安全警示标识或标识破损； 3. 安全防护用品质量不合格，存在缺陷； 4. 未设置人员上下安全爬梯或设置不规范	1. 大风、雷电、大雪、暴雨等恶劣天气； 2. 夜间施工照明不足； 3. 作业场地平整、湿滑； 4. 临边洞口区域较多； 5. 现场需要经常登高作业	1. 安全教育、培训、交底、检查制度不完善或未落实； 2. 职业健康、安全管理制度不完善，未落实（定期体检）； 3. 安全投入不足； 4. 高处作业安全操作规程不规范； 5. 安全防护用品等未进行进场验收或验收不到位	√		√	√	
栏杆、系船柱（钩）安装	淹溺	周边水域	1. 管理人员违章指挥、强令冒险作业； 2. 人员心理异常（冒险侥幸心理）； 3. 作业人员操作错误、违章作业； 4. 违反劳动纪律行为（管理人员脱岗）； 5. 人员未正确使用安全防护用品	1. 现场无警示标识或标识破损； 2. 现场救生设施不足； 3. 水下存在不明物体或生物的拖拽或缠绕	1. 雷雨、大风（6级以上）、冰雹、大雾等恶劣天气作业； 2. 水体寒冷； 3. 水体内能见度不足	1. 专项施工方案、应急预案不完善或未落实； 2. 未落实安全教育、培训、交底、检查制度； 3. 现场监控看管不到位	√		√		√

续上表

施工作业内容	典型风险事件	致害物	致险因素				风险事件后果类型				
			人的因素	物的因素	环境因素	管理因素	易导致伤亡人员类型		人员伤亡		
							本人	他人	轻伤	重伤	死亡
栏杆、系船柱（钩）安装	物体打击	工具、材料、预制构件等	1. 现场作业人员未正确使用安全防护用品（安全帽等）；2. 人员违章进入危险区域；3. 管理人员违章指挥，强令冒险作业；4. 作业人员身体健康状况异常，心理反应迟钝，辨识知识异常（反应迟钝，辨识错误）；5. 作业人员操作错误，违章作业（违章抛物）	1. 安全防护用品不合格（安全帽等）；2. 作业过程中产生坠落物、抛射物、溅射物（工具、材料等）；3. 未设置防护设施，防护设施存在缺陷（挡脚板、防护网等）；4. 物品摆放位置不合理或未固定；5. 物品尺寸超大、超长等	1. 强风、暴雨、冰雹、大雾等天气；2. 作业场地杂乱；3. 照明光线不足；4. 机械、车船、场地晃动、振动	1. 施工方案不完善或未落实；2. 安全教育、培训、交底、检查制度不完善或未落实；3. 安全防护用品等未进行进场验收或验收不到位；4. 安全投入不足；5. 现场无警示标识或标识破损（警戒区、警戒线、反光锥等）		√	√		
	触电	发电机、破损的电线、配电箱、钢筋等导电材料	1. 作业人员未正确使用安全防护用品（绝缘鞋、绝缘手套等）；2. 违规违章操作错误或违章作业（带电检修无防护）；3. 管理人员违章指挥，强令冒险作业	1. 电缆线、配电箱等电气设施设置不合格（线路破损、老化）；2. 电气设施设置不规范（电缆拖地、配电箱无支架）；3. 带电设施破损、识别或标识破损	1. 强风、雷雨等不良天气；2. 作业场地杂乱、潮湿或积水；3. 作业场地照明不足；4. 高温导致电线胶皮脱落	1. 临时用电方案不完善或未落实；2. 发电机等安全操作规程不规范或未落实；3. 电气设施材料未进行进场验收；4. 无电工对用电设施进行巡查或巡查不到位	√		√		√

续上表

施工作业内容	典型风险事件	致害物	致险因素			风险事件后果类型				
			人的因素	物的因素	环境因素	管理因素	易导致伤亡人员类型		人员伤亡		
							本人	他人	轻伤	重伤	死亡
	触电	发电机、破损的电线、配电箱、钢筋等导电材料	4. 电工、电焊工等特种人员未持有效证件上岗; 5. 作业人员疲劳作业	4. 安全防护装置不规范(未接地,无漏电保护器、接线端子无防护罩等); 5. 防护不当,防护距离不足(配电柜、发电机无遮雨棚、防护围挡或防护破损)		5. 机械设备安全管理制度未落实,发电机、电焊机等机具检查维护保养不到位; 6. 安全教育、培训、交底制度不完善或未落实、检查制度不完善或未落实; 7. 安全投入不足		√			√
栏杆、系船柱(钩)安装	机械伤害	弯曲机、切割机、装载机等施工机具	1. 人员违章进入危险区域(机械作业半径等); 2. 管理人员违章指挥、强令冒险作业; 3. 机械操作人员未持有效证件上岗; 4. 机械操作人员操作错误、违章作业(违规载人、酒后作业); 5. 操作人员身体健康状况异常、心理异常、感知异常(反应迟钝、辨识错误); 6. 现场作业人员未正确使用安全防护用品(反光背心、安全帽等); 7. 机械操作人员疲劳作业	1. 机械无警示标识或标识破损、标牌、反光贴等; 2. 设备设施安全作业距离不足; 3. 设备设施"带病"作业(设备设施制动装置失效,运动或转动装置无防护或防护装置有缺陷等); 4. 安全防护用品不合格(反光背心、安全帽、护目镜等)	1. 强风、暴雨、大雪、冰雹、大雾等不良天气; 2. 作业场地狭窄、不平整、道路湿滑; 3. 场地光线不足; 4. 存在视野盲区	1. 机械设备安全管理制度不完善或制度未落实(检查维护保养不到位); 2. 未对机械设备、安全防护用品等进行进场验收或验收不到位; 3. 安全教育、培训、交底制度不完善或未落实; 4. 机械设备操作规程不规范或未落实; 5. 安全投入不足		√	√	√	√

— 290 —

续上表

施工作业内容	典型风险事件	致险物	致险因素			风险事件后果类型			
			人的因素	物的因素	环境因素	管理因素	易导致伤亡人员类型		人员伤亡
							本人	他人	轻伤 重伤 死亡
栏杆、系船柱(钩)安装	起重伤害	汽车起重机、履带式起重机等起重设备、吊索吊具	1.管理人员违章指挥,强令冒险作业; 2.作业人员操作错误,违章作业; 3.起重工、信号工未持有效证作上岗; 4.现场作业人员未正确使用安全防护用品(安全帽等); 5.抗倾覆验算错误; 6.人员违章进入危险区域; 7.起重人员身体健康状况异常、心理异常、感知异常、反应迟钝、辨识错误; 8.作业人员疲劳作业	1.设备自身缺陷(强度、刚度不足,抗倾覆能力不足); 2.现场无警示标识或标识破损(警戒区、反光锥等); 3.起重机支垫材料不合格(枕木、钢板等); 4.构件防锈处理不合格; 5.吊索吊具不合格或达到报废标准(钢丝绳、吊带、U形卸扣等); 6.无防护或防护装置缺陷(防脱钩装置、限位装置等); 7.设备带"病"作业(制动装置等); 8.安全防护用品不合格(反光背心、安全帽等)	1.强风、暴雨、大雾、大雪等不良天气; 2.地基承载力不足,基础下沉; 3.作业场地照明不足; 4.起重机周围高空有较多障碍物; 5.起重机周围存在视野盲区	1.施工方案不完善或未落实; 2.安全教育、培训、交底、检查制度不完善或未落实; 3.未对起重设备进行进场验收或验收不到位; 4.安全投入不足; 5.起重吊装作业时无专人监视; 6.起重吊装安全操作规程不规范或落实未落实	√	√	√ √ √

续上表

施工作业内容	典型风险事件	致害物	致险因素				风险事件后果类型				
			人的因素	物的因素	环境因素	管理因素	易导致伤亡人员类型			人员伤亡		
							本人	他人		轻伤	重伤	死亡
栏杆、系船柱（钩）安装	车船伤害	运输、施工的车船等	1.人员违章进入危险区域；2.管理人员违章指挥，强令冒险作业（进入视野盲区等）；3.机驾人员未持有效证件上岗，违章操作错误，违规作业（违规载人、酒后驾驶、超速、超限）；4.机驾人员身体健康状况异常、心理异常、感知异常（反应迟钝、辨识错误）；5.机驾人员疲劳作业；6.现场人员未正确使用安全防护用品（反光背心、安全帽等）	1.车船未配备警示标识或标识破损（警戒区、标牌、反光锥、反光贴等）；2.车船"带病"作业（制动装置、喇叭、警示灯等设施缺陷）；3.人员安全距离不足；4.人员安全防护用品不合格（反光背心、安全帽等）；5.车辆外观存在破损、配件行驶时脱落，运载物品尺寸超过车辆尺寸；6.车辆转弯或超后退时无明显提示；7.船舶甲板有较多缆绳和锚具	1.强风、暴雨、大雪、冰雹、大雾等不良天气；2.作业场地狭窄、不平整，道路湿滑；3.车辆前后视线不良；4.存在视野盲区	1.未对车辆、船机设备安全防护设施等进行进场验收或验收不到位；2.车船安全管理制度不完善或未落实（检查维护保养不到位）；3.安全操作规程不规范或未落实（作业前未对车船周围环境进行检查）；4.安全教育、培训、交底，检查制度不完善未落实；5.职业健康管理制度不完善未落实；6.安全投入不足	√	√		√	√	√

续上表

施工作业内容	典型风险事件	致害物	致险因素				风险事件后果类型				
			人的因素	物的因素	环境因素	管理因素	易导致伤亡人员类型		人员伤亡		
							本人	他人	轻伤	重伤	死亡
栏杆、系船柱（钩）安装	高处坠落	无防护的作业平台，施工人员受自身的重力运动	1. 作业人员未正确使用安全防护用品（安全带、防滑鞋等）； 2. 作业人员身体健康状况异常、心理异常、感知异常（高血压、恐高症等禁忌症，反应迟钝、辨识错误）； 3. 作业人员疲劳作业，管理人员违章指挥、强令冒险作业； 4. 作业人员操作错误或违章作业	1. 高处作业场所未设置安全防护（防坠网、绳索）等措施（安全绳索、栏杆等）； 2. 未设置安全警示标识或标识破损； 3. 安全防护用品等质量不合格，存在缺陷； 4. 未设置上下安全爬梯或爬梯设置不规范	1. 大风、雷电、大雪、暴雨等恶劣天气； 2. 夜间施工照明不足； 3. 作业场地不平整、湿滑； 4. 临边洞口区域较多； 5. 现场需要经常登高作业	1. 安全教育、培训、交底、检查制度不完善或未落实； 2. 职业健康、安全管理制度不完善，未落实（定期体检）； 3. 安全投入不足； 4. 高处作业安全操作规程不规范或未落实； 5. 安全防护用品等未进行进场验收或验收不到位	√		√	√	√
护舷、爬梯	淹溺	周边水域	1. 管理人员违章指挥，强令冒险作业； 2. 人员心理异常（冒险侥幸心理）； 3. 作业人员操作错误、违章作业； 4. 违反劳动纪律行为（管理人员脱岗）； 5. 人员未正确使用安全防护用品	1. 现场无警示标识或标识破损； 2. 现场救生设施不足； 3. 水下存在不明物体或生物的拖拽或缠绕	1. 雷雨、大风（6级以上）、冰雹、大雾等恶劣天气作业； 2. 水体寒冷； 3. 水体内能见度不足	1. 专项施工方案、应急预案不完善或未落实； 2. 未落实安全教育、培训、交底不落实； 3. 现场监控、检查制度，现场监控看管不到位	√		√		√

续上表

施工作业内容	典型风险事件	致害物	致险因素				风险事件后果类型				
			人的因素	物的因素	环境因素	管理因素	易导致伤亡人员类型		人员伤亡		
							本人	他人	轻伤	重伤	死亡
	物体打击	工具、材料、预制构件等	1.现场作业人员未正确使用安全防护用品（安全帽等）；2.人员违章进入危险区域；3.管理人员违章指挥、强令冒险作业；4.作业人员身体健康状况异常、心理异常，感知异常（反应迟钝、辨识错误）；5.作业人员操作错误、违章作业（违章抛物）	1.安全防护用品不合格（安全帽等）；2.作业过程中产生的坠落物、抛射物、喷射物、溅射物等（工具、材料等）；3.未设置安全防护设施，防护设施存在缺陷（挡脚板、防护网等）；4.物品摆放位置不合理或未固定；5.物品尺寸超大、超长等	1.强风、暴雨、冰雹、大雾等不良天气；2.作业场地杂乱；3.照明光线不足；4.机械、车船、场地晃动、振动	1.施工方案不完善或未落实；2.安全教育、培训、交底、检查制度不普善或未落实；3.安全防护用品等验收不到位；4.安全投入不足；5.现场无警示标识或标识破损（警戒区、标牌、反光锥等）		√	√	√	
护舷、爬梯	触电	发电机、破损的电线、配电箱、钢筋等导电材料	1.作业人员未正确使用安全防护手套、绝缘鞋、绝缘衣等）；2.作业人员操作错误或违章作业（带电维修、未做好绝缘防护）；3.管理人员违章指挥、强令冒险作业；4.电工、电焊工等特种人员未持有效证件上岗；5.作业人员疲劳作业	1.电缆线、配电箱等电气设施设置不合格（线路破损、老化）；2.电气设施设置不规范（电缆拖地、配电箱无支架等）；3.带电设施无警示标识或标识破损；4.安全防护装置不规范，无漏电保护器，接线端子无防护罩等；	1.强风、雷雨等不良天气；2.作业场地杂乱、潮湿或积水；3.作业地照明不足；4.高温导致电线胶皮脱落	1.临时用电方案不完善或未落实；2.发电机等安全操作规程不落实；3.电气设施材料等未进行进场验收；4.无电工对用电设施进行巡查或检查不到位；5.机械设备安全管理制度未落实（发电机、电焊机等机具检查维护保养不到位）；	√		√	√	

第五章 船闸工程施工的主要安全风险分析

续上表

施工作业内容	典型风险事件	致害物	致险因素			风险事件后果类型				
			人的因素	物的因素	环境因素	管理因素	易导致伤亡人员类型	人员伤亡		
							本人 / 他人	轻伤	重伤	死亡
	触电	发电机、破损的电线、配电箱、钢筋等导电材料		5.防护不当，防护距离不足（配电柜、发电机无遮雨棚、防护围挡或防护破损）		6.安全教育、培训、交底、检查制度不完善或未落实； 7.安全投入不足	√	√	√	√
护舷、爬梯	机械伤害	挖掘机、打桩机、搅拌机、破碎机、弯曲机、切割机、装载机等施工机具	1.人员违章进入危险区域（机械作业半径等）； 2.管理人员违章指挥，强令冒险作业； 3.机械操作人员未持有效证件上岗； 4.机械操作人员操作错误、违章作业（违规载人、酒后作业）； 5.操作人员身体健康状况异常、心理异常、感知异常（反应迟钝、辨识错误）； 6.现场作业人员未正确使用安全防护用品（反光背心、安全帽等）； 7.机械操作人员疲劳作业	1.机械破损或标识标牌、反光贴等标识破损（警戒区、标牌、反光贴等）； 2.设备设施安全距离不足； 3.设备带"病"作业（设备设施制动装置失效、运动或转动装置无防护或防护装置有缺陷等）； 4.安全防护用品不合格（反光背心、安全帽、目镜等）	1.强风、暴雨、大雪、冰雹、大雾等不良天气； 2.作业场地狭窄，道路湿滑不整、场地光线不足； 3.场地光线不足； 4.存在视野盲区	1.机械设备安全管理制度不完善或落实不到位（检查维护保养不到位）； 2.未对机械设备、安全防护用品等进行进场验收或验收不落实； 3.安全教育、培训、交底制度不完善或未落实； 4.机械设备操作规程不规范或未落实； 5.安全投入不足	√	√	√	√

— 295 —

续上表

施工作业内容	典型风险事件	致害物	致险因素				风险事件后果类型			
			人的因素	物的因素	环境因素	管理因素	易导致伤亡人员类型		人员伤亡		
							本人	他人	轻伤	重伤	死亡
护舷、爬梯	起重伤害	汽车起重机、履带式起重机等设备、吊索吊具	1.管理人员违章指挥，强令冒险作业；2.作业人员操作错误、违章作业；3.起重工、信号工未持有效证件上岗；4.现场作业人员未正确使用安全防护用品(安全帽等)；5.抗倾覆验算错误；6.人员违章进入危险区域；7.起重人员身体健康状况异常、心理异常、感知异常(反应迟钝、辨识错误)；8.作业人员疲劳作业	1.设备自身缺陷(强度、刚度不足、抗倾覆能力不足)；2.现场无警示标识(警戒区、标牌、反光锥等)；3.起重机支垫材料不合格(枕木、钢板等)；4.构件防锈处理不合格；5.吊索吊具不合格或达到报废标准(钢丝绳、吊带、U形卸扣等)；6.无防护或防护装置缺陷(防脱钩装置、限位装置等)；7.设备"带"病作业(制动装置等)；8.安全防护用品不合格(反光背心、安全帽等)	1.强风、暴雨、大雾、大雪等不良天气；2.地基承载力不足，基础下沉；3.作业场地照明不足；4.起重机周围高空有较多障碍物；5.起重机周围存在视野盲区	1.施工方案不完善或未落实；2.安全教育、培训、交底、检查制度不完善或未落实；3.未对起重设备进行进场验收或验收不到位；4.安全投入不足；5.起重吊装作业时无专人监视；6.起重吊装安全操作规程不规范或未落实	√	√	√	√	√

续上表

施工作业内容	典型风险事件	致害物	致险因素			风险事件后果类型				
			人的因素	物的因素	环境因素	管理因素	易导致伤亡人员类型		人员伤亡		
							本人	他人	轻伤	重伤	死亡
护舷、爬梯	车船伤害	运输、施工的车船等	1. 人员违章进入危险区域； 2. 管理人员违章指挥，强令冒险作业（进入驾驶员视野盲区等）； 3. 机驾人员未持有效证件上岗，违章操作错误，违章作业（违规载人，酒后驾驶，超速，超限，超载驾驶作业）； 4. 机驾人员身体健康状况异常，心理异常，感知异常（反应迟钝，辨识错误）； 5. 机驾人员疲劳作业； 6. 现场人员未正确使用安全防护用品（反光背心、安全帽等）	1. 车船未配备警示标识或标识破损（警戒区、标牌，反光锥，反光贴等）； 2. 车船带"病"作业（制动装置、喇叭、警示灯等设施缺陷）； 3. 车船作业安全距离不足； 4. 人员安全防护用品不合格（反光背心、安全帽等）； 5. 车辆外观存在破损，配件行驶时脱落，运载物品尺寸超过车辆尺寸； 6. 车辆转弯或退行时无明显提示； 7. 船舶甲板有较多缆绳利锚具	1. 强风，暴雨，大雪，冰雹，大雾等不良天气； 2. 作业场地狭窄，不平整，道路湿滑； 3. 车辆前后视线不良； 4. 存在视野盲区	1. 未对车辆、船舶机设备安全防护设施等进行进场验收或验收不到位； 2. 车船安全管理制度不完善或未落实（检查维护保养不到位）； 3. 安全操作规程不规范或未落实，作业前未对车船周围环境进行检查； 4. 安全教育，培训，交底，检查制度不完善或未落实； 5. 职业健康管理制度不完善或未落实； 6. 安全投入不足	√	√	√	√	√

续上表

施工作业内容	典型风险事件	致害物	致险因素				风险事件后果类型			
			人的因素	物的因素	环境因素	管理因素	易导致伤亡人员类型		人员伤亡		
							本人	他人	轻伤	重伤	死亡
护舷、爬梯	高处坠落	无防护的作业平台，施工人员受自身的重力运动	1.作业人员未正确使用安全防护用品（安全带、防滑鞋等）；2.作业人员身体健康状况异常，心理异常，感知异常（高血压、高血症等禁忌症），反应迟钝，辨识错误；3.作业人员疲劳作业，管理人员违章指挥、强令冒险作业；4.作业人员操作错误或违章作业	1.高处作业场所未设置安全防护等措施（安全绳索、防坠网、栏杆等）；2.未设置安全警示标识或安全标识破损；3.安全防护用品质量不合格，存在缺陷；4.未设置梯或设置不安全爬梯、上下安全爬梯	1.大风、雷电、大雪、暴雨等恶劣天气；2.夜间施工照明不足；3.作业场地不平整、湿滑；4.临边洞口区域较多；5.现场需要经常登高作业	1.安全教育、培训、交底、检查制度不完善或未落实；2.职业健康安全管理制度不完善，未落实（定期体检）；3.安全投入不足；4.高处作业安全操作规程不规范或未落实；5.安全防护用品等未进行进场验收或验收不到位	√		√	√	√

第三节 闸阀门及启闭装置工程施工的主要安全风险分析

闸阀门及启闭装置工程主要涉及闸门、阀门金属结构工程、启闭装置等施工内容；典型风险事件主要有淹溺、物体打击、触电、坍塌、机械伤害、起重伤害、车船伤害、爆炸、火灾、滑坡等；致害物主要包含了工具、材料等坠落物，挖掘机、装载机及施工小型机具、现场堆放易燃可燃材料、履带式起重机、汽车起重机等重设备等。风险事件的发生常常起因为人的因素、物的因素、环境因素、管理因素的管理、维护、设置等不到位而导致。具体风险分析见表5-3。

表5-3 闸阀门及启闭装置工程施工的主要安全风险分析

施工作业内容	典型风险事件	致害物	致险因素				风险事件后果类型			
			人的因素	物的因素	环境因素	管理因素	易导致伤亡人员类型		人员伤亡		
							本人	他人	轻伤	重伤	死亡
闸门、阀门金属结构制作	物体打击	工具、材料、预制构件、器具等	1.现场作业人员未正确使用安全防护用品（安全帽等）； 2.人员违章进入危险区域； 3.管理人员违章指挥，强令冒险作业； 4.作业人员身体健康状况异常、心理异常，感知异常（反应迟钝、辨识错误）； 5.作业人员操作错误、违章作业（违章抛物）等	1.安全防护用品不合格（安全帽等）； 2.作业过程中产生的坠落物、抛射物、喷射物、溅射物等（工具、材料等）； 3.未设置防护设施，防护设施存在缺陷（挡脚板、防护网等）； 4.物品摆放位置不合理或未固定； 5.物品尺寸超大、超长等	1.强风、暴雨、冰雹、大雾等不良天气； 2.作业场地杂乱； 3.照明光线不足； 4.机械、车船、场地等晃动、振动	1.施工方案不完善或未落实； 2.安全教育、培训、交底、检查制度不完善或未落实； 3.安全防护用品等未进行进场验收或验收不到位； 4.安全投入不足； 5.现场无警示标识或标识破损（警戒区、警示牌、反光锥等）		√	√	√	√

续上表

施工作业内容	典型风险事件	致害物	致险因素			风险事件后果类型				
			人的因素	物的因素	环境因素	管理因素	易导致人员伤亡人员类型		人员伤亡	
							本人	他人	轻伤	重伤	死亡
闸门、阀门金属结构制作	触电	发电机、破损的电线、配电箱、钢筋等导电材料	1. 作业人员未正确使用安全防护用品（绝缘鞋、绝缘手套等）；2. 作业人员操作错误或违章作业（带电检修维护）；3. 管理人员违章指挥、强令冒险作业；4. 电工、电焊工等特种作业人员未持有效证件上岗；5. 作业人员疲劳作业	1. 电缆线、配电箱等电气设施不合格（线路破损、老化）；2. 电气设施设置不规范（电缆拖地、配电箱无支架等）；3. 带电设施无警示标识或标识破损；4. 安全防护装置不规范（未接地、无漏电保护器，接线端子无防护罩等）；5. 防护不当（防护距离不足，发电机无遮雨棚，防护围挡或防护破损）	1. 强风、雷雨等不良天气；2. 作业场地杂乱、潮湿或积水；3. 作业场地照明不足；4. 高温导致电线胶皮脱落	1. 临时用电方案不完善或未落实；2. 发电机等安全操作规程不规范或未落实；3. 电气设施材料未进行巡查或验收；4. 无电工对用电设施进行巡查或巡查不到位；5. 机械设备安全管理制度未落实（发电机、电焊机等机具检查维护保养不到位）；6. 安全教育、培训、交底、检查制度不完善或未落实；7. 安全投入不足	√		√	√	

续上表

施工作业内容	典型风险事件	致险因素					风险事件后果类型				
		致害物	人的因素	物的因素	环境因素	管理因素	易导致伤亡人员类型		人员伤亡		
							本人	他人	轻伤	重伤	死亡
闸门、阀门金属结构制作	机械伤害	弯曲机、切割机、装载机等施工机具	1. 人员违章进入危险区域（机械作业半径等）； 2. 管理人员违章指挥，强令冒险作业； 3. 机械操作人员未持有效证件上岗； 4. 机械操作人员操作错误、违章作业（违规载人、酒后作业）； 5. 操作人员身体健康状况异常、心理异常、感知异常（反应迟钝、辨识错误）； 6. 现场作业人员未正确使用安全防护用品（反光背心、安全帽等）； 7. 机械操作人员疲劳作业	1. 机械无警示标识或标识破损、标识牌、反光贴等）； 2. 设备设施安全作业距离不足； 3. 设备带"病"作业（设备设施制动装置失效、运动或转动装置无防护或防护装置有缺陷等）； 4. 安全防护用品不合格（反光背心、安全帽、目镜等）	1. 强风、暴雨、大雪、冰雹、大雾等不良天气； 2. 作业场地狭窄、不平整、道路湿滑； 3. 场地光线不足； 4. 存在视野盲区	1. 机械设备安全管理制度不完善或维护保养不到位（检查维护保养不到位）； 2. 未对机械设备、安全防护用品等进行进场验收或验收不到位； 3. 安全教育、培训、交底制度不完善或未落实； 4. 机械设备操作规程不规范或未落实； 5. 安全投入不足	√	√	√	√	√

续上表

施工作业内容	典型风险事件	致害物	致险因素			风险事件后果类型				
			人的因素	物的因素	环境因素	管理因素	易导致伤亡人员类型		人员伤亡	
							本人	他人	轻伤	重伤	死亡

施工作业内容	典型风险事件	致害物	人的因素	物的因素	环境因素	管理因素	本人	他人	轻伤	重伤	死亡
闸门、阀门金属结构制作	起重伤害	汽车起重机、履带式起重机、浮式起重机等起重设备，吊索吊具	1. 管理人员违章指挥，强令冒险作业；2. 作业人员操作错误，违章作业；3. 起重工、信号工未持有效证件上岗；4. 现场使用安全防护用品（安全帽等）；5. 抗倾覆验算错误；6. 人员违章进入危险区域；7. 起重人员身体健康状况异常、心理异常、感知异常（反应迟钝、辨识错误）；8. 作业人员疲劳作业	1. 设备自身缺陷（强度、刚度不足，抗倾覆能力不足等）；2. 现场无警示标识或标识破损（警戒区、标牌、反光锥等）；3. 起重机支垫材料不合格（枕木、钢板等）；4. 构件防锈处理不合格；5. 吊索吊具不合格或达到报废标准（钢丝绳、吊带、U形卸扣等）；6. 无防护或防护装置缺陷（防脱钩装置、限位装置等）；7. 设备带"病"作业（制动装置等）；8. 安全防护用品不合格（反光背心、安全帽等）	1. 强风、暴雨、大雾、大雪等不良天气；2. 地基承载力不足，基础下沉；3. 作业场地照明不足；4. 浮式起重机周围水域存在较大波浪或暗流；5. 起重机周围存在较多障碍物；6. 起重机周围存在视野盲区	1. 施工方案不完善或未落实；2. 安全教育、培训、交底，检查制度不完善或未落实；3. 未对起重设备进行进场验收或验收不到位；4. 安全投入不足；5. 起重吊装作业时无专人监视；6. 起重吊装安全操作规程不规范或落实不到位	√	√	√	√	√

续上表

施工作业内容	典型风险事件	致害物	致险因素				风险事件后果类型				
			人的因素	物的因素	环境因素	管理因素	易导致伤亡人员类型		人员伤亡		
							本人	他人	轻伤	重伤	死亡
闸门、阀门金属结构制作	车船伤害	运输、施工的车船等	1. 人员违章进入危险区域； 2. 管理人员违章指挥，强令冒险作业（进入驾驶员视野盲区等）； 3. 机驾人员未持有效证件上岗，违章驾驶错误，违章作业（违章载人、酒后驾驶、超速、超载、超限等）； 4. 机驾人员身体健康状况异常、心理异常、感知异常（反应迟钝、辨识错误）； 5. 机驾人员疲劳作业； 6. 现场人员未正确使用安全防护用品（反光背心、安全帽等）	1. 车船未配备警示标识或标识破损（警戒区、标牌、反光锥、反光贴等）； 2. 车船带"病"作业（制动装置、喇叭、警示灯等设施缺陷）； 3. 车船作业安全距离不足； 4. 人员安全防护用品不合格（反光背心、安全帽等）； 5. 车辆外观存在破损、配件行驶时脱落、运载物品尺寸超过车辆尺寸； 6. 车辆转弯或后退时无明显提示； 7. 船舶甲板有较多缆绳和锚具	1. 强风、暴雨、大雪、冰雹、大雾等不良天气； 2. 作业场地狭窄、不平整或道路湿滑； 3. 车辆前后视线不良； 4. 存在视野盲区	1. 未对车辆、船机设备安全防护设施等进行进场验收或验收不到位； 2. 车船安全管理制度不完善或落实不到位（检查维护保养不到位）； 3. 安全操作规程不规范或未落实（作业前未对车船周围环境进行检查）； 4. 安全教育、培训、交底、检查制度不完善或未落实； 5. 职业健康管理制度不完善或未落实； 6. 安全投入不足	√	√	√	√	√

续上表

施工作业内容	典型风险事件	致害物	致险因素			风险事件后果类型				
			人的因素	物的因素	环境因素	管理因素	易导致伤亡人员类型		人员伤亡		
							本人	他人	轻伤	重伤	死亡
闸门、阀门金属结构制作	爆炸	氧气瓶、乙炔瓶等	1. 特种作业人员未持有效证件上岗； 2. 作业人员操作错误或违章作业； 3. 现场作业人员未正确使用安全防护用品； 4. 管理人员违章指挥，强令冒险作业； 5. 作业人员疲劳作业； 6. 人员身体健康状况异常； 7. 警戒人员现场警戒不到位； 8. 人员违章进入爆破区域	1. 现场无警示标识或标识破损； 2. 爆破器材不合格或发生故障； 3. 易燃易爆物品与其他易燃物混放； 4. 现场无禁止火源的警示标识或标识破损； 5. 存放现场无灭火装置； 6. 环境中存在与爆破物品混合产生化学反应的物质	1. 易燃易爆物品存放区域温度较高； 2. 易燃易爆物品存放区域过于干燥； 3. 周围环境中有火灾发生； 4. 易燃易爆物品存放空间过于密闭，挥发性可燃气体浓度过高； 5. 易燃易爆物品与其他易燃物品空间距离不足； 6. 雷电等恶劣天气	1. 安全教育、培训、交底、检查制度不完善或未落实； 2. 火工品管理制度不完善或未落实； 3. 安全投入不足	√	√	√	√	√

续上表

施工作业内容	典型风险事件	致害物	致险因素				风险事件后果类型				
			人的因素	物的因素	环境因素	管理因素	易导致伤亡人员类型		人员伤亡类型		
							本人	他人	轻伤	重伤	死亡
闸门、阀门金属结构制作	高处坠落	无防护的作业平台，施工人员自身的重力	1. 作业人员未正确使用安全防护用品（安全带、防滑鞋等）； 2. 作业人员身体健康状况异常、心理异常，感知异常（高血压、恐高症等禁忌症，反应迟钝等辨识错误）； 3. 作业人员疲劳作业，管理人员违章指挥，强令冒险作业； 4. 作业人员操作错误或违章作业	1. 高处作业场所未设置安全防护等措施（安全绳索、防坠网、栏杆等）； 2. 未设置安全警示标识或标识破损； 3. 安全防护用品质量不合格，存在缺陷； 4. 未设置楼梯或设置不安全爬梯或设置不规范	1. 大风、雷电、大雪、暴雨等恶劣天气； 2. 夜间施工照明不足； 3. 作业场地不平整、湿滑； 4. 临边洞口区域较多； 5. 现场需要经常登高作业	1. 安全教育、培训、交底、检查制度不完善或未落实； 2. 职业健康、安全管理制度不完善，未落实（定期体检）； 3. 安全投入不足； 4. 高处作业安全操作规程不规范或未落实； 5. 安全防护用品进行进场验收或未验收不到位	√		√	√	√
	火灾	焊接机、切割机、油桶	1. 管理人员违章指挥，强令冒险作业； 2. 作业人员操作错误、违章作业； 3. 作业人员未持有效证件上岗； 4. 现场使用相关物品不规范； 5. 规定使用过程中规范； 6. 管理人员未定期检查； 7. 现场人员违规使用火源	1. 易燃易爆物品与其他易燃物混放； 2. 现场无禁止火源的警示标识或标识破损； 3. 存放现场无灭火装置； 4. 环境中存在与爆物品混合产生化学反应的物质； 5. 大量易燃物质堆放； 6. 焊接、切割或火花飞溅	1. 易燃易爆物品存放区域温度较高； 2. 易燃易爆物品存放区域过于干燥； 3. 周围环境中有火灾发生； 4. 易燃易爆物品存放空间过于密闭，挥发性可燃气体浓度过高； 5. 雷电等恶劣天气	1. 存放现场无监控报警； 2. 易燃物品、爆破物品管理程序存在漏洞； 3. 未落实安全教育、培训、交底、检查制度	√	√	√		

续上表

施工作业内容	典型风险事件	致害物	致险因素				风险事件后果类型				
			人的因素	物的因素	环境因素	管理因素	易导致伤亡人员类型		人员伤亡		
							本人	他人	轻伤	重伤	死亡
预埋件安装	物体打击	工具、材料、预制构件等	1. 现场作业人员未正确使用安全防护用品（安全帽等）； 2. 人员违章进入危险区域； 3. 管理人员违章指挥，强令冒险作业； 4. 作业人员身体健康状况异常、心理异常，辨识知识异常（反应迟钝、意识错误）； 5. 作业人员操作错误、违章作业（违章抛物）	1. 安全防护用品不合格（安全帽等）； 2. 作业过程中产生坠落物、抛射物、喷射物、溅射物等（工具、材料等）； 3. 未设置防护设施，防护设施存在缺陷（挡脚板、防护网等）； 4. 物品摆放位置不合理或未固定； 5. 物品尺寸超大、超长等	1. 强风、暴雨、冰雹、大雾等不良天气； 2. 作业场地杂乱； 3. 照明光线不足； 4. 机械、车船、场地等晃动、振动	1. 施工方案不完善或未落实； 2. 安全教育、培训、交底、检查制度不完善或未落实； 3. 安全防护用品等未进行进场验收或验收不到位； 4. 安全投入不足； 5. 现场无警示标识（警戒区、标牌、反光锥等）		√		√	
	触电	发电机、破损的电线、配电箱、钢筋等导电材料	1. 作业人员未正确使用安全防护用品（绝缘鞋、绝缘手套等）； 2. 作业人员操作错误或违章作业（带电检修维护）； 3. 管理人员违章指挥，强令冒险作业； 4. 电工、电焊工等特种人员未持有效证件上岗； 5. 作业人员疲劳作业	1. 电缆线、配电箱等电气设施设置不合格（线路破损、老化）； 2. 电气设施设置不规范（电缆拖地、配电箱无支架等）； 3. 带电设施无警示标识或标识破损； 4. 安全防护装置不规范（未接地、无漏电保护器、接线端子无防护罩等）	1. 强风、雷雨等不良天气； 2. 作业场地杂乱、潮湿或积水； 3. 作业场地照明不足； 4. 高温导致电线胶皮脱落	1. 临时用电方案不完善或未落实； 2. 发电机等安全操作规程不规范或未落实； 3. 电气设施材料等未进行进场验收； 4. 无电工对用电设施进行巡查或巡查不到位； 5. 机械设备安全管理制度未落实（发电机、电焊机等机具检查维修维护不到位）；	√		√		√

第五章 船闸工程施工的主要安全风险分析

续上表

施工作业内容	典型风险事件	致害物	致险因素				风险事件后果类型				
			人的因素	物的因素	环境因素	管理因素	易导致伤亡人员类型		人员伤亡		
							本人	他人	轻伤	重伤	死亡
	触电	发电机、破损的电线、配电箱、钢筋等导电材料		5.防护不当,防护距离不足(配电柜、发电机无遮雨棚、防护围挡或防护破损)		6.安全教育、培训、交底、检查制度不完善或未落实; 7.安全投入不足					
预埋件安装	机械伤害	弯曲机、切割机、装载机等施工机具	1.人员违章进入危险区域(机械作业半径等); 2.管理员违章指挥,强令冒险作业; 3.机械操作人员未持有效证件上岗; 4.机械操作人员操作错误,违章作业; 5.操作人员身体健康状况异常、心理异常、感知异常(反应迟钝、辨识错误); 6.现场作业人员未正确使用安全防护用品(反光背心、安全帽等); 7.机械操作人员疲劳作业	1.机械破损,标识破损或标识不清(警戒区、标牌、反光贴等); 2.设备设施安全作业距离不足; 3.设备带"病"作业(设备设施控制装置失效、运动或转动装置无防护或防护装置有缺陷等); 4.安全防护用品不合格(反光背心、安全帽、目镜等)	1.强风、暴雨、大雪、冰雹、大雾等不良天气; 2.作业场地狭窄、道路湿滑; 3.场地光线不足; 4.存在视野盲区	1.机械设备安全管理制度不完善或维护保养不到位(检查不到位); 2.未对机械设备、防护用品等进行进场验收或验收不落实; 3.安全教育、培训、交底制度不完善或未落实; 4.机械设备操作规程不规范或未落实; 5.安全投入不足		√	√	√	√

— 307 —

续上表

施工作业内容	典型风险事件	致害物	致险因素			风险事件后果类型				
			人的因素	物的因素	环境因素	管理因素	易导致伤亡人员类型		人员伤亡		
							本人	他人	轻伤	重伤	死亡
预埋件安装	起重伤害	汽车起重机、履带式起重机等起重设备、吊索吊具	1.管理人员违章指挥、强令冒险作业；2.作业人员操作错误、违章作业；3.起重工、信号工未持有效证件上岗；4.现场作业人员未正确使用安全防护用品（安全帽等）；5.抗倾覆验算错误；6.人员违章进入危险区域；7.起重人员身体健康状况异常、心理异常，感知异常（反应迟钝、辨识错误）；8.作业人员疲劳作业	1.设备自身缺陷（强度、刚度不足，抗倾覆能力不足）；2.现场无警示标识或标识破损（警戒区、标牌、反光锥等）；3.起重机支垫材料不合格（枕木、钢板等）；4.构件防锈处理不合格；5.吊索吊具不合格或达到报废标准（钢丝绳、吊带、U形卸扣等）；6.无防护或防护装置缺陷（防脱钩装置、限位装置等）；7.设备带"病"作业（制动装置等）；8.安全防护用品不合格（反光背心、安全帽等）	1.强风、暴雨、大雾、大雪等不良天气；2.地基承载力不足，基础下沉；3.作业场地照明不足；4.起重机周围高空有较多障碍物；5.起重机周围存在视野盲区	1.施工方案不完善或未落实；2.安全教育、培训、交底、检查制度不完善或未落实；3.未对起重设备进行进场验收或验收不到位；4.安全投入不足；5.起重吊装作业时无专人监视；6.起重吊装安全操作规程不规范或未落实	√	√	√	√	√

— 308 —

第五章 船闸工程施工的主要安全风险分析

续上表

施工作业内容	典型风险事件	致害物	致险因素				风险事件后果类型				
			人的因素	物的因素	环境因素	管理因素	易导致伤亡人员类型		人员伤亡		
							本人	他人	轻伤	重伤	死亡
	高处坠落	无防护的作业平台、施工人员自身的重力	1. 作业人员未正确使用安全防护用品（安全带、防滑鞋等）； 2. 作业人员身体健康状况异常、心理异常（高血压、恐高症等禁忌、反应迟钝、辨识错误）； 3. 作业人员疲劳作业、管理人员违章指挥、强令冒险作业； 4. 作业人员操作错误或违章作业	1. 高处作业安全防护措施（安全绳索、防坠网、栏杆等）未设置或标识破损； 2. 未设置安全警示标识或标识破损； 3. 安全防护用品质量不合格，存在缺陷； 4. 未设置或设置不规范	1. 大风、雷电、大雪、暴雨等恶劣天气； 2. 夜间施工照明不足； 3. 作业场地不平整、湿滑； 4. 临边洞口区域较多； 5. 现场需要经常登高作业	1. 安全教育、培训、交底、检查制度不完善或落实不到位； 2. 职业健康、安全管理制度不完善，未落实（定期体检）； 3. 安全投入不足； 4. 高处作业不规范、规程不规范； 5. 安全防护用品等未进行进场验收或验收不到位	√			√	√
预埋件安装	火灾	焊接机、切割机、油桶	1. 管理人员违章指挥、强令冒险作业； 2. 作业人员操作错误、违章作业； 3. 作业人员未持有效证件上岗； 4. 现场作业人员未按规定使用相关物品； 5. 现场使用相关物品不规范； 6. 作业人员违规作业； 7. 现场人员违规使用火源	1. 易燃易爆物品与其他易燃物混放； 2. 现场无禁止火源的标识或标识破损； 3. 存放现场无灭火装置； 4. 环境中存在与爆破物品混合产生化学反应的物质； 5. 大量易燃物质堆放； 6. 焊接、切割的火花飞射	1. 易燃易爆物品存放区域温度较高； 2. 易燃易爆物品存放区域过于干燥； 3. 周围环境中有火灾发生； 4. 易燃易爆物品存放空间过于密闭，挥发性可燃气体浓度过高； 5. 雷电等恶劣天气	1. 存放现场无监控报警装置； 2. 易燃物品、爆破物品管理程序存在漏洞； 3. 未落实安全教育、培训、交底、检查制度	√	√	√		

续上表

施工作业内容	典型风险事件	致害物	致险因素				风险致伤亡	风险事件后果类型			
			人的因素	物的因素	环境因素	管理因素	易导致伤亡人员类型		人员伤亡		
							本人	他人	轻伤	重伤	死亡
止水安装	物体打击	工具、材料、预制构件等	1. 现场作业人员未正确使用安全防护用品（安全帽等）；2. 人员违章进入危险区域；3. 管理人员违章指挥、强令冒险作业；4. 作业人员身体健康状况异常（反应迟钝、辨识知异常、心理异常）错误；5. 作业人员操作错误、违章作业（违章抛物）	1. 安全防护用品不合格（安全帽等）；2. 作业过程中产生坠落物、抛射物、溅射物等（工具、材料等）；3. 未设置防护设施，防护设施存在缺陷（挡脚板、防护网等）；4. 物品摆放位置不合理或未固定；5. 物品尺寸超大、超长等	1. 强风、暴雨、冰雹、大雾等不良天气；2. 作业场地杂乱；3. 照明光线不足；4. 机械、车船、晃动，振动	1. 施工方案不完善或未落实；2. 安全教育、培训、交底、检查制度不完善或未落实；3. 安全防护用品等未进行进场验收或验收不到位；4. 安全投入不足；5. 现场无警示标识或标识破损（警戒区、标牌、反光锥等）		√	√	√	
	触电	发电机、破损的电缆线、配电箱、钢筋等导电材料	1. 作业人员未正确使用安全防护用品（绝缘鞋、绝缘手套等）；2. 作业人员操作错误或违章作业（带电检修维护）；3. 管理人员违章指挥、强令冒险作业；4. 电工、电焊工等特种人员未持有效证件上岗；5. 作业人员疲劳作业	1. 电缆线、配电箱等电气设施不合格（线路破损、老化）；2. 电气设施设置不规范（电缆拖地、配电箱无支架等）；3. 带电标识或警示标识破损；4. 安全防护装置不规范，无漏电保护器、接线端子无防护罩等	1. 强风、雷雨等不良天气；2. 作业场地杂乱、潮湿或积水；3. 作业场地照明不足；4. 高温导致电线胶皮脱落	1. 临时用电方案不完善未落实；2. 发电机安全操作规程未规范或未落实；3. 电气设施材料等未进行进场验收；4. 无电工对用电设施进行巡查或巡查不到位；5. 机械设备安全管理制度未落实（发电机、电焊机等机具检查维护保养不到位）；	√		√	√	

第五章 船闸工程施工的主要安全风险分析

续上表

施工作业内容	典型风险事件	致害物	致险因素				风险事件后果类型				
			人的因素	物的因素	环境因素	管理因素	易导致伤亡人员类型		人员伤亡		
							本人	他人	轻伤	重伤	死亡
止水安装	触电	发电机、破损的电线、配电箱、钢筋等导电材料		5.防护不当,防护距离不足(配电柜、发电机无遮雨棚,防护围挡或防护破损)		6.安全教育、培训、交底、检查制度不完善或未落实; 7.安全投入不足		√	√	√	√
	机械伤害	弯曲机、切割机、装载机等施工机具	1.人员违章进入危险区域(机械作业半径等); 2.管理人员违章指挥,强令冒险作业; 3.机械操作人员未持有效证件上岗; 4.机械操作人员操作错误、违章作业(违规载人、酒后作业); 5.操作人员身体健康状况异常、心理异常,感知异常(反应迟钝、辨识错误); 6.现场作业人员未正确使用安全防护用品(反光背心、安全帽等); 7.机械操作人员疲劳作业	1.机械无警示标识或标识破损(警戒区、标牌、反光贴等); 2.设备设施安全作业距离不足; 3.设备带"病"作业(运动或转动制动装置失效、防护装置有缺陷等); 4.安全防护用品不合格(反光背心、安全帽、护目镜等)	1.强风、暴雨、大雪、冰雹、大雾等不良天气; 2.作业场地狭窄、不平整,道路湿滑; 3.场地光线不足; 4.存在视野盲区	1.机械设备安全管理制度不完善或未到位,未对机械设备安全管护保养(检查维护保养等)落实到位; 2.未对机械设备、安全防护用品等进行进场验收或验收不到位; 3.安全教育、培训、交底制度不完善或未落实; 4.机械设备操作规程不规范或未落实; 5.安全投入不足					

续上表

施工作业内容	典型风险事件	致害物	致险因素				易导致伤亡人员类型			风险事件后果类型		
			人的因素	物的因素	环境因素	管理因素	本人	他人		轻伤	重伤	死亡
止水安装	起重伤害	汽车起重机、履带式起重机等起重设备、吊索吊具	1.管理人员违章指挥、强令冒险作业；2.作业人员操作错误、违章作业；3.起重工、信号工未持有效证件上岗；4.现场作业人员未正确使用安全防护用品(安全帽等)；5.抗倾覆验算错误；6.人员违章进入危险区域；7.起重人员身体健康状况异常、心理异常、感知异常(反应迟钝、辨识错误)；8.作业人员疲劳作业	1.设备自身缺陷(强度、刚度不足、抗倾覆能力不足)；2.现场无警示标识或标识破损(警戒区、标牌、反光锥等)；3.起重机支垫材料不合格(枕木、钢板等)；4.构件防锈处理不合格；5.吊索吊具不合格(钢丝绳、吊带、U形卸扣等)；6.无防护或防护装置达到报废标准、限位装置等)；7.设备带"病"作业(制动装置等)；8.安全防护用品不合格(反光背心、安全帽等)	1.强风、暴雨、大雾、大雪等不良天气；2.地基承载力不足,基础下沉；3.作业场地照明不足；4.起重机周围高空有较多障碍物；5.起重机周围存在视野盲区	1.施工方案不完善或未落实；2.安全教育、培训、交底,检查验收制度不完善或未落实；3.未对起重设备进行进场验收或验收不到位；4.安全投入不足；5.起重吊装作业时无专人监视；6.起重吊装安全操作规程不规范或未落实	√	√		√	√	√

续上表

施工作业内容	典型风险事件	致害物	致险因素				风险事件后果类型			
			人的因素	物的因素	环境因素	管理因素	易导致伤亡人员类型		人员伤亡		
							本人	他人	轻伤	重伤	死亡
止水安装	高处坠落	无防护的作业平台、施工人员自身的重力	1. 作业人员未正确使用安全防护用品（安全带、防滑鞋等）；2. 作业人员身体健康状况异常、心理异常，感知异常（高血压、恐高症等禁忌症，反应迟钝、辨识错误）；3. 作业人员疲劳作业；管理人员违章指挥、强令冒险作业；4. 作业人员操作错误或违章作业	1. 高处作业场所未设置安全防护等措施（安全绳索〔防坠网、栏杆等〕）；2. 未设置安全警示标识或标识破损、不合格，存在缺陷；4. 未设置人员上下安全爬梯或设置不规范	1. 大风、雷电、大雪暴雨等恶劣天气；2. 夜间施工照明不足；3. 作业场地不平整、湿滑；4. 临边洞口区域较多；5. 现场经常需要登高作业	1. 安全教育、培训、交底、检查制度不完善未落实；2. 职业健康、安全管理制度不完善（定期体检）；3. 安全投入不足；4. 高处作业不规范、规程不规范或未落实；5. 安全防护用品等未进行进场安全验收或验收不到位	√	√	√	√	√
	火灾	焊接机、切割机、油桶	1. 管理人员违章指挥，强令冒险作业，违章作业；2. 作业人员操作错误；3. 作业人员未持有效证件上岗；4. 现场作业人员未按规定使用相关物品；5. 现场作业人员操作不规范；6. 管理人员未定期检查；7. 现场人员违规用火源	1. 易燃易爆物品与其他易燃物混；2. 现场无禁止火源的警示标识或标识破损；3. 存放现场无灭火装置；4. 环境中存在与易爆物品混合产生化学反应的物质；5. 大量易燃物质堆放；6. 焊接、切割等产生的火花飞溅	1. 易燃易爆物品存放区域温度较高；2. 易燃易爆物品存放区域过于干燥；3. 周围环境中有火灾发生；4. 易燃易爆物品存放空间过于密闭，挥发性可燃气体浓度过高；5. 雷电等恶劣天气	1. 存放现场无监控报警装置；2. 易燃物品、爆破物品管理程序存在漏洞；3. 未落实安全教育、培训、交底、检查制度	√	√	√		

续上表

施工作业内容	典型风险事件	致害物	致险因素				风险事件后果类型				
			人的因素	物的因素	环境因素	管理因素	易导致伤亡人员类型		人员伤亡		
							本人	他人	轻伤	重伤	死亡
	物体打击	工具、材料、预制构件等	1.现场作业人员未正确使用安全防护用品(安全帽等);2.人员违章进入危险区域;3.管理人员违章指挥,强令冒险作业;4.作业人员身体健康状况异常,心理异常,感知异常(反应迟钝、辨识错误);5.作业人员操作错误,违章作业(违章抛物)	1.安全防护用品不合格(安全帽等);2.作业过程中产生坠落物、抛射物、喷射物、溅射物等(工具、材料等);3.未设置防护设施,防护设施存在缺陷(挡脚板、防护网等);4.物品摆放位置不合理或未固定;5.物品尺寸超大、超长等	1.强风、暴雨、冰雹、大雾等不良天气;2.作业场地杂乱;3.照明光线不足;4.机械、车船、场地晃动、振动	1.施工方案不完善或未落实;2.安全教育、培训、交底、检查制度不完善或未落实;3.安全防护用品等未进行进场验收或验收不到位;4.安全投入不足;5.现场无警示标识(警戒区、标牌、反光锥等)		√	√	√	
门机安装	触电	发电机、破损的电线、配电箱、钢筋等导电材料	1.作业人员未正确使用安全防护用品(绝缘鞋、绝缘手套等);2.作业人员操作错误或违章作业(带电检修维护);3.管理人员违章指挥,强令冒险作业;4.电工、电焊工等特种人员未持有效证件上岗;5.作业人员疲劳作业	1.电缆线、配电箱等电气设施设置不合格(线路破损、老化);2.电气设施设置不规范(电缆拖地、配电箱无支架等);3.带电设施无警示标识或标识破损;4.安全防护装置不规范(未接地、无漏电保护器、接线端子无防护罩等)	1.强风、雷雨等不良天气;2.作业场地积水;3.作业场地照明不足;4.高温导致电线胶皮脱落	1.临时用电方案不完善或未落实;2.发电机等安全操作规程不规范或未落实;3.电气设施材料未进行进场验收;4.无电工对用电设施进行巡查巡检;5.机械设备安全管理制度未落实(发电机、电焊机等检查维护保养不到位)	√		√	√	

续上表

施工作业内容	典型风险事件	致害物	致险因素				风险事件后果类型				
			人的因素	物的因素	环境因素	管理因素	易导致伤亡人员类型		人员伤亡		
							本人	他人	轻伤	重伤	死亡
	触电	发电机、破损的电线、配电箱、钢筋等导电材料		5.防护不当,防护距离不足(配电柜,发电机无遮雨棚,防护围挡或防护破损)		6.安全教育、培训、交底、检查制度不完善或未落实; 7.安全投入不足		√	√	√	√
门机安装	机械伤害	弯曲机、切割机、装载机等施工机具	1.人员违章进入危险区域(机械作业半径等); 2.管理人员违章指挥,强令冒险作业; 3.机械操作人员未持有效证件上岗; 4.机械操作人员违章作业(违规载人,酒后作业); 5.操作人员身体健康状况异常,心理异常,感知异常(反应迟钝,辨识错误); 6.现场作业人员未正确使用安全防护用品(反光背心,安全帽等); 7.机械操作人员疲劳作业	1.机械无警示标识或标识破损、距离不足、反光贴等; 2.设备设施安全作业距离不足; 3.设备带"病"作业(设备设施制动装置失效,运动或转动装置无防护或防护装置有缺陷等); 4.安全防护用品不合格(反光背心,安全帽,护目镜等)	1.强风,暴雨,大雪,冰雹,大雾等不良天气; 2.作业场地狭窄,不平整,道路湿滑; 3.场地灯光线不足; 4.存在视野盲区	1.机械设备不完善或安全管理制度未落实(检查维护保养不到位); 2.未对机械设备、安全防护用品等进行进场验收或验收不到位; 3.安全教育、培训、交底、制度不完善或未落实; 4.机械设备操作规程不规范或未落实; 5.安全投入不足	√		√	√	√

续上表

施工作业内容	典型风险事件	致害物	致险因素				风险致伤亡人员类型		风险事件后果类型		
			人的因素	物的因素	环境因素	管理因素	本人	他人	轻伤	重伤	死亡
门机安装	起重伤害	汽车起重机、履带式起重机、浮式起重机等设备、吊索吊具	1. 管理人员违章指挥，强令冒险作业；2. 作业人员操作错误，违章作业；3. 起重工、信号工未持有效证件上岗；4. 现场作业人员未正确使用安全防护用品（安全帽等）；5. 抗倾覆验算错误；6. 人员违章进入危险区域；7. 起重人员身体健康状况异常、心理异常，感知异常（反应迟钝、辨识错误）；8. 作业人员疲劳作业	1. 设备自身缺陷（强度、刚度不足，抗倾覆能力不足）；2. 现场无警示标识或标识破损（警戒区、标牌、反光锥等）；3. 起重机支垫材料不合格（枕木、钢板等）；4. 构件防锈处理不合格；5. 吊索吊具不合格或达到报废标准（钢丝绳、吊带、U形卸扣等）；6. 无防护或防护装置缺陷（防脱钩装置、限位装置等）；7. 设备"带病"作业（制动装置等）；8. 安全防护用品不合格（反光背心、安全帽等）	1. 强风、暴雨、大雾、大雪等不良天气；2. 地基承载力不足，基础下沉；3. 作业场地照明不足；4. 浮式起重机周围水域存在较大波浪或暗流；5. 起重机周围高空有较多障碍物；6. 起重机周围存在视野盲区	1. 施工方案不完善或未落实；2. 安全教育、培训，交底、检查制度不完善或未落实；3. 未对起重设备进行进场验收或验收不到位；4. 安全投入不足；5. 专人监视；6. 起重吊装作业时无专人监视；6. 起重吊装安全操作规程不规范或未落实	√	√	√	√	√

第五章 船闸工程施工的主要安全风险分析

续上表

施工作业内容	典型风险事件	致害物	致险因素			风险事件后果类型			
			人的因素	物的因素	环境因素	管理因素	易导致伤亡人员类型		人员伤亡
							本人 / 他人	轻伤 / 重伤 / 死亡	
门机轨道安装	高处坠落	无防护的作业平台、施工人员自身的重力	1. 作业人员未正确使用安全防护用品（安全带、防滑鞋等）；2. 作业人员身体健康状况异常、心理异常，感知异常（高血压、恐高症等禁忌症，反应迟钝、辨识错误）；3. 作业人员违章指挥，管理人员违章指挥、冒险作业；4. 作业人员操作错误或违章作业	1. 高处作业场所未设置安全防护等措施（安全绳索、防坠网、栏杆等）；2. 安全警示标识或标识破损；3. 安全防护用品质量不合格，存在缺陷；4. 未设置或设置不规范全爬梯或人员上下安全爬梯	1. 大风、雷电、大雪、暴雨等恶劣天气；2. 夜间施工照明不足；3. 作业场地不平整、湿滑；4. 临边洞口区域较多；5. 现场需要经常登高作业	1. 安全教育、培训、交底、检查制度不完善或未落实；2. 职业健康、安全管理制度不完善、未落实（定期体检）；3. 安全投入不足；4. 高处作业安全操作规程不规范或未落实；5. 安全防护用品等验收不到位进行进场验收	√	√	√ √
门体安装	物体打击	工具、材料、预制构件等	1. 现场作业人员未正确使用安全防护用品（安全帽等）；2. 人员违章进入危险区域；3. 管理人员违章指挥，强令冒险作业；	1. 安全防护用品不合格（安全帽等）；2. 作业过程中产生的坠落物、抛射物、喷射物、溅射物（工具、材料等）；3. 未设置防护设施、防护设施存在缺陷（挡脚板、防护网等）；	1. 强风、暴雨、冰雹、大雾等不良天气；2. 作业场地杂乱；3. 照明光线不足；4. 机械、车船、场地等晃动、振动	1. 施工方案不完善或未落实；2. 安全教育、培训、交底、检查制度不完善或落实；3. 安全防护用品等验收不到位进行进场验收	√	√	√

— 317 —

续上表

施工作业内容	典型风险事件	致害物	致险因素				风险事件后果类型				
			人的因素	物的因素	环境因素	管理因素	易导致伤亡人员类型		人员伤亡		
							本人	他人	轻伤	重伤	死亡
	物体打击	工具、材料、预制构件等	4.作业人员身体健康状况异常,心理异常,感知异常(反应迟钝、辨识错误); 5.作业人员操作错误,违章作业(违章抛物)	4.物品摆放位置不合理或未固定; 5.物品尺寸超大、超长等		4.安全投入不足; 5.现场无警示标识或标牌破损(警戒区、标牌、反光锥等)					
门体安装	触电	发电机、破损的电线、配电箱、钢筋等导电材料	1.作业人员未正确使用安全防护用品(绝缘鞋、绝缘手套等); 2.作业人员操作错误或违章作业(带电检修维护); 3.管理人员违章指挥,强令冒险作业; 4.电工、电焊工等特种人员未持有效证件上岗; 5.作业人员疲劳作业	1.电缆线、配电箱等电气设施不合格(线路破损、老化); 2.电气设施设置不规范(电缆拖地、配电箱无支架等); 3.带电设施无警示标识或标识破损; 4.安全防护装置不规范,无漏电保护器,接线端子无防护罩等); 5.防护不当,防护距离不足(配电柜、发电机无遮雨棚,防护围挡或防护破损)	1.强风、雷雨等不良天气; 2.作业场地杂乱、潮湿或积水; 3.作业场地照明不足; 4.高温导致电线胶皮脱落	1.临时用电方案不完善或未落实; 2.发电机等安全操作规程不规范或未落实; 3.电气设施材料进场验收; 4.无电工对用电设施进行巡查或检查不到位; 5.机械设备安全管理制度未落实(发电机、电焊机等机具维护保养不到位); 6.安全教育、培训、交底、检查制度不完善或未落实; 7.安全投入不足	√		√	√	

续上表

施工作业内容	典型风险事件	致害物	致险因素				风险事件后果类型				
			人的因素	物的因素	环境因素	管理因素	易导致伤亡人员类型		人员伤亡		
							本人	他人	轻伤	重伤	死亡
门体安装	机械伤害	弯曲机、切割机、装载机等施工机具	1. 人员违章进入危险区域（机械作业半径等）；2. 管理人员违章指挥，强令冒险作业；3. 机械操作人员未持有效证件上岗；4. 机械操作人员操作错误、违章作业（违规载人、酒后作业）；5. 操作人员身体健康状况异常、心理异常、感知异常（反应迟钝、辨识错误）；6. 现场作业人员未正确使用安全防护用品（反光背心、安全帽等）；7. 机械操作人员疲劳作业	1. 机械破损标识破损或标识不完善（警戒区、标牌、反光贴等）；2. 设备设施安全作业距离不足；3. 设备带"病"作业（设备设施控制装置失效、运动或转动装置无防护或防护装置有缺陷等）；4. 安全防护用品不合格（反光背心、安全帽、护目镜等）	1. 强风、暴雨、大雪、冰雹、大雾等不良天气；2. 作业场地狭窄、不平整，道路湿滑；3. 场地光线不足；4. 存在视野盲区	1. 机械设备安全管理制度不完善或维护保养不到位（检查维护保养不到位）；2. 未对机械设备、安全防护用品等进行进场验收或验收不完善；3. 安全教育、培训、交底制度不完善或未落实；4. 机械设备操作规程不规范、安全操作未落实；5. 安全投入不足	√		√	√	√

续上表

施工作业内容	典型风险事件	致害物	致险因素			风险事件后果类型				
			人的因素	物的因素	环境因素	管理因素	易导致伤亡人员类型		人员伤亡		
							本人	他人	轻伤	重伤	死亡
门体安装	起重伤害	汽车起重机、履带式起重机、浮式起重机等起重设备、吊索吊具	1.管理人员违章指挥,强令冒险作业; 2.作业人员操作错误、违章作业; 3.起重工、信号工未持有效证件上岗; 4.现场作业人员未正确使用安全防护用品(安全帽等); 5.抗倾覆验算错误; 6.人员违章进入危险区域; 7.起重人员身体健康状况异常、心理异常,感知异常(反应迟钝、辨识错误); 8.作业人员疲劳作业	1.设备自身缺陷(强度、刚度不足,抗倾覆能力不足); 2.现场无警示标识(警戒区、标牌、反光锥等); 3.起重机支垫材料不合格(枕木、钢板等); 4.构件防锈处理不合格; 5.吊索吊具不合格或达到报废标准(钢丝绳、吊带、U形卸扣等); 6.无防护或防护装置缺陷(防脱钩装置、限位装置等); 7.设备带"病"作业(制动装置等); 8.安全防护用品不合格(反光背心、安全帽等)	1.强风、暴雨、大雾、大雪等不良天气; 2.地基承载力不足、基础下沉; 3.作业场地照明不足; 4.浮式起重机周围水域存在较大波浪或暗流; 5.起重机周围高空有较多障碍物; 6.起重机周围存在视野盲区	1.施工方案不完善或未落实; 2.安全教育、培训、交底,检查制度不完善或未落实; 3.未对起重设备进行进场验收或验收不到位; 4.安全投入不足; 5.起重吊装作业时无专人监视; 6.起重吊装安全操作规程不规范或未落实	√	√	√	√	√

— 320 —

续上表

施工作业内容	典型风险事件	致险因素				风险事件后果类型				
		致害物	人的因素	物的因素	环境因素	管理因素	易导致伤亡人员类型		人员伤亡		
							本人	他人	轻伤	重伤	死亡
门体安装	车船伤害	运输、施工的车船等	1.人员违章进入危险区域； 2.管理人员违章指挥，强令冒险作业（进入视野盲区等）； 3.机驾人员未持有效证件上岗，违章操作错误，违章作业（违规载人、酒后驾驶、超限、超速、超载作业）； 4.机驾人员身体健康状况异常，心理异常，感知异常（反应迟钝、辨识错误）； 5.机驾人员疲劳作业； 6.现场人员未正确使用安全防护用品（反光背心、安全帽等）	1.车船未配备警示标识或标识破损（警戒区、标牌、反光锥、反光贴等）； 2.车船"带病"作业（制动装置、喇叭、警示灯等设施缺陷）； 3.车船作业安全距离不足； 4.人员安全防护用品不合格（反光背心、安全帽等）； 5.车辆外观存在破损，配件行驶时脱落、运载物； 6.车辆转弯或超尺寸退时无明显提示； 7.船舶甲板有较多缆绳和锚具	1.强风、暴雨、大雾、冰雹、大雪等不良天气； 2.作业场地狭窄不平整，道路湿滑； 3.车辆前后视线不良； 4.存在视野盲区	1.未对车辆、船机设备安全防护设施等进行进场验收或验收不到位； 2.车船安全管理制度不完善或未落实（检查维护保养不到位）； 3.安全操作规程不规范或未落实（作业前未对车船周围环境进行检查）； 4.安全教育、培训、交底、检查制度不完善或未落实； 5.职业健康管理制度不完善或未落实； 6.安全投入不足	√	√	√	√	√

续上表

施工作业内容	典型风险事件	致险物	致险因素				风险事件后果类型				
			人的因素	物的因素	环境因素	管理因素	易导致伤亡人员类型		人员伤亡		
							本人	他人	轻伤	重伤	死亡
门体安装	高处坠落	无防护的作业平台、施工人员自身的重力	1. 作业人员未正确使用安全防护用品（安全带、防滑鞋等）；2. 作业人员身体健康状况异常（高血压、恐高症等）、心理异常，感知异常（反应迟钝，辨识错误）；3. 作业人员疲劳作业，管理人员违章指挥、强令冒险作业；4. 作业人员操作错误或违章作业	1. 高处作业防护措施（安全绳索、防坠网、栏杆等）未设置或设置标识破损；2. 未设置安全警示标识或标识破损；3. 安全防护用品质量不合格、存在缺陷；4. 未设置或设置人员上下安全爬梯不规范	1. 大风、雷电、大雪、暴雨等恶劣天气；2. 夜间施工照明不足；3. 作业场地不平整、湿滑；4. 临边洞口区域较多；5. 现场需要经常登高作业	1. 安全教育、培训、交底、检查制度不完善或未落实；2. 职业健康、安全管理制度不完善，未落实（定期体检）；3. 安全投入不足；4. 高处作业规范未落实；5. 安全防护用品等未进行进场验收不到位				√	√
	火灾	焊接机、切割机、油桶	1. 管理人员违章指挥、强令冒险作业；2. 作业人员操作错误、违章作业；3. 作业人员未持有效证件上岗；4. 现场作业人员未按规定使用相关物品；5. 现场作业人员操作不规范；6. 管理人员未定期检查；7. 现场人员违规使用火源	1. 易燃易爆物品与其他易燃物混放，易爆物品存放；2. 现场标识或禁止标识破损；3. 存放现场无灭火装置；4. 环境中存在与爆物品混合产生化学反应的物质；5. 大量易燃物质堆放；6. 焊接、切割产生的火花溅射	1. 易燃易爆物品存放区域温度较高；2. 易燃易爆物品存放区域过于干燥；3. 周围环境中有火灾发生；4. 易燃易爆物品存放空间过于密闭，挥发性可燃气体浓度过高；5. 雷电等恶劣天气	1. 存放现场无监控报警装置；2. 易燃物品、爆破物品管理程序存在漏洞；3. 未落实安全教育、培训、交底、检查制度	√	√	√		

续上表

施工作业内容	典型风险事件	致害物	致险因素			风险事件后果类型				
			人的因素	物的因素	环境因素	管理因素	易导致伤亡人员类型		人员伤亡		
							本人	他人	轻伤	重伤	死亡
	物体打击	工具、材料、预制构件等	1. 现场作业人员未正确使用安全防护用品（安全帽等）； 2. 人员违章进入危险区域； 3. 管理人员违章指挥，强令冒险作业； 4. 作业人员身体健康状况异常，心理异常，反应迟钝，辨识感知异常（反应错误）； 5. 作业人员操作错误，违章作业（违章抛物）	1. 安全防护用品不合格（安全帽等）； 2. 作业过程中产生坠落物、抛射物、喷射物、溅射物（工具、材料等）； 3. 未设置防护设施，防护设施存在缺略（挡脚板、防护网等）； 4. 物品摆放位置不合理或未固定； 5. 物品尺寸超大、超长等	1. 强风、暴雨、冰雹、大雾等不良天气； 2. 作业场地杂乱； 3. 照明光线不足； 4. 机械、车船、场地晃动、振动	1. 施工方案不完善或未落实； 2. 安全教育、培训、交底、检查制度不完善或未落实； 3. 安全防护用品等未进行进场验收或验收不到位； 4. 安全投入不足； 5. 现场无警示标识或标识破损（警戒区、标牌、反光锥等）		√	√	√	
运转件安装	触电	发电机、破损的电线、配电箱、钢筋等导电材料	1. 作业人员未正确使用安全防护用品（绝缘鞋、绝缘手套等）； 2. 管理人员违章指挥，或违章作业； 3. 管理人员违章指挥，强令冒险作业； 4. 电工、电焊工等特种人员未持有效证件上岗； 5. 作业人员疲劳作业	1. 电缆线、配电箱等电气设施不合格（线路破损、老化）； 2. 电气设施设置不规范，配电无支架等）； 3. 带电设施无警示标识或标识破损； 4. 安全防护装置不规范，无漏电保护器，接线端子无防护罩等）；	1. 强风、雷雨等不良天气； 2. 作业场地杂乱、潮湿或积水； 3. 作业场地照明不足； 4. 高温导致电线胶皮脱落	1. 临时用电方案不完善或未落实； 2. 发电机等安全操作规程不规范或未落实； 3. 电气设施未进行进场验收； 4. 无专职电工对用电设施进行安全巡查或巡查不到位； 5. 机械设备安全管理制度未落实（发电机、电焊机等机具检查维护保养不到位）；	√		√	√	

续上表

施工作业内容	典型风险事件	致害物	致险因素			风险事件后果类型			
			人的因素	物的因素	环境因素	管理因素	易导致伤亡人员类型		人员伤亡
							本人 / 他人		轻伤 / 重伤 / 死亡
	触电	发电机、破损的电线、配电箱、钢筋等导电材料		5.防护不当,防护距离不足(配电柜、发电机无遮雨棚、防护围挡或防护破损)		6.安全教育、培训、交底、检查制度不完善或未落实; 7.安全投入不足	√		√
运转件安装	机械伤害	弯曲机、切割机、装载机等施工机具	1.人员违章进入危险区域(机械作业半径等); 2.管理人员违章指挥、强令冒险作业; 3.机械操作人员未持有效证件上岗; 4.机械操作人员操作错误、违章作业(违规载人、酒后作业); 5.操作人员身体健康状况异常、心理异常、感知异常(反应迟钝、辨识错误); 6.现场作业人员未正确使用安全防护用品(反光背心、安全帽等); 7.机械操作人员疲劳作业	1.机械设备破损或标识贴损,标识贴损、反光贴等); 2.设备设施安全作业距离不足; 3.设备"带病"作业(设备设施制动装置失效、运动或转动装置无防护或防护装置有缺陷等); 4.安全防护用品不合格(反光背心、安全帽、护目镜等)	1.强风、暴雨、大雪、冰雹、大雾等不良天气; 2.作业场地狭窄、不平整,道路湿滑; 3.场地光线不足; 4.存在视野盲区	1.机械设备安全管理制度不完善或安全检查维护保养不到位; 2.未对机械设备进行进场验收或验收不到位; 3.安全教育、培训、交底制度不完善或未落实; 4.机械设备操作规程不规范或未落实; 5.安全投入不足	√	√	√ √ √

— 324 —

续上表

施工作业内容	典型风险事件	致害物	致险因素			风险事件后果类型				
			人的因素	物的因素	环境因素	管理因素	易导致伤亡人员类型		人员伤亡		
							本人	他人	轻伤	重伤	死亡
运转件安装	起重伤害	汽车起重机、履带式起重机、浮式起重设备、吊索吊具等	1. 管理人员违章指挥，强令冒险作业； 2. 作业人员操作错误，违章作业； 3. 起重工、信号工未持有效证件上岗； 4. 现场作业人员未正确使用安全防护用品（安全帽等）； 5. 抗倾覆验算错误； 6. 人员身体健康状况异常、心理异常、感知异常（反应迟钝、辨识错误）； 7. 起重作业人员进入危险区域； 8. 作业人员疲劳作业	1. 设备自身缺陷（强度、刚度不足、抗倾覆能力不足）； 2. 现场无警示标识或标识破损（警戒区、标牌、反光锥等）； 3. 起重机支垫材料不合格（枕木、钢板等）； 4. 构件防锈处理不合格； 5. 吊索具不合格或达到报废标准（钢丝绳、吊带、U形卸扣等）； 6. 无防护或防护装置缺陷（防脱钩装置、限位装置等）； 7. 设备带"病"作业（制动装置等）； 8. 安全防护用品不合格（反光背心、安全帽等）	1. 强风、暴雨、大雾、大雪等不良天气； 2. 地基承载力不足，基础下沉； 3. 作业场地照明不足； 4. 浮式起重机周围水域存在较大波浪或暗流； 5. 起重机周围高空有较多障碍物； 6. 起重机周围存在视野盲区	1. 施工方案不完善或未落实； 2. 安全教育、培训、交底、检查制度不完善或未落实； 3. 未对起重设备进行进场验收或验收不到位； 4. 安全投入不足； 5. 起重吊装作业时无专人监视； 6. 起重吊装安全操作规程不规范或落实不落实	√	√	√	√	√

续上表

施工作业内容	典型风险事件	致害物	致险因素			风险事件后果类型			
			人的因素	物的因素	环境因素	管理因素	易导致伤亡人员类型 || 人员伤亡		
							本人	他人	轻伤	重伤	死亡
运转件安装	车船伤害	运输、施工的车船等	1. 人员违章进入危险区域； 2. 管理人员违章指挥，强令冒险作业（进入视野盲区等）； 3. 机驾人员未持有效证件上岗，违章人员操作错误，违章作业（违规载人、酒后驾驶、超速、超限、超载作业）； 4. 机驾人员身体健康状况异常、心理异常、感知异常（反应迟钝、辨识错误）； 5. 机驾人员疲劳作业； 6. 现场人员未正确使用安全防护用品（反光背心、安全帽等）	1. 车船未配备警示标识或标识破损（警戒区、标牌、反光锥、反光贴等）； 2. 车船"带病"作业（制动装置、喇叭、警示灯等设施缺陷）； 3. 车船作业安全距离不足； 4. 人员安全防护用品不合格（反光背心、安全帽等）； 5. 车辆外观存在破损，配件行驶时脱落，运载物品尺寸超过车辆尺寸提示； 6. 车辆转弯或倒车时无明显提示； 7. 船舶甲板有较多缆绳和锚具	1. 强风、暴雨、大雪、冰雹、大雾等不良天气； 2. 作业场地狭窄、不平整，道路湿滑； 3. 车辆前后视线不良； 4. 存在视野盲区	1. 未对车辆、船机设备安全防护设施等进行进场验收或验收不到位； 2. 车船安全管理制度不完善或未落实（检查维护保养不到位）； 3. 安全操作规程不规范或未落实（作业前未对车船周围环境进行检查）； 4. 安全教育、培训、交底、检查制度不完善或未落实； 5. 职业健康管理制度不完善或未落实； 6. 安全投入不足	√	√	√	√	√

续上表

施工作业内容	典型风险事件	致害物	致险因素				风险事件后果类型				
			人的因素	物的因素	环境因素	管理因素	易导致伤亡人员类型		人员伤亡		
							本人	他人	轻伤	重伤	死亡
运转件安装	高处坠落	无防护平台、作业人员自身的重力	1. 作业人员未正确使用安全防护用品（安全带、防滑鞋等）； 2. 作业人员身体健康状况异常（高血压、感冒等禁忌症，恐高症等）； 3. 作业人员疲劳作业、管理人员违章指挥、强令冒险作业； 4. 作业人员操作错误或违章作业	1. 高处作业场所未设置安全防护等措施（安全绳索、防坠网、栏杆等）； 2. 未设置安全警示标识或标识破损； 3. 安全防护用品质量不合格，存在缺陷； 4. 未设置人员上下安全爬梯或设置不规范	1. 大风、雷电、大雪、暴雨等恶劣天气； 2. 夜间施工照明不足； 3. 作业场地不平整、湿滑； 4. 临边洞口区域较多； 5. 现场需要经常登高作业	1. 安全教育、培训、交底、检查制度不完善或未落实； 2. 职业健康安全管理制度不完善，未落实（定期体检）； 3. 安全投入不足； 4. 高处作业不规范； 5. 安全防护用品等未进行进场验收或监收不到位		√	√	√	√
闸阀门试运行	淹溺	周边水域	1. 管理人员违章指挥、强令冒险作业； 2. 人员心理异常（侥幸心理）； 3. 作业人员操作错误、违章作业； 4. 违反劳动纪律行为（管理人员脱岗）； 5. 人员未正确使用安全防护用品	1. 现场无警示标识或标识破损； 2. 现场救生设施不足； 3. 水下有任不明物体或生物的拖拽或缠绕	1. 雷雨、大风（6级以上）、冰雹、大雾等恶劣天气作业； 2. 水体寒冷； 3. 水体内能见度不足	1. 专项施工方案、应急预案不完善或未落实； 2. 未落实安全教育、培训、交底、检查制度； 3. 现场监控看管不到位	√		√	√	√

第五章 船闸工程施工的主要安全风险分析

续上表

施工作业内容	典型风险事件	致害物	致险因素				风险事件后果类型			
			人的因素	物的因素	环境因素	管理因素	易导致伤亡人员类型		人员伤亡	
							本人	他人	轻伤	重伤	死亡
闸阀门试运行	触电	发电机、破损的电缆线、配电箱、钢筋等导电材料	1.作业人员未正确使用安全防护用品（绝缘鞋、绝缘手套等）；2.作业人员操作错误或违章作业（带电检修维护）；3.管理人员违章指挥、强令冒险作业；4.电工、电焊工等特种人员未持有效证件上岗；5.作业人员疲劳作业	1.电缆线、配电箱等电气设施不合格（绝缘破损、老化）；2.电气设施设置不规范（电缆拖地、配电箱无支架等）；3.带电设施无警示标识或标识破损；4.安全防护装置不规范（未接地、无漏电保护器、接线端子无防护罩等）；5.防护不当、防护距离不足（配电柜、发电机无遮雨棚、防护围挡或防护罩破损）	1.强风、雷雨等不良天气；2.作业场地杂乱、潮湿或积水；3.作业场地照明不足；4.高温导致电线胶皮脱落	1.临时用电方案不完善或未落实；2.发电机等安全操作规程不规范或未落实；3.电气设施材料未进行进场验收；4.无电工对用电设施进行巡查或检查不到位；5.机械设备安全管理制度未落实（发电机、电焊机等机具检查维护养不到位）；6.安全教育、培训、交底、检查制度不完善或未落实；7.安全投入不足	√		√	√	√
	机械伤害	弯曲机、切割机、装载机等施工机具	1.人员违章进入危险区域（机械作业半径等）；2.管理人员违章指挥、强令冒险作业；3.机械操作人员未持有效证件上岗；4.机械操作人员操作错误、违章作业（违规载人、酒后作业）；	1.机械无警示标识或标识破损、标牌、反光贴等）；2.设备设施安全距离不足	1.强风、暴雨、大雪、冰雹、大雾等不良天气；2.作业场地狭窄不整、道路湿滑；3.场地光线不足；4.存在视野盲区	1.机械设备安全管理制度不完善或未落实（检查维护保养不到位）；2.未对机械设备、安全防护用品等进行进场验收验收不到位		√	√	√	√

续上表

施工作业内容	典型风险事件	致害物	致险因素				风险事件后果类型				
			人的因素	物的因素	环境因素	管理因素	易导致伤亡人员类型		人员伤亡		
							本人	他人	轻伤	重伤	死亡
	机械伤害	弯曲机、切割机、装载机等施工机具	5. 操作人员身体健康状况异常、心理异常，感知异常（反应迟钝、辨识错误）；6. 现场作业人员未正确使用安全防护用品（反光背心、安全帽等）；7. 机械操作人员疲劳作业	3. 设备"带病"作业（设备设施制动装置失效、运动或转动装置有缺陷、防护装置有缺陷等）；4. 安全防护用品不合格（反光背心、安全帽、护目镜等）		3. 安全教育、培训、交底制度不完善或未落实；4. 机械设备操作规程不规范或未落实；5. 安全投入不足					
闸阀门试运行	高处坠落	无防护的作业平台、施工人员自身的重力	1. 作业人员未正确使用安全防护用品（安全带、防滑鞋等）；2. 作业人员身体健康状况异常、心理异常，感知异常（高血压、恐高症等禁忌症，反应迟钝、辨识错误）；3. 作业人员疲劳作业，管理人员违章指挥、强令冒险作业；4. 作业人员操作错误或违章作业	1. 高处作业场所未设置安全防护等措施（安全绳索、防坠网、栏杆等）；2. 未设置安全警示标识或标识破损；3. 安全防护用品质量不合格、存在缺陷；4. 未设置或设置不规范全爬梯等设置不规范	1. 大风、雷电、大雪、暴雨等恶劣天气；2. 夜间施工照明不足；3. 作业场地不平整、湿滑；4. 临边洞口区域较多；5. 现场需要经常登高作业	1. 安全检查、培训、交底，检查检查制度未落实；2. 职业健康安全管理制度不完善，未落实（定期体检）；3. 安全投入不足；4. 高处作业安全操作规程不规范或未落实；5. 安全防护用品等未进行进场验收或验收不到位	√		√	√	√

续上表

施工作业内容	典型风险事件	致害物	致险因素			风险事件后果类型			
			人的因素	物的因素	环境因素	管理因素	易导致伤亡人员类型		人员伤亡
							本人	他人	轻伤 重伤 死亡
启闭装置制造	物体打击	工具、材料、预制构件、破损的设备	1. 现场作业人员未正确使用安全防护用品（安全帽等）；2. 人员违章进入危险区域；3. 管理人员违章指挥、强令冒险作业；4. 作业人员身体健康状况异常、心理异常，感知异常（反应迟钝、辨识错误）；5. 作业人员操作错误、违章作业	1. 安全防护用品不合格（安全帽等）；2. 作业过程中产生的坠落物、抛射物、喷射物、溅射物等（工具、材料等）；3. 未设置防护设施，防护设施存在缺陷（挡脚板、防护网等）；4. 物品摆放位置不合理或未固定；5. 物品尺寸超大、超长等	1. 强风、暴雨、冰雹、大雾等不良天气；2. 作业场地杂乱；3. 照明光线不足；4. 机械、车船、场地等晃动、振动	1. 施工方案不完善或未落实；2. 安全教育、培训、交底、检查制度不完善或未落实；3. 安全防护用品等未进行进场验收或验收不到位；4. 安全投入不足；5. 现场无警示标识或标识破损（警戒区、标牌、反光锥等）		√	√ √
	触电	发电机、电线、配电箱等的电缆线、配电箱、钢筋导电材料	1. 作业人员未正确使用安全防护用品（绝缘鞋、绝缘手套等）；2. 作业人员操作错误或违章作业（带电检修维护）；3. 管理人员违章指挥、强令冒险作业；4. 电工、电焊工等特种人员未持有效证上岗；5. 作业人员疲劳作业	1. 电缆线、配电箱等电气设施不合格（线路破损、老化）；2. 电气设施设置不规范（电缆拖地、配电箱无支架等）；3. 带电设施无警示标识或标识破损；4. 安全防护装置不规范（未接地、无漏电保护器、接线端子无防护罩等）	1. 强风、雷雨等不良天气；2. 作业场地杂乱或积水；3. 作业场地照明不足；4. 高温导致电线胶皮脱落	1. 临时用电方案不完善或未落实；2. 发电机等安全操作规程不规范或未落实；3. 电气设施材料等未进行进场验收；4. 无电工对用电设施进行巡查或巡查不到位；5. 机械设备安全管理制度未落实（发电机、电焊机等机具检查维护保养不到位）	√		√ √

续上表

施工作业内容	典型风险事件	致害物	致险因素				风险事件后果类型				
			人的因素	物的因素	环境因素	管理因素	易导致伤亡人员类型		人员伤亡		
							本人	他人	轻伤	重伤	死亡
	触电	发电机、破损的电线、配电箱、钢筋等导电材料		5.防护不当,防护距离不足(配电柜、发电机无遮雨棚,防护围挡或防护破损)		6.安全教育、培训、交底、检查制度不完善或未落实; 7.安全投入不足					
启闭装置制造	机械伤害	卷扬机、装载机等施工机具	1.人员违章进入危险区域(机械作业半径等); 2.管理人员违章指挥,强令冒险作业; 3.机械操作人员未持有效证件上岗; 4.机械操作人员操作错误、违章作业(违规载人、酒后作业); 5.操作人员身体健康状况异常、心理异常,感知异常(反应迟钝、辨识错误); 6.现场作业人员未正确使用安全防护用品(反光背心、安全帽等); 7.机械操作人员疲劳作业	1.机械设备破损,标识破损、反光贴等; 2.设备设施安全作业距离不足; 3.设施"带病"作业(设备设施制动装置失效,运动或转动装置无防护或防护装置有缺陷); 4.安全防护用品不合格(反光背心、安全帽、目镜等)	1.强风,暴雨,大雪,冰雹,大雾等不良天气; 2.作业场地狭窄,不平整,道路湿滑; 3.场地灯光不足; 4.存在视野盲区	1.机械设备安全管理制度不完善或安全检查保养未到位; 2.未对机械设备、安全防护用品等进行进场验收或验收不到位; 3.安全教育、培训、交底制度不完善或未落实; 4.机械设备操作规程不规范或未落实; 5.安全投入不足		√	√	√	√

续上表

施工作业内容	典型风险事件	致害物	致险因素				风险事件后果类型				
			人的因素	物的因素	环境因素	管理因素	易导致伤亡人员类型		人员伤亡		
							本人	他人	轻伤	重伤	死亡
启闭装置制造	起重伤害	汽车起重机、履带式起重机、浮式起重机等起重设备、吊索吊具	1.管理人员违章指挥、强令冒险作业；2.作业人员操作错误、违章作业；3.起重工、信号工未持有效证上岗；4.现场作业人员未正确使用安全防护用品（安全帽等）；5.抗倾覆验算错误；6.人员违章进入危险区域；7.作业人员身体健康状况异常、心理异常、感知异常（反应迟钝、辨识错误）；8.作业人员疲劳作业	1.设备自身缺陷（强度、刚度不足，抗倾覆能力不足）；2.现场无警示标识或标识破损（警戒区、标牌、反光锥等）；3.起重机支垫材料不合格（枕木、钢板等）；4.构件防锈处理不合格；5.吊索吊具不合格或达到报废标准（钢丝绳、吊带、U形卸扣等）；6.无防护或防护装置缺陷（防脱钩装置、限位装置等）；7.设备"带病"作业（制动装置等）；8.安全防护用品不合格（反光背心、安全帽等）	1.强风、暴雨、大雾、大雪等不良天气；2.作业场地承载力不足，基础下沉；3.作业场地照明不足；4.浮式起重机大波浪或暗流、坡存在较大；5.起重机周围高空有较多障碍物；6.起重机周围存在视野盲区	1.施工方案不完善或未落实；2.安全教育、培训、交底、检查制度不完善或未落实；3.未对起重设备进行进场验收或验收不到位；4.安全投入不足；5.起重吊装作业时无专人监视；6.起重吊装安全操作规程不规范或未落实	√	√	√	√	√

— 332 —

续上表

施工作业内容	典型风险事件	致害物	致险因素			风险事件后果类型				
			人的因素	物的因素	环境因素	管理因素	易导致伤亡人员类型			人员伤亡		
							本人	他人	轻伤	重伤	死亡
启闭装置制造	爆炸	氧气瓶、乙炔瓶等	1. 特种作业人员未持有效证件上岗； 2. 作业人员操作错误或违章作业； 3. 现场作业人员未正确使用安全防护用品； 4. 管理人员违章指挥，强令冒险作业； 5. 作业人员疲劳作业； 6. 人员身体健康状况异常； 7. 警戒人员现场警戒不到位； 8. 人员违章进入爆破区域	1. 现场无警示标识或标识破损； 2. 爆破器材不合格或发生故障； 3. 易燃易爆物与其他易燃物混放； 4. 现场无禁止火源的警示标识或标识破损； 5. 存放现场无灭火装置； 6. 环境中存在与爆破物品混合产生化学反应的物质	1. 易燃易爆物品存放区域温度较高； 2. 易燃易爆物品存放区域过于干燥； 3. 周围环境中有火灾发生； 4. 易燃易爆物品存放空间过于密闭，挥发性可燃气体浓度过高； 5. 易燃易爆物品与其他易燃物品间距离不足； 6. 雷电等恶劣天气	1. 安全教育、培训、交底、检查制度不完善或未落实； 2. 火工品管理制度不完善； 3. 安全投入不足； 4. 爆破的安全距离不足	√	√	√	√	√

续上表

| 施工作业内容 | 典型风险事件 | 致害物 | 致险因素 ||||风险事件后果类型 ||||
||||人的因素|物的因素|环境因素|管理因素|易导致伤亡人员类型||人员伤亡|||
						本人	他人	轻伤	重伤	死亡
启闭装置制造	火灾	焊接机、切割机、油桶等	1. 管理人员违章指挥,强令冒险作业; 2. 作业人员操作错误,违章作业; 3. 作业人员未持有效证件上岗; 4. 现场作业人员未按规定使用相关物品; 5. 管理人员未定期检查; 6. 现场管理人员未按规范; 7. 现场作业人员违规使用火源	1. 易燃易爆物品与其他易燃物混; 2. 现场无禁止火源的警示标识或标识破损; 3. 存放现场无灭火装置; 4. 环境中存在与爆破物品混合产生化学反应的物质; 5. 大量易燃物质堆放; 6. 焊接、切割的火花溅射	1. 易燃易爆物品存放区域温度较高; 2. 易燃易爆物品存放区域过于干燥; 3. 周围环境中有火灾发生; 4. 易燃易爆物品存放空间过于密闭,挥发性可燃气体浓度过高; 5. 雷电等恶劣天气	1. 存放现场无监督报警装置; 2. 易燃物品、爆破物品管理程序存在漏洞; 3. 未落实安全教育、培训、交底、检查制度	√	√	√		
预埋件安装	物体打击	工具、材料、预制构件等	1. 现场作业人员未正确使用安全防护用品(安全帽等); 2. 人员违章进入危险区域; 3. 管理人员违章指挥,强令冒险作业; 4. 作业人员身体健康状况异常、心理异常、感知异常(反应迟钝、辨识错误); 5. 作业人员操作错误、违章作业(违章抛物)	1. 安全防护用品不合格(安全帽等); 2. 作业过程中产生的坠落物、抛射物、喷射物、溅射物等(工具、材料等); 3. 未设置防护设施、防护设施存在缺陷(挡脚板、防护网等); 4. 物品摆放位置不合理或未固定; 5. 物品尺寸超大、超长等	1. 强风、暴雨、冰雹、大雾等不良天气; 2. 作业场地杂乱; 3. 照明光线不足; 4. 机械、车船等晃动、振动	1. 施工方案不完善或未落实; 2. 安全教育、培训、交底、检查制度不完善或未落实; 3. 安全防护用品验收或验收不到位; 4. 安全投入不足; 5. 现场无警示标识或标识破损(警戒区、标牌、反光锥等)		√	√	√	

续上表

施工作业内容	典型风险事件	致害物	致险因素				风险事件后果类型				
			人的因素	物的因素	环境因素	管理因素	易导致伤亡人员类型		人员伤亡		
							本人	他人	轻伤	重伤	死亡
预埋件安装	触电	发电机、破损的电缆线、配电箱、钢筋等导电材料	1.作业人员未正确使用安全防护用品（绝缘鞋、绝缘手套等）；2.作业人员操作错误或违章作业（带电检修维护）；3.管理人员违章指挥，强令冒险作业；4.电工、电焊工等特种人员未持有效证件上岗；5.作业人员疲劳作业；	1.电缆线、配电箱等电气设施不合格（线路破损、老化）；2.电气设施设置不规范（电缆拖地、配电箱无支架等）；3.带电设施无警示标识或标识破损；4.安全防护装置不规范（未接地、无漏电保护器、接线端子无防护罩等）；5.防护不当（配电柜、发电机无遮雨棚、防护围挡防护不足或破损）	1.强风、雷雨等不良天气；2.作业场地杂乱、潮湿或积水；3.作业场地照明不足；4.高温导致电线胶皮脱落	1.临时用电方案不完善或未落实；2.发电机等安全操作规程不规范或未落实；3.电气设施材料等未进行进场验收；4.无电工对用电设施进行巡查或巡查不到位；5.机械设备安全管理制度未完善（发电机、电焊机等机具检查维护保养不到位）；6.安全教育、培训、交底、检查制度不完善或未落实；7.安全投入不足	√			√	
	机械伤害	弯曲机、切割机、装载机等施工机具	1.人员违章进入危险区域（机械作业半径等）；2.管理人员违章指挥，强令冒险作业；3.机械操作人员未持有效证件上岗；4.机械操作人员操作错误，违章作业（违规载人、酒后作业）；	1.机械破损、标识破损或未贴、反光漆；2.设备设施安全距离不足	1.强风、暴雨、大雪、冰雹、大雾等不良天气；2.作业场地地面不平整，道路湿滑；3.场地光线不足；4.存在视野盲区	1.机械设备安全管理制度不完善或未落实（检查维护保养不到位）；2.安全教育、培训、交底、安全防护用品等进场验收或验收不到位；3.未对机械设备进行进场验收不到位		√	√	√	√

续上表

施工作业内容	典型风险事件	致害物	致险因素 人的因素	致险因素 物的因素	致险因素 环境因素	致险因素 管理因素	风险事件后果类型 易导致伤亡人员类型 本人	风险事件后果类型 易导致伤亡人员类型 他人	风险事件后果类型 人员伤亡 轻伤	风险事件后果类型 人员伤亡 重伤	风险事件后果类型 人员伤亡 死亡
	机械伤害	弯曲机、切割机、装载机等施工机具	5.操作人员身体健康状况异常、心理异常,感知异常(反应迟钝,辨识错误);6.现场作业人员未正确使用安全防护用品(反光背心、安全帽等);7.机械操作人员疲劳作业	3.设备带"病"作业(设备施制动装置失效,运动或转动装置无防护或防护装置有缺陷等);4.安全防护用品不合格(反光背心、安全帽、护目镜等)		3.安全教育、培训、交底制度不完善或未落实;4.机械设备操作规程不规范或未落实;5.安全投入不足					
预埋件安装	起重伤害	汽车起重机、履带式起重机、浮式起重机、起重设备、吊索吊具	1.管理人员违章指挥,强令冒险作业;2.作业人员操作错误、违章作业;3.起重工、信号工未持有效证件上岗;4.现场作业人员未正确使用安全防护用品(安全帽等);	1.设备自身缺陷(强度、刚度不足,抗倾覆能力不足);2.现场无警示标识或标识破损(警戒区、反光锥);3.起重机支垫材料不合格(枕木、钢板等);4.构件防锈处理不合格;5.吊索吊具不合格,吊具达到报废标准(钢丝绳、吊带、U形卸扣等);	1.强风、暴雨、大雾、大雪等不良天气;2.地基承载力不足,基础下沉;3.作业场地照明不足;4.浮式起重机周围水域存在较大波浪或暗流;5.起重机周围高空有较多障碍物;6.起重机周围存在视野盲区	1.施工方案不完善或未落实;2.安全教育、培训、交底、检查制度不完善或未落实;3.未对起重设备进行进场验收或验收不到位;4.安全投入不足;5.起重吊装作业时无专人监视;6.起重吊装安全操作规程不规范或未落实	√	√	√	√	√

续上表

施工作业内容	典型风险事件	致害物	致险因素				风险致伤亡类型		风险事件后果类型			
			人的因素	物的因素	环境因素	管理因素	易导致伤亡人员类型		人员伤亡			
							本人	他人	轻伤	重伤	死亡	
	起重伤害	汽车起重机、履带式起重机、浮式起重机等起重设备、吊索吊具	5. 抗倾覆验算错误；6. 人员违章进入危险区域；7. 起重人员身体健康状况异常、心理异常，感知异常（反应迟钝、辨识错误）；8. 作业人员疲劳作业	6. 无防护或防护装置缺陷（防脱钩装置、限位装置等）；7. 设备带"病"作业（制动装置等）；8. 安全防护用品不合格（反光背心、安全帽等）							√	
预埋件安装	高处坠落	无防护的作业平台，施工人员自身的重力	1. 作业人员未正确使用安全防护用品（安全带、防滑鞋等）；2. 作业人员身体健康状况异常、心理异常（高血压、恐高症等禁忌症）、感知异常（反应迟钝、辨识错误）；3. 作业人员违章指挥、管理人员违章指挥、强令冒险作业；4. 作业人员违章作业或违章作业	1. 高处作业场所未设置安全防护等措施（安全绳索、防坠网、栏杆等）；2. 未设置安全警示标识或标识破损；3. 安全防护用品质量不合格、存在缺陷；4. 未设置登高或安全爬梯设置不规范	1. 大风、雷电、大雪、暴雨等施工恶劣天气；2. 夜间施工照明不足；3. 作业场地不平整、湿滑；4. 临边洞口区域较多；5. 现场需要经常登高作业	1. 安全教育、培训、交底、检查制度不完善或未落实；2. 职业健康、安全管理制度不完善，未落实（定期体检）；3. 安全投入不足；4. 高处作业安全操作规程不规范或未落实；5. 安全防护用品等未进行进场验收或验收不到位	√			√		

续上表

施工作业内容	典型风险事件	致害物	致险因素				风险事件后果类型				
			人的因素	物的因素	环境因素	管理因素	易导致伤亡人员类型		人员伤亡		
							本人	他人	轻伤	重伤	死亡
	物体打击	工具、材料、预制构件、设备	1.现场作业人员未正确使用安全防护用品（安全帽等）；2.人员违章进入危险区域；3.管理人员违章指挥，强令冒险作业；4.作业人员身体健康状况异常，心理异常、感知异常（反应迟钝、辨识错误）；5.作业人员操作错误、违章作业（违章抛物）	1.安全防护用品不合格（安全帽等）；2.作业过程中产生坠落物、地面物、喷射物、溅射物等（工具、材料等）；3.未设置防护设施、防护设施存在缺陷（挡脚板、防护网等）；4.物品摆放位置不合理或未固定；5.物品尺寸超大、超长等	1.强风、暴雨、冰雹、大雾等不良天气；2.作业场地杂乱；3.照明光线不足；4.机械、车船、场地等晃动、振动	1.施工方案不完善或未落实；2.安全教育、培训、交底、检查制度不完善或未落实；3.安全防护用品等未进行进场验收或验收不到位；4.安全投入不足；5.现场无警示标识或标识破损（警戒区、标牌、反光锥等）	√	√	√	√	
启闭机安装	触电	发电机、破损的电线、配电箱、钢筋等导电材料	1.作业人员未正确使用安全防护用品（绝缘鞋、绝缘手套等）；2.作业人员操作错误或违章作业（带电检修维护）；3.管理人员违章指挥，强令冒险作业	1.电缆线、配电箱等电气设施不合格（线路破损、老化）；2.电气拖地、配电箱不规范（电缆拖地、支架等）；3.带电设施破损、识别标识破损；4.安全防护装置不规范、无漏电保护器、接线端子无防护罩等	1.强风、雷雨等不良天气；2.作业场地潮湿或积水；3.作业场地照明不足；4.高温导致电线胶皮脱落	1.临时用电方案不完善或未落实；2.发电机等安全操作规程不规范或操作未落实；3.电气设施材料等未进行进场验收；4.无电工对用电设施进行巡查或巡查不到位		√	√	√	

— 338 —

第五章 船闸工程施工的主要安全风险分析

续上表

施工作业内容	典型风险事件	致害物	致险因素				风险事件后果类型				
			人的因素	物的因素	环境因素	管理因素	易导致伤亡人员类型		人员伤亡		
							本人	他人	轻伤	重伤	死亡
启闭机安装	触电	发电机、破损的电线、配电箱、钢筋等导电材料	4.电工、电焊工等特种人员未持有效证件上岗；5.作业人员疲劳作业	5.防护不当（防护距离不足（配电柜、发电机无遮雨棚、防护围挡或防护破损）		5.机械设备安全管理制度未落实，电焊机等机具检查维护保养不到位；6.安全教育、培训、交底、检查制度不完善或未落实；7.安全投入不足	√		√	√	√
	机械伤害	卷扬机、装载机等施工机具	1.人员违章进入危险区域（机械作业半径等）；2.管理人员违章指挥、强令冒险作业；3.机械操作人员未持有效证件上岗；4.机械操作人员操作错误、违章作业（违规载人、酒后作业）；5.操作人员身体健康状况异常，心理异常，感知异常（反应迟钝、辨识错误）；6.现场作业人员未正确使用安全防护用品（反光背心、安全帽等）；7.机械操作人员疲劳作业	1.机械无警示标识或标识破损（警戒区、标牌、反光贴等）；2.设备设施安全作业距离不足；3.设备带"病"作业（设备设施制动装置失效、运动或转动装置无防护或防护装置有缺陷等）；4.安全防护用品不合格（反光背心、安全帽、目镜等）	1.强风、暴雨、大雪、冰雹、大雾等不良天气；2.作业场地狭窄、不平整，道路湿滑；3.场地光线不足；4.存在视野盲区	1.机械设备安全管理制度不完善或检查维护保养不到位；2.未对机械设备、安全防护用品等进行进场验收或验收不落实；3.安全教育、培训、交底制度不完善或未落实；4.机械设备操作规程不规范或未落实；5.安全投入不足	√	√	√	√	√

续上表

施工作业内容	典型风险事件	致害物	致险因素				风险致伤亡人员类型			风险事件后果类型人员伤亡		
			人的因素	物的因素	环境因素	管理因素	本人	他人		轻伤	重伤	死亡
启闭机安装	起重伤害	汽车起重机、履带式起重机、浮式起重机等起重设备、吊索吊具	1.管理人员违章指挥、强令冒险作业； 2.作业人员操作错误、违章作业； 3.起重工、信号工未持有效证件上岗； 4.现场作业人员未正确使用安全防护用品（安全帽等）； 5.抗倾覆验算错误； 6.人员违章进入危险区域； 7.起重人员身体健康状况异常、心理异常、反应迟钝、辨识知识异常（反应迟钝、辨识错误）； 8.作业人员疲劳作业	1.设备自身缺陷（强度、刚度不足、抗倾覆能力不足）； 2.现场无警示标识或标识破损（警戒区、标牌、反光锥等）； 3.起重机支垫材料不合格（枕木、钢板等）； 4.构件防锈处理不合格； 5.吊索吊具不合格或达到报废标准（钢丝绳、吊带、U形倒扣等）； 6.无防护或防护装置缺陷（防脱钩装置、限位装置等）； 7.设备"带病"作业（制动装置等）； 8.安全防护用品不合格（反光背心、安全帽等）	1.强风、暴雨、大雾、大雪等不良天气； 2.地基承载力不足，基础下沉； 3.作业场地照明不足； 4.浮式起重机周围水域存在较大波浪或暗流； 5.起重机周围高空有较多障碍物； 6.起重机周围存在视野盲区	1.施工方案不完善或未落实； 2.安全教育、培训、交底、检查制度不完善或未落实； 3.未对起重设备进行进场验收或验收不到位； 4.安全投入不足； 5.起重吊装作业时无专人监视； 6.起重吊装安全操作规程不规范或未落实	√	√		√	√	√

续上表

施工作业内容	典型风险事件	致害物	致险因素				风险事件后果类型				
			人的因素	物的因素	环境因素	管理因素	易导致伤亡人员类型		人员伤亡		
							本人	他人	轻伤	重伤	死亡
启闭机安装	车船伤害	运输、施工的车船等	1. 人员违章进入危险区域； 2. 管理人员违章指挥，强令冒险作业（进入驾驶员视野盲区等）； 3. 机驾人员未持有效证件上岗，违章作业错误，酒后驾驶，超员、超限、超载作业）； 4. 机驾人员身体健康状况异常、心理异常、反应迟钝，辨识知异常（反应迟钝，辨识错误）； 5. 机驾人员疲劳作业； 6. 现场人员未正确使用安全防护用品（反光背心、安全帽等）	1. 车船未配备警示标识或标识破损（警戒区、标牌、反光锥、反光贴等）； 2. 车船带"病"作业（制动装置、喇叭、警示灯等设施缺陷）； 3. 车船作业安全距离不足； 4. 人员安全防护用品不合格（反光背心、安全帽等）； 5. 车辆外观存在破损，配件行脱落，运载物品尺寸超过车辆尺寸； 6. 车船转弯或后退时无明显提示； 7. 船舶甲板有较多缆绳和锚具	1. 强风、暴雨、大雪、冰雹、大雾等不良天气； 2. 作业场地狭窄、不平整，道路湿滑； 3. 车辆前后视线不良； 4. 存在视野盲区	1. 未对车辆、船机设备安全防护设施进行进场验收或验收不到位； 2. 车船安全管理制度不完善或未落实（检查维护保养不到位）； 3. 安全操作规程不规范或未落实（作业前对车船周围环境进行检查）； 4. 安全教育、培训，交底，检查制度不完善或未落实； 5. 职业健康管理制度不完善或未落实； 6. 安全投入不足	√	√	√	√	√

续上表

施工作业内容	典型风险事件	致害物	致险因素				风险事件后果类型				
			人的因素	物的因素	环境因素	管理因素	易导致伤亡人员类型		人员伤亡		
							本人	他人	轻伤	重伤	死亡
启闭机安装	高处坠落	无防护的作业平台、施工人员自身的重力	1. 作业人员未正确使用安全防护用品（安全带、防滑鞋等）；2. 作业人员身体健康状况异常（高血压、恐高症等禁忌症），反应迟钝、辨识错误）；3. 作业人员疲劳作业、管理人员违章指挥、强令冒险作业；4. 作业人员操作错误或违章作业	1. 高处作业场所未设置安全防护等措施（安全绳索、防坠网、栏杆等）；2. 未设置安全警示标识或标识破损；3. 安全防护用品质量不合格，存在缺陷；4. 未设置人员上下安全爬梯或设置不规范	1. 大风、雷电、大雪、暴雨等恶劣天气；2. 夜间施工照明不足；3. 作业场地不平整、湿滑；4. 临边洞口区域较多；5. 现场需要经常登高作业	1. 安全教育、培训、交底、检查制度不完善或未落实；2. 职业健康安全管理制度不完善，未落实（定期体检）；3. 安全投入不足；4. 高处作业安全操作规程不规范或未落实；5. 安全防护用品等未进行进场验收或验收不到位	√		√	√	√
启闭机试运行	淹溺	周边水域	1. 管理人员违章指挥，强令冒险作业；2. 人员心理异常（冒险、侥幸心理）；3. 作业人员操作错误、违章作业；4. 违反劳动纪律行为（管理人员脱岗）；5. 人员未正确使用安全防护用品	1. 现场无警示标识或标识破损；2. 现场救生设施不足；3. 水下存在不明物体或生物的拖拽或缠绕	1. 雷雨、大风（6级以上）、冰雹、大雾等恶劣天气作业；2. 水体寒冷；3. 水体内能见度不足	1. 专项施工方案、应急预案不完善或未落实；2. 未落实安全教育、培训、交底、检查制度；3. 现场监控监查看管不到位	√		√	√	√

— 342 —

续上表

施工作业内容	典型风险事件	致害物	致险因素				风险事件后果类型				
			人的因素	物的因素	环境因素	管理因素	易导致伤亡人员类型		人员伤亡		
							本人	他人	轻伤	重伤	死亡
启闭机试运行	触电	发电机、破损的电线、配电箱、钢筋等导电材料	1. 作业人员未正确使用安全防护用品（绝缘鞋、绝缘手套等）；2. 作业人员操作错误或违章作业（带电检查维护）；3. 管理人员违章指挥，强令冒险作业；4. 电工、电焊工等特种人员未持有效证件上岗；5. 作业人员疲劳作业；	1. 电缆线、配电箱等电气设施不合格（线路破损、老化）；2. 电气设施设置不规范（电缆拖地、配电箱无支架等）；3. 带电设施无警示标识或标识破损；4. 安全防护装置不规范（未接地、无漏电保护器、接线端子无防护罩等）；5. 防护不当，防护距离不足（配电柜、发电机无遮雨棚，防护围挡或防护破损）	1. 强风、雷雨等不良天气；2. 作业场地杂乱、潮湿或积水；3. 作业场所照明不足；4. 高温导致电线胶皮脱落	1. 临时用电方案不完善或未落实；2. 发电机等安全操作规程不规范或未落实；3. 电气设施材料等未进行进场验收；4. 无电工对用电设施进行巡查或巡查不到位；5. 机械设备安全管理制度未落实，电焊机等机具检查维护保养不到位；6. 安全教育、培训、交底、检查制度不完善或未落实；7. 安全投入不足	√			√	
	机械伤害	启闭机、装载机等施工机具	1. 人员违章进入危险区域（机械作业半径等）；2. 管理人员违章指挥，强令冒险作业；3. 机械操作人员未持有效证件上岗；4. 机械操作人员操作错误，违章作业（违规载人、酒后作业）；	1. 机械破损、标识破损（警戒区、标牌、反光贴等）；2. 设备设施安全距离不足；3. 设备"带病"作业；4. 设备制动装置失效或防护围挡、防护装置有缺陷等；	1. 强风、大雾、大雪、冰雹、暴雨等不良天气；2. 作业场地狭窄、不平整；3. 场地湿滑、道路湿滑；4. 存在视野盲区	1. 机械设备安全管理制度不完善或维护保养不到位（检查不到位）；2. 未对机械设备进行安全防护用品等进场验收或验收不到位		√	√	√	√

续上表

施工作业内容	典型风险事件	致害物	致险因素				风险事件后果类型				
			人的因素	物的因素	环境因素	管理因素	易导致伤亡人员类型		人员伤亡		
							本人	他人	轻伤	重伤	死亡
	机械伤害	启闭机、装载机等施工机具	5.操作人员身体健康状况异常、心理异常、感知异常（反应迟钝、辨识错误）；6.现场作业人员未正确使用安全防护用品（反光背心、安全帽等）；7.机械操作人员疲劳作业	4.安全防护用品不合格（反光背心、安全帽、护目镜等）		3.安全教育、培训、交底制度不完善或未落实；4.机械设备操作规程不规范或未落实；5.安全投入不足					
启闭机试运行	高处坠落	无防护的作业平台、施工人员自身的重力	1.作业人员未正确使用安全防护用品（安全带、防滑鞋等）；2.作业人员身体健康状况异常、心理异常、感知异常（高血压、恐高症等禁忌症，反应迟钝、辨识错误）；3.作业人员疲劳作业，管理人员违章指挥、强令冒险作业；4.作业人员操作错误或违章作业	1.高处作业场所未设置安全防护等措施（安全绳索、防坠网、栏杆等）；2.未设置安全警示标识或标识破损；3.安全防护用品质量不合格，存在缺陷；4.未设置安全爬梯或设置不规范	1.大风、雷电、大雪、暴雨等恶劣天气；2.夜间施工照明不足；3.作业场地不平整湿滑；4.临边洞口区域较多；5.现场需要经常登高作业	1.安全教育、培训、交底、检查制度不完善或未落实；2.职业健康、安全管理制度不完善，未落实（定期体检）；3.安全投入不足；4.高处作业安全操作规范不落实；5.安全防护用品等验收未进行进场验收或验收不到位	√		√	√	√

— 344 —

第六章 船闸工程常见重大作业活动清单

表6-1给出了船闸工程常见的重大作业活动清单。

船闸工程常见重大作业活动清单　　　　　表6-1

工程类别	工程类型	常见重大作业活动
船闸工程	围堰工程	临时围堰施工
	地下连续墙工程	地下连续墙施工
	基坑工程	基坑施工
	船闸主体工程	1. 现浇闸首混凝土施工； 2. 闸墙高支模施工； 3. 钢板桩闸墙施工
	桩基工程	1. 水上沉桩施工； 2. 水上灌注桩施工
	沉井工程	沉井预制与下沉
	构件水上吊运及安装	构件水上吊运及安装（预制块、预制板、钢引桥等吊运及安装）
	闸阀门工程	闸阀门吊运及安装
	拆除工程	拆除施工

第七章　船闸工程常见重大作业活动管控措施建议

表7-1给出了船闸工程常见重大作业活动管控措施建议。

船闸工程常见重大作业活动管控措施建议　　　　表7-1

常见重大作业活动		风险管控措施
围堰工程	临时围堰施工	1. 围堰施工前应办理水上水下作业许可手续。 2. 围堰应进行专项设计,设计标准应满足整个施工期防洪、度汛、导流和通航的要求,并编制专项施工方案,组织专家论证。遇地质、水文等情况与勘测设计资料不符的,应及时联系建设、设计、勘察单位,必要时对专项方案进行修改并重新组织审核和论证。 3. 对进场作业人员进行安全教育和安全技术交底,对致险因素进行分析与公示。 4. 组织开展分部分项工程开工安全条件核查。 5. 作业人员领用并正确佩戴合格的安全防护用品。 6. 对进场设备组织验收,确保性能完好,对特种作业人员证件进行审核,确保特种作业人员持证上岗。 7. 围堰施工严格按照设计图纸及批准的方案组织施工,准确合理安排工作面长度、高度,施工过程应加强围堰填筑、防渗体等各工序质量检验,施工完成后进行防渗闭气检查,验收合格后方可进行堰内抽水。 8. 围堰日常使用期间应按方案定期开展监测和数据分析、研判,必要时委托第三方开展监测,监测结果达到预警值或出现渗漏、沉陷、开裂、坍塌等异常情况时及时预警,并启动应急响应。 9. 围堰经过应急抢险、修复后应重新组织检测、验收,合格后方可重新投入使用。 10. 跨汛期围堰应配备应急抢险材料、设备。雨季或汛期应由专人开展巡查,出现险情立即组织采取抢险措施,并撤离人员和设备。 11. 汛期或洪水期间,要安排专人24小时巡查,防止围堰出现渗漏、管涌甚至坍塌,一旦出现险情立即采取抢险措施,并撤离人员和设备。洪水过后应及时检查围堰情况,如有渗漏、局部坍塌的情况,应立即加固处理。 12. 汛期围堰过水前必须采取预充水方案,同时加强对围堰过水工况的监测,围堰过水后应及时检查围堰冲刷损坏情况,在确保围堰结构安全情况下,方可降低堰内水位。 13. 限制重载车辆行驶、现场设置警示标牌。 14. 编制专项应急预案,完善应急措施,储备应急物资及设备,开展应急队伍培训,适时组织应急演练

续上表

常见重大作业活动		风险管控措施
地下连续墙工程	地下连续墙施工	1. 编制专项施工方案,必要时组织专家论证。遇地质、水文等情况与勘测设计资料不符的,应及时联系建设、设计、勘察单位,必要时对专项方案进行修改。 2. 根据项目特点,对风险进行识别,编制项目风险辩识清单,对于重大风险制定控制措施。作业前对作业人员进行安全技术交底,并对识别的风险予以告知。 3. 施工前充分了解施工现场的地形、地质、气象和水文资料,及临近建筑物和地下障碍物相关资料。 4. 临时用电必须按照施工组织设计施工,电工、电焊工等特殊工种人员必须持证上岗。 5. 夜间施工时,应有足够的照明,并经二级漏电保护,灯具应架空或用固定支架,离地不低于2.4m。 6. 地连墙施工前应对场地整平,对地基较差处进行处理防止施工设备沉陷或倾覆。 7. 导墙要对称浇筑,强度达到70%后方可拆模,并要及时设置支撑,导墙达到设计强度以前,重型机械不得在旁边行走。 8. 根据地质地层条件选择成槽施工工艺和设备,控制成槽速度,防止对槽壁产生扰动,槽内泥浆液面高出地下水位0.5m以上,预防槽壁坍塌。 9. 地连墙成槽过程中地面发生大面积坍塌时,作业人员应及时撤离,并采取应急措施。 10. 安放接头管过程中出现塌方时,不应强冲,应修槽后再放。 11. 钢筋笼吊装应合理选用设备和起吊索具,确保吊装安全。钢筋笼应设置吊点,必要时,应对钢筋笼采取整体加固措施,满足吊装要求。 12. 地连墙成槽周围应设置安全护栏和安全警示标志
基坑工程	基坑施工	1. 基坑施工应编制专项施工方案,组织专家进行论证,方案需经审批后方可施工。如遇地质、水文等情况与勘测设计资料不符的,应及时联系建设、设计、勘察单位,必要时对专项方案进行修改。对进场作业人员进行安全教育和安全技术交底,对致险因素进行分析与公示。 2. 组织开展分部分项工程开工安全条件核查。 3. 作业人员领用并正确佩戴合格的安全防护用品。 4. 基坑开挖范围应完成降排水设施布设、抽水试验,降水效果符合要求后再组织基坑开挖。 5. 基坑开挖前应启动降排水作业,施工坡顶设置截(排)水沟时,地下水位应降至开挖底高程50cm以下。 6. 测放基坑开挖边线,按照施工方案规定坡比进行分区分层开挖,开挖过程严格控制坡比,防止出现超挖贴坡现象,严禁上下垂直作业。 7. 开挖工程应进行施工监测和安全巡视,发现危及人身安全的紧急情况,应当立即组织作业人员撤离危险区域。

续上表

常见重大作业活动		风险管控措施
基坑工程	基坑施工	8. 开挖至接近设计底高程时控制开挖速率,预留基底保护土,待基础施工前采用人工或小型机具挖除。 9. 基坑开挖土方及时出运,禁止将开挖土方堆存于基坑顶部影响范围内,防止出现边坡滑坡、塌方。 10. 边坡开挖后及时按施工方案要求施工边坡防护,边坡开挖、防护施工时注意对降排水井的保护。开挖中,出现边坡顶部地表裂缝、坡面坍塌时,必须立即停止施工,人员撤离危险区,待采取措施确认安全后,方可恢复施工。 11. 土方开挖施工车辆交通组织按照施工方案进行。 12. 及时进行边坡防渗体施工,按技术质量工艺要求执行,遇到渗水情况时,加强观测,做好截渗工作以免其发展造成边坡坍塌。 13. 对基坑边坡、支护结构的稳定性及地下水位按方案定期开展监测和数据分析、研判,并委托第三方开展监测,监测结果达到预警值或出现开裂、坍塌、渗水、管涌等异常情况时及时预警,并启动应急响应。 14. 结构施工期间在基坑边坡顶安全范围内禁止堆放重物或重载车辆通行。 15. 基坑顶部应设置防护栏及警示标志标。 16. 储备应急物资及设备,开展应急队伍培训,适时组织应急演练工作。 17. 发生险情或者事故时,应当立即采取应急处置措施,并报告工程所在地主管部门,立即开展应急抢险工作
船闸主体工程	现浇闸首混凝土施工	1. 闸首施工应编制专项施工方案,并组织专家论证。 2. 对进场作业人员进行安全教育和安全技术交底,对致险因素进行分析与公示。 3. 组织开展分部分项工程开工安全条件核查。 4. 作业人员领用并正确佩戴合格的安全防护用品。 5. 对进场设备组织验收,确保性能完好,对特种作业人员证件进行审核,确保特种作业人员持证上岗。 6. 应对进场钢管、扣件等进行抽检,支撑系统地基应坚固稳定,支撑立杆底部加设满足支撑承载力要求的垫板。 7. 应对脚手架搭设进行安全检查,模板作业时有专人指挥、监护,发现未按方案施工或危及人身安全的紧急情况,应当立即整改或组织作业人员撤离危险区域。 8. 临时用电布设满足施工方案规定,开关箱配置数量应与振捣设备相匹配,电线电缆不得与脚手架钢管直接相连。 9. 大雨、大雪、大雾及风力六级以上(含六级)等恶劣天气,严禁进行脚手架搭设、模板吊装等作业。 10. 钢模板进场后应进行检查,对模板拼接、固定部位进行重点检验。拉条螺栓的数量、尺寸等应进行必要的验算。

续上表

常见重大作业活动		风险管控措施
船闸主体工程	现浇闸首混凝土施工	11. 闸首廊道、空箱及侧模支架及作业平台脚手架搭设严格按照批准方案实施,施工脚手架与模板支架不得直接相连。 12. 操作平台及上下通道布设合理,并留有施工机具、电箱存放专有空间。坡道、平台临边防护措施符合规范规定。 13. 护面钢板、模板吊装时需有专人指挥,起吊物不得与脚手架系统发生碰撞。 14. 模板应采用对拉方式固定,采取外部支撑时,支撑杆不得直接连接到脚手架。 15. 混凝土应全面积水平分层浇筑,浇筑过程应实时观测模板、拉杆受力变形情况,出现异常情况时应暂停浇筑,采取附加固定措施,消除隐患后方可重新浇筑。 16. 支架拆除应遵循逆向操作原则,自上而下、由外至内、先横后竖逐层拆除。 17. 发生险情或者事故时,应当立即采取应急处置措施,并报告工程所在地主管部门开展应急抢险工作
	闸墙高支模施工	1. 闸墙高支模施工应编制专项施工方案,并组织专家论证。 2. 闸室墙浇筑应优先采用整体模板移动模架系统。移动模架系统应进行专项设计、验算,现场组装后应对起重、行走、制动等系统进行测试,并组织专项验收。 3. 对进场作业人员进行安全教育和安全技术交底,对致险因素进行分析与公示。 4. 组织开展分部分项工程开工安全条件核查。 5. 作业人员领用并正确佩戴合格的安全防护用品。 6. 对进场设备组织验收,确保性能完好,对特种作业人员证件进行审核,确保特种作业人员持证上岗。 7. 临时用电布设满足方案规定,开关箱配置数量应与振捣设备相匹配,电线电缆不得与金属结构直接相连。 8. 钢模板进场后应进行检查,对模板拼接、固定部位进行重点检验。拉条螺栓的数量、尺寸等应进行必要的验算。 9. 模架移动钢轨铺设应平整,底部空隙应支垫密实。 10. 移动模架系统行走前应定期对金属结构、悬吊系统、动力系统、控制系统等进行检查,就位后应及时锁定夹轨装置。 11. 整体钢模板起吊各吊点应均匀同步,起吊过程平稳,不得碰撞模架支撑杆件。 12. 两侧闸墙混凝土应同步对称浇筑并控制浇筑速率,保证模板系统稳定。 13. 完善应急措施,储备应急物资及设备,开展应急队伍培训,适时组织应急演练工作。 14. 发生险情或者事故时,应当立即采取应急处置措施,并报告工程所在地主管部门,开展应急抢险工作

续上表

常见重大作业活动		风险管控措施
船闸主体工程	钢板桩闸墙施工	1.钢板桩闸墙施工应编制专项施工方案,根据地质情况、桩长、入土深度等因素综合确定沉桩方式,通过试桩确定施工工艺组合及参数。 2.超长钢板桩运输应制定专项运输方案,并向交管部门报备,必要时采取临时交通管控措施。 3.对进场作业人员进行安全教育和安全技术交底,对致险因素进行分析与公示。 4.组织开展分部分项工程开工安全条件核查。 5.作业人员领用并正确佩戴合格的安全防护用品。 6.对进场设备组织验收,确保性能完好,对特种作业人员证件进行审核,确保特种作业人员持证上岗。 7.钢板桩吊运应采用双支点起吊方式,起重吊装符合相关规定。 8.钢板桩临时堆放场地应平整、坚硬,存放时宜采用凹面向下,每层堆放不超过5根,总层数不超过3层,各层间垫木间距不超过3m。 9.沉桩导架应根据段长、宽度等进行专项设计、制作,导架安装应采用锚桩固定,导架上部应设置作业平台及临边防护设施。 10.沉桩起桩采用单点起吊方式,锁具与钢板桩吊孔应拧紧,钢板桩装入导架后解除锁具人员应采用专用登高设备作业。 11.沉桩过程中,作业人员不得站于振动设备下方,进行垂直度检测时,沉桩设备应暂停运行。 12.遇到强风、暴雨、大雪等不良天气时,暂停沉桩施工,做好现场安全防护工作,立即撤离。 13.沉桩结束、移除导架时需专人指挥起吊、转运,起重机旋转半径内不得站人,禁止人员直接手扶导架控制方向
桩基工程	水上沉桩施工	1.编制专项施工方案,必要时组织专家论证。遇地质、水文等情况与勘测设计资料不符的,应及时联系建设、设计、勘察单位,必要时对专项方案进行修改。 2.根据项目特点,对风险进行识别,编制项目风险辨识清单,对于重大风险制定控制措施。作业前对作业人员进行安全技术交底,并对识别的风险予以告知。 3.组织开展分部分项工程开工安全条件核查。 4.作业人员领用并正确佩戴合格的安全防护用品。 5.对进场设备组织验收,确保性能完好,对特种作业人员证件进行审核,确保特种作业人员持证上岗。 6.水上打桩船和运桩驳船驻位应按船舶驻位图抛设锚缆,并应设置浮鼓,锚缆不得互绞。 7.船舶在陆域设置的地锚抗拉力应满足使用要求。地锚和缆绳通过的区域应设立明显的安全警示标志,必要时应有专人看守。 8.水上悬吊桩锤沉桩应设置固定桩位的导桩架、工作平台,导桩架和工作平台应牢固可靠,并在工作平台的外侧设置安全护栏。

续上表

常见重大作业活动		风险管控措施
桩基工程	水上沉桩施工	9. 打桩架上作业人员应在电梯笼内或作业平台上操作。电梯笼应升降至水平原位并固定插销,人员不得靠近笼口,不准手拉脚蹬运行中的滑轮、钢丝绳等活动物件。 10. 桩起吊前,应检查驳船溜缆,滑柄、绞车等,按规定在吊点拴扣。 11. 起吊时,桩船中心对准桩的中心,缓缓绞紧,保持桩的两端同时离开运桩驳船,并指挥桩船溜缆慢慢松出。 12. 立桩时,打桩船应离开运桩驳船一定距离,并应缓慢、均匀地升降吊钩。 13. 桩入桩架时,上下配合协调,防止滑扣和锤线过紧或过松,上下不得同时作业。 14. 在锤击中,注意桩、锤、背板、桩帽等上下运行的情况,发现异常状况,应立即发出紧急停止信号。须掌控好油门,出现沉桩异常或沉桩至设计高程时,能立即停锤。 15. 打桩船作业时应随时观察锚缆附近的情况,注意其他作业船舶和人员的动态,移船时锚缆不得绊桩,如桩顶被水淹没,应设置高出水面的安全警示标志。 16. 在可能溜桩的地质条件下,打桩作业应认真分析地质资料,并采取预防溜桩的措施。 17. 封闭式桩尖的钢管桩沉桩应采取防止钢管桩上浮措施。在砂性土中施打开口或半封闭桩尖的钢管桩应采取防止管涌措施。 18. 沉桩后应及时进行夹桩。 19. 工作完毕,应将锤降到规定位置,挂钩保险,收拾工索具,清理工作场所
	水上灌注桩施工	1. 编制专项施工方案,根据地质、水文、航道通航条件等确定施工工艺、施工设备,优先选择水上旋挖钻机(船)、浮式起重机船、水上运泵一体化船舶等设备。遇地质、水文等情况与勘测设计资料不符的,应及时联系建设、设计、勘察单位,必要时对专项方案进行修改。 2. 根据项目特点,对风险进行识别,编制项目风险辨识清单,对于重大风险制定控制措施。作业前对作业人员进行安全技术交底,并对识别的风险予以告知。 3. 施工前应办理水上水下作业许可手续,发布航行公告,必要时实行临时通航管制。 4. 组织开展分部分项工程开工安全条件核查。 5. 作业人员领用并正确佩戴合格的安全防护用品。 6. 对进场设备组织验收,确保性能完好,对特种作业人员证件进行审核,确保特种作业人员持证上岗。 7. 施工时应设置水中施工作业平台和临边防护设施,并做好钻孔灌注桩施工平台验收,未按方案搭设严禁开始作业,护筒埋设深度应满足稳定性要求。 8. 旋挖取土应及时装船外运,禁止直接抛投于航道中。

续上表

常见重大作业活动		风险管控措施
桩基工程	水上灌注桩施工	9. 钢筋笼安放及混凝土浇筑时,各类船舶应停泊于预定位置,防止出现碰撞及相互干扰。 10. 做好起重伤害、物体打击、机械伤害、高处坠落、触电、船舶碰撞、溺水、倾覆等伤害的应急预案,完善应急措施,储备应急物资及设备,开展应急队伍培训,适时组织应急演练工作。 11. 发生险情或者事故时,施工单位应当立即采取应急处置措施,并报告工程所在地主管部门
沉井工程	沉井预制与下沉	1. 编制专项施工方案,遇地质、水文等情况与勘测设计资料不符的,应及时联系建设、设计、勘察单位,必要时对专项方案进行修改。 2. 根据项目特点,对风险进行识别,编制项目风险辨识清单,对于重大风险制定控制措施。作业前对作业人员进行安全技术交底,并对识别的风险予以告知。 3. 组织开展分部分项工程开工安全条件核查。 4. 作业人员领用并正确佩戴合格的安全防护用品。 5. 对进场设备组织验收,确保性能完好,对特种作业人员证件进行审核,确保特种作业人员持证上岗。 6. 输电线路应架设在安全地点,并有可靠的绝缘装置,严格按照"一机一闸一漏保"规范取用电,电动工具、潜水泵等应装设漏电保护装置,夜间作业时,井内应采用36V低压电供电照明。 7. 沉井预制场的地基应具有足够的承载力,地基承载力不能满足沉井制作阶段的荷载时,应对地基进行加固并在刃脚下铺设砂垫层及混凝土垫层。 8. 沉井混凝土应对称、均匀、水平连续分层浇筑,防止沉井偏斜。 9. 沉井垫架拆除、土方开挖应做好安全防护措施,挖土和刃脚处破土速度应均匀,避免出现沉井发生突然下沉和严重倾斜。 10. 做好沉井期间的降排水工作,保证沉井挖土过程中不出现大量涌水、涌泥或流砂现象,避免出现淹井事故。 11. 挖土应分层、均匀、对称进行,下沉应平稳、均衡、缓慢,发生偏斜应通过调整开挖顺序和方式"随挖随纠、动中纠偏"。 12. 采用抓斗取土时,井内严禁站人,有底梁或撑梁的沉井,梁下禁止站人。 13. 沉井下沉到位,沉降稳定后,方可进行封底。 14. 施工时进行施工监测和安全巡视,发现危及人身安全的紧急情况,应当立即组织作业人员撤离危险区域。 15. 对井地面、管线及周围建(构)筑物开展变形监测。全过程对沉井下沉速率、高程、轴线及垂直度等姿态进行监控。 16. 沉井口周围设置安全防护栏杆及防坠物的措施,上下井设安全爬梯,井下作业佩戴安全帽、绝缘胶鞋。

续上表

常见重大作业活动		风险管控措施
沉井工程	沉井预制与下沉	17. 有可靠的应急措施。 18. 做好起重伤害、物体打击、机械伤害、高处坠落、触电、船舶碰撞、溺水、倾覆等伤害的应急预案,完善应急措施,储备应急物资及设备,开展应急队伍培训,适时组织应急演练工作。 19. 发生险情或者事故时,施工单位应当立即采取应急处置措施,并报告工程所在地主管部门
构件水上吊运及安装	构件水上吊运及安装（预制块、预制板、钢引桥等吊运及安装）	1. 施工前应办理水上水下作业许可手续,发布航行公告,必要时实行临时通航管制。 2. 编制专项施工方案,并组织专家论证,进行典型施工。 3. 根据项目特点,对风险进行识别,编制项目风险辨识清单,对于重大风险制定控制措施。作业前对作业人员进行安全技术交底,并对识别的风险予以告知。 4. 组织开展分部分项工程开工安全条件核查。 5. 作业人员领用并正确佩戴合格的安全防护用品。 6. 对进场设备组织验收,确保性能完好,对特种作业人员证件进行审核,确保特种作业人员持证上岗。 7. 大型构件装驳应根据驳船的稳性和构件安装时的起吊顺序绘制构件装驳布置图,并按构件装驳布置图装船,构件装驳后应根据工况条件进行封固。 8. 船舶在陆域设置的地锚的抗拉力应满足使用要求,地锚和缆绳通过的区域应设立明显的安全警示标志,必要时应有专人看守。 9. 起重船、机起吊构件时驻位应得当,起吊异型构件应根据构件的重量、重心和吊点位置计算、配置起吊绳索,并进行试吊。 10. 吊装大型构件的吊具宜采用锻造件,采用焊接件应对焊口进行探伤和材质检验。 11. 起重吊装作业应明确作业人员分工,专人指挥,统一指挥信号。起重吊装作业时,指挥和操作人员不得站在建筑物或构件边缘、死角等危险部位。 12. 吊装大型构件时,吊索受力应均匀,吊架、卡钩不得偏斜。 13. 吊装消浪块体的自动脱钩应安全、可靠,起吊时应待钩绳受力、块体尚未离地、挂钩人员退至安全位置后方可起升。用自动脱钩起吊的块体在吊装过程中严禁碰撞任何物体。 14. 开始起吊应缓慢,待正常后方可加速,避免骤停、突起造成的滑扣、断扣,发生危险。 15. 构件起吊后,起重设备在旋转、变幅、移船和升降钩时应缓慢、平稳,吊装的构件或起重船的定位锚缆不得随意碰撞或兜曳其他构件、设施等。 16. 大型构件安装宜使用起重船上的绞缆机钢丝绳控制其摆动。 17. 工作中随时注意各仪表、温度、压力的读数,经常检查机械运转是否正常。

续上表

常见重大作业活动		风险管控措施
构件水上吊运及安装	构件水上吊运及安装（预制块、预制板、钢引桥等吊运及安装）	18.受风浪影响的梁、板、靠船构件等安装后，应立即采取加固措施，避免坠落。 19.起重作业时，应严格遵守十不吊：①斜吊不吊；②超载不吊；③散装物装得太满或捆扎不牢不吊；④指挥信号不明不吊；⑤吊物边缘锋利无防护措施不吊；⑥吊物上站人不吊；⑦埋在地下的构件不吊；⑧安全装置失灵不吊；⑨光线阴暗看不清吊物不吊；⑩六级以上强风无防护措施不吊。 20.等待或休息时间过长，不得将重物吊在空中，长距离拖船禁止钩上吊重物。 21.工作完毕，要妥善安排船舶停泊位置和锚缆系统，搭好跳板、挂好安全网、降下工作信号、显示规定信号、整理甲板、清除油污、冰霜季节和雨天要采取防滑措施
闸阀门工程	闸阀门吊运及安装	1.闸阀门运输与安装应编制专项施工方案，组织专家进行论证，方案需经审批后方可施工。 2.根据施工特点，对风险进行识别，编制项目风险辨识清单，对于重大风险制定控制措施。作业前对作业人员进行安全技术交底，并对识别的风险予以告知。 3.组织开展分部分项工程开工安全条件核查。 4.作业人员领用并正确佩戴合格的安全防护用品。 5.对输运、吊装等设备组织验收，确保性能完好，对特种作业人员证件进行审核，确保特种作业人员持证上岗。 6.闸门门叶等构件运输应向交管部门办理大件运输许可手续，构件装车应采取有效固定措施。专人负责装载加固材料的准备，按照加固方案组织好装车加固工作，并安排空、重车随车押运人员。 7.场内运输道路承载能力、坡度、转弯半径、幅宽、平整度等需满足大件、重载运输作业环境条件。运输前加强道路、线路、桥涵的排障工作及运输车辆性能检查工作，确保大件运输时一次性顺利进行完成。 8.闸阀门吊装作业时，闸首及邻近区域内应暂停其他施工作业。 9.起重机作业时，必须确定吊装区域，并设警戒标志，必要时派人监护，作业前必须检查作业环境、吊索具、防护用品、吊装区域无闲散人员、障碍已排除。吊索具无缺陷，捆绑正确牢固，被吊物与其他物件无连接，确认安全后方可作业。 10.大雨、大雪、大雾及风力六级以上（含六级）等恶劣天气，必须停止运输作业和起重吊装工作，严禁在带电的高压线下或一侧作业。 11.正式吊装应采用双机抬吊将门叶由平放翻转为直立状态。翻转时先将门叶吊离地面一定距离，一台吊机控制门叶底部相对不动，另一吊机将门叶缓慢提升至直立状态。 12.门叶安装前应在门槛处布置好临时支撑装置，就位后及时支撑、固定。

续上表

常见重大作业活动		风险管控措施
闸阀门工程	闸阀门吊运及安装	13.门叶、杆件安装完成后进行落门体系转换,通过千斤顶支撑门体,同步、缓慢降低垫块高度,完成落门。 14.做好起重伤害、物体打击、车辆伤害事故和交通事故的应急预案,完善应急措施开展应急队伍培训,适时组织应急演练工作。 15.发生险情或者事故时,施工单位应当立即采取应急处置措施,并报告工程所在地主管部门
拆除工程	拆除施工	1.拆除施工应编制专项施工方案,组织专家进行论证,方案需经审批后方可施工。 2.根据拆除结构特点,对风险进行识别,编制项目风险辨识清单,对于重大风险制定控制措施。作业前对作业人员进行安全技术交底,并对识别的风险予以告知。 3.组织开展分部分项工程开工安全条件核查。 4.作业人员领用并正确佩戴合格的安全防护用品。 5.对拆除、起重等设备组织验收,确保性能完好,对特种作业人员证件进行审核,确保特种作业人员持证上岗。 6.应提前对地下的各类管线进行复勘,如遇实际情况与勘测资料不符的,应及时联系建设、设计管线所属单位。对管线迁移、保护制定专项应急措施。在施工过程中定期对市政管线进行监测并单独建档。 7.桥梁拆除时,根据桥型及场地环境选择合理拆除工艺和设备,起吊作业前应排查、解除起吊构件的所有外部连接措施。 8.水工建筑物拆除时,应根据现场实际情况合理制定拆除顺序,墙后土体卸载应在相应结构墙体拆除前进行,避免出现土体坍塌。基础拆除深度应满足相关规定,不得出现碍航遗留物。 9.拆除施工严禁采取立体交叉作业,水平作业时各工位间应保持安全距离。 10.拆除工程施工区域应设置硬质封闭围挡及醒目警示标志,非作业人员不得进入施工区。当被拆除建筑与交通道路的安全跨度不能满足要求时,必须采取相应的安全隔离措施。 11.施工单位应对拆除工程进行施工监测和安全巡视,发现危及人身安全的紧急情况,应当立即组织作业人员撤离危险区域。 12.拆除工程施工时,应有防止扬尘和降低噪声的措施。 13.清运渣土的车辆应封闭或覆盖,出入现场时应有专人指挥。清运渣土的作业时间应遵守工程所在地的有关规定。 14.拆除工程完工后,应及时将渣土清运出场。 15.应制定高处坠落及起重、坍塌、车辆伤害事故伤害的应急预案,完善应急措施,适时组织应急演练工作。 16.发生险情或者事故时,施工单位应当立即采取应急处置措施,并报告工程所在地主管部门

参 考 文 献

[1] 国家标准局.企业职工伤亡事故分类标准:GB 6441—1986[S].北京:中国标准出版社,1986.

[2] 交通运输部.船闸总体设计规范:JTJ 305—2001[S].北京:人民交通出版社,2001.

[3] 交通运输部.船闸水工建筑物设计规范:JTJ 307—2001[S].北京:人民交通出版社,2001.

[4] 交通运输部.船闸闸阀门设计规范:JTJ 308—2003[S].北京:人民交通出版社,2003.

[5] 交通运输部.水运工程施工安全防护技术规范:JTS 205-1—2008[S].北京:人民交通出版社,2008.

[6] 交通运输部.水运工程质量检验标准:JTS 257—2008[S].北京:人民交通出版社,2008.

[7] 国家市场监督管理总局.故障树名词术语和符号:GB/T 4888—2009[S].北京:人民出版社,2009.

[8] 住房和城乡建设部.建筑基坑支护技术规程:JGJ 120—2012[S].中国建筑工业出版社,2012.

[9] 交通运输部.水运工程岩土勘察规范:JTS 133—2013[S].北京:人民交通出版社,2013.

[10] 国家质量监督检验检疫总局.风险管理术语:GB/T 23694—2013[S].北京:中国标准出版社,2013.

[11] 交通运输部.船闸工程施工规范:JTS 218—2014[S].北京:人民交通出版社,2014.

[12] 住房和城乡建设部.沉井与气压沉箱施工规范:GB/T 51130—2016[S].北京:中国计划出版社,2016.

[13] 交通运输部.公路水运工程施工安全风险评估指南 第1部分:总体要求:JT/T 1375.1—2022[S].北京:人民交通出版社股份有限公司,2022.

[14] 交通运输部.公路水运工程施工安全风险评估指南 第7部分:船闸工程:JT/T 1375.7—2022[S].北京:人民交通出版社股份有限公司,2022.

[15] 交通运输部工程质量监督局.公路水运工程施工安全标准化指南[M].北京:人民交通出版社,2013.